Schlangenfrau und Chaosdrache

Barbara Stamer
Vera Zingsem

Schlangenfrau und Chaosdrache

in Märchen, Mythos und Kunst

Schlangen- und Drachensymbolik
im Kulturvergleich

Kreuz

Inhaltsverzeichnis

Teil 2 (Barbara Stamer)

Vorwort

Am Anfang war die Schlange

Mit diesem Buch möchten wir den Blick auf die Vielfalt und Schönheit eines Symbols lenken, dessen Facettenreichtum so alt zu sein scheint wie die Menschheit selber, wenn nicht noch wesentlich altehrwürdiger. Dabei wollen wir seine Spuren in antiken Mythen ebenso verfolgen wie in den Sagen und Märchen, vor allem auch unseres eigenen Kulturkreises. Ausgangspunkt unserer Symbolreise durch die Kulturen ist die Nordische Mythologie. Von dort durchstreifen wir den asiatischen Raum – China und Indien –, den Vorderen Orient – das Alte Ägypten und Mesopotamien/Babylon –, um von dort in den europäischen Kulturbereich zurückzukehren.

So weit es unsere Phantasien und Träume angeht, scheinen Schlangen und Drachen in der Tat beinahe unsterblich. Das verleiht ihnen eine Lebendigkeit und zugleich Zuwendung wie kaum einem anderen Tier. Selbst wenn die wenigsten von uns heute noch direkt mit Schlangen konfrontiert werden, scheinen sie ihr Geheimnis zu behalten:

Seit Urzeiten macht die Schlange Eindruck auf die Menschen: Ihr plötzliches Auftauchen aus der Erde, ihre rasche und lautlose Fortbewegung ohne Gliedmaßen, ihr geschuppter Leib, ihr blitzschneller, unter Umständen tödlicher Giftbiss, ihre Faszinierungsgabe, mit der sie kleine Tiere bannt – all das prädestiniert sie zum Numinosum schlechthin, erfahren wir sie doch wie kaum ein anderes Wesen als »mysterium tremendum et fascinosum« zugleich. Wir erzittern vor ihrer geheimnisvollen und unberechenbaren Art und starren doch hingerissen auf ihre geschmeidigen Bewegungen, mit denen sie in Regionen vordringt, die Menschen normalerweise verschlossen bleiben.

Die Schlange schlüpft aus der Erde hervor und verschwindet dort wieder, schnell und unfassbar im wahrsten Sinne des Wortes. So verkörpert sie die geheimen Erdkräfte, die segenbringenden ebenso wie die verderbenden, die feuerspeienden Vulkane und giftigen Dämpfe, aber auch die (Heil-)Quellen, Schätze der Heilkräuter, welche die Erde hervorbringt. Die sich häutende Schlange ist Symbol der Wandlung und Gesundung, der Kontinuität von Geburt, Tod und Wiedergeburt. Ihre einzigartige Fähigkeit zur periodischen Erneuerung durch das

Abstreifen ihrer alten Haut verleiht der Schlange geradezu göttliche Züge: Im Gegensatz zum Menschen scheint sie im Besitz »ewiger« Jugend zu sein und – gleich den Göttern – das Geheimnis der Unsterblichkeit zu hüten.

So ist es nicht verwunderlich, dass die Schlange aufgrund ihrer übermenschlich erscheinenden, geheimen Kräfte als göttliches Tier oder Inkarnation einer machtvollen Gottheit – zumeist einer weiblichen – in vielen Kulturen verehrt wurde (und bis heute verehrt wird). Mythologisch gesehen fehlt die Schlange in so gut wie keinem Weltbild, wofür insbesondere so genannte »Weltenschlangen« wie die indische »Schescha« oder die germanische Midgardschlange Patin stehen.

Dabei fällt auf, dass die meisten Kulturen sprachlich nicht exakt zwischen Drachen und Schlangen unterscheiden, dasselbe Tier kann sogar innerhalb ein und desselben Textes einmal *Drache* und gleich darauf *Schlange* genannt werden. Der Symbolgehalt beider Tiere ging wohl von Anfang an ineinander über. Wobei der Drache öfter (als die Schlange) als männliches Tier erscheint und häufig (aber keineswegs durchgängig) auch bedrohlichere Züge erhält.

In unserer christlich-jüdischen Kultur sind wir darauf eingeschworen worden, Schlangen und Drachen hauptsächlich unter ihrem furchterregenden, kulturfeindlichen und vernichtenden Aspekt wahrzunehmen. Schlange und Drache stehen am Beginn und Ende unserer Bibel, umrahmen ihre Geschichten gleichsam wie der berühmte Uroboros, die Schlange, die sich in den eigenen Schwanz beißt. Am Anfang war die Schlange: bei der Schöpfung bereits zugegen, Inbegriff von Leben und Weisheit, womit sie Eva zu inspirieren suchte, deren Name *Chawah*, »Mutter aller Lebenden«, auffallenderweise etymologisch mit dem aramäischen Wort *chewja*, »Schlange«, zusammenhängt. Und am Ende der Welt kehrt sie, die nun ewig Verdammte, zurück: Die Apokalypse zeichnet uns in Kapitel 12 das Bild der »Frau mit dem Drachen«, unversöhnliche Gegner bis zum bitteren Ende: »Und gestürzt wurde der große Drache, die alte Schlange, die der Teufel heißt und der Satan, der die ganze Welt verführt« (Apk 12,9).

Durch beliebte mittelalterliche Darstellungen der Paradiesesschlange mit dem Oberkörper einer Frau, die man zudem mit der als Dämonin geltenden Lilith identifizierte, wurde die Frau in unserer Tradition gleich mit einem doppelten Fluch belegt. Ihre Verbindung mit Schlange und Drache (Leviathan) prädestinierte sie zur Inkarnation von Sünde, Tod und Verderben. »Falsche Schlange« ist noch heute ein Wort, mit dem man ausschließlich Frauen (und ganz im Unterschied zu Männern) beschimpft.

Die Verteufelung von Schlange und Frau (wenn nicht gar der Wunsch nach ihrer beider Vernichtung) scheinen Hand in Hand gegangen zu sein, führten zu einer jahrtausendelangen Unterdrückung und Missachtung der Frau, insbesondere ihrer kreativen und kulturbildenden Potenzen, eine Entwicklung, an deren weit reichenden Folgen wir noch heute zu leiden haben.

Das war jedoch nicht immer so. Deshalb lohnt es sich, einen Blick in die vergangenen Kulturen des Alten Europas und des Vorderen Orient zu werfen und – als Kontrast dazu – in fernöstliche, indoeuropäische Kulturkreise einzutauchen, damit Ost und West sich auch mit Hilfe dieses machtvollen Symboltieres wechselseitig ineinander spiegeln können. Außerhalb jüdisch-christlicher Beeinflussung begegnen uns Schlange und Drache in vorwiegend positiven Bildern. Sie sind Symbole

- der ewig sich erneuernden Lebensenergie und der Fruchtbarkeit
- der Heilung und Zauberkraft
- der Weisheit, Weissagung und Prophetie
- von Glück und Reichtum
- von Schutz und Abwehr
- von (Ver-)Wandlung und ewiger Verjüngung

Folglich sind sie Symbole der Schöpfung und der schöpferischen Kraft schlechthin (wobei von einer recht verstandenen Schöpfung auch und gerade der zerstörerische Aspekt nicht wegzudenken ist: Wo Neues entstehen soll, muss Altes vergehen). Dabei fällt auf, dass gerade die größten und bedeutendsten unter den Göttinnen Schlangen als Begleittiere haben, häufig sogar selbst in Schlangenform verehrt wurden, ihre irdischen Vertreterinnen wurden als gute Hausgeister/-tiere in Ehren gehalten, denen man sogar in einer Zimmerecke kleine Altäre einrichtete. Seherinnen etwa nannte man – auch hierzulande – »mulier phytonissa«, nach der Pythonschlange im Orakel zu Delphi. Schlangen und Drachen, so jedenfalls fällt im Kulturvergleich immer wieder auf, haben viel mehr mit Schöpfung, Verwandlung und der schillernden Lebendigkeit des Seins zu tun als mit Tod und Verderben.

Die in diesen Band aufgenommenen Geschichten – Mythen und Märchen – werden durch Abbildungen, die zugleich einen Ein- und Überblick über die Schlangen- und Drachensymbolik in der Kunstgeschichte geben, bereichert, ergänzt und interpretiert.

Teil 1

von Vera Zingsem

Schlangen und Drachen oder: Das Leben ist ein Kreis

Es liegt in der Natur von Schlangen und Drachen, mehrdeutig und vielgestaltig zu sein. Sie können in allen vier Elementen zu Hause sein, jedem dieser verschieden ausgeprägten Lebenskräfte Gestalt verleihen und durch sie hindurch im Weltgeschehen mitmischen. Ihr genuines, ursprüngliches Element ist Wasser und – da Wasser ohne sie kaum denkbar ist – auch Erde. Wasser kommt aus der Erde hervor und ergießt sich aus den Wolken, die am Himmel entlangziehen. Der Wasserkreislauf verbindet also Himmel und Erde, und ihm gleich tun es auch die Schlangen und Drachen, die dieses in sich abgerundete Leben symbolisieren. Um sich von der Erde zum Himmel aufschwingen zu können, müssen sie fliegen können; daher verlieh ihnen die Phantasie der Völker weltweit gerne Flügel und bestimmte Aufgaben, die sie nur als vogelgleiche Wesen erfüllen können. Da sie im Wasserkreislauf gebunden und durch ihn hindurch wirksam sind, gehört auch die Erzeugung von Blitz zu ihrem Tätigkeitsbereich. Daher die Vorstellung, sie müssten Feuer spucken (und damit auch erzeugen) können. Feuerspeiende Schlangen und Drachen können nicht nur die Welt in Schutt und Asche legen, sie können durch ihre Flammen auch wie Fackeln die Dunkelheit erhellen, Licht in jede noch so finstere Nische der Unterwelt bringen. So sind sie im wahrsten Sinne des Wortes wegweisende und erleuchtende Wesen. Eine Begegnung mit ihnen macht sehend. Sie wissen um das Sein »hoch droben«, »tief drunten« und um die Welt dazwischen, die »mittlere Welt«, unsere Welt, die Erde, auf der wir Menschen – zwischenzeitlich – zu Hause sind. Die Philosophen der Antike nannten die Schlange nicht zuletzt deshalb das allergeistigste Tier, Symbol All-umfassender Weisheit und Lebensklugheit. »Seid klug wie die Schlangen!«, empfiehlt uns selbst noch die Bibel. Dass ein solch geistbegabtes Wesen auch die Zukunft vorhersagen kann, versteht sich beinahe von selbst. Schlangen als Orakeltiere sind so alt wie die Zeit und verfügen über das entsprechende Urwissen.

Schlangen und Drachen waren zugegen, als die jetzige Welt sich formte. Sie leben im Wasser und unter der Erde, kennen all ihre Reichtümer von Anbeginn. Das macht sie zu idealen Schatzhüter/inne/n. Sie halten fest, was die Welt zum Leben braucht: die Energie der Erde, die sie speichern wie ein Kraftwerk und die sie zugleich verkörpern und spenden. *Nwyvre* oder *Vouivre* nennt man im Keltischen die magnetischen Ströme und Strömungen unter der Erde, über der die Geomanten der alten Zeit Steine aufrichteten. *Nwyvre* bedeutet »universeller Lebensatem«, vergleichbar dem indischen *prajna* oder dem chinesischen *chi*, eine Energie, die von und aus der Erde aufsteigt und die man in Drachengestalt personifizierte. (vgl. Pennick, S. 57; 74; 341f) Die Kräfte der Erde verdichten sich aber auch in Form von Edelsteinen, Perlen, Gold und Silber. Schätze, die traditionell von Schlangen und Drachen bewacht und zu gegebener Zeit (und nur dann) freigiebig verschenkt werden.

Diese Ur-Tiere waren bei der Schöpfung zugegen, tragen die Welt auf ihrem breiten, schuppigen Rücken, verhindern, dass sie ins Chaos absinkt und schlucken sie am Ende aller Tage und Zeiten in ihren gefräßigen Schlund zurück. Sie sind, was bleiben wird, wenn alle (bewusste) Welt vergeht. So wurden sie zum Symbol von Ewigkeit und unsterblichem Leben. Und was ewig ist, ist auch All-mächtig.

Die Schlange bringt den Tod, sie ist die Endebringerin, wie die Elemente, in denen sie zu Hause ist und von denen jedes auf seine Weise Leben wie auch Verderben fördern kann. Kein Ding, das nicht zwei Seiten hätte. Kein Gutes, das nicht zu gegebener Zeit in sein Gegenteil umschlagen könnte. Die Schlange, die ihren Schwanz im Maul hält (auch *Uroboros* genannt), erinnert uns an das Ineinander von Leben und Tod, Schöpfung und Zerstörung, daran, dass beide im Grunde eins sind und sich die Waage halten müssen, solange die Welt Bestand haben soll. Wer um das Geheimnis von Leben und Tod weiß, kennt die Gesetze der Wandlung und auch der Heilung, weiß, wie das Kranke zur Gesundung zurückfindet, weiß, wie das Tote zum Leben erweckt und wiedergeboren werden kann. Die periodische Häutung der Schlange weist auf den Aspekt ständiger Rundumerneuerung. So wurde sie zum Symbol der Heilkunst und ist bis heute das Wahrzeichen der Ärzte geblieben. Ihre Kräfte schützen und bannen genauso wie sie vergiften und töten. Die Schlange ist und bleibt ein »Mysterium tremendum et fascinosum«; sie lässt uns erzittern bis ins Mark und dadurch zugleich zieht sie uns magisch an. Dieses Charakteristikum aber war zu allen Zeiten ein Wahrzeichen des Göttlichen und hat sie mit diesem gemeinsam.

Etymologisch gesehen waren Schlange und Drache von Anfang an eins. Im Sprachgebrauch wurden sie synonym verwendet, d. h. das eine Wort konnte mühelos das andere ersetzen. Diese Einheit und Ununterscheidbarkeit von Schlange und Drache, nicht nur dem Wort, sondern auch dem Symbolgehalt nach, spiegeln noch viele der ins Buch aufgenommenen Texte. Der Drache erscheint dann zunehmend als die ins Phantastische vergrößerte Schlange, ein reines Fabelwesen, Geschöpf der Mythologie und vielleicht auch eines seelischen Verlangens, Sinnbild und Garant einer Macht, die in jedem Fall größer ist als menschliches Wollen und Fassungsvermögen, die vor unserer Zeit war, und noch lange nach unserer Zeit sein wird, die damit den Menschen auch auf seine eigenen Grenzen verweist. Ein sich selbst vergottendes Ich mag dies zunehmend als Beleidigung und In-Frage-Stellung seiner eigenen Größe empfunden haben. Daher die Vielzahl der Drachenkämpfe in Mythos, Märchen und Theologie, die immer wieder menschlicher Hybris und Selbstüberschätzung entspringen. Der eigene Schatten und Machtwillen wird dann nur zu gerne auf den Gegner projiziert, der nun für alle Schandtaten herhalten muss, die man ihm erst – und dann eben berechtigterweise – antun will. Er wird dämonisiert, damit man einen Grund hat, ihn bekämpfen und erschlagen zu dürfen. Nach diesem Muster funktionieren bis heute Kriege, und wir haben immer noch nichts daraus gelernt. Damit soll nicht abgestritten werden, dass es Mächte und Gewalten gibt, die das Leben insgesamt zu überwältigen und zu ersticken drohen. (Für deren Darstellung sich Schlange und Drache eben auch vortrefflich eignen.) Aber sie können nur in Schach gehalten, nicht wirklich, sondern allenfalls auf Zeit überwunden werden. Sie gehören zum Leben, wie die Tatsache, dass alles, was uns (um im Bild zu bleiben) schützend umgibt, uns auch ersticken und erwürgen kann. Es kommt nur auf die Perspektive und die jeweiligen Zeitumstände an.

Schlange und Drache, Symbole für die Urgewalt des Lebens, sind nicht endgültig zu besiegen, es sei denn wir wollten dem Leben überhaupt den Garaus machen. Womit wir nur unseren eigenen Untergang beschleunigen würden. Schlange und Drache aber – die zahllosen Mythen, Fabeln und Märchen bestätigen es – sind »ewig«. So unsterblich wie das Leben, an dem wir alle nur Momentaufnahmen sind: Fäden an einem gigantischen Webstuhl.

Schlangenring, Symbol des Kreislaufes der Zeit und der Ewigkeit

Schlangen und Drachen in der nordischen Mythologie

I. Brücken und Brüche zu anderen Mythologien

In der Mythologie Nordeuropas klingen Themen an, wie wir sie in den großen mythologischen Entwürfen Asiens und Ägyptens wiederfinden. So ist die *Midgardschlange* beispielsweise ein klassischer *Uroboros*, eine Schlange, die ihren eigenen Schwanz im Maul hält. Wie ein Ring legt sie sich um die Welt, schützt und bewahrt sie vor dem Auseinanderfallen und Zerfließen. Wie die ägyptische »Ringelschlange der Erde« ist sie eine Zusammenhalterin. Sie repräsentiert, was die Welt im Äußersten zusammenhält. Alle nur vorstellbaren Gegensätze schließt sie in sich, denn daraus besteht die Welt: aus Für und Wider, fest und weich, hell und dunkel, feucht und trocken, gut und böse und was sich sonst alles noch an Entgegensetzungen denken lässt. Solange der Uroboros seinen Schwanz im Maul hält, kann nichts entweichen, wird stets das eine ins andere überführt und eins im anderen erkannt. Doch »wehe, wenn sie losgelassen«, dann klafft ein Abgrund zwischen den Gegensätzen, wird, was heil und ganz ist, auseinanderbrechen, wird gegeneinander stehen, was zusammengehört wie zwei Seiten derselben Münze. Die Folge ist Krieg. Die bestehende Welt wird untergehen. Ein neuer Himmel und eine neue Erde werden heraufdämmern, die Welt strahlender denn je erscheinen. Ein Thema, das in Indien und im alten Ägypten zur Hochform des Denkens gelangen wird. In der nordischen Mythologie klingen die Töne nur an, das Finale aber hört sich hier ähnlich an wie dort: Dem (nur scheinbaren) Untergang folgt die Wiedergeburt.

Auch das Motiv von »Raubvogel und Schlange« ist bereits konstelliert, die geheime, innere Verwandtschaft dieser beiden gar nicht so gegensätzlichen Tiere ist erkannt, wenn etwa – wie bei der Geschichte von »Thoras Lindwurm« – der Drache aus einem Greifenei schlüpft!

Die Beziehung der Schlange zu Weisheit und Poesie, ein Thema, das auf der ganzen Welt zu Hause ist, findet sich ebenfalls subtil herausgearbeitet.

Anders als im asiatischen oder ägyptischen Raum fehlen der nordischen Welt jedoch die Bilder allumfassender Wandlung. Zunehmend werden in den Geschichten Schlangen und Drachen erschlagen, ohne dass sie die Möglichkeit einer Rückkehr ins Leben erhalten. Die Gier nach Gold wird übermächtig. »Jeder tapfere Mann will Besitz haben bis zu seinem letzten Tag«, hält Sigurd dem sterbenden

Fafnir entgegen, der ihm prophezeit, dass der Reichtum ihm kein Glück bringen wird. Drachen aber werden immer mehr mit dem Gold identifiziert, auf dem sie sitzen. Und diesen Schatz will man »haben« und notfalls mit Gewalt an sich reißen. Worte wie Drache, Gold, Schatz und Hort sind beinahe synonym. Wo Drachen leben, mehrt sich mit ihnen im selben Atemzug der Reichtum, erfahren wir wiederum aus der Geschichte von »Thoras Lindwurm«. Das Gold wächst in gleichem Maße unter ihren Krallen hervor, wie Blumen unter der Gießkanne des Gärtners gedeihen. Mit jedem Schuppenring, den sie an Umfang zunehmen, wächst auch der Schatz unter ihnen. Wie bei einem Bauern, der ertragreich seinen Acker bestellt. Und hier ist sicher auch ein Vergleichsaspekt: Drachen symbolisieren die Erdkraft. Die Erdenergielinien verglich man in der Geomantie mit Drachen. So gesehen kann man sie eigentlich nicht erschlagen. Die Köpfe werden immer wieder nachwachsen, denn die Energie der Erde ist unerschöpflich. Vielleicht sind wir deshalb zu sorglos mit ihr umgegangen. Dachten, wir könnten ihre (Boden-)Schätze rauben, ohne ihr in irgendeiner Weise Energie zurückführen zu müssen. Auch das unterscheidet die heimischen Mythologien von den weltumspannenden Entwürfen Asiens und Ägyptens, die stets sorgsam darauf achteten, dass die Gier der Menschen, wie sie sich eben auch in den Drachenkampfgeschichten spiegelt, nicht ausartete. Den Drachen zu erschlagen, galt dort keineswegs als Ruhmestat. Denn das wäre, als wenn man das Lebens selber verkürzen wollte.

»Möge er weiterhin Tiamat besiegen und ihre Tage abkürzen!« Dieser Schlachtruf des babylonischen Helden Marduk gegen *Tiamat*, die Weltenmutter und Mutter aller Drachen, bleibt uns heutzutage eher im Halse stecken. Und mit Recht; nie zuvor waren wir so nahe daran, den »Drachen« endgültig zur Strecke zu bringen. Nur – was bleibt dann von uns übrig?! Thor, der nordische Donnergott, stand einmal kurz davor, die Midgardschlange aus dem Meer zu angeln, was sein Begleiter, der Riese Hymir, gerade noch verhindern konnte. Schwanz und Maul dieses Uroboros auseinanderzureißen, heißt die Welt aus den Angeln zu heben, die er umfriedet.

Den Drachen besiegen zu wollen, spiegelt immer auch menschliche Vermessenheit. In Asien und Ägypten werden wir andere Wege kennen lernen, dem Ungeheuren zu begegnen. Die nordische Mythologie kennzeichnet hier einen Übergang. Doch dürfen wir nicht vergessen, dass sie zu der Zeit, als die Geschichten niedergeschrieben wurden, schon seit längerem christianisiert war. Auch ideengeschichtlich markieren die Texte mithin einen Übergang. Die Weltesche Yggdrasil, an deren Wurzeln der Neiddrache knabbert und in deren Krone der Adler nistet, die Midgardschlange, welche die von Menschen belebte Welt einkreist wie ein Zaun, das alles sind Bilder kompletter Gegensatzvereinigung. Sie scheinen wesentlich älter zu sein als die Schöpfungsvorstellungen, die uns das jüdisch-christliche Weltbild überliefert. Die nordische Mythologie steht an der Schwelle: Mit ihr zieht eine neue Zeit herauf, sie bewahrt jedoch noch ältere Schichten, die von der Christianisierung nicht beeinflusst wurden. Wie ein Drache hockt sie auf dem Hort der Vergangenheit, die auch unsere Vergangenheit ist. Und diesmal können wir froh sein, wenn der Drache noch lebt. Er kündet von einer Zeit, da alles in Verwandlung war. Wo Menschen zu Drachen werden konnten und umgekehrt Drachen mit menschlicher Stimme sprechen konnten.

II. Die Drachensymbolik der Sigurd/Siegfriedsagen

1. Sigurd, Fafnisbana, Drachentöter

Sigurd ist ein Sohn der Völsungen, die ihre Abstammung in direkter Linie vom Göttervater Odin selbst ableiten. Sein Vater, Sigmund, starb, während seine Mutter, Hjördis, noch mit ihm schwanger war. Hjördis fand am Hofe König Hjalpreks gastliche Aufnahme. Dort gebar sie einen schönen und starken Sohn mit funkelnden Augen. Der König nahm ihn auf den Arm an Vaters Statt, besprengte ihn mit Wasser und nannte ihn Sigurd. Als Hjördis Hjalpreks Sohn Alf heiratete, wurde er dem kunstfertigen Schmied Regin zur Erziehung gegeben (der von den unterschiedlichsten Quellentexten mal als Zwerg und mal als Riese beschrieben wird). Der lehrte ihn Künste, Brettspiel und Runen und dazu viele Sprachen zu sprechen, wie es sich für einen Königssohn gehörte. Auch setzt er ihm das Schwert Gram neu zusammen, das einst Sigurds Vater im Kampf zerbrach. Es ist so stark und scharf, dass es einen Amboss spalten und eine auf dem Fluss treibende Wollflocke zerschneiden kann. Das alles tut Regin keineswegs uneigennützig, denn er möchte den halbwüchsigen Sigurd zum Kampf gegen seinen Bruder Fafnir anstacheln, der als Drache auf dem Familienerbe liegt. Gold ist all sein Sinnen und Trachten und Träumen, und dazu erzählt er seinem Zögling folgende Geschichte:
»Mein Vater hieß Hreidmar und war groß und reich. Ich aber war der jüngste von drei Brüdern und der unbedeutendste an Fähigkeiten und Ansehen. Fafnir war der älteste, größte und hässlichste, aber auch der besitzgierigste von uns. Er wollte alles sein eigen nennen, was es gab. Ot, der mittlere, war ein großer Fischer und lebte tagsüber in Ottergestalt an dem Wasserfall Andvarafoss, der seinen Namen von dem Zwerg Andvari hatte, der ihn in Gestalt eines Hechtes bewohnte. Dieser Zwerg besaß große Schätze an Gold.

Alle vier hätten wir zufrieden leben können, wenn nicht eines Tages die Götter Odin, Loki und Hönir des Wegs gekommen wären. Sie erblickten den Otter, als er gerade mit geschlossenen Augen einen Lachs verzehrte, worauf Loki ihn mit einem gezielten Steinwurf tötete. Nichtsahnend kehrten sie am Abend bei Hreidmar ein und zeigten ihm stolz ihre Beute. Der Vater beklagte laut den Tod seines Sohnes, doch nahm er mit meiner und Fafnirs Hilfe die mörderischen Gäste gefangen. Als Buße und Lösegeld verlangte er von ihnen, dass sie den Otterbalg mit Gold füllen und gänzlich umhüllen sollten. Loki wird aus der Haft entlassen, um das Sühnegold herbeizuschaffen. Der leiht sich ein Netz von der Meeresgöttin Ran und fischt damit nach dem Hecht im Andvarafoss, der ihm auch prompt ins Netz geht. Er zwingt den Zwerg Andvari zur Herausgabe seines gesamten Goldes. Selbst noch den Ring Andvaranaut, mit dem er sich neues

Sigurds Kampf mit dem Drachen (Ausschnitt)

Gold wie mit einem Magneten hätte anziehen können, nimmt er ihm ab. Da ging der Zwerg in den Stein und sprach den Fluch aus, dass jeder dem Tod geweiht sei, der den Goldring mitsamt dem Goldschatz besaß. Das Gold reichte gerade aus, um den Otterbalg innen wie außen auszustaffieren. Zum Schluss stand nur noch ein Schnurrhaar vor, und das musste Odin mit dem Ring Andvaranaut einhüllen.

Als die Gäste verschwunden waren, forderten mein Bruder und ich unseren Anteil an dem Hort. Doch davon wollte der Vater nichts wissen. Da durchbohrte Fafnir ihn nachts mit dem Schwert und nahm alles Gold für sich. So bösartig wurde er, dass er in die Wildnis zog und niemandem gönnte, etwas von dem Reichtum zu nutzen, außer sich selbst. Er verwandelte sich in eine entsetzliche Schlange und liegt seither auf dem Schatz; in finsterer Felskluft haust er und verlässt die Höhle nur, wenn er zum Wasser kriecht, um seinen Durst zu stillen. Du allein, Sigurd, bist kühn und stark genug, das Untier zu erlegen und das glühende Gold aus der Kluft zu holen. Darum rüste dich und ziehe mit mir aus, dass wir Ruhm und Beute gewinnen!« Auf der Gnitaheide, wo der Drache auf dem Golde liegt, kommt es zum Kampf zwischen Sigurd und Fafnir. Hinter einem Felsvorsprung ist die Kluft, aus der er zur Mittagszeit hervor kriecht, um zum Wasser zu kommen. Der Drache speit Gift und Flammen, dass alles Leben vor ihm zugrunde geht: Da grünt kein Grashalm, die Bäume sind blätterlos und etliche verbrannt und verkohlt. Regin macht sich aus dem Staub und lässt den jungen Helden allein kämpfen. Dem allerdings steht heimlich sein Göttervorfahr Odin zur Seite. Er erscheint ihm als alter Mann mit langem Bart und rät ihm, mehrere Gruben auszuheben, in die das Blut des Drachen abfließen kann, ehe es ihn erstickte; er selbst soll sich in eine davon setzen, Reisig zur Tarnung darüber legen und auf das Herz des Ungeheuers zielen, sobald es mit seinem schuppigen Leib den Graben verdunkelt. Als die Schlange zum Wasser kroch, gab es ein großes Erdbeben, sodass die ganze Erde ringsum davon erzitterte. Sigurd aber stieß ihr unerschrocken sein Schwert unter die linke Schulter, sodass es bis zum Griff einsank. Dann springt Sigurd aus der Grube und zieht das Schwert zu sich und hat die Arme blutig bis zu den Achseln. Und als die große Schlange ihre Todeswunde erkannte, da schüttelte sie Kopf und Schwanz, spuckte Gift und Feuer, sodass alles entzweiging, was davon getroffen wurde.

Noch im Todeskampf jedoch sagt sie Sigurd die Zukunft voraus und offenbart ihm geheimes Wissen:

»Nun rat ich dir, Sigurd, nimm an den Rat
Und reit heim von hinnen.
Das gellende Gold, der glutrote Schatz,
Diese Ringe verderben dich.«

Und weiter sprach Fafnir: »Mein Bruder Regin verursacht meinen Tod, und es macht mich lachen, dass er auch deinen Tod verursacht und dann bekommt, was er wollte.« Weiter sprach Fafnir: »Ich trage den Schreckenshelm vor den Menschen, seit ich auf dem Erbe meines Bruders liege. Und ich schnaubte überall Gift und Feuer vor mir her, sodass niemand wagte, in meine Nähe zu kommen, und keine Waffe schreckte mich, und nie stand ich so vielen Männern gegenüber, dass ich mich nicht für viel stärker hielt, und alle fürchteten mich.«

Sigurd sprach: »Der Schreckenshelm, von dem du erzählst, gibt wenigen den Sieg, denn jeder, der viele andere trifft, wird einmal feststellen, dass niemand der einzig Mutige ist.«

Fafnir antwortet: »Das rate ich dir, dass du dein Pferd nimmst und so schnell wie möglich wegreitest, denn es geschieht oft, dass der, der die Todeswunde empfängt, sich selber rächt.« Sigurd anwortet: »Das ist dein Rat, aber ich muss etwas anderes tun. Ich werde zu deinem Lager reiten und das viele Gold holen, das deine Verwandten besessen haben.«

Fafnir antwortet: »Du wirst dorthin reiten, wo du so viel Gold findest, dass es für deine Tage reicht. Und genau dieses Gold wird dir den Tod bringen und auch jedem anderen, der es besitzt.«

Sigurd stand auf und sprach: »Ich würde heimreiten und auf diesen großen Schatz verzichten, wenn ich wüsste, dass ich niemals sterben würde. Aber jeder tapfere Mann will Besitz haben bis zu seinem letzten Tag. Und du, Fafnir, sollst im Todeskampf liegen, bis Hel dich holt.« Und dann starb Fafnir.

»Sigurd schlug die Schlange, so soll von nun an
Immer es heißen, solang die Erde steht.«

Als Sigurd noch die Klinge im Grase blank wischte, kam auch Regin wieder zum Vorschein. Er trank von dem Drachenblut, um seinen Mut zu stärken, und als er sah, dass Sigurd der Schlange mit dem Schwert das Herz aus dem Leib schnitt, bat er ihn, dieses Herz am Feuer für ihn zu braten. Der ging und briet das Herz an einem Zweig. Und als er dachte, dass es gar wäre, weil der Saft daraus schäumte, prüfte er es mit seinem Finger. Dabei verbrannte er sich und steckte den Finger in den Mund. Und als ihm das Herzblut der Schlange auf die Zunge kam, da wurden seine Augen aufgetan, und es war ihm, als sei es vor seinem Geiste Licht geworden. Und sogleich verstand er die Sprache der Vögel. Er hörte, dass sieben Adlerinnen (andere Versionen sprechen von Spechtmeisen) auf den Zweigen zwitscherten und seinen Ruhm besangen. Gleichzeitig deuten sie in sieben Sprüchen seine Zukunft voraus und geben ihm guten Rat mit auf den Weg:

»Da sitzt du, Sigurd, und brätst Fafnirs Herz. Du solltest es selbst essen. Dann würdest du der weiseste aller Männer.«

»Da liegt Regin und will den betrügen, der ihm traut. Der Unheilschmied brütet dem Bruder Rache.«

»Er sollte ihm den Kopf abschlagen, dann könnte er über das viele Gold allein bestimmen.«

»Es wäre weiser, wenn er es so machte, wie wir Schwestern ihm raten, und an seinen eigenen Nutzen dächte.«

»Er scheint weniger klug zu sein, als wir dachten, wenn er den schont, dessen Bruder er umgebracht (und der deshalb auf Rache gegen ihn sinnt).«

»Er wäre gut beraten, wenn er ihn erschlüge und den Schatz allein besäße.«

»Und wenn er darauf hinauf nach Hindarfjall ritte, wo Brynhild in der Flammenburg schläft. Dort wird er große Weisheit lernen.«

Sigurd nahm sich diese Reden zu Herzen, zog das Schwert Gram und schlug Regin den Kopf ab. Danach aß er einen Teil des Schlangenherzens und bewahrte den anderen Teil auf. Auf Fafnirs Spur ritt er den Weg zurück zu dessen Höhle, wo er den Schatz tief in die Erde eingegraben fand. Er nahm alles Gold, den Schreckenshelm, eine Goldbrünne und viele Kostbarkeiten und lud es in zwei Kisten auf den Rücken seines Pferdes Grani, das glücklicherweise ein Abkömmling von Odins achtfüßigem Wunderross Sleipnir war und alles alleine tragen konnte, wozu man sonst drei bis vier Pferde gebraucht hätte.

Der Drache aber wird von nun an zu seinem Wahrzeichen: Ein Drache war auf alle seine Waffen und auf seinen Schild gemalt, sodass, wenn er gesehen wurde, jeder ihn erkannte, der erfahren hatte, dass er den großen Drachen erlegt hatte.

2. Typische Motive einer Drachenkampfgeschichte

Die Geschichte vom Drachentöter Sigurd ist geradezu mustergültig: Ihre charakteristischen Elemente lassen ein Muster erkennen, das sich – mit einigen Abwandlungen – in den Schlangen- und Drachengeschichten der ganzen Welt wiederfindet.

Zuallererst fällt auf, dass etymologisch in den ältesten Traditionsschichten in der Regel nicht zwischen Schlange und Drache unterschieden wird. Dasselbe Tier wird, wie oben klar erkennbar, einmal Schlange und im nächsten Atemzug wieder Drache genannt. Beide Begriffe sind synonym. Alternative Ausdrücke sind (Lind-)Wurm und – speziell im Germanischen – zusätzlich »Heidelachs« oder »des Haines Ring«. Schiffe heißen in dieser Sprache »Schlangen des Meeres«, und wir wissen, dass die germanischen Völker ihre Schiffe mit Drachenköpfen ausstaffierten, die sie abnahmen, sobald sie nach Hause kamen, damit die »Tiere« ihrem Heimatland keinen Schaden zufügen könnten. Womit zugleich ein erster zentraler Wesenszug zutage tritt: Schlangen und Drachen gelten – weltweit – als Symbole von Schutz und Abwehr. Ein Grund, weshalb sie Feuer und Gift spucken und sich in die tiefsten Höhlen verkriechen; sie halten auf diese Weise mühelos (fast) alle Angreifenden auf Distanz. Weshalb sie allgemein die idealen Begleittiere von Gottheiten und König/inn/en darstellen. Was sie so entschieden verteidigen müssen, sind Schätze von unermesslichem Reichtum, meistens Gold und Edelsteine, die Gaben der Erdentiefe, aber auch die Perlen der Weisheit und Weissagung, die eher im »Himmel« zu finden sind. So sind sie Schatzhüter/innen in des Wortes mehrfacher Bedeutung: Sie horten und bewahren Hab und Gut, in materiellem wie in spirituellem Sinne, sie kennen die Vergangenheit und deuten die Zukunft und begaben sogar dazu, »die Sprache der Vögel« zu verstehen, Weisheit also im »Einklang« mit der Natur, wobei gleichzeitig zu beachten ist, dass »die Sprache der Vögel« religionsgeschichtlich als »die Sprache in der Gemeinschaft der Engel« erscheint. (Zimmer, Abenteuer, 52) Und da Vögel ohne Bäume nicht zu denken sind, begegnen wir hier zu guter Letzt auch dem altvertrauten Baummotiv: Der Baum des Lebens und die Schlange, die unsterbliches Wissen mit uns teilen kann, wenn wir ihr nur Gelegenheit dazu geben.

Mit dem Schlangen- und Drachenmotiv ist nicht zuletzt der Aspekt von Tod und Verwandlung angesprochen. Deshalb finden Drachenkämpfe oft in Schwellensituationen statt: an der Schwelle zum Erwachsenenalter oder an der Schwelle zum Tod (vgl. Beowulf). Der Drache, in seiner schreckenerregenden Gestalt fordert die Auseinandersetzung mit Sterben und Vergänglichkeit heraus, ja erscheint geradezu wie ein Spiegel aller menschlichen Ängste. In diesem Übergangsritus gewinnt der Drachentöter für sich eine neue Lebensqualität, sei es in Form von Besitz, sei es in Form einer neuen Geisteshaltung, häufig sogar beides zugleich, das eine ein symbolischer Verweis aufs andere. Von Sigurd heißt es nach dem Drachenkampf: Er war (abgesehen von seinen unübertroffenen Kampfkünsten) ein so weiser Mann, dass er noch nicht geschehene Dinge im voraus wusste. Er verstand die Stimmen der Vögel. Und deshalb überraschten ihn nur wenige Dinge. Er konnte lange und so gut reden, dass er ein Thema nur aufzunehmen brauchte, und schon schien es allen, dass es nicht anders gehen könnte als er sagte, bevor er noch aufgehört hatte zu sprechen. Sein größtes Vergnügen war es, seine Leute zu unterstützen. Es fehlte ihm nicht an Mut, und er fürchtete sich nie. Zu beachten ist auch, dass er erst nach dieser Wandlung fähig und würdig ist, Brynhild zu begegnen, die als eine der geistvollsten Frauen aller Zeiten geschildert wird. Von ihr lernt er, was ihm an Weisheit und Spiritualität noch fehlt. Nach seiner Hochzeit mit Gudrun gibt Sigurd seiner Frau von Fafnirs Herz zu essen, und sie wird davon grimmiger und hässlicher, aber auch viel weiser als zuvor!

Die volkstümliche Siegfriedsage wird später all diese Aspekte noch um die Gabe der Unverwundbarkeit bereichern, womit das Motiv von Heilung und Heilsein angesprochen ist, das im Mittelpunkt zahlreicher Schlangen- und Drachenmythen zu finden ist.

Sigurds Gabe, die Vogelsprache zu verstehen, bleibt übrigens nicht auf ihn als Person beschränkt, sondern vererbt sich weiter an seine Tochter Aslaug, die er mit der weisen Walküre Brynhild zeugte. Und noch sein Enkel Sigurd, Sohn der Aslaug mit Ragnar Lodbrok, wird mit Schlangenkraft ausgezeichnet sein: Er trägt als Erkennungs-Mal eine kleine Schlange im Auge und erhält deshalb von Geburt an den Namen Sigurd »Schlange im Auge.«

Interessant ist bei der ursprünglichen Sigurd-Sage, dass die Verwandlung nicht nur den »Helden«, sondern auch den Drachen selbst betrifft. Fafnir verwandelt sich freiwillig aus einem Menschen in einen Drachen. Es sieht so aus, als entspräche dieses Untier so ganz seinem besitzverhafteten und gierigen Wesen. Horten und Hüten: von da ist es nur ein kleiner Schritt zum Verschlingen und zum Festhalten, zum Verteidigen »mit Zähnen und Klauen.« Dies wird in der Geschichte von *Thora und Ragnar Lodbrok* besonders deutlich. Und erscheint der Drache hier nicht auch als sprechendes Symbol von Herrauds eifersüchtiger Wachsamkeit, der erstickenden Fürsorge, mit der er seine Tochter »umgibt«?!

Das was schützt, kann auch ersticken, was umfriedet, kann auch einem faulen Frieden dienen. Reichtum kann die gleiche Wirkung erzeugen. Der griechische König Midas, der sich gewünscht hatte, alles, was er anfasste, möge zu Gold werden, musste am gedeckten Tisch verhungern, weil man Gold nun mal nicht essen kann. Der Drache und das Gold, das er bewacht, kann genauso zum Symbol für Habgier werden wie die Lanze in der Hand des Ritters, der ihn ersticht.

3. Thoras Lindwurm

Während Ragnar Lodbrok als junger Mann auf Abenteuerfahrt war, zeigte ihm einst ein zauberkundiger Fremdling in seinem Wunderspiegel ein Mädchen von großer Schönheit. Ragnar verliebt sich auf der Stelle in sie und erfährt von dem Fremden folgende Geschichte: Die junge Frau, die Thora heißt, ist nicht nur berühmt wegen ihrer Schönheit, sondern noch viel mehr aufgrund ihres Verstandes. Ihr Vater, Herraud, fragt sie in allen Angelegenheiten um Rat, und er hat im Kriege wie im Frieden Glück, solange er ihren Ratschlägen folgt. Aus Dankbarkeit ließ der König ihr ein eigenes Häuschen nahe der königlichen Halle errichten und schickte ihr jeden Tag ein Geschenk. Eines Tages brachte er von einem Feldzug ein Greifenei mit nach Hause. Das ließ er von einem Schwan ausbrüten, und heraus schlüpfte ein niedliches Lindwürmlein, das er seiner Tochter schenkte. Der possierliche Wurm gefiel ihr gut, sie setzte ihn in eine Truhe und schob ihm Gold unter. Sie hatte ihre Freude an dem Tierchen, das sehr gelehrig schien und sich von ihr füttern ließ wie ein folgsames Hündchen. Der Lindwurm wuchs aber von Tag zu Tag, und mit ihm das Gold, auf dem er lag. Als er keinen Platz mehr in der Truhe fand, wand er sich rund um den Kasten herum. Wenig später hatte er selbst in dem Häuschen keinen Platz mehr, und das Gold wuchs unter ihm genauso schnell wie er selbst. Nun umschließt der Lindwurm das ganze Haus, sodass Kopf und Schwanzspitze aneinanderstoßen. Zwar ist er seiner Herrin noch immer sehr zugetan, doch bewacht er sie gleichzeitig mit eifersüchtigen Blicken und lässt niemanden an sie heran, noch erlaubt er ihr, das Haus zu verlassen. Nur der Wächter, der ihm täglich einen Ochsen als Futter bringt, darf auch Thora etwas zu essen bringen. Niemand wagt den Wurm anzugreifen, denn seine Augen sind wie sprühendes Feuer, sein Pesthauch ist tödliches Gift, und mit seinem Schweif zerbricht er die stärksten Eichen wie Strohhalme. Der König aber hat seine Tochter demjenigen versprochen, der den Drachen tötet. Das Gold, das unter ihm liegt, soll die Mitgift sein. Ragnar Lodbrok hat diese Geschichte nicht umsonst gehört. Er begibt sich an den Ort des Geschehens, tötet den Drachen und führt mit Thora bis zu deren frühem Tod eine glückliche Ehe. Noch in seiner letzten Schlacht wird Ragnar den Spieß in der Hand führen, mit dem er diesen Lindwurm getötet hatte.

Seine zweite Frau wird dann Aslaug, in deren Augen die Klarheit des Himmels leuchtete. Sie wird die Mutter von Sigurd »Schlange im Auge«, dessen Aussehen sie voraussieht, als sie noch mit ihm schwanger ist. (Strerath-Bolz, S. 135)

»Ich sah keinem Knaben
außer Sigurd allein
in den Steinen der Brauen (Augen)
eine Schlange liegen.
Dieser tapfere kleine Kerl,
ist leicht dran zu kennen,
hat des Haines Ring
im Hof der Lider (Auge).«

III. Schlangen/Drachen und die Welt des Jenseits

1. Tod in der Schlangengrube

Ragnar Lodbrok ist bei seinem Tod von Schlangen umgeben. Nachdem er in der Schlacht gegen den König Ella von England unterlegen ist, lässt dieser ihn in eine Schlangengrube werfen. Die Schlangen allerdings lassen ihn lange Zeit in Ruhe und setzen sich nicht an ihm fest. Für seine Feinde ein Zeichen, dass sie es mit einem sehr bedeutenden Mann zu tun haben. Da befiehlt der König, man solle ihm das Oberkleid ausziehen (ein Kleid mit wundersamen Kräften, das unverwundbar machte, von Aslaug selbst »mit ganzem Mut« hergestellt). Kaum war das geschehen, hingen die Schlangen schon von allen Seiten an ihm, und er musste sein Leben lassen.

»Nie dacht' ich, dass Schlangen
dereinst mein Leben beenden;
oft geschieht, was Menschen
am mindesten erwarten.

Die Schlangen sind mein Verderben,
schlagen in mich ihre Zähne.
Und kräftig und gewaltig
saugen mich die Schlangen;
nun werd' ich bald ein Leichnam
und nah bei den Tieren sterben.«
(Strerath-Bolz, S. 152)

Vergessen wir nicht, dass der Sage nach auch Gunnar, der meineidige Schwager von Sigurd Fafnisbana, sein Leben in einer Schlangengrube aushaucht: Weil er dem Hunnenkönig Atli (inzwischen mit seiner Schwester Gudrun, Sigurds früherer Gemahlin, verheiratet) nicht verraten will, wo er das Gold aus dem Fafnirshort versteckt hat, lässt der ihn in den Schlangenturm werfen.

»Da wimmelte es von giftigem Gewürm, das ihn anzüngelte und die Rachen nach dem willkommenen Fraß aufsperrte. Der gefangene König erwartete ohne Zagen den grässlichen Tod. Eine Harfe lehnte an einer modrigen Wand, vielleicht von einem Gotte zu seinem Troste gesendet. Seine Hände waren zwar gefesselt, aber er schlug die Saiten mit den ‚Zweigen der Füße', und entlockte ihnen ein so melodisches Getön, dass die Schlangenbrut darauf horchte und des Fraßes vergaß. Er sang dazu ein schauerliches Lied von den waltenden Nornen (Schicksalsfrauen) und den schrecklichen Disen (Göttinnen), die den meineidigen Frevler ergriffen und auch schon Atli grauenhaft umschwebten. Der König, der in der Nähe lauschte, um sich an den Klagen des gequälten Mannes zu ergötzen, entwich voll Schrecken. Dagegen kroch's heran, langgestreckt, mit rasselnden Schuppen, ein grässlich Gewürm, eine große Natter. Die rührte weder Harfenklang noch Lied; sie wühlte sich in die Brust des Niflungen und nagte an seinem Herzen.« (Wägner, S. 456)

Kein Zweifel, das Reich der Schlangen und Drachen ist die »untere«, auf jeden Fall »jenseitige« Welt, eine Welt die menschliche Begriffe »übersteigt« und deshalb ebenso faszinierend wie angsterregend ist. Wo aber Grenzen des Denkens überschritten werden, geht es gewöhnlich um spirituelle Erfahrungen. Selber Grenzgängerinnen zwischen Diesseits und Jenseits, machen Schlangen uns diese Grenze mit ihrem »Auftauchen« bewusst, jagen uns einen – vielleicht heilsamen, vielleicht tödlichen – Schrecken ein, bringen uns an unsere Grenzen, verhelfen uns zu sog. Grenzerfahrungen, die mitunter Todeserfahrungen sind. Nicht umsonst versinkt der Held, der den Drachenkampf bestanden hat, danach meist in tiefe Bewusstlosigkeit, ist nahe daran, den Verstand zu verlieren, befindet sich deutlich an der Grenze zwischen Tod und Leben. Das Leben, zu dem er neu erwacht, wird in jedem Fall anders sein als zuvor. Wir sagen, sein Bewusstsein hat sich erweitert.

Zu denken geben sollte, dass es in den nordischen Göttersagen nur einer Schlange gelingt, den Trank der Dichtkunst, Weisheit und Inspiration zu erlangen. Und ist nicht auch die Poesie eine »jenseitige« Kunst, im besten Sinne des Wortes?!

2. Odin und der Trank der Poesie

Der Dichtermet *(Skaldenmet)* – und damit die Kunst der Poesie – ist die Frucht von Frieden und hinterlistigem Mord:

Als die Asen mit den Vanen Frieden schließen, besiegeln sie den Vergleich, indem sie alle zusammen ihren Speichel in eine gemeinsame Schüssel spucken. Aus diesem »Saft« schufen die Götter – gleichsam als lebendes Friedensdenkmal – einen Menschen und nannten ihn Kwasir. Er war so klug, dass es keine Frage gab, die er nicht beantworten konnte. Er zog durch die Welt, um die Menschen Weisheit zu lehren. Dabei kam er leider auch zu zwei Zwergen, die ihn heimtückisch erschlugen und sein Blut in drei Schüsseln fließen ließen. Dieses Blut vermischten sie mit Honig, und daraus entstand der Dichtermet, der Göttertrank von Poesie und Weisheit, auch Odrörir, Erreger des Geistes oder Begeisterungstrank, genannt. Den Zwergen brachte er kein Glück, denn sie verloren ihn als Bußgeld an den Riesen Suttung, dessen Eltern sie aus reiner Mordlust erschlagen hatten. Suttung aber ließ den Met tief im Bergesinnern von seiner Tochter Gunnlöd bewachen, weil er das kostbare Getränk ganz für sich allein behalten wollte.

Odin gelang es, diesen Zaubertrank für die Asen und damit für die Welt (der Dichter/innen und Denker/innen) zu retten. Er verdingte sich als Knecht bei Suttungs Bruder Baugi, für den er einen Sommer lang die Arbeit von neun Knechten verrichtete. Als Lohn hatte er sich einen Trunk von Suttungs Met ausbedungen. Suttung aber verweigerte entschieden jeden Tropfen von dem Gebräu. So griff Odin zur List. Er gab Baugi seinen Bohrer »Rati« und ließ ihn damit ein Loch durch den Fels bis hin zu Gunnlöd bohren. Dann verwandelte er sich in eine Schlange und kroch hindurch. Drinnen in der Höhle erschien er der Riesentochter in göttlicher Schönheit und in seinen prächtigen Sternenmantel gehüllt. Drei Nächte schlief er mit ihr, und für jede Nacht versprach sie ihm einen Schluck Met. Mit drei Zügen trank Odin darauf alle drei Schüsseln leer und hatte sich so das gesamt Gebräu einverleibt. Trunken wurde er da von göttlicher Begeisterung, Liebe und Poesie. Im Havamal der Liederedda heißt es dazu:

> »Der Vergessenheit Reiher überrauscht Gelage
> Und stiehlt die Besinnung.
> Des Vogels Gefieder befing auch mich
> In Gunnlöds Haus und Gehege.
> Trunken ward ich und übertrunken
> In des schlauen Fialars Felsen.«
> (Wägner, S. 91)

Die Poesie galt den Germanen als »dunkle« Kunst und gerade deshalb als schön (vgl. Diederichs, S. 181f). Einem Hang aller Dichtkunst gemäß vermieden die Skald/inn/en das Überdeutliche. Daher ihr kompliziertes Stilelement der *Kenning* (pl. *Kenningar*), das eine Fülle von Umschreibungen für ein und dasselbe Ding nennt, bisweilen eine Art mystische Verschleierungstaktik, die nur Eingeweihte verstehen können. *Kenningar* für die Poesie sind danach z. B. »Kwasirs Blut«, »Zwergentrank oder -sättigung«, »Zwergenfahrzeug«, »Suttungenmet«, »Schlagbergennass« (nach dem Ort Schlagbergen, in dessen Inneren Gunnlöd den Met bewachte), aber auch »Odins Beute« oder »Gabe« oder »Trunk der Asen«. Eine Fülle von Wortspielen also, die man nur bei genauer Kenntnis der Mythologie begreift. Was die Dichtkunst zu einer heiligen Kunst werden lässt, die Mensch und Gottheit gemeinsam haben. Sobald Odin den Met aufgeschlürft hatte, nahm er Adlergestalt an und flog eilig davon; Suttung, ebenfalls als Adler, hinterher. Die Asen stellten derweil Schüsseln im Hof auf, und als Odin über Asgard schwebte, spuckte er den Met in die Schalen (womit er wieder zu Speichel wird, wie zu Beginn seiner Entstehung). Er schenkte ihn nicht nur den Asen, sondern allen Menschen, die dichten können. Auf diese Weise erhielten auch die Sterblichen Anteil an unsterblicher Weisheit.

Jakob Grimm setzt diesen Trank göttlicher Dichtkunst deshalb gleich mit *Amrita* und *Ambrosia*, den Unsterblichkeitselixieren aus der indischen und griechischen Mythologie (S. 754f). Dazu passt, dass nach dem indischen Mythos der Gott Indra den im Wolkenberg gefesselten Met raubt und ihn in Adlergestalt zu den Menschen bringt!

Schlange und Adler aber, diese so gegensätzlich erscheinenden Tiere, gelten als Odins charakteristische Tiersymbole. So wie in der indischen Mythologie der Sonnenvogel Garuda und die Weltschlange Schescha das Wesen des Gottes Vischnu zum Ausdruck bringen. Und Garuda verhilft den Schlangen zur Unsterblichkeit, indem er ihnen das Amrita vom Himmel holt (das Indra ihnen gleichwohl sofort wieder entreißt)! (siehe im Kapitel »Das Doppelsymbol von Adler und Schlange«, S. 81ff)

3. Die Midgardschlange am Weltenbaum

Eine Grenzgängerin und -halterin ist auf ihre Art auch die Midgardschlange, die man *Jörmungand*, riesiger Zauberstab, nennt. Ihr »Hort« schließlich ist die ganze Welt, die sie im Äußeren zusammenhält, denn sie hat sich wie ein Ring darum herum geschlungen. Solange sie ihren Schwanz im Maul behält, hütet sie die Welt wie einen Schatz. Doch wehe, wenn sie einst losgelassen – : dann reißt sie diese selbe Welt durch ihren Schlund in den Abgrund.

Mit der Midgardschlange treffen wir auf ein sozusagen kosmogonisches Prinzip. Sie ist eines der drei Kinder (und übrigens männlich vorgestellt), die der Gott Loki mit der Riesin Angurboda (Sorgen- oder Angstbringerin) zeugt, mithin ganz und gar übermenschlich bzw. übernatürlich, um nicht zu sagen göttlich. Ihre Geschwister sind bezeichnenderweise der Fenriswolf und die Göttin Hel, samt und sonders verschlingende, todbringende Wesen. Als Loki diese Kinder in Asgard vorstellt, bäumt sich Jörmungand empor, dass sie anzusehen ist wie eine gewundene Säule. Aus ihrem klaffenden Rachen fließen Gift und Geifer, wovor alle Gottheiten ängstlich zurückweichen. Um ihren Schaden zu begrenzen schleudert Odin sie weit über Asgard ins Unermessliche hinaus. Da versinkt sie im Weltenmeer, das Midgard, die Welt der sterblichen Menschen, umringt. Hier wächst sie heran auf einsamem Grunde, ungesehen von Göttern und Menschen, bis ihr grässliches Haupt im ungeheuerlichen Ring wieder den Schweif berührt. Wenn sie trinkt, tritt Ebbe ein, und wenn sie das Wasser wieder von sich gibt, entsteht die Flut. So liegt sie am Fuß der Weltesche Yggdrasil, Bild einer »Umfriedung«, die jederzeit in ihr Gegenteil, die totale Entgrenzung und damit Gesetzlosigkeit umschlagen kann. Wenn die Midgardschlange ihre »Fassung« verliert, stürzt die Welt zurück ins Chaos. Das wird in den Tagen des Weltuntergangs *(Ragnarök)* geschehen: Dann rast sie im Riesenzorn und peitscht die Wellen mit ihrem Schweif. Soviel Gift wird sie von sich blasen, dass Luft und Meer davon erfüllt sind. Zwar wird Thor sie mit seinem Hammer erschlagen, doch kostet ihn diese Tat selbst das Leben: Neun Schritte von der Kampfstätte entfernt fällt er tot zu Boden von dem Gift, mit dem die Schlange ihn angehaucht hat.

Die Midgardschlange am Weltenbaum

Könnte es ein sprechenderes Symbol dafür geben, dass das Festhaltende zugleich das Beschützende ist, das Behütende aber jederzeit zur tödlichen Gefahr werden kann?

Thor, der Donnergott und Beschützer der Menschen- wie der Götterwelt gleichermaßen, macht zweimal unfreiwillig Bekanntschaft mit dem Meerungeheuer. In beiden Fällen geht es um ein Kräftemessen mit den Riesen und in beiden Fällen steht die Welt kurz davor, aus den Angeln gehoben zu werden.

Als er bei dem Riesen *Utgard-Loki* zu Gast ist, fordert der ihn zu einem Wettkampf heraus, in dessen Verlauf er ihn u.a. eine graue Katze vom Boden aufheben lässt, angeblich ein Kinderspiel. Thor fasste ihr mit der Hand unter den Bauch, doch je höher er sie hob, umso krummer wurde ihr Buckel, mehr als einen Fuß brachte er zu seiner Schande nicht vom Boden weg. Erst als der Spuk vorbei war, eröffnete ihm der Riese, dass er in Wirklichkeit nicht mit einer Katze, sondern mit der Midgardschlange höchstpersönlich gerungen hatte. Schwanz und Kopf des Ungeheuers waren gerade noch an der Erde geblieben. Wenn es ihm gelungen wäre, sie wirklich hochzuheben, hätte dies das Ende der Welt bedeutet. (Gleichzeitig wird hier vielleicht auch eine geheime Verwandtschaft von Katze und Schlange angedeutet).

Thor angelt die Midgardschlange (Ausschnitt)

Die zweite Begegnung Thors mit Jörmungand ist nicht weniger dramatisch. Diesmal ist er zu Gast bei dem Riesen *Hymir*, mit dem er am nächsten Tag zum Fischen weit hinausfährt, bis an die Grenzen des Meeres. Thor benutzt dabei einen Ochsenkopf als Köder und hat prompt – wenn auch zunächst unwissentlich – die Midgardschlange an der Angel! Der Ruck wirft ihn gegen die Schiffswand. Er aber erhob sich zu seiner Asenstärke und trat den Boden des Schiffes durch, sodass er auf dem Meeresgrunde stand. Um ihn herum zischte es, wie wenn alles Gewürm der Erde versammelt wäre. Die Sterne verloren ihren Glanz, und aus der Tiefe reckte sich mit geiferndem Rachen das Haupt der Midgardschlange empor. Sie starrte ihn an, den Rachen weiter und weiter aufgesperrt, gleich dem Abgrund des Meeres, der vor dem kenternden Schiff sich auftut. Er aber schwang beherzt den Hammer und – nun wäre das Ungeheure geschehen gegen das Schicksal, gegen den Spruch der Nornen. – Da durchschnitt der Riese Hymir, voll Schrecken herzuspringend, die Schnur, und der Wurm sank wieder in die Tiefe. Vergebens schickte Thor ihm noch seinen Hammer hinterher. Der verwundete nur, tötete sie aber nicht.

Der Riese, der verglichen mit dem Hammergott, schon länger auf der Welt ist, gleichsam zu ihrem Urgestein gehört, zeigt Thor bei dieser Gelegenheit seine Grenzen auf: Bis hierher und nicht weiter! Die Kraft, mit der er sonst Leben spendet, der Hammer, ist im Begriff, die ganze Welt zu zerstören. Die Welt aber lebt vom Ausgleich der Kräfte, wofür die Schlange mit dem Schwanz im Maul letztendlich auch Symbol ist. Was Michael Ende in Bezug auf die Schlangen seines Symbols »Auryn« in der »Unendlichen Geschichte« sagt, gilt im Grunde auch von Jörmungand:

»Die reglosen Riesenleiber der Schlangen glänzten wie unbekanntes Metall. Und das Verderben, das sie hervorrufen konnten, war nur gebannt, weil sie sich gegenseitig gefangenhielten. Wenn sie sich je losließen, dann würde die Welt untergehen, das war gewiss. Aber indem sie sich gegenseitig fesselten, hüteten sie zugleich das Wasser des Lebens.« (S. 413)

4. Neiddrache und Adler, Wurzel und Wipfel des Lebensbaums

Während die Midgardschlange sich selbst in Schach hält, ist der Neiddrache *(Nidhögg)* ein ausschließlich verderbenbringender Schädling. Fortwährend nagt er an den Wurzeln der immergrünen Weltesche, und würden nicht die Nornen sie wieder und wieder mit dem Wasser des Urdbrunnens begießen, wäre diese Schlange eine wirkliche Gefahr für den Lebensbaum.

Es lohnt sich, einen Blick auf dieses großartige Konzept der Weltesche zu werfen. Von ihr heißt es in *Völuspa*, Verse 13 und 14, ebenso »dunkel« wie poetisch:

»Eine Esche weiß ich,
die heißt Yggdrasil,
die hohe, benetzt
mit hellem Nass:
von dort kommt der Tau,
der in Täler fällt;
immergrün steht sie
am Urdbrunnen.
Von dort kommen Frauen,
vielwissende,
drei, aus dem Born,
der unterm Baume liegt.«

Ihre Zweige breiten sich aus über die ganze Welt und ragen bis über den Himmel hinauf, ihr Wipfel heißt »Friedespender« *(Lärad)* und überschattet Asgard, die Wohnung der Gottheiten und der seligen (verstorbenen) Menschen. Drei mächtige Wurzeln nähren und tragen den Stamm: Die Totengöttin Hel wohnt unter der einen, die Reifriesen leben unter der anderen, und unter der dritten befindet sich Midgard, die Menschenwelt. Die Wurzeln aber schöpfen ihre Kraft aus drei Brunnen, die je auf ihre Art das Zentrum der drei Reiche bilden: Bei Hel in *Niflheim* (Nebelheim, nördl. Polarwelt) sprudelt der urweltliche Brunnen *Hwergelmir* (rauschender Kessel), in dessen Tiefen die Geheimnisse der vorweltlichen Dinge verborgen ruhen, die weder Menschen noch Götter noch Riesen zu ergründen vermögen. Er ist voll giftiger Schlangen, so viele, dass keine Zunge sie aufzählen kann, und Nidhögg ist die größte von ihnen.

»Die Esche Yggdrasil
Muss Unbill leiden,
Mehr, als man meint:
Der Hirsch äst den Wipfel,
Die Wurzeln nagt Nidhögg,
An den Flanken Fäulnis frisst.

Mehr Würmer
Liegen an den Wurzeln Yggdrasils,
Als ein Unwissender ahnt ...
Sollen immerdar
Zerfressen die Faserwurzeln.«
(Grimnismal, Verse 28 u. 33)

Durch Mimirs Born im Reich der Riesen, vor allem aber durch die Wasser des Urdbrunnens, an dem die drei Nornen sich täglich mit den Gottheiten der Asen besprechen, wird der Schaden einigermaßen begrenzt. Sie begießen den Lebensbaum täglich mit dem heiligen Wasser der Quelle. Von dort steigt Nebel bis in die Baumkrone auf, der als Tau zurückfällt auf die Erde und dort die Pflanzen wachsen lässt, die wiederum Menschen und Tiere ernähren. Wie die Welt von zerstörenden Gewalten bedrängt und beschädigt wird und doch in ihrer Schönheit fortdauert, so bleibt der immergrüne Baum bestehen, dessen Blätterschmuck zwar angegriffen, doch nicht auf Dauer zerstört werden kann. Davon weiß der Adler, hoch oben auf dem Wipfel wahrlich ein Lied zu singen: Er nistet dort oben im Geäst und singt vom Werden und Vergehen. Ein Habicht sitzt zwischen seinen Augen, der »Wettermacher« heißt. Zwischen ihm und dem Neiddrachen flitzt beständig das Eichhörnchen *Ratatösk* hin und her und trägt des Adlers Worte in die Unterwelt; womit es den Streit der beiden gegensätzlichen Parteien munter am Leben hält. So ist das Bild der Weltesche ein vollkommenes Symbol des kreisenden Lebens, das von lauter Gegensätzlichkeiten zusammengehalten wird. In diesem Bild finden auch die Schlangen ihren durchaus berechtigten Platz.

Wie die Midgardschlange wird auch der Neiddrache in den Zeiten des *Ragnarök*, wenn die bestehende Welt sich auflöst, untergehen, so jedenfalls prophezeit der letzte Vers der *Völuspa*, der zeitenüberspannenden Vision einer großen, unbekannten Seherin *(Völva)*.

»Der düstre Drache
tief drunten fliegt,
die schillernde Schlange,
aus Schluchtendunkel.
Er fliegt übers Feld;
Im Fittich trägt
Nidhögg die Toten:
Nun versinkt er.«

Das Gegeneinander von Vogel und Schlange, die im Grunde ein zusammengehöriges Paar bilden, ist weltweit ein beliebtes Motiv und wird uns noch entsprechend beschäftigen. Ebenso wie das Motiv von Schlange und Lebensbaum.

IV. Volkstümliche Drachenkampfsagen

Die Geschichte von Sigurd, Fafnisbana, setzt sich später in zwei Erzählrichtungen fort: in der Siegfried- bzw. Nibelungensage und in der Saga von Sigurd Thögli.

1. Die Siegfriedsage

Wie bereits angedeutet, stellt die Siegfriedsage das Motiv der Unverwundbarkeit des Helden in den Mittelpunkt:

Siegfried »riss den stärksten Stamm aus dem Feuer und schlug den Drachen, ehe er noch Gift gegen ihn blasen konnte, so aufs Haupt, dass er zur Erde sank; und er schlug immer weiter, bis das Untier tot lag. Dann hieb er ihm mit der Axt den Kopf ab. Als aus dem Rumpf das rauchende Blut strömte, fasste er mit der Hand hinein und fühlte, dass seine Haut hart wurde wie Horn. Da warf er die Kleider ab und badete in dem Blut; davon wurde die Haut an seinem ganzen Körper hörnen, dass kein Eisen sie mehr durchdringen konnte. Nur zwischen seinen Schultern blieb eine Stelle verwundbar: darauf war ihm ein Lindenblatt gefallen, während er badete.« (Fischer, S. 377)

Ansonsten ist in dieser Legende von der Vielschichtigkeit und dem Motivreichtum der ursprünglichen Sigurdsage nicht mehr viel übriggeblieben. Siegfried, ein ungebärdiger und von den Erwachsenen kaum zu bändigender junger Mann, gewinnt durch den Drachenkampf nur mehr Tollkühnheit und eine gewisse Unbesiegbarkeit. Den Schatz der Nibelungen rafft er im Streit gegen zwei Königssöhne an sich, und die berühmte Tarnkappe entwendet er dem Zwerg Alberich mit roher Gewalt. Von Weisheit ist keine Rede mehr, die Verwandlung bezieht sich lediglich auf einen Zuwachs an Körperstärke und Kampfkraft, sprich es geht nur noch darum, wer der Stärkste im Lande ist.

2. Die Saga von Sigurd Thögli und das Motiv von der Rettung des Löwen

Diese Sage (früheste Fassungen gehen auf die Mitte des 15. Jhds zurück) ist bei uns weitaus weniger bekannt. Sie ist eher nach Art der bekannten Dummlingsgeschichten aufgebaut:

Sigurd ist der jüngste von drei Brüdern und kann mit sieben Jahren noch nicht sprechen; man hält ihn für stumm und dumm und einen rechten Tölpel. Nur seine Mutter und sein Ziehvater, Graf Lafranz von Lixion, glauben an ihn und seine noch verborgenen Talente. Auch dieser

Sigurd erlernt von seinem Ziehvater alle nur erdenklichen Künste, Fertigkeiten und Sprachen und zieht mit achtzehn Jahren allein in die Welt, um sein Glück zu versuchen. Zum Abschied schenkt Lafranz ihm ein von Zwergen geschmiedetes Zauberschwert, das Stahl und Stein zerschneidet, ohne davon stumpf zu werden. Die eine Seite der Klinge ist vergiftet, doch ist am Knauf ein kleiner Beutel mit dem Gegengift befestigt: Ein heilkräftiger Stein von roter Farbe, der mit Wein bestrichen, auf die Wunde gelegt werden musste, konnte alles Gift wieder herausziehen. Die Schwertscheide aber war mit Tieren, Vögeln und Drachen bemalt.

Schon bald wird der junge Mann wider Willen in einen nächtlichen Drachenkampf verwickelt. Als er nachts unter freiem Himmel schläft, weckt ihn ein schreckliches Getöse, und er wird gewahr, dass der Wald ringsum sich gegen eine gewaltige Kraft anstemmt, welche selbst die Eichen in den Grundfesten erschüttert. Diese Macht geht von einem Drachen aus, der über den Wald fliegt, und einen jaulenden Löwen mit Klauen und Schwanz umklammert hält. Der Drache wollte mit seiner Beute über den Wald aufsteigen und auf ein großes Gebirge zusteuern, in dem er seinen Hort hatte. Der Löwe aber krallte sich mit letzter Kraft an den Eichen fest, um den Drachen am Wegfliegen zu hindern. Unwillig spuckte der Drache Gift und Feuer weit hinaus von sich weg, sodass es Sigurd vorkam, als werde der ganze Wald versengt. Er erinnert sich daran, dass er den Löwen als Zeichen auf seinem Schild trägt, und beschließt, dem hilflosen Tier beizustehen. Und als der Löwe sich, so gut er konnte, festkrallte, sank der Drache etwas herunter. Da erwischte Sigurd ihn mit seinem Speer unter dem Flügel, wodurch als erstes der Löwe freikam und halbtot zu Boden fiel. Da er nun keine Angst mehr haben musste, den Löwen zu verletzen, und der Drache zudem schon geschwächt war, hieb der Held ihm mit dem Schwert die Beine ab. Da begann der Drache in alle Richtungen Gift zu speien. Erst nachdem er den stark gewundenen Schwanz abgeschlagen hatte, fiel der Drache auf die Erde, wo Sigurd ihm den Kopf abhieb. »Dies war die erste vollbrachte Ruhmestat von Sigurd Thögli, seit er von seinem Ziehvater aufgebrochen war« (Glauser/Kreutzer, S. 240).

Damit ist auch hier wieder der Aspekt von Initiation und Erwachsenwerden angesprochen.

Derselbe Drache war übrigens erst unlängst Sigurds Brüdern erschienen und dabei recht schaurig beschrieben worden:

Das Untier lebte in einem Gebirge mit gewaltig hohen Felswänden und nachts sah es so aus, als ob dort oben ein Feuer brenne. Eines Tages plötzlich ertönt in den Lüften ein gewaltiges Sausen und die Brüder sehen, wie ein schrecklicher Drache mit aufgerissenem Rachen über ihr Heer hinweg fliegt. Dabei speit er in Stößen so viel Gift aus, dass darin sechzig Leute aus ihrem Gefolge auf der Stelle umkommen. Das Ungetüm senkt sich mit offenen Kiefern zu den Brüdern nieder, reißt mit den Klauen gleich zwei weitere Gefolgsleute mit sich nach oben, verschlingt noch einen dritten und fliegt darauf zu dem Berg, auf dem sie es hatten glänzen sehen. Die mit dem Leben davongekommen sind, hissen schleunigst die Segel und fliehen, so schnell sie können.

Sigurd aber gewinnt (nachdem er im Drachenhort noch zwei ausgewachsene Jungtiere erschlagen hat) von seinem Kampf nicht nur das Gold, auf dem der Drache gelegen hatte, sondern gleichzeitig den dankbaren Löwen als Schutz- und Krafttier.

Die Geschichte ist sichtlich von der christlich-mittelalterlichen Löwensymbolik mit beeinflusst. Seit der Antike galten Löwen als »Sonnentiere«, wie sie ja auch, nach der griechischen Mythologie, den Wagen des Sonnengottes Apollo über den Himmel zogen. Jesus Christus wurde bereits in der frühen Kirchenväterzeit mit der Symbolik des »Sol invictus«, der unbesiegbaren Sonne in Zusammenhang gebracht. So wie die Sonne mit ihren Strahlen das Dunkel der Nacht vertreibt, so hat Jesus Christus, als neuer Sonnenheld, das Dunkel von Tod und Unterwelt besiegt, für das nicht umsonst symbolisch der Drache der Apokalypse steht. Indem Sigurd Thögli hier also den Löwen aus den Fängen des Drachen befreit, nimmt er im Grunde teil am Befreiungswerk Jesu Christi, zeigt, dass er gewillt ist, auf der Seite des Guten gegen das Böse anzukämpfen.

Eine direkte Parallele zu Sigurd Thöglis Geschichte mit dem Löwen findet sich übrigens im keltischen Sagenschatz um »Owain, den Ritter mit dem Löwen«, der wiederum die Romanerzählungen von König Artus und seiner Tafelrunde inspirierte.

3. Beowulfs Drachenkampf

Die Geschichte des dänischen Königs Beowulf konfrontiert uns mit einem Drachenkampf am Ende eines glücklichen und friedvollen Lebens.

Fünfzig Jahre hindurch hatte Beowulf sein Land als weiser und starker Fürst regiert. Da plötzlich suchte ein riesiger Drache die Gegend heim, der allnächtlich verheerend über das Land fuhr. An die dreihundert Jahre schon hatte er in einem wilden Felsberg gehaust und hütete daselbst einen Schatz, den einst der letzte Abkömmling eines edlen Geschlechts in einer Höhle verborgen hatte. Niemand wusste, dass in dem unwegsamen Gebirge ein so reicher Hort lag. Ein Knecht, der seinem Herrn aus Angst vor Strafe davongelaufen war, wollte sich in der Höhle verstecken, und zu seinem Glück schlief der Drache. Das Gold stach ihm mächtig in die Augen, und obwohl er vor Angst schlotterte, stahl er eine edelsteinbesetzte Schale aus dem Schatz, mit der er seinen Herrn versöhnen wollte. Der Wurm bemerkte den Diebstahl sofort und begann wütend, den ganzen Berg umzugraben. Schließlich schoss er feuerspeiend hervor, um sich an allen Menschen zu rächen. Allnächtlich bis zum Morgengrauen flog er über das Land und ließ auf seiner Spur brennende Höfe zurück, niemand und nichts schonte er, keine Burg hielt ihm stand und zuletzt ging selbst des Königs Halle in Flammen auf.

Da macht Beowulf sich auf, um den Wurm im Einzelkampf zu besiegen, wie er es in seiner Jugendzeit mit vielen Ungeheuern aufgenommen hatte. Er ahnt, dass er nun, als Greis, seinen letzten Kampf vor sich hat. »Ich will den Hort gewinnen oder fallen!« Stolz und im Schmuck seiner Waffen steigt er die Steinwand empor zum Eingang. Unter der Wölbung hervor schoss ein kochender Strom, unmöglich zu durchwaten, da schrie der Held seinen Kampfruf ins Höhlendunkel hinein, und der Drache kam hervor, aus seinem Rachen fuhr Feueratem ihm vorauf. Beowulfs Schwerthiebe glitten an der Hornhaut des Wurms ab, der den Fürsten stattdessen aus nächster Nähe mit Feuer überschüttete. Angsterfüllt flohen des Königs Genossen, einzig der junge Wiglaf hielt noch stand. Sein Lindenschild loderte allerdings unter dem Feueratem in Flammen auf. Im dritten Ansturm schlug der Drache dem König seine Zähne in den Hals, dass das Blut nur so spritzte. Wiglaf jedoch gab nicht auf: Ohne darauf zu achten, dass ihm die Hand verbrannte, bohrte er sein Schwert in den Bauch des Ungetüms, der daraufhin sein Opfer fahren ließ. In einem letzten Aufflackern seiner Kraft riss Beowulf das scharfe kurze Hüftschwert vom Gürtel und hieb den Wurm mittendurch. »So wurde das Untier gefällt durch Tapferkeit und Treue.«

Beowulf jedoch weiß, dass seine letzte Stunde naht, denn das Gift des Drachen brennt in ihm. Noch einmal will er vor seinem Tod die Schätze sehen, die sie erstritten: »Goldene Urnen und Gefäße aus ferner Zeit, Becher und Schüsseln, Helme und Brünnen, Armringe und Schnüre gereiht, und über alle Schätze weg ein Banner aus Gold gewirkt, so hell flammend, dass das ganze Gewölbe erleuchtet schien.« Wiglaf »raffte zusammen, soviel er konnte, auch das Banner nahm er mit und ein uraltes Riesenschwert.« Beowulf, der keinen Sohn hinterlässt, nimmt nun Wiglaf an Sohnes Statt an. Er schenkt ihm seine Rüstung und den Goldring von seinem Hals und betraut ihn mit seinem letzten Willen: »Mir aber wölbt, wenn mein Scheiterhaufen erlosch, einen Hügel am Strand, weithin blickend über die Brandung am See, ein Zeichen den Schiffern auf der schwarzen, sturmdurchwühlten Flut! Und nun will ich, der Letzte meines Stammes, zu meinen Ahnen gehen.« Der Drache aber verschwelt derweil an seiner eigenen Glut zu Kohle.

Obwohl sie Gold über Gold aus der Höhle hinaustragen, beschließt Wiglaf, dass niemand den Schatz haben soll, außer dem, der ihn erstritt. So wird der ganz Hort zusammen mit dem toten Beowulf in den Flammen des Scheiterhaufens verbrannt und eingeschmolzen und danach der Hügel über Held und Hort errichtet, weithin den Schiffern sichtbar. Auf diese Weise hat der König seinem Lande eine letzte Wohltat erwiesen, diente der Drachenkampf, selbst wenn er mit dem Tod des Helden endete, letztlich doch dem Leben. Auch die Reste des Drachens wurden vom Felsen ins Meer geworfen und damit in den Kreislauf des Lebens zurückgegeben. (vgl. Fischer, S. 165-169)

4. Wolfdietrichs Drachenkampf und das Motiv vom falschen Helden

Als Wolfdietrich ins Lombardenland kam, vernahm er, dass das Reich schon seit Jahren verwaist stehe, weil sein ehemaliger König von einem Drachen getötet worden sei. Seine Gemahlin, Königin Sidrat, jedoch hatte geschworen, nur den zu heiraten, der den Wurm erschlüge und damit ihren Mann rächte. Wolfdietrich beschloss, Frau und Land aus der Not zu helfen. Im Wald suchte er die Spur des Drachen, die zu einer hohen Steinwand führte, in der das Untier hauste. Das war allerdings in den Wald gefahren, um Speise für seine Brut zu holen. Als Wolfdietrich gerade weitersuchen wollte, kam der Wurm auf vierundzwanzig Beinen durch das Holz gebrochen, und sofort setzte der Held zum Kampf an. Doch der Drache zertrümmerte ihm mit einem gewaltigen Schlag seines Schweifs den Schild und erschlug ihm das Ross. Aus seinem Rachen spie er feurige Glut gegen ihn, während Wolfdietrich sich vergebens bemühte, mit seinem Schwert durch die Hornhaut des Ungetüms zu dringen. Schließlich packte der Wurm seinen Gegner mit dem Maul und trug ihn fort in die Höhle, warf ihn seinen Jungen vor und versetzte ihm mit dem Schweif noch einen so gewaltigen Schlag auf das Helmdach, dass ihm das Blut aus den Ohren spritzte. Danach streckte er sich draußen vor der Höhle zum Schlaf aus. Die Jungen wollten ihrem Opfer durch den Harnisch das Blut aussaugen, doch das gelang ihnen nicht, weil der Held ein seidenes Nothemd am Körper trug, das ihn schützte. Sie spielten noch eine Weile mit ihm und ließen ihn dann in Ruhe. Als Wolfdietrich aus seiner Betäubung erwachte, tastete er sich tiefer in die Höhle hinein und fand dort einen Quell, an dem er sich labte. Auch entdeckte er das Schwert Rose, das Sidrats Gemahl gehört hatte. Mit dieser außergewöhnlichen Waffe erschlug er zunächst die jungen Lindwürmer und nahm sich dann den alten Drachen vor, dem er mit seinem neuen Schwert jetzt mühelos den schuppigen Panzer durchschlagen konnte.

Als die Würmer alle tot waren, öffnete der Held ihnen die Mäuler und schnitt ihnen die Zungen heraus. In der Höhle fand er außer Waffen auch den goldenen Ring, den Königin Sidrat ihrem Gemahl mitgegeben hatte, als er zum letzten Male von ihr ritt. Todmüde vom schweren Kampf machte er sich am Rande des Waldes ein Lager von Laub und Gras und fiel drei Tage und drei Nächte in einen tiefen Schlaf. Ein Graf namens Wildung fand derweil den erschlagenen Drachen. Und da er schon lange um die Gunst der Königin warb, ohne je erhört worden zu sein, beschloss er, sich selbst als Sieger im Kampfe auszugeben. Er schnitt den Würmern die Köpfe ab und ließ sie von herbeigerufenen Mannen im Triumph zur Burg führen. Dann forderte er von Sidrat den versprochenen Lohn. Die Hochzeit wurde auf den dritten Tag festgesetzt, obwohl die Königin ihre Zweifel an Wildungs Tat hegte und todunglücklich über die Entscheidung war.

Wolfdietrich erfährt in der Stadt, dass Wildung den Sieg über die Drachen für sich beansprucht und dass die Königin sich schon am nächsten Tag mit ihm verheiraten will. Diese Schmach will er nicht auf sich sitzen lassen. Er erscheint beim Hochzeitsfest und setzt sich an das unterste Ende der Tafel neben einen fremden Bettler, mit dem er die Speise teilt. Die Königin, die seine edle Herkunft erkennt, schickt ihm einen Becher mit Wein. In den wirft er, bevor er ihn zurücksendet, den Ring ihres Gemahls, den Sidrat sofort wiedererkennt. Die Königin lässt ihn zu sich rufen, und alle Versammelten erfahren nun, wer der eigentliche Drachentöter ist. Zwar lässt Wildung als Beweis die Drachenhäupter hereintragen, doch Wolfdietrich öffnet ihnen die Mäuler und fragt die Umstehenden: »Sah jemals einer von euch Häupter ohne Zungen?« Er zieht sogleich die Zungen hervor, fügt sie in die Mäuler, und alle passen. Nun feiert Wolfdietrich Hochzeit mit Sidrat, die in ihm den Ebenbürtigen erkennt. Wildung aber wird von den Gefolgsleuten der Königin überwältigt und hingerichtet. (vgl. Fischer, S. 306-311)

5. Tristan und Isolde und der Drache

Dieses Motiv, dass ein falscher Ungeheuertöter sich für den richtigen ausgibt und Krone und Königtum für sich beansprucht, was aber im letzten Augenblick vereitelt wird, findet sich weltweit in vielen Mythen, Märchen und Sagen. Als besonders bekannte Variante sei hier auf den keltischen Roman von Tristan und Isolde verwiesen. Auch dieses unsterbliche Liebespaar wird durch einen Drachenkampf zusammengeführt, der für Tristan durchaus den Charakter einer Einweihung hat.

Schlangen und Drachen im asiatischen Raum

A. Drachensymbolik in China

I. Der Drache als Symbol von Wasserkraft und (All-)umfassender Wandlung

Faszinierend sind die Drachen in China vor allem deshalb, weil man sie hier als reine Geschöpfe des Wassers und des Himmels, als Spender/innen von Regen, Fruchtbarkeit, Weisheit und Glück phantasiert. Sie sind schlanke Wesen, haben nichts von plumper Erdenschwere, ihr Leib ist eher schlangenähnlich-geschmeidig dargestellt. Sie leben in weitverzweigten Familienverbänden unter Wasser und bevölkern mit ihren Schlössern und Burgen Meere, Flüsse und Seen, deren Hüter sie zugleich sind. Sie horten alle Schätze der Welt, insbesondere Perlen und Edelsteine. Zwar sind sie furchterregend, handeln aber nicht direkt aggressiv, solange man sie nicht über Gebühr reizt; sie geben sogar freiwillig von ihren Reichtümern ab, wenn sie aufrichtigen Herzens darum gebeten werden. Und sie hüten – gewissermaßen als Konzentrat all ihrer guten Eigenschaften – die Perle der Weisheit, die sie spielend kreisen lassen (dabei ab und an Menschen zuwerfen) und deren Anblick »sehend« macht, bzw. Blinden das Augenlicht zurückgibt, sobald nur ein Schimmer davon auf ihre Augen fällt. (vgl. Bildtafel II, Abb. 2)

Weil Wasser als der Drachen liebstes Element gilt, werden sie gleichzeitig als Geschöpfe des Himmels verehrt. Sie fliegen wie Wolken am Himmel und sind verantwortlich für Regen und Fruchtbarkeit. Alljährlich, zur Zeit des Winters, ziehen die Drachen sich »unter Wasser« zurück, wo sie verdeckt leben und völlig inaktiv zu sein scheinen. Im Frühling jedoch, mit den ersten Gewittern, steigen sie zum Himmel auf, um von dort oben während der warmen Jahreszeit die Regen- und Gewitterwolken mit ihrem fruchtbaren Nass zu senden. Dabei können die Menschen sie unterstützen, indem sie gegen Ende des Winters die Gewässer aufrühren, um die Drachen zum Verlassen ihrer Winterquartiere zu bewegen, die sie regelmäßig im Spätherbst wieder aufsuchen, um sich zur wohlverdienten Ruhe zu begeben.

So sind die Drachen perfekte Symboltiere für Jahreskreis und Wasserkreislauf und der durch sie bewirkten Gegensatzvereinigung. Sie verbinden das Oben mit dem Unten, den Himmel mit der Erde, den Winter mit dem Sommer, das Dunkle mit dem Hellen, und – in symbolischer Fortführung – das Gute mit dem Bösen.

Wasser ist ihr primäres Element, doch weil und insofern sie hoch am Himmel fliegen, sieht man sie auch als Geschöpfe der Luft. Als Auslöser von Blitz und Donner sind sie mit dem Element des Feuers vertraut, das ihnen in der Erregung (des Frühlings) aus Mund und Nase schießt. Als Unter-Wasser-Bewohner wiederum sind sie der Erde und ihren Höhlen nahe. Obwohl im Wasser zu Hause, finden wir den Drachen auf diese Weise mit allen vier Elementen verbunden, deren kreisendes Leben er widerspiegelt: ein vollendetes Symbol allumfassender Wandlung, Anpassung und Wendigkeit und damit des Schöpferischen schlechthin.

Die folgenden Märchen vermitteln davon einen lebhaften Eindruck:

1. Der Tschatschatatutu und der Phönix

Der winzigste und unansehnlichste Vogel auf der Welt ist der Tschatschatatutu. Der edelste, wundervollste und farbenprächtigste Vogel aber ist der Phönix.

Eines Tages flehte der Tschatschatatutu den Phönix in seiner Eigenschaft als König der Vögel um Hilfe an. Eine Zwergmaus hatte schon zwei seiner Eier gefressen und er wusste sich gegen sie nicht zu wehren. Der selbstherrliche Phönix fand die ganze Angelegenheit für nicht der Rede wert. So riet er dem kleinen Verwandten nur von oben herab, er müsse eben besser auf seine Kinder aufpassen, wie andere Vogelmütter auch. Selbstgefällig rauschte er davon, und ließ den armen Winzling in seinem Elend zurück. Der kam jedoch, da Not erfinderisch macht, auf eine Idee, wie er der räuberischen Zwergmaus eins auswischen könnte. Aus einem starken Grashalm machte er einen spitzen Pfeil und legte sich dann auf die Lauer. Als nach einiger Zeit tipp tapp, tipp tapp die Zwergmaus heranschlich, fuhr der erboste Tschatschatatutu auf sie los und stach ihr mit dem Pfeil ein Auge aus. In ihrem Schmerz schoss sie wie der Blitz durch das Gräsermeer und einem Löwen direkt ins Nasenloch, der gerade ein Mittagsschläfchen hielt. Der fuhr hoch und sprang vor Schreck kopfüber in einen See. Im Wasser lag träge ein Drachen, der gähnend sein Maul aufriss. Als der plötzlich den Löwen vom Ufer aus auf sich zustürzen sah, dachte er, es ginge an sein Leben. Mit fürchterlichen Schlägen seines Schwanzes erhob er sich blitzschnell in die Luft. Hoch oben im Reich der Berge und der Lüfte aber lebte der Phönix. Blind vor Schreck stieß der Drache an das Phönixnest und zerbrach dabei das einzige Ei, das im Neste lag. Der Phönix fuhr auf und herrschte den Drachen an: »Du Elender! Zerschlägst mir mein Ei im Nest! Nie hat bisher ein Drache mit einem Phönix Streit gehabt. Du lebst im Wasser meist und ich meist auf dem Lande und in der Luft. Du weißt aber, dass wir Phönixe nur einmal im Jahr ein einziges Ei legen. Warum kommst du aus dem Wasser und zerstörst mein Nest und das kostbare Ei? Was habe ich dir denn getan?«

Der Drache machte ein recht betroffenes Gesicht, wies aber jegliche Schuld weit von sich: »Schuld ist allein der Löwe. Ich schwamm ganz ruhig im See dahin, friedlich wie immer, da springt mich plötzlich der Löwe an und will mich packen. Soll ich mich denn fressen lassen? Ich flog eben in die Luft, und nur durch einen unglücklichen Zufall geriet ich an Euer Nest und zerbrach das Ei.« Der Löwe verwies natürlich auf die Zwergmaus, die Zwergmaus wiederum auf den

Tschatschatatutu, sodass der Phönix sich am Schluss wütend zum Ausgangspunkt der Misere begab.

»Kennt ihr mich überhaupt noch?«, fragte mit vorwurfsvoller Stimme der kleine Grasvogel. »Ihr sagtet, jeder Vogel müsse auf seine Eier selbst aufpassen. Das habe ich mir zu Herzen genommen und mein Nest verteidigt. Die Zwergmaus war auf dem Weg, mein letztes Ei aufzufressen – da habe ich ihr das Stehlen ausgetrieben. Weil ihr für mich kein Ohr hattet, musste ich mir eben selbst Gerechtigkeit verschaffen. Wer ist also schuld an allem? Wer?

Bei diesen Worten schwieg der Phönix, wurde rot vor Scham und flog kleinlaut von dannen.

2. Die Geister des Gelben Flusses

Die Götter des Gelben Flusses erscheinen manchmal in der Gestalt von Drachen und manchmal in Form von Rindern und Pferden. Immer aber wenn sie sich zeigen, folgt eine große Überschwemmung. Von den Flussgöttern geht die Sage, dass sie treue und gerechte Diener früherer Herrscher sind, die bei ihren Versuchen, die Fluten einzudämmen, gestorben sind. Nach ihrem Tode wurden ihre Geister zu Flusskönigen. Ihre leibliche Gestalt gleicht Eidechsen, Schlangen und Fröschen.

Unter diesen Flusskönigen ist wiederum der goldene Drachenkönig der mächtigste. Er zeigt sich gerne in der Gestalt einer kleinen goldenen Schlange mit viereckigem Kopf, niedriger Stirn und roten Punkten über den Augen. Er kann sich nach Belieben groß und klein machen und das Wasser steigen und fallen lassen. Er lebt an den Mündungen des Gelben Flusses und des Kaiserkanals. Aber auch alle anderen Flusskönige haben genau lokalisierbare Plätze, und die Schiffer haben ausführliche Listen, in denen sie über Leben und Taten dieser Flussgeister Buch führen.

Alle Flussgeister haben eine Vorliebe für Schauspiel und Theater. Jedem ihrer Tempel gegenüber ist deshalb eigens eine Schaubühne errichtet. In der Halle steht das Geistertäfelchen des Flusskönigs, auf dem Altar davor eine kleine Goldlackschale mit reinem Sand gefüllt. Sobald man darin eine kleine Schlange erblickt, weiß man, dass der Flusskönig anwesend ist. Dann schlagen die Priester Glocke und Pauke und lesen aus den heiligen Büchern vor. Zusätzlich bestellt man sofort eine Schauspieltruppe. Bevor sie anfangen zu spielen, steigen die Schauspieler zum Tempel empor, beugen ein Knie und bitten den König, sich ein Spiel auszusuchen. Er deutet entweder mit dem Kopf darauf oder schreibt ein entsprechendes Zeichen mit seinem Schwanz in den Sand. Die Schauspieler führen dann sofort das gewünschte Stück auf.

Ein Gelehrter ging einst mit seinem Freund über Land, um seine Verwandten zu besuchen. Da kamen sie an einem Flussgott-Tempel vorbei, wo gerade ein neues Schauspiel aufgeführt wurde. Als die beiden in den Tempelhof traten, entdeckten sie oben an den beiden Vordersäulen zwei grüne Schlangen, die sich darum herum gewunden hatten und den Kopf vorstreckten, als sähen sie dem Schauspiel zu. In der Tempelhalle, auf dem Altar, stand die bekannte Sandschale. Darin ringelte sich eine kleine Schlange mit goldenem Leib, grünem Kopf und roten Punkten auf der Stirn. Sie hielt den Hals emporgereckt und ihre blitzblanken Äuglein waren unverwandt auf das Schauspiel gerichtet. Beide Freunde verneigten sich ehrerbietig. Der Gelehrte erkundigte sich nach dem Namen dieser drei Flussgötter.

»Der im Tempel«, erhielt er zur Antwort, »ist der goldene Drachenkönig. Die beiden anderen auf den Säulen sind zwei Feldherren. Sie wagen es nicht, mit dem König zusammen im Tempel zu sitzen.«

Der Gelehrte dachte bei sich: ›Wie kann ein solch kleines Schlänglein Götterkraft besitzen? Soll es mir doch zuerst seine Macht beweisen, ehe ich es verehre.‹

Kaum gedacht, schon getan, bemerkte er plötzlich, wie die kleine Schlange in der Schale den Kopf über den Altar herausstreckte. Vor dem Altar brannten zwei riesige Kerzen von über zehn Pfund Gewicht und dick wie kleine Bäume. Ihr Feuer flackerte wie Fackelschein, die Flamme war gut einen Zoll breit und brannte rot. Mitten in diese Flamme hinein streckte nun die Schlange ihren Kopf. Da wurde ihr Schein plötzlich blau und teilte sich in zwei Zungen. Und obwohl das Feuer so heiß war, dass es Kupfer und Eisen schmelzen konnte, tat es der Schlange nichts. Sodann kroch sie in den Weihrauchkessel. Der war von Eisen und so groß, dass man ihn gerade noch mit zwei Armen umfassen konnte. Der Deckel zeigte in durchbrochener Arbeit ein Drachenornament. Wie ein goldener Faden wand sich die Schlange nun durch sämtliche Löcher des Deckels, sodass es aussah wie eine Stickerei. Dazu musste sie sich wohl mehrere Dutzend Fuß lang gemacht haben. Am Ende reckte sie ihren Kopf oben heraus und sah weiterhin dem Schauspiel zu.

Der Gelehrte aber verneigte sich zweimal und betete: »Großer König, du hast dich meinetwegen bemüht. Ich ehre dich von Herzen.«

Im nächsten Augenblick ringelte sich die Schlange wieder in der Schale und war so klein wie zuvor.

Eine andere Geschichte erzählt vom Geburtstagsfest einer Flussgottheit. Wieder bestand das Geschenk in der Aufführung eines Schauspiels.

Ein einfältiger Bauer jedoch, der des Wegs kam, rief laut und verächtlich: »Das ist doch nur ein ganz kleiner Wurm! Es ist eine große Dummheit so einen als König zu verehren.«

Er hatte noch kaum zu Ende gesprochen, da flog die Schlange schon zum Tempel heraus. Sie wuchs und wuchs und wickelte sich dreimal um die Schaubühne. Dick wie ein großer Eimer wurde sie, und ihr Haupt glich einem Drachen. Die Augen funkelten wie goldene Lampen, und mit der Zunge spie sie rote Flammen aus. Sie streckte sich und zog sich wieder zusammen, dass die ganze Schaubühne davon erzitterte. Schauspieler wie Zuschauer wurden von Entsetzen gepackt, und alle fielen anbetend nieder und verneigten sich zur Erde. Der Bauer aber wurde von den Ältesten ausgepeitscht, bis auch er sich vor der Schlange niederwarf und zu ihr betete. Es entstand ein Geräusch, als wenn Feuerwerk abgebrannt würde. Danach war die Schlange verschwunden. (vgl. Wilhelm, Märchen, S. 139-146)

3. Der Drache nach dem Winterschlaf

Drachen leben nicht nur im Wasser, sie sind auch ebenso wandlungsfähig wie ihr Element. Selbst wenn sie mal aufs Trockene geraten, wissen sie sich zu helfen, indem sie eine ihrer neuen Umgebung gemäße Gestalt annehmen. Davon erzählt die folgende Geschichte:

Es war einmal ein Gelehrter, der las im oberen Stockwerk seines Hauses. Es war ein wolkiger Regentag und trübes Wetter. Da sah er ein kleines Ding, das leuchtete wie ein Glühwurm. Es kam auf den Tisch gekrabbelt. Wo es gegangen war, hinterließ es schwarze Brandspuren, gekrümmt wie die Spuren eines Regenwurms. Allmählich schlängelte es sich auf das Buch, und auch das Buch wurde schwarz. Da fiel ihm ein, dass das wohl ein Drache sein könnte. Darum brachte er es auf dem Buche vor die Tür hinaus. Er stand eine gute Weile da; aber es blieb aufgeringelt sitzen, ohne sich im mindesten zu regen.

Da sprach der Gelehrte: »Man soll nicht von mir sagen, dass ich es an Ehrerbietung habe fehlen lassen.« Mit diesen Worten trug er das Buch zurück und legte es wieder auf den Tisch. Dann zog er Feierkleidung an, machte eine tiefe Verbeugung und geleitete es hinaus.

Kaum war er aus der Tür, so sah er, wie es den Kopf hob und plötzlich sich streckte. Mit einem zischenden Laut flog es vom Buche auf, indem es einen leuchtenden Streifen bildete. Es wandte sich noch einmal nach dem Gelehrten um, da war sein Kopf schon so groß wie ein Fass, und sein Leib maß wohl ein Klafter an Umfang. Noch eine Schlangenwindung: da krachte ein schrecklicher Donnerschlag, und der Drache fuhr in die Lüfte. (Wilhelm, Märchen, S. 138)

II. Der Drache und die jenseitige Welt

Weil Drachen hoch am Himmel fliegen und tief in der Erde wohnen, leben sie gewissermaßen jenseits der Menschenwelt. Deshalb liegt es nahe, sie in der Vorstellung mit Jenseits und Unsterblichkeit zu verbinden. Eine gute Möglichkeit, sich dort mit ihnen zu treffen, bietet der Traum, der Menschen- und Drachenwelt gleichermaßen zugänglich ist. Was im Traum entschieden und vollzogen wird, zeitigt alsbald greifbare Auswirkungen in beiden Welten, wie in den folgenden beiden Geschichten aus der Tang-Zeit (618-907 n. Chr.) beschrieben wird:

1. Hilfe in der Not

Zwanzig Meilen östlich von Gingdschou ist der Mädchensee. Sein Wasser ist klar und tiefblau. Die Leute der Umgegend haben dort einen Tempel für die Drachenprinzessin errichtet. In dürren Zeiten wallfahrten sie dorthin, um zu beten.

Zweihundert Meilen westlich von Gingdschou befindet sich ein See, dessen Gott Tschauna heißt und viele Wunder tut. Zur Tang-Zeit regierte in Gingdschou ein Beamter mit Namen Dschou Bau. Während seiner Amtszeit begab es sich, dass im fünften Monat Wolken erstanden, die sich wie Berge türmten und zwischen denen sich Drachen und Schlangen wanden; die fluteten zwischen den beiden Seen hin und her. Sturm und Regen, Donner und Blitz erhoben sich, sodass Häuser einstürzten und Bäume entwurzelt wurden. Menschen starben und das Getreide nahm großen Schaden. Dschou Bau nahm die Schuld auf sich und betete zum Himmel um Vergebung für das Volk.

Am fünften Tag des sechsten Monats fühlte er sich plötzlich ungeheuer müde. Kaum war er eingeschlafen, erhielt er im Traum hohen Besuch. Er sah liebliche Wolken, aus denen feiner

Regen herunterrieselte, und ein fremder Duft bezauberte ihn. Eine Frau in schlichtem Gewand, aber von erlesener Schönheit kam mit einem Gefolge von Dienerinnen auf ihn zu. Von allen Seiten strömten farbige Wolken herbei, und purpurner Äther erfüllte den Hof. Dschou Bau ließ Wein und Speisen auftragen und bewirtete alle aufs Beste. Die Göttin aber sah traurig aus. Sie bat den Beamten, ihr zu helfen, und erzählte ihm dazu die Geschichte ihrer Familie:

»Mein Geschlecht wohnt seit Jahrhunderten in der Tiefe des Ostmeers. Da traf uns das Unglück, dass unsere Schätze den Neid der Menschen erregten. Durch Feuer wurde unser Stamm fast gänzlich ausgerottet. Seither fühlten sich die Unseren vor künftigem Schaden nicht sicher und verzogen sich deshalb in den fernen Westen. Dort hat sich mein Vater viele Verdienste um die Menschen erworben und wird von ihnen hoch verehrt. Ich bin seine neunte Tochter. Mit sechzehn Jahren verheiratete man mich an den jüngsten Sohn des Felsdrachens. Mein guter Mann hatte leider ein hitziges Wesen und verstieß des öfteren gegen die gute Sitte. Noch ehe ich ein Jahr mit ihm zusammenlebte, traf ihn des Himmels Strafe. Einsam blieb ich zurück und kehrte in mein Elternhaus zurück. Mein Vater wollte mich ein weiteres Mal verheiraten, doch ich weigerte mich, weil ich meinem ersten Gatten treu bleiben wollte. Nun musste ausgerechnet der gemeine Drache Tschauna für seinen jüngsten Bruder um meine Hand anhalten, und mein Vater sagte gegen meinen Willen zu. Tschauna und sein Bruder wollten mich darauf mit Waffengewalt entführen, doch ich trat ihnen mit fünfzig Getreuen auf dem Anger vor der Stadt entgegen. Wir wurden besiegt und ich habe Angst, dass der Bube mir Schande antun wird, sodass ich meinem verstorbenen Gatten nie wieder unter die Augen treten könnte. Deshalb möchte ich Euch bitten, mir Söldner zu meiner Verteidigung zu leihen. Ich will Euch auch bis ans Ende der Zeiten dankbar sein.«

Im Traum sagte ihr Dschou Bau seine Hilfe zu und sandte andern tags gleich fünfzehnhundert Soldaten an den Mädchensee. Es stellt sich jedoch heraus, dass nur verstorbene Soldaten zur Verteidigung der Drachentochter taugten. Dschou Bau ließ in den Listen nachsehen, welche Soldaten im Kampf gefallen waren, und stellte danach eine neue Truppe zusammen. Die lebenden Soldaten rief er zurück. Einer von ihnen wurde bei der Rückkehr plötzlich bewusstlos und kam erst am nächsten Morgen wieder zu sich. Die Prinzessin hatte ihn währenddessen zu sich in den Tempel rufen lassen. Nun sollte er seinem Vorgesetzten ausrichten, dass sie sich für die Entsendung der Geistersoldaten recht herzlich bedanke, dass aber deren Anführer nicht tüchtig sei. Deshalb sei ihr Heer von neuem durch die feindlichen Truppen niedergeworfen worden. Sie lasse ihn also sehr bitten, einen stärkeren Führer zu senden.

Dschou Bau wählte nun den noch lebenden, siegreichen Feldherrn Dschong-Fu aus, um zu prüfen, was es mit der Sache auf sich habe. Nicht lange darauf erhielt er die Nachricht, dass Dschong-Fu gestorben sei. Man berichtete jedoch, der Leichnam zeige trotz des heißen Sommerwetters keine Spur von Verwesung, und auch das Herz sei noch nicht erkaltet. Dschou Bau gab deshalb Befehl, ihn nicht zu bestatten. Eines Nachts erhob sich ein eisiger Geisterwind, der Sand und Steine aufwirbelte, Bäume zerknickte und Häuser einwarf. Alles Getreide auf den Feldern wurde umgeweht. Schließlich ertönte krachend ein Donnerschlag, der Himmel wurde wieder klar und wolkenlos. Um dieselbe Stunde begann der tote Feldherr auf seinem Bett von neuem zu atmen und war von Stund an wieder lebendig. Er erzählte, wie er von einem Mann in purpurnem Gewand auf schwarzem Ross abgeholt wurde, der ihn im Auftrag der Prinzessin zum Mitkommen überredete. Er zog dann in die Schlacht und überwältige Tschauna und seine Truppen mit Kriegslist. Für seinen Sieg wurde er mit Gnaden überhäuft. Allerdings bat die Prinzessin ihn, für immer in ihren Diensten zu bleiben, und gab ihm einen Monat Zeit, seine weltlichen Angelegenheiten zu regeln.

Der Feldherr kümmerte sich von da ab nicht mehr um seine Geschäfte, sondern übergab alles seiner Frau und seinem Sohn. Als ein Monat vorüber war, starb er ohne Krankheit. An jenem Tag konnte man beobachten, wie eine dichte Staubwolke aufwirbelte und Flaggen und Fahnen die Sonne verdunkelten. Tausend Ritter gaben einem Mann das Geleit, der stolz und heldenhaft zu Pferde saß. Sie ritten nach dem Mädchensee, wo sie verschwanden.
(vgl. Wilhelm, S. 150-158)

Weitaus mystischer noch geht es in der Geschichte zu, die bei Richard Wilhelm ein wenig irreführend überschrieben ist: Der Mönch am Yangtsekiang. Mit Blick auf das Thema dieses Buches sollte sie treffender heißen:

2. Der alte Drache der Milchstraße

Zur Zeit des Kaisers Tai Dsung aus der Tangdynastie geschah es, dass einst eine große Dürre herrschte, also, dass der Kaiser und alle Beamten überall Altäre errichteten, um Regen zu erflehen. Da redete der Drachenkönig des Ostmeers mit dem alten Drachen der Milchstraße und sprach: »Heute bitten sie drunten auf der Erde um Regen, und der Herr hat die Bitten des Königs von Tang erhört. Morgen musst du drei Zoll Regen fallen lassen.«

»Nein, ich muss nur zwei Zoll Regen fallen lassen«, sprach der alte Drache.

Also gingen die beiden Drachen eine Wette ein, und der, der unrecht hatte, sollte zur Strafe zum Schlamm-Molch werden.

Tags darauf erging der Befehl des höchsten Herrn an den Drachen der Milchstraße, er solle die Wind- und Wolkengeister anweisen, drei Zoll hoch Regen auf die Erde niederzusenden. Ein Widerspruch war nicht möglich. Da dachte der alte Drache bei sich selbst: ›Der Drachenkönig kennt die Zukunft doch besser als ich. Wenn ich nun aber ein Schlamm-Molch werden sollte, wäre das gar zu schmählich.‹ So ließ er nur zwei Zoll Regen fallen und berichtete dem himmlischen Hofe, dass der Befehl erfüllt sei.

Der Kaiser bedankte sich beim höchsten Himmelsherrn für den gewährten Niederschlag, bat aber untertänigst, noch etwas mehr herabzusenden, damit die dürren Saaten sich erholen könnten. So kam der Himmelsherr dem alten Drachen der Milchstraße auf die Schliche, und in seinem Zorn über den missachteten Befehl, beschloss er, ihn durch den Feldherrn We Dschong enthaupten zu lassen.

Abends nun hatte der Kaiser Tai Dsung einen Traum. Er sah einen Riesen eintreten, der ihn mit verhaltenen Tränen anflehte, ihm das Leben zu retten. »Der Herr hat, weil ich eigenmächtig den Regen verringert habe, in seinem Groll befohlen, dass We Dschong mich morgen um die Mittagsstunde enthaupten soll. Ihr müsst nur verhindern, dass der Feldherr um diese Zeit einschläft und abermals ein Gebet an den Himmelsherrn darbringen, so lässt sich das Unglück noch einmal abwenden.«

Der Kaiser versprach, ihm zu helfen. Am nächsten Tag trank er mit We Dschong am Mittag Tee und spielte eine Partie Schach mit ihm, um ihn abzulenken. Als er jedoch einen Moment zu lange über seinen nächsten Zug grübelte, nahm das Schicksal seinen Lauf: Der Feldherr fiel in Tiefschlaf und schnarchte mit Donnergetöse. Es dauerte lange, bis er wieder zu sich kam. »Mir träumte«, sprach er zum Kaiser, »der höchste Gott habe mir befohlen, den alten Drachen zu enthaupten. Eben habe ich ihm den Kopf abgeschlagen, und noch immer tut mir der Arm von der

Anstrengung weh.« Plötzlich fiel aus der Luft ein Drachenkopf herab, groß wie ein Scheffelmaß. Der Kaiser erschrak und bekannte darauf: »Ich habe mich am alten Drachen versündigt.« Er zog sich zurück in seine Gemächer, blieb auf seinem Lager liegen, schloss die Augen und redete nichts mehr. Sein Atem ging nur noch ganz schwach.

Nun hatte auch er einen Traum. Darin traten zwei Leute in purpurnen Gewändern mit einer Namenskarte in der Hand auf ihn zu. »Der alte Drache der Milchstraße hat den Kaiser in der Unterwelt verklagt«, sprachen sie. »Wir bitten den Wagen anspannen zu lassen.« Der Kaiser folgte unwillkürlich. Unten in der Totenstadt wurde Gericht gehalten. Der Gott des Großen Berges führte das Wort: »Der Drache der alten Milchstraße hat wirklich ein strafwürdiges Verbrechen auf sich geladen. Doch Eure Majestät hatte versprochen, für ihn zum höchsten Herrn zu bitten, wodurch das Leben des alten Drachen wohl gerettet worden wäre. Nun beklagt sich der alte Drache unaufhörlich bei mir. Wenn ich bedenke, dass er seit tausend Jahren sich der Heiligung beflissen hat und nun wieder in den Kreislauf der Wandlungen zurückfallen soll, so ist das wirklich traurig. Darum habe ich mit den Fürsten der zehn Hallen einen Ausweg ersonnen, und Eure Majestät hierher gebeten, um die Sache zu besprechen: Es sollen dreitausendsechshundert heilige Buddhistenpriester die Sutren verlesen, um den alten Drachen zu erlösen, damit er wieder zum Himmel aufsteigen kann und seine ursprüngliche Gestalt behalten darf. Aber die Schriften und Zaubersprüche der Menschen sind nicht wirksam genug. Man muss zum westlichen Himmel gehen und dort wahre Worte holen.«

Als Tai Dsung die Augen wieder aufschlug, lag er auf seinem kaiserlichen Bett. Er veröffentlichte ein Bekenntnis seiner Schuld und beauftragte den Mönch vom Yangtsekiang, nach Indien zu gehen, um von dort »wahre Worte« zu überbringen. Der Mönch blieb siebzehn Jahre weg. Drei Sammlungen von Büchern brachte er mit zurück, und jede Sammlung enthielt fünfundvierzig Rollen. Nun erst konnte das große Opfer dargebracht werden, um den alten Drachen der Milchstraße zu erlösen. (vgl. Wilhelm, S. 274-281)

3. Die verstoßene Prinzessin

Das folgende Märchen gewährt uns tieferen Einblick in die Organisation einer Drachenfamilie samt ihren möglichen Austauschbeziehungen mit der Menschenwelt: Bei den Drachen menschelt es, wenn auch in anderen Dimensionen, doch ist kein Ding unmöglich und der Übergang in die Ewigkeit nur eine Frage der Zeit.

Ein junger Mann namens Liu I, der bei seiner Doktorprüfung durchgefallen war, traf auf der Heimreise ein schönes Hirtenmädchen. Wie sich herausstellte, war sie die jüngste Tochter des Drachenfürsten vom Dungting-See, verheiratet mit dem zweiten Sohn des Drachenkönigs von Ging Dschou. Weil der es mit einer intriganten Magd trieb, wurde sie von Mann und Schwiegereltern verstoßen und musste seither draußen die Schafe hüten. Die junge Frau, die vor Schmerz und Kummer ganz außer sich ist, bittet Liu I, ihrem Vater einen Brief zu überbringen:

»Am südlichen Ufer des Sees steht ein Orangenbaum, die Leute nennen ihn den Opferbaum. Wenn ihr dorthin kommt, müsst ihr euren Gürtel lösen und dreimal gegen den Orangenbaum schlagen, so wird jemand erscheinen, dem ihr folgen könnt. Wenn ihr zu meinem Vater kommt, so erzählt ihm, in welcher Not ihr mich getroffen, und dass ich seine Hilfe heiß ersehne.«

Selbst Liu I rollten unversehens die Tränen herab, als er den Brief in seinen Beutel steckte. Eine Frage interessierte ihn allerdings noch: »Ich verstehe nicht, warum ihr Schafe hüten müsst. Schlachten die Götter denn auch Tiere?«

»Das sind keine gewöhnlichen Schafe«, klärte die Frau ihn auf; »es sind Regenknechte, man kann auch sagen Donnerböcke.« Da bemerkte Liu I, dass die Tiere stolz und wild daherschritten, gar nicht wie andere Schafe.

Nach einem Monat kam Liu I an den Dungting-See, fand den Orangenbaum und tat alles, wie die Drachentochter ihn geheißen. Kaum hatte er mit dem Gürtel dreimal gegen den Baum geschlagen, da tauchte auch schon ein Krieger aus den Wellen vor ihm auf. Als der von seinem Auftrag erfuhr, winkte er zum Wasser hin. Im Nu bildete sich eine feste Straße, auf der er den Gast zum Drachenschloss führte, das sich mit tausend Toren vor ihnen türmte. Wunderblumen und seltene Gräser sprossen dort in üppiger Fülle. Der Krieger bedeutete ihm, in der Geisterhalle auf den König zu warten.

Hier sah Liu I sich um. Alle Schätze der Menschenwelt waren in verschwenderischer Pracht um ihn gebreitet. Die Säulen waren aus weißem Quarz mit grünem Jaspis eingelegt; die Sitze bestanden aus Korallen, die Vorhänge aus wasserklarem Bergkristall, die Fenster aus geschliffenem Glas mit reichem Gitterwerk verziert. Bernsteingeschmückt schwangen sich in weitem Bogen die Balken der Decke. Ein fremder Duft erfüllte den Raum, der sich in geheimnisvollem Dunkel verlor. Der König aber war noch nicht zu sprechen, weil er gerade eben auf dem Korallenturm eine wichtige Unterredung mit dem Sonnenpriester führte; es ging um das heilige Buch des Feuers. Das erklärte ihm der Krieger so:

»Unser Herr ist ein Drache. Die Drachen sind groß durch die Kraft des Wassers. Mit einer Woge können sie Berg und Tal bedecken. Der Priester ist ein Mensch. Die Menschen sind groß durch die Kraft des Feuers. Mit einer Fackel können sie die größten Paläste verbrennen. Feuer und Wasser bekämpfen sich, da sie in ihrer Wesensart verschieden sind. Darum bespricht sich unser Herr nun mit dem Priester, um einen Weg zu finden, wie Feuer und Wasser sich ergänzen können.«

Plötzlich erschien ein Mann in purpurnem Gewand mit einem Jaspiszepter in der Hand. Es war der Drachenkönig, und Liu I übergab ihm den Brief. Auch erzählte er mit bewegten Worten, in welchem Zustand er die Prinzessin vorgefunden hatte. Der König schluchzte und bekannte, dass alles seine Schuld sei. »Ich habe ihr einen schlechten Gatten ausgewählt. Ich wollte meine Tochter recht früh verheiraten und habe sie nun in der Ferne in Schmach und Schande gebracht. Ihr seid ein Fremder und habt Euch doch bereit gefunden, ihr in ihrer Not zu helfen; dafür bin ich Euch herzlich dankbar.« Abermals begann er zu weinen, und mit ihm brach der ganze Palast in Wehklagen aus. Da erschrak der König, denn er befürchtete, sein Bruder Tsiän Tang könne es hören. Der war einst der Herrscher des Tsiän-Tang-Flusses, wurde aber abgesetzt, weil er so wild und ungebärdig war und in seinem Zorn einst eine neunjährige Sintflut über die Erde kommen ließ. »Weil er mit einem Himmelsfürsten uneins war, hat er eine Wasserflut erregt, die bis über die Gipfel der fünf großen Berge ging. Da wurde der Herr zornig auf ihn und hat ihn mir in Gewahrsam übergeben«, erklärte der Drachenkönig Liu I. »Ich musste ihn an eine Säule des Palastes fesseln.«

Während er noch redete, erhob sich plötzlich ein ungeheures Getöse, dass der Himmel zerriss und die Erde erbebte und der ganze Palast in Erschütterung geriet und Rauch und Wolken qualmend aufzischten. Ein roter Drache, tausend Fuß lang, mit blitzenden Augen, blutroter Zunge, scharlachnen Schuppen und feurigem Barte kam daher. Die Säule, an die man ihn gebunden hatte, schleppte er an seiner Kette durch die Luft. Blitz und Donner brausten um seinen Leib, Schnee, Regen und Hagel wirbelten durcheinander. Mit einem Donnerschlag fuhr er zum Himmel auf und verschwand. Liu I fiel vor Schreck zu Boden. Der König half ihm wieder auf und sagte: »Keine Angst! Das ist mein Bruder, der in seinem Zorn nach Ging Dschou eilt. Bald wird gute Nachricht kommen.«

Der König ließ nun Wein und Speisen auftragen für den Gast. Als der Becher dreimal die Runde gemacht hatte, da erhob sich säuselnd ein Zephirwind und feiner Regen sprühte nieder. Herein trat ein junger Held in purpurnem Gewand und hohem Hut. An seiner Seite trug er ein Schwert. Mit sich führte er ein Mädchen in strahlender Schönheit und nebelduftigem Gewand: die Drachenprinzessin, der Liu I unterwegs begegnet war. Eine Schar rotgekleideter Mädchen empfing sie unter Lachen und Kichern und verschwand mit ihr im Inneren des Palastes.

»Mein Bruder Tsiän Tang«, stellte der Herrscher den jungen Mann vor. Der erzählte sogleich lebhaft von seinen Heldentaten: »Ich habe mit den verruchten Drachen gekämpft und sie gründlich besiegt.«

»Wie viele hast du umgebracht?«

»Sechshunderttausend.«

»Kamen Felder zu Schaden?«

»Achthundert Meilen weit.«

»Und wo ist der herzlose Gatte?«

»Ich habe ihn gefressen.«

Der König war bestürzt: »Gar zu roh bist du gewesen. In Zukunft darfst du so etwas nicht wieder tun.« Tsiän Tang versprach es ihm.

An jenem Abend wurde Liu I im Schloss festlich bewirtet. Musik und Tanz verschönten das Mahl. Tausend Krieger führten einen Kriegstanz auf. Die Musik brachte zum Ausdruck, wie Tsiän Tang die feindlichen Reihen durchbrochen hatte. Liu I sträubten sich dabei vor Furcht die Haare. Nach der lauten Militärmusik ertönten Saitenspiel, Flöten und goldene Glöckchen. In roter und grüner Seide tanzten tausend Mädchen einen Reigen. Die Rückkehr der Prinzessin wurde durch Töne ausgedrückt, die wie Schluchzen, Trauer und Klagen klangen, und alle Anwesenden zu Tränen rührten. Die beiden Herrscher dankten dem Gast in Versen, und auch Liu I antwortete mit einem gereimten Trinkspruch. Sie tranken sich so lange zu, bis sie aller Sorgen ledig wurden. Schließlich nahm der König vom Dungting-See einen blauen Wolkenkasten heraus, in dem das wasserzerteilende Nashorn lag. Tsiän Tang tat eine Platte von rotem Bernstein dazu, mit einem Karfunkelstein darauf. Die machten sie dem Gast zum Geschenk. Auch die anderen im Palast häuften an seiner Seite Stickereien, Brokate und Perlen auf. Von Glanz und Schimmer umflossen saß Liu I da und bedankte sich lächelnd nach allen Seiten. Als das Mahl zu Ende war, schlief er im Schloss des gefrorenen Glanzes.

Gerne hätte Tsiän Tang die Königstochter vom Dungting-See mit Liu I verheiratet, doch er brachte seine Werbung so ungeschickt und taktlos vor, dass der Gast verärgert ablehnte. Schließlich wollte er nicht den Eindruck erwecken, er hätte sich einen eigenen Vorteil verschaffen wollen, als er den Brief überbrachte.

Auch die Königin vom Dungting-See richtete Liu I zu Ehren noch ein Festmahl aus und gab ihm dabei zu verstehen, dass sie alle ihn nur schweren Herzens ziehen ließen. Beinahe hätten ihn die Tränen der Prinzessin noch umgestimmt, doch er beherrschte sich und nahm Abschied. Die Schätze, die man ihm mit auf den Weg gab, waren unermesslich viele. Der König selbst mit seinem Bruder geleitete ihn bis zum Fluss.

Zweimal verheiratete sich Liu I, doch beide Male starben seine Frauen nach kurzer Zeit. Durch eine Heiratsvermittlerin kam er zu einer dritten Frau, die ihm als Mädchen aus ärmlichen

Verhältnissen geschildert wurde. Er willigte ein, ohne sie gesehen zu haben. Es war aber niemand anders als die Drachenprinzessin. Nach einem Jahr gebar sie einen Sohn, und aus diesem Anlass gab sie sich Liu I zu erkennen. Da kam er wie aus tiefer Betäubung zu sich und die beiden liebten sich nun von Herzen.

Eines Tages allerdings sprach seine Frau: »Wenn du ewig mit mir zusammenleben willst, so können wir nicht in der Menschenwelt wohnen bleiben. Wir Drachen werden zehntausend Jahre alt, und du sollst an diesem Alter teilhaben. Komm mit mir zurück in den Dungting-See!«

Zehn Jahre waren seither vergangen und niemand wusste, wohin Liu I entschwunden war. Da kam eines Tages zufällig ein Vetter von ihm über den Dungting-See gefahren. Plötzlich tauchte ein blauer Berg aus den Wassern empor; von seiner Spitze glitt ein buntes Boot ins Wasser. Zu beiden Seiten standen Feen. In der Mitte aber saß Liu I. Kaum hatte der Vetter das Boot betreten, verwandelte es sich in einen Berg mit einem Schloss auf der Spitze, und darin stand Liu I, umgeben von Saitenspiel und leuchtenden Farben. »Gerade sind wir einen Augenblick auseinander, und du hast schon graues Haar«, sagte Liu I zur Begrüßung.

»Du bist ein seliger Gott; ich habe verweslichen Leib. So will's das Schicksal.«

Da gab ihm Liu I fünfzig Pillen, von denen jede sein Leben um ein Jahr verlängern konnte. Danach sollte er zurück an den See kommen, um in der Drachenwelt weiterzuleben. Und genau so geschah es. Als sein Vetter alle fünfzig Pillen gegessen hatte, da verschwand auch er auf Nimmerwiedersehen. (vgl. Wilhelm, S. 158–67)

Nimmt man die Zahl 10.000 für das generelle Lebensalter der Drachen als Zahl des All-Umfassenden (wie die »10.000 Dinge«, die in China den Kosmos in seiner Gesamtheit meinen), dann sind Drachen so alt wie die Welt und also ewig. Dazu passt, dass sie wie Gottheiten verehrt und auch so genannt werden. Sie leben wirklich »jenseits«, doch für die Menschen scheint dieses Jenseits oft nur einen Schritt weit entfernt. Zugang ist jederzeit möglich und für beide Seiten glücklich und gewinnbringend.

Insbesondere der Tod öffnet die Pforten ins »Drachenparadies.« Die andere, und für Menschen, die noch eine Weile am Leben bleiben wollen, bessere Möglichkeit ist der Traum. Nicht umsonst gilt der Schlaf als Bruder des Todes. Beide Zustände bedeuten äußerste Passivität und Unbewusstheit in bezug auf den »normalen« Alltag. Der Traum bildet eine ideale Brücke in die turbulente Welt der Drachen. Schlafwandlerisch betreten wir diese Welt beständiger Verwandlung: »Gestaltung, Umgestaltung, des ew'gen Sinnes ew'ge Unterhaltung«, hier wird sie uns in vollendeter Weise vorgeführt. Sehen wir hier noch einen Drachen, ist er im nächsten Augenblick schon Mensch, der sogar einen Brief lesen kann. Sehen wir ihn hier unter Wasser, so erhebt er sich im nächsten Augenblick schon feuerspeiend und donnergrollend in die Lüfte. Ist er hier noch Drache, so kann er im nächsten Atemzug schon Fisch, Schlange, Schildkröte oder sogar ein Mensch werden. Als Gottheit wird er in all diesen Gestalten verehrt. Sein Gemeinschaftssinn gleicht dem der Menschen, seine Familie geht ihm über alles und auch seine Ehegesetze scheinen denen der Menschenwelt zu ähneln. Er bringt Wolken, Regen, Flut, bewirkt aber auch, dass man trockenen Fußes durch turmhohes Wasser kommt. Sein Zuhause ist die Tiefgründigkeit (bisweilen Abgründigkeit) der Unterwasserwelt. Hier kann er im Verborgenen wirken und bewachen, was begehrlichen Blicken entzogen bleiben sollte: Bodenschätze aller Art. Sprich Drachen sind die idealen Schatzhüter/innen. Und sie sind nicht geizig. Tritt eine/r ihnen mit gebührenden Ehrenbezeigungen entgegen, so antworten sie stets mit Gegengaben, die das dargebrachte Geschenk weit an Wert übertreffen. Wer sich an die Riten hält, wird niemals leer ausgehen. Wie kompliziert die sein können, zeigen anschaulich Märchen wie »Die Drachenprinzessin« oder »Die Geister des gelben Flusses.« Respekt und Ehrerbietung, wie man sie im Übrigen auch den Ahnen darbringt, sind Schlüssel zum Herzen der Drachen. Und sind die Drachen nicht letztlich unser aller »Ahnen«?

Raub jedenfalls ist keine Möglichkeit, sich ihnen oder ihren Schätzen sinnvoll zu nähern. In den Geschichten wird räuberisches und gewalttätiges Verhalten gegenüber Drachen niemals belohnt. Warum auch sollte man ihnen etwas mit Gewalt entreißen, was sie unter entsprechender Einhaltung der Riten freiwillig und großzügig geben? Nur muss, wer ein Drachen-Geschenk erhalten will, eben zuerst selber etwas geben. So verlangen es die Gesetze des (Energie-)Austauschs, denen im Übrigen ja auch der religiöse Opfergedanke zugrunde liegt. Ein Aspekt, der bei unseren heimischen Drachengeschichten eine erstaunlich geringe, um nicht zu sagen gar keine Rolle spielt. Hier tun sich gravierende und bedenkenswerte Kulturunterschiede auf, auf die wir noch zurückkommen werden.

III. Drache und (Weisheits-)Perle

Alle guten Eigenschaften der Drachen konzentrieren sich noch einmal in ihrer Perle, die gleichzeitig ein Symbol für Sonne und Mond ist. Dass sie Erleuchtung schenkt, ist deshalb sonnenklar. Dass sie ihrem tiefsten Sinn und Wesen nach nur eine einzige sein kann, ergibt sich daraus ebenfalls.

Und dennoch müssen wir differenzieren: So wie die Sonne zahllose Strahlen auf die Erde sendet, so besitzen auch die Drachen unendlich viele Perlen. Und wie der Mond zu- und abnimmt, so wachsen und schrumpfen auch manche Perlen. Für jede nur denkbare Gelegenheit ist eine andere Sorte vonnöten. Da gibt es Wunschperlen ersten, zweiten und dritten Ranges, schwarze Drachenperlen mittlerer Güte, Meerkranichperlen und – natürlich – Schlangenperlen in allen möglichen Ausführungen. Sie alle erhellen die Dunkelheit, auch die Finsternis in Herz und Verstand, sind Glanz und Abglanz des Lichts – und – sie werden von den Tieren, deren Wesen sie spiegeln, besser erkannt als von den Menschen! Sie zu erlan-

Krone, vergoldetes Silber (Liao-Dynastie, China, 987–1125)

gen, ist reine Gnade, unverdientes Geschenk, und dennoch können und müssen die Menschen im Austausch dafür etwas für sie selbst Wertvolles (auch im ideellen Sinn) »opfern«.

Welch intensive Vorbereitungen für den Erhalt von Perlen nötig sein können – davon erzählt das folgende Märchen:

1. Die Drachenprinzessin

Im Dungting-See ist ein Berg, und in dem ist ein Loch. Das ist so tief, dass es keinen Boden hat. Ein Fischer, der vorüber ging, glitt aus und fiel hinein. Nachdem er meilenweit über Berg und Tal gewandert war, kam er schließlich an ein Drachenschloss, das auf einer großen Ebene lag. Es wurde von einem Drachen bewacht, der Wasser spie, das in lichten Nebel zerstäubte. Innerhalb des Tores zeigte sich ein kleiner, ungehörnter Drache, der hob den Kopf und zeigte ihm die Krallen und verwehrte ihm den Eintritt. Nachdem der Fischer wieder aus der Höhle herausgefunden hatte, kam die Sache bis vor den Kaiser. Der berief einen Weisen, der ihm folgende Auskunft erteilte:

»Diese Höhle hat vier Gänge, und der vierte, in dem der Fischer war, führt auf eine Insel im Ostmeer. In dieser Höhle wohnt die siebente Tochter des Drachenkönigs vom Ostmeer, die über seine Perlen und Schätze wacht. Vor langer Zeit traf es sich einmal, dass ein Fischerjunge ins Wasser tauchte und eine Perle vom Kinn eines schwarzen Drachen heraufbrachte. Der Drache hatte geschlafen, deshalb war der Junge unverletzt geblieben. Die Schätze, welche diese Drachentochter in Verwahrung hat, gehen in die Millionen. Einige tausend kleiner Drachen hüten sie in ihrem Auftrag. Die Drachen haben die Eigenheit, dass sie das Wachs scheuen. Sie lieben schöne Jaspissteine und Hohlgrün und essen gerne Schwalben. Wenn man einen Boten mit einem Brief sendet, kann man kostbare Perlen erhalten.«

Darauf setzte der Kaiser eine Belohnung aus für den, der fähig sei, als Bote in das Drachenschloss zu gehen. Das Urteil dazu überließ er dem Weisen.

Der erste Bewerber, ein Mann namens So Pi-Lo erwies sich als ungeeignet. Der Weise wusste, dass einer seiner Urahnen einst über hundert Drachen des Ostmeeres getötet hatte. Seither waren die Drachen seiner Familie feind.

Ein Mann kam zusammen mit seinen beiden Brüdern und erzählte, dass ihre Vorfahren gar mit dem Drachenkönig verschwägert gewesen seien. »Habt ihr den Stein noch, der die Drachen zwingt?«, hakte der Weise nach. Der mitgebrachte Stein wirkte allerdings nur auf den Drachen, der Wolken und Regen macht, und taugte nichts für den Drachen, der des Meerkönigs Perlen bewacht. So wurden weitere umfangreiche Vorbereitungen nötig, bis die Boten die richtige Ausstattung zusammen hatten: Eine Pille Drachenhirnduft musste von Kaufleuten des Westmeeres erhandelt werden, und von einem Heiligen, der sich auf die Kunst der Drachenstein-Herstellung verstand, wurden zwei Splitter Drachenstein besorgt. Juweliere schnitten zwei kleine Büchsen aus feinstem Jaspis, aus bestem Hohlgrün wurden zwei wunderschöne Vasen gefertigt. Schließlich ließen sich die Boten an Leib und Kleidern mit Baumwachs einreiben und nahmen fünfhundert geröstete Schwalben mit.

Als sie zum Drachenschloss kamen, roch der kleine Drache, der die Tür bewachte, das Baumwachs. Er duckte sich und tat ihnen nichts. Da gaben sie ihm hundert geröstete Schwalben als Bestechung, damit er sie zur Drachentochter führe. Ihr überbrachten sie die Hohlgrünvasen, die Jaspisbüchsen und die vierhundert gerösteten Schwalben als Geschenk. Die Drachentochter nahm sie huldvoll auf und sie zeigten ihr den Brief des Kaisers. Im Schloss lebte ein tausendjähriger Drache, der sich in einen Menschen verwandeln und den Brief lesen konnte. So erfuhr die Drachentochter, dass die Geschenke vom Kaiser kamen, und sie antwortete mit einer großzügigen Gegengabe: drei große und sieben kleine Perlen, dazu einen ganzen Scheffel gewöhnlicher Perlen. Die Boten verabschiedeten sich, ritten auf einem Drachen mit ihren Perlen davon und waren schon im nächsten Augenblick am Ufer des Yangtsekiang angelangt.

Der Kaiser war hocherfreut über die Schätze und ließ sie von dem Weisen begutachten. Der sprach: »Von den drei großen Perlen ist eine eine göttliche Wunschperle dritten Ranges, und zwei sind schwarze Drachenperlen mittlerer Güte. Unter den sieben kleinen Schlangenperlen finden sich zwei Schlangenperlen und fünf Muschelperlen. Sie alle sind ersten Ranges. Die übrigen Perlen sind teils Meerkranichperlen, teils Schnecken- und Austernperlen. Sie sind nicht so wertvoll wie die großen Perlen, doch gibt es auf Erden nur wenige ihresgleichen.«

Die Diener aber hielten die Worte des Weisen für leeres Geschwätz und glaubten ihm nicht. Der Weise wusste jedoch noch mehr: »Die Wunschperlen ersten Ranges leuchten vierzig Meilen weit, die mittleren Ranges zwanzig und die dritten Ranges zehn Meilen weit. Soweit ihr Schein reicht, kommt nicht Wind noch Regen, noch Donner und Blitz, noch Feuer und Wasser, noch Waffen. Die Perlen des schwarzen Drachens sind neunfarbig und leuchten bei Nacht. Soweit ihr Schein reicht, ist das Gift von Schlangen und Kerfen wirkungslos. Die Schlangenperlen sind siebenfarbig, die Muschelperlen fünffarbig. Sie alle leuchten bei Nacht. Die fleckenlosen sind die besten. Sie entstehen im Bauch der Muschel und nehmen mit dem Mond zu und ab.« Auf die Frage, wie man Schlangen- und Kranichperlen unterscheiden könne, hieß es: »Die Tiere selbst erkennen sie.«

Der Kaiser nahm darauf heimlich eine Schlangen- und eine Kranichperle und mischte sie unter einen ganzen Haufen gewöhnlicher Perlen, die er alle zusammen im Hof ausschütten ließ. Dann brachte man eine große gelbe Schlange und einen schwarzen Kranich herbei. Sogleich nahm der Kranich die Kranichperle in den Schnabel und begann zu singen und zu tanzen und umherzuflattern. Die Schlange aber schnappte sich die Schlangenperle und ringelte sich in vielen Windungen umher. Da glaubten alle der Rede des Weisen.

Der Kaiser aber verlieh den drei Brüdern Rang und Titel und beschenkte jeden mit tausend Rollen feinen Seidentuchs. (vgl. Wilhelm, Märchen, S. 146-50)

Zur Wunderkraft der Drachenperlen gehört nicht zuletzt ihre heilende Wirkung. Sie befreien von Blindheit und jeglicher Trübsal. Selbst verschmutzte Gewässer durchdringen sie mit ihrer strahlenden Güte und machen sie wieder klar und sauber, sodass Fische darin leben können, die wiederum die Menschen ernähren.

2. Die Strahlenperle

Vor langer Zeit wohnte an den Ufern des Ganlan-Sees eine arme Witwe mit ihrem Sohn. Sie hatten vom Gutsherrn ein Stück Land gepachtet, das der junge Mann allein bestellte. Doch obwohl sich Mutter und Sohn Jahr für Jahr von früh bis spät abrackerten, blieben sie arm und ihr Leben war so trübselig wie die Wasser des Sees, an dem sie wohnten. Einmal hörte der Jüngling die Leute im Dorf von einem weisen Greis erzählen, der im fernen Westen wohne und allen Notleidenden Rat und Auskunft erteile. Bisher war jedoch noch nie jemand zu ihm gelangt, den sie kannten.

Nachdem er sich vergewissert hatte, dass seine Mutter genügend Vorräte im Haus hatte, begab sich der Sohn auf die weite Reise. Nach sieben mal sieben Tagen gelangte er an das Haus einer alten Frau, die ihn gastfreundlich aufnahm und bewirtete. Als sie hörte, dass er zum weisen Greis im Westen gehe, bat sie ihn um einen Gefallen: »Ich habe eine Tochter von achtzehn Jahren, die hübsch und klug ist, aber nicht sprechen kann. Kannst du den alten Weisen nicht fragen, was ihr die Zunge lähmt?« Der Jüngling versprach der alten Frau, diese Frage zu stellen, und verabschiedete sich.

Nach weiteren sieben mal sieben Tagen kam er müde und erschöpft zum Haus eines alten Mannes, der ihn abermals gastfreundlich aufnahm und mit Speise und Trank versorgte. Als er erfuhr, wohin die Reise ging, schlug der Alte die Hände zusammen und rief: »Das trifft sich aber gut! Da kannst du den greisen Weisen ja gleich fragen, warum in meinem Garten die Orangenbäume zwar Blätter, aber keine Früchte tragen.« Der Jüngling versprach auch das und wanderte am nächsten Morgen frohen Mutes weiter.

Eines Tages gelangte er um die Mittagsstunde an einen gewaltigen Strom, der mächtig viel Wasser führte. Es gab weder Furt noch Fähre und ratlos starrte er in die tosenden Fluten. Da zogen schwarze Wolkenschwaden am Himmel auf und ein Sturm brach los. Der Fluss begann zu toben. Nicht weit von dem Felsblock, auf dem der Jüngling saß, zischte brausend ein Wasserfall empor und heraus stieg ein Drache – schillernd und gleißend schlängelte er sich tanzend und wiegend über die Wellen.

»Wohin des Wegs, junger Mann?«, brüllte der Drache.

Als der Junge ihm mit fester Stimme von seinen Plänen erzählte, freute sich auch der Drache: »Ein Glück, dass ich dich treffe«, rief er, »frag den alten Weisen doch auch, warum ich mich immer noch nicht in den Himmel erheben kann, obwohl ich schon tausend Jahre lebe und noch nie Mensch und Tier ein Leid angetan habe.«

Treuherzig versprach der Jüngling auch dies. Der Drache glitt ans Ufer, nahm ihn auf seinen Rücken und setzte ihn wohlbehalten über den Strom.

Als der junge Mann endlich am Ziel angelangt war, fand er den alten Weisen in der prachtvollen Halle eines mächtigen Palastes, in einer wundersamen alten Stadt. Der Alte mit seinem schneeweißen Bart saß in der Mitte der Halle auf einem goldenen Stuhl und fragte ihn gütig und freundlich nach seinen Wünschen. Als der Jüngling jedoch voll Eifer seine Anliegen vorbringen wollte, erfuhr er, dass im Lande nur Fragen in ungerader Zahl gestellt werden durften: »Eine oder drei; überlege also, welche von deinen vier Fragen weniger wichtig ist und weggelassen werden kann.«

Was blieb dem armen Jüngling anderes übrig, als seine eigene Frage wegzulassen? Er hätte es nicht übers Herz gebracht, seine anderen drei Wohltäter zu enttäuschen. Der weise Alte beantwortete alle Fragen zu seiner vollsten Zufriedenheit und frohen Herzens trat der junge Mann die Rückreise an.

Dem Drachen richtete er aus, dass ihm zu seiner Erlösung nur noch eine letzte Tat fehle, er müsse sich die Strahlenperle ausreißen, die er auf der Stirn trage. Der Drache setzte den Jungen wieder sicher über den Strom und bat ihn dann, ihm die Strahlenperle abzunehmen. Kaum war dies geschehen, da wuchsen dem Drachen Hörner aus der Stirn und er erhob sich in die Lüfte. Ehe er ganz in den Wolken verschwand, wandte er sich noch einmal herab und rief: »Junger Mann, die Perle schenke ich dir zum Dank für deine freundliche Hilfe. Du darfst sie behalten!«

Dem alten Mann konnte er berichten, dass sein Orangenbaum nur deshalb keine Früchte trage, weil er nicht das richtige Wasser erhalte. »Am Grund des Teiches in deinem Obstgarten liegen neun Krüge voll Silber und neun Krüge voll Gold vergraben. Die brauchst du nur herauszuholen, und schon sprudelt frisches Wasser aus dem Boden. Wenn du mit diesem Wasser deine Orangenbäume begießt, werden sie Früchte tragen.« Alles trug sich genauso zu, wie vorhergesagt. Der Alte hatte kaum einen Tropfen des frischen Quellwassers auf einen Zweig gespritzt, da wuchs im Nu eine Orange daran und wurde auch gleich reif. Bald waren alle Bäume mit den herrlichsten Goldorangen beladen, und der Alte konnte sein Glück kaum fassen. Beim Abschied schenkte er dem Jüngling noch einen großen Teil des Goldes und Silbers, das sie unter dem Teich ausgegraben hatten.

Dem alten Mütterchen ließ er ausrichten, die Tochter fange sicher an zu sprechen, sobald sie den Mann ihres Herzens kennen lernen würde. Im selben Augenblick trat das Mädchen ins Zimmer und fragte lächelnd, mit Blick auf den jungen Mann: »Wer ist das, Mutter?« Einen besseren Schwiegersohn hätte sich die alte Frau wahrlich nicht wünschen können als diesen herzensguten und unerschrockenen jungen Mann. »Und dieser Tag des Glücks, mein Kind, soll auch der Tag deiner Hochzeit sein«, jubelte sie. Und so fügte die alte Frau zusammen, was füreinander bestimmt war.

Noch einige Tage verlebte das junge Paar unter der Obhut der überglücklichen alten Mutter, dann ging es zurück an den Ganlan-See. Mit seiner jungen Frau an der Seite, der Strahlenperle auf der Brust, die Taschen mit Gold und Silber beladen, so eilte der junge Mann seiner Heimat zu. Hier musste er zu seinem Leidewesen erfahren, dass sich seine Mutter vor Kummer und Sehnsucht nach ihm blind geweint hatte. Da wurde der Heimgekehrte unsagbar traurig: Was hätte er darum gegeben, seiner Mutter das Augenlicht zurückgeben zu können!

Wie er so in seinem Schmerz vor ihr stand, war der Glanz der Strahlenperle auf ihre erloschenen Augen gefallen. Gleißendhell war dieses Licht. Mit einem Mal füllten sich die Augen der Mutter mit Licht. In die Nacht der Erblindeten drangen die Sonnenstrahlen. Der Sohn lachte und weinte vor Freude. Immer wieder drehte er die Perle dicht vor ihren Augen hin und her, und schon nach kurzer Zeit war der Mutter das Augenlicht voll und ganz zurück geschenkt.

Und als der junge Mann mit der Strahlenperle an den Ganlan-See trat, da wurde auch dessen trübe Brühe binnen kürzester Zeit durchsichtig und klar wie reinster Kristall. Elend und Not verließen das Dorf und wurden seither nicht wieder dort gesehen. (vgl. Guter, S. 148–154)

3. Das Königstigergewand

Eine Drachenperle, die sehend macht, findet sich auch in dem mongolischen Märchen »Das Königstigergewand«. In dieser Geschichte bricht ein junger Mann, Gunan mit Namen, zu einer abenteuerlichen Reise auf, und auch er trifft an einem breiten Fluss auf einen hilfreichen Tiergefährten:

Auf einmal geriet das Wasser des Flusses in Wallung und eine Riesenschildkröte tauchte aus der Tiefe auf. Sie schwamm dicht ans Ufer heran und wollte Gunan davon abhalten, den Fluss zu überqueren. Als sie sieht, dass der junge Mann sich nicht abschrecken lässt, lenkt sie ein: »Wenn du so tapfer bist, dann hilf mir erst ein wenig«, bat die Schildkröte. »Mein linkes Auge schmerzt mich schon lange. Ich will es durch ein neues ersetzen, was ich aber erst kann, wenn mir jemand mein altes Auge ausreißt. Komm gleich und hilf mir dabei!« Gunan stieg zum Ufer hinab und riss der Schildkröte mit seinen Fingern den Augapfel heraus. Da quirlte das Wasser auf und die Schildkröte verwandelte sich in einen Drachen. Der erhob sich flügelschlagend in die Lüfte und rief dem Jungen zu: »Du hast ein gutes Herz! Nimm zum Dank den Augapfel mit dir auf die Reise, er wird dir noch gute Dienste leisten!« Mit diesen Worten schwebte der Drache davon und ward bald nicht mehr gesehen. Das Auge aber hatte sich inzwischen in eine hellschimmernde

Perle von unschätzbarem Wert verwandelt. Mehr noch merkte Gunan, dass auch mit seinen eigenen Augen eine Veränderung vor sich ging, wenn er die Perle nur lange genug betrachtete. Auf einmal sahen sie hell und klar und bis in die fernsten Fernen.

Gunan versuchte nun erneut mit seinem Pferd den Fluss zu überqueren. Und siehe da, das Wasser hatte kaum die kostbare Perle benetzt, da wich es auch schon nach beiden Seiten auseinander. Die gewaltigen Wassermassen schichteten sich zu durchsichtigen Wänden auf, zwischen denen ein trockener Pfad quer hindurch führte. Hinter ihm aber floss das Wasser gleich wieder zusammen, als wäre nichts gewesen.

Das Geschenk des Drachen erwies sich als wahre Wunderperle. Mit ihrer Hilfe heilte Gunan die Augen der Leute aus nah und fern. Wenn die Alten diese Perle auch nur ein einziges Mal anschauten, wurden ihre trüben Augen wieder klar. Menschen, die so gut wie gar nichts mehr sehen konnten, strich Gunan mit der Perle nur leicht über die Augenhöhle, und schon waren sie restlos geheilt. (vgl. Guter, S. 84-93)

Drachen lassen Menschen nicht nur selbstlos an ihrer Weisheit teilhaben, sie arbeiten auch beständig an ihrer eigenen geistigen Vervollkommnung. Dabei scheuen sie sich nicht, wiederum bei den Menschen in die Lehre zu gehen. Drachen, so erfahren wir, gehörten mit zu den ersten Schüler/inne/n des Buddhismus. Die Drachenperle der geistigen Schau und Erleuchtung leistet auch dabei unschätzbare Dienste.

4. Drache und Buddhismus

Eine Geschichte aus buddhistischer Zeit erzählt von der Königstochter Miauschan (wundersame Güte), die von ihrem Vater enthauptet wurde, weil sie sich einem kontemplativen Leben verschreiben wollte.

Vor ihrer Rückkehr ins Leben als große buddhistische Lehrerin erschien ihr Buddha auf einer Wolke und riet ihr, sich zur Meditation auf die Insel Pu-to-schan zurückzuziehen. Nach neun Jahren nahm sie dort ihren ersten Schüler auf. Als nun einst der dritte Sohn des Drachenkönigs in Gestalt eines Fisches in ein Netz geriet und auf dem Markt verkauft werden sollte, da entsandte die hellsichtige Miau-schan einen ihrer Schüler, der den Fisch kaufen und freisetzen sollte. Der Drachenkönig, bewegt von ihrer Güte, sandte ihr zum Dank seine Enkelin und ließ ihr durch sie die Perle überreichen, die in der Finsternis leuchtet und beim nächtlichen Studium der heiligen Tradition das Lesen und Verstehen ermöglicht. Diese junge Drachenfrau blieb als zweite Schülerin für immer bei Miau-schan, die dem jüngeren chinesischen Volksglauben nach sogar als Erscheinungsform der Göttin Kuan-yin gilt. Die bildende Kunst kennt viele Darstellungen dieser Göttin »wie sie traumhaft in meditativer Erleuchtung und in der Haltung ›königlicher Lässigkeit‹ unter einer Grotte dasitzt, vor ihr aber rauschen die Wogen der See, und der Drache taucht empor, ihr seine Verehrung zu bezeugen.« (Rouselle, S. 25)

In Tempeln und Thronsälen erblickt man häufig in kleinen Kuppeln Darstellungen von goldenen Drachen, die mit silbernen Perlenkugeln spielen, jene Perlen, über die sie ihre göttliche Weisheit und Macht wirken und »spielen« lassen. In taoistischer und buddhistischer Esoterik schließlich ist der Drache die geheime Tätigkeit unserer lichten Kraft, die den Kreislauf von oben und unten in Einklang bringt, und der das alle Wünsche erfüllende Kleinod des Glanzes unserer wahren ewigen Natur und des Samens des todlosen »Diamantleibes« besitzt.

IV. Der Drache als Kulturbringer: Inbegriff von Weisheit und schöpferischer Kraft

Der Umgang mit Drachen scheint im alten China zum Alltagswissen zu gehören. Es fehlt nicht viel, und sie sitzen mit am Tisch und plaudern mit den Menschen über »Gott und die Welt.« Wie die Ahnen, denen man Respekt und Verehrung entgegenbringt, scheinen die Drachen einerseits Boten aus einer anderen Welt, andererseits beinahe verwandtschaftlich vertraut. Wechselseitiger Austausch im Gespräch und gegenseitige Hilfe in der Not erscheinen selbstverständlich. Es ist geradezu rührend zu lesen, mit welchem Vertrauen sich diese in jeder Hinsicht überdimensionalen Lebewesen mit ihren Bitten an Menschen wenden, die doch im Vergleich zu ihnen soviel kleiner und »jünger« sind.

Zwischen Drachen- und Menschenwelt findet, wie wir in den bisher erzählten Märchen sahen, ein vielfältiger Kulturaustausch statt, wobei sich der Drache als Kulturbringer vor allem auch durch seine fortwährende Lernbereitschaft auszeichnet. Obgleich mit einem immensen Schatz an Weisheit und Bildung versehen, der schon beinahe an Allwissenheit grenzt, ist er sich doch nie zu schade, sein stolzes Haupt zu senken, Unwissenheit zuzugeben und bei Menschen in die Lehre zu gehen. Schöpferische Kraft wird schließlich auch darin wirksam, dass man bereit ist, sich auf Neues einzulassen, den Sprung ins Unbekannte zu wagen. So versteht es sich beinahe von selbst, dass Drachen zu den Ersten gehören, die den Buddhismus annehmen und verbreiten helfen. Als musisch veranlagten Wesen, haben es ihnen die schönen Künste besonders angetan. Musik, Tanz, Schauspiel, Poesie gehören zum liebsten Zeitvertreib aller Drachenfamilien und sind geradezu der Königsweg in ihre Herzen. Selbst aufs Äußerste bewandert in diesen Künsten, sind sie stets begierig, Neues zu lernen, wie etwa in der folgenden Geschichte das Flötenspiel. Ihre Dankbarkeit für erwiesene Hilfe ist in jedem Fall unermesslich und entspricht ihrem großzügigen Wesen.

1. Der Drachenkönig und der Bambusflötenspieler

Vor langer, langer Zeit lebte am Fuß des Fünffingerberges ein Mann, der mit großer Fertigkeit und Schönheit auf der Bambusflöte spielen konnte. So zauberhaft spielte er, dass die Leute glaubten, er habe etwas Überirdisches an sich. Sie nannten ihn daher den Himmlischen Flötenspieler. Eines Tages gab der Drachenkönig des Südlichen Sees ein Festessen, zu dem er eine große Anzahl Unsterbliche eingeladen hatte. Der König war mit dem Drachengewand bekleidet und trug einen Jadegürtel. Die Gäste waren ebenfalls in auserlesene und kostbare Gewänder gehüllt. So saßen sie fröhlich zusammen und feierten. Es traf sich, dass genau zu dieser Zeit auch der Himmlische Flötenspieler das Ufer desselben Sees erreichte. Er warf sein Fischernetz aus und begann zu spielen.

Gerade als der Drachenkönig seinen Becher hob, um den Unsterblichen zuzutrinken, vernahm er die Töne dieser bezaubernden Musik. Die Gäste waren dadurch so verzückt, dass die Jadebecher ihren Fingern entglitten und zu Boden fielen. Sie glaubten, der Flötenspieler müsse einer der ihren sein, der vom Himmel herabgestiegen war. Der Drachenkönig selbst war so entzückt von der schönen Musik, dass er den Flötenspieler aufspürte und ihn bat, seinen Sohn in dieser Kunst zu unterrichten. Der holte sein Netz ein, steckte die Flöte in seinen Gürtel und zog in den Palast des Drachenkönigs. Hier schien die Zeit stillzustehen, und ein Tag war für ihn wie ein Jahr.

Am Ende von drei langen Jahren hatte der Sohn des Drachenkönigs das Flötenspiel erlernt, und sein Lehrer bat um Entlassung. Der Drachenkönig war so erfreut und dankbar, dass er entschied, den Künstler mit einem ansehnlichen Geschenk zu belohnen. Sein Sohn sollte den Lehrer in die Schatzkammer führen, damit er sich zwei wertvolle Stücke aussuchen könne. Die Kostbarkeiten, die dort vor ihm ausgebreitet wurden, gingen in die Tausende. Auf einem Bord funkelten erlesene, schwere Edelsteine, auf einem anderen blitzten gewichtige Goldbarren. Bambuskörbe in allen Größen hingen an den Wänden, und in einem Schrank lagen Schilf-Regenmäntel in verschiedenen Längen. Der Himmlische Flötenspieler ging überall umher und machte schließlich vor den Bambuskörben halt. Er überlegte: wenn ich einen davon nehme, kann ich darin die gefangenen Fische und Garnelen tragen. So nahm er einen mittelgroßen Bambuskorb von der Wand und befestigte ihn an seinem Gürtel. Weiter schritt er zu dem Schrank mit den Regenumhängen. Er dachte: wenn ich einen davon nehme, kann ich auch bei Regen fischen gehen. Er nahm einen mittelgroßen Schilf-Regenmantel aus dem Schrank und warf ihn über die Schulter. Nachdem er seine Wahl getroffen hatte, führte ihn der Sohn des Drachenkönigs aus der Schatzkammer.

»Warum hast du solch alltägliche Dinge gewählt, und nicht kostbare Steine, Gold oder Silber?«, fragte ihn der Junge.

»Gold und Silber sind nicht die nützlichsten Dinge auf der Welt«, entgegnete der Flötenspieler mit einem Lächeln. »Nach einer gewissen Zeit würden einem auch diese Dinge einmal durch Verkauf oder Tausch aus den Händen gleiten. Aber jetzt, da ich Korb und Umhang habe, kann ich jeden Tag fischen gehen und werde nie verhungern.«

Zu Hause erwiesen sich die beiden Alltagsgegenstände jedoch als wahre Wunderdinge. Kam der Flötenspieler hungrig und ohne Erfolg vom Fischfang zurück, so fand er stets köstliche Speisen in seinem Korb vor. Auf diese Weise kam immer eine reichliche, köstlich duftende Mahlzeit auf seinen Tisch. Ging er zum Fischen an den Südlichen See oder zum Garnelenfang an den Östlichen See, so breitete sich der Schilf-Regenmantel wie ein paar Schwingen aus und trug ihn hin.

Nach vielen Jahren flog der himmlische Flötenspieler einmal auf die Spitze des Fünffingerbergs. Auf dem Rücken trug er seinen Bambuskorb und um seine Schultern wehte der wundersame Umhang. Auf dem Gipfel begann er seine Flöte zu spielen und die bezaubernden Töne erklangen im Wolkenmeer. Seit jener Zeit brachte seine Musik stets Freude und Glück zu allen Menschen. (vgl. Guter, S. 73-75)

Asiatische Drachen sind von sich aus keine aggressiven Tiere und, solange man sie nicht reizt, von eher friedfertigem Naturell. Sie wissen ihr Leben zu genießen, sind gesellig, bescheiden und weise. Ihr Hauptelement ist das Wasser, und Wasser ist symbolisch gesehen der Inbegriff von Wandlung und Umgestaltung. Wo Neues entstehen soll, muss aber Altes vergehen. Veränderungen gehen immer mit Auflösungsprozessen einher. Von dieser Einsicht ausgehend ist auch die Zerstörungskraft der Drachen zu deuten. Sie ist nicht primär Ausdruck von Böswilligkeit. So wenig wie man Donner, Blitz und Wolkenbruch böse Absichten unterstellen kann, so wenig sollte man dies bei den Drachen tun, die ja in derlei elementaren Naturerscheinungen »zu Hause« sind. Drachen wollen niemandem weh tun; doch der Blitz kann einschlagen, der Wolkenbruch kann zu Überschwemmungen führen: so ist eben die Welt, und das ist niemandes Schuld. Denn die Frühlings- und Sommergewitter (und in begrenztem Maße sogar Überschwemmungen und Dammbrüche) sorgen andererseits für die Fruchtbarkeit der Felder, für das Wiedererwachen des Lebens nach langen »Durststrecken.« Ohne sie gäbe es weder Reis noch Trinkwasser.

Kein Wunder also, wenn man den Drachen zu guter Letzt mit dem Lebenselixier, den Leben verlängernden Pillen und der Unsterblichkeit überhaupt in Zusammenhang sieht. Sein ursprüngliches Element ist Wasser, das an sich schon als Symbol des Lebens gilt. Doch auch der anderen Elemente weiß er sich zu bedienen. Indem er das Oben mit dem Unten, die Erde mit dem Himmel, die Finsternis mit dem Licht und sämtliche vier Elemente untereinander verbindet, stellt er sich uns als heiliges und heilendes Symboltier der Gegensatzvereinigung vor. Als echtes Tier des kreisenden Lebens regiert der Drache natürlich auch den für die asiatischen Religionen so wichtigen Kreislauf von Geburt, Tod und Wiedergeburt, Schöpfung, Zerstörung und Neuwerdung. Im »I Ging«, dem »Buch der Wandlungen«, diesem zentralen Werk (alt)chinesischer Philosophie und Ethik, fungiert der Drache folglich als Sinnbild und Inbegriff des Schöpferischen schlechthin.

2. Der Drache als Symbol des Schöpferischen im »I Ging«

Wie verhält sich nun ein Mensch, der in einer Befragung des I Ging mit der Aufgabe des Schöpferischen konfrontiert wird? Es wird ihm geraten, sich das Leben des Drachen zum Vorbild zu nehmen. Je nach Lage der Dinge, sprich der Situation, in der er sich gerade befindet, soll er/sie, sich entweder wie ein »verdeckter« (Winter-)Drache – mit dem Kopf unter Wasser – (ver)halten (und das heißt: nicht voreilig handeln), den »schwankenden Aufschwung über die Tiefe« wagen, oder aber mit dem »fliegenden Drachen am Himmel« gleichsam »Oberwasser« gewinnen. Wer so handelt, ist zur rechten Zeit am rechten Ort und hat Erfolg. Niemals jedoch sollte er den Kopf zu hoch tragen oder zu hoch hinaus wollen, denn »hochmütiger Drache wird zu bereuen haben«. Dem Leben, das sich in Kreisläufen vollzieht, sind die Extreme fremd. So wie man den Sommer oder den Vollmond nicht ins Endlose ausdehnen kann, so kann auch das menschliche Handeln nicht nur auf Expansion, Fortschritt und Aufschwung setzen. Ist der höchste Punkt, die weiteste Ausdehnung erreicht, muss eine Minderung der Kraft erfolgen (weil das Schöpferische sich sonst erschöpfen würde), und weise ist, wer auch hierfür den rechten Zeitpunkt erkennt und entsprechend zum Rückzug bläst. Ein besonders glückverheißendes Versprechen ist, wenn – als Resultat der I Ging-Befragung – eine »Schar von Drachen ohne Haupt« erscheint. Ein Zeichen dafür, dass man sich im Einklang mit dem Himmel befindet: »Denn die Art des Himmels ist es, nicht als Haupt hervorzutreten.« D. h. die wahre Stärke des Schöpferischen liegt nicht in der Selbstbehauptung, sondern in Offenheit und Empfänglichkeit. Dazu eine erläuternde Geschichte über Lao-tse und Konfuzius, die uns als die größten Philosophen des alten China überliefert sind:

Konfuzius besuchte als junger Mann den alten Lao-tse, um sich mit ihm über Riten und Sitten zu unterhalten. Lao-tse soll ihm am Schluss folgenden Rat erteilt haben: »Banne, Herr, den stolzen Geist, die vielen Wünsche, schmeichelndes Wesen, ausschweifende Pläne. Dies alles ist ohne Wert für Eure Persönlichkeit. Was ich Euch mitzuteilen vermag, ist dies, und damit genug!« Konfuzius soll nach diesem Besuch zu seinen Jüngern gesagt haben: »Was den Drachen betrifft, so bin ich außerstande zu begreifen, wie er Wind und Wolken besteigt und so gen Himmel fährt. Ich habe heute den Lao-tse gesehen. Ist er nicht wie ein Drache?« (Rouselle, S. 98)

Der Drache, der rechtzeitig die Zeichen der Zeit erkennt, im Herbst weise sein stolzes Haupt senkt und zur Erde zurückkehrt, um im Winter(schlaf) neue Kräfte zu sammeln, ist somit auch ein Sinnbild des Friedens. Indem er alle Gegensätze miteinander vereint und nichts ins Extreme treibt, wird er zum Symbol des weisen und friedvollen Herrschers des »Reichs der Mitte«. Die älteste Dynastie Chinas, das Herrscherhaus der Hsia, leitet seine Abstammung in direkter Linie vom Drachen her. Seit der Han-Zeit (etwa ab 200 v. Chr.) wurde der Drache zum Zeichen kaiserlicher Souveränität, einer Souveränität, die beweglich im Verborgenen wirkt, ohne nach außen hin groß in Erscheinung zu treten und auf ihre Verdienste zu pochen.

3. Der Drache im kaiserlichen Stammbaum – Rückbindung an die ersten Tage der Schöpfung

Sich in direkter Abstammungslinie auf Drachen zurückführen zu können, bedeutet für die chinesischen Herrscherhäuser mehr als nur Eitelkeit und Spielerei. Es verbindet sie nämlich sozusagen mit der Weltentstehung selber, und was mit der Schöpfung zusammen erstand, wird durch sie zugleich »auf ewig« legitimiert.

In China waren die Drachen schon bei der Schöpfung zugegen. Alles, was lebt, ist aus dem mythischen Ur-Drachen entstanden, sein zerteilter Körper bildet die Welt, wie sie ist. Und das kam so:

Im Anfang teilte sich das Welt-Ei in einen oberen und einen unteren, einen leichten und einen schweren Teil, in Yin und Yang. Der Schöpfer, der die beiden Hälften auseinandertrieb, hieß P'an-Ku und hatte den Kopf eines Drachen und den Leib einer Schlange. Als er starb, entstanden aus seinem Leichnam die 10.000 Dinge, unsere gegenwärtige Welt: Aus seinen Tränen wurden Flüsse, aus Haar und Augenbrauen die Sterne und Planeten, aus Zähnen und Knochen die Steine und Metalle; sein Sperma wurde zu Perlen und sein Knochenmark zu Jade. Aus seinem Schweiß entstand der Regen, und aus den Flöhen, die in seinem Haar nisteten, bildeten sich Menschen. – Das mythische Ur-Paar, das nun geboren wurde, bestand wiederum aus Drachen, Fu-hsi und Nü-kua mit Namen. Ihre Oberkörper hatten die Gestalt von Mann und Frau, ihre Unterkörper bildeten zwei miteinander (zum Unendlichkeitssymbol) verflochtene, schuppige Schlangenleiber, Symbol ihrer »Heiligen Hochzeit.« In ihren Händen halten sie Zirkel und Winkelmaß. Nü-kua gilt als Schöpferin der Menschen. Sie stellt die Weltordnung wieder her, nachdem das Schlangenungeheuer Kung-Kung die Schöpfung ins Chaos gebracht hatte.

Bereits die ersten Herrscher zeichneten sich durch ihre regen Kontakte zur Drachenwelt aus. Sie fuhren auf Drachen zum Himmel, wurden von Drachen im Kampf beschützt und auf den Thron bestellt. Frühe chinesische Herrscher hatten Drachenväter, die vom Himmel kamen, um sich ihren menschlichen Müttern sexuell zu verbinden. Zum Begründer der ersten (vorgeschichtlichen) Dynastie der Hsia wurde ein Kaiser, der in Gestalt eines Drachen zur Welt gekommen war und sich auf einem Wagen, der von zwei Drachen gezogen wurde, fortbewegte. Ihm wiederum half ein geflügelter Drache, das Land urbar zu machen, indem er mit seinem Schwanz Gräben zog, die das Überschwemmungswasser ableiteten. Als er schließlich die mühselige, dreißigjährige Arbeit der Flussregulierung beendet hatte, tauchten blaue Drachen in der Stadt auf. In späterer Zeit oblag dann den Kaisern, wie wir sahen, das Regenmachen, das u. a. von ihrer Fähigkeit abhing, mit den Drachen-Energien in gutem Einvernehmen zu leben. Und das wiederum erforderte einiges an (Herzens-)Bildung. Da die Drachen ebenso sehr als Freunde der schönen Künste wie auch des Heilwissens galten, kann in der Drachenverehrung der Ursprung von Kultur überhaupt gesehen werden. Hier blühten Schauspiel, Dichtung, Musik und Tanz genauso wie die Heilkunde und das Wissen um die rechte Bestellung der Felder. All das galt als von den Drachen geoffenbart und verpflichtete zu Gegenleistungen.

Die Drachenverehrung nahm in den folgenden Jahrhunderten keineswegs ab. Ganz im Gegenteil wurden immer noch neue Rituale geschaffen. Ab der Tang-Zeit (8. Jhd. n.Chr.) fing man an, einen Altar für die Edelsten unter den Drachen zu bauen, die Beherrscher der fünf Weltgegenden, die zugleich als die prominentesten Regenmacher galten. Ihnen wurden reiche Opfer und lange Zeremonien dargebracht. Ab dem 12. nachchristlichen Jahrhundert wurden diese fünf Drachen zu offiziellen Beschützern des Kaiserreiches erklärt und mit Fürstentiteln ausgezeichnet. Jeder dieser Drachen repräsentierte eine Himmelsrichtung, eine Farbe und eine Jahreszeit: der blaue (oder grüne) Drache des Ostens den Frühling, der rote Drache des Südens zusammen mit dem gelben des Zentrums den Sommer, der weiße Drache des Westens den Herbst und der schwarze Drache des Nordens den Winter.

Die Geburt bedeutender Menschen wurde häufig durch Drachenträume angekündigt. So auch die des Philosophen Konfuzius: In der Nacht vor seiner Geburt stiegen zwei blaue Drachen vom Himmel, um seine Mutter zu besuchen. Sie schaute die beiden in ihrem Traum und gebar den großen Weisen. Und vom Gründer der Han-Dynastie geht die Sage, dass sein Vater einen Drachen auf seine Frau herabsteigen sah, als sie am Rande eines Teiches lag und schlief. Sie träumte dabei, dass sie mit einem Gott sexuell zusammen sei. Sie wurde dann schwanger und gebar ihren kaiserlichen Sohn. (vgl. Egli, S. 174–186)

Noch heute gelten in China Menschen, die in einem Jahr des Drachen geboren sind, als von Glück und Wohlstand begünstigt. Was Wunder, dass die chinesische Tradition so gut wie keine Drachenkampfgeschichten kennt, die in unserer Kultur so bestimmend geworden sind, dass sie uns heute – zu Stein geworden – an beinahe jedem Dorf- oder Stadtbrunnen begegnen. Kein »Georg« sticht den chinesischen Drachen nieder. Stattdessen wird die Verwandtschaft von Menschen und Drachen beschworen und an gegenseitige Hilfsbereitschaft appelliert. In diesem Kontext gilt die Redewendung »er/sie ist ein alter Drache« als höchstes Kompliment.

V. Schlangensymbolik in China

Übergänge von der Schlangen- zur Drachensymbolik sind, wie wir sahen, in China fließend. Gedanklich wird dort zwischen Schlange und Drache ohnehin meist nicht unterschieden. Beide Tiere sind aus der chinesischen (Mond-)Astrologie nicht wegzudenken und nehmen einen zentralen Platz noch in der modernen Feng-Shui-Philosophie ein. In gewisser Weise müssen wir uns die Schlange als eine

Abb. 1: *Indische Miniatur (Gouache, Guler-Schule, Indien um 1760)*

Abb. 2: *Drache und Lebenskugel. Detail kaiserlicher Sommerpalast Peking*

Abb. 3: *Die Quirlung des Milchmeeres (Indische Miniatur, 19. Jh.)*

Bildtafel II

Abb. 4: *Mandala*

Abb. 5: *Der Elefant als Säule des Universums. Elefantenfigürchen, Porzellan (Iran, 17. Jh.)*

Abb. 6: *Kundalini-Schlange (Zeichnung)*

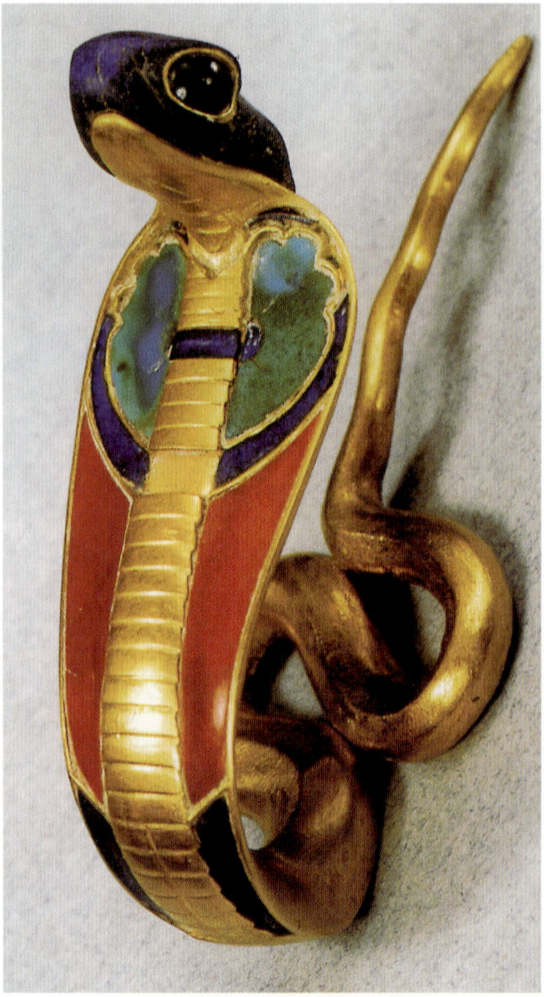

Abb. 7: *Uräusschlange*

Bildtafel IV

gezähmte Ausgabe des Drachen vorstellen. Was sich auch darin zeigt, dass man sie eher mit weiblicher Symbolik verbindet, den Drachen dagegen primär der männlichen zuordnet.

Als Tier der Weisheit gilt die Schlange in China als ebenso glückbringend und wohlstandsfördernd wie der Drache. Wie der Drache kann sie ihre Gestalt verwandeln und wird u. a. in Form verschiedenster Flussgottheiten verehrt. Sie symbolisiert den Gott des Reichtums und, da sie das Dunkel liebt, auch den Gott des Scharfblicks. Da sie aufgrund ihrer Wandlungsfähigkeit unberechenbar ist, ist es besser, sie in Ehren zu halten, damit sie Glück und nicht Schaden bringt. Eine Legende erzählt, wie einmal ein Mandarin die Wunden einer verletzten Schlange verbunden hatte. Dankbar kehrte sie zu ihm zurück und brachte ihm eine Mondperle als Geschenk. Nistet sich eine Schlange im Keller eines Hauses ein, führt dies zu Glück und Wohlstand, sofern man sie niemals stört. Der Schlange wird auch eine außergewöhnlich starke Fruchtbarkeit zuerkannt, und man glaubte sogar, Frauen würden schwanger durch den Speichel von Schlangen. Es lag daher nahe, sie symbolisch auch mit der Sexualität und im Tantrismus schließlich mit der Kundalini-Energie und also direkt mit dem Auf- und Abstieg der Libido im Menschen zu verbinden. (siehe unten im Kapitel über Indien)

Drache und Phönix, Mann und Frau

Entsprechend der Vorstellung, dass jede Wandlung in sich den Keim zu Tod und Auflösung trägt, gilt die Schlange auch den Chinesen als Todesbotin. Umso mehr als sie überraschend auftauchen und mit ihrem Giftzahn blitzschnell töten kann. (siehe Bildtafel III, Abb. 4)

B. Schlangensymbolik in Indien

Wie eng Drache und Schlange in ihrem Symbolgehalt verwandt sind, erkennen wir nicht zuletzt an der indischen Mythologie: In Indien finden wir alle Eigenschaften, die man in China primär dem Drachen zuschreibt, plötzlich mit der Schlange vereint, sodass wir ohne weiteres sagen können: Was der Drache den Chinesen ist, das ist die Schlange den Indern. Ein hochheiliges und zugleich tiefgeheimnisvolles Wesen, dessen vielfältige Erscheinungsformen für die Menschen Glück und Segen, aber auch manchen (heilsamen) Schrecken bereithalten.

I. Im Anfang war die Schlange – Symbol von Wasser, Schöpfung und Unsterblichkeit

In Indien wird die mörderische Hitze der mitunter alles versengenden Sonne als eine todbringende Gewalt erfahren. Umso bedeutungsvoller hebt sich dagegen die lebenspendende Kraft des Wassers ab, und die indische Mythologie ist reich an Personifikationen dieser segensreichen Macht. Allen voran schreiten die *nagas* und *naginis*, Schlangenkönige und -königinnen, welche die irdischen Gewässer der Seen und Teiche, Flüsse und Ozeane verkörpern und lenken. Indien ist das Land zeitlosen Schlangenkults. Die Schlange ist hier Sinnbild der Lebenskraft, die hinter Geburt und Wiedergeburt wirkt. Als Kundalini, die geringelte Lebensschlange, schläft sie im Inneren des Menschen. Sie wird als höchste Tiergestalt des Göttlichen verehrt und gibt damit zugleich einen Hinweis auf die innere Einheit des Menschen mit dem Göttlichen.

Nagas und *naginis* »sind über den Menschen stehende Genien. Sie bewohnen unterseeische Paradiese und weilen auf den Gründen der Flüsse, Seen und Meere in glänzenden, mit Edelsteinen und Perlen ausgelegten Palästen. Als Hüter/innen der Lebensenergie, die in den irdischen Gewässern der Quellen, Brunnen und Teiche aufgespeichert liegt, bewachen sie auch die Schätze des Meeres, Korallen, kostbare Muscheln und Perlen. Man glaubt, dass sie ein kostbares Juwel in ihrem Haupt tragen.« Selbst die Weltschlange Schescha soll in jedem ihrer 1000 Häupter einen Edelstein bergen! Schlangenprinzessinnen, berühmt für Schönheit und Charme, zählt man gar zu den Ahnfrauen südindischer Dynastien; »eine *nagini* oder einen *naga* im Stammbaum zu haben, gibt Hintergrund.« (Zimmer 1981, S. 72)

Im Anfang gilt die Schlange als Verkörperung der Erdgöttin Kadru, die wiederum ein Paar bildet mit dem »Alten Schildkrötenmann« – Kaschyapa. Aus dieser Verbindung geht das bedeutendste Schlangengeschwisterpaar Indiens hervor: Die Schlangengöttin Manasa, deren Bruder kein geringerer ist als die Weltschlange Schescha höchstpersönlich.

1. Schescha/Ananta – die Weltschlange, Grund und Abgrund der Schöpfung

»Endlos« – *Ananta* – wird sie genannt oder *Schescha* – »der Rest«. Sie ist das, was von den kosmischen Wassern des Abgrundes übrig bleibt, nachdem daraus die drei Welten, Himmel, Erde und Unterwelt, geschaffen wurden. Deshalb nennt man sie »die Bleibende«, der unendliche Rest oder der Rest Unendlichkeit, welcher der Welt »zugrunde liegt«. Alle drei geschaffenen Welten fluten auf ihren Wassern; sie selbst erscheint in der Gestalt von 1000 (bisweilen auch nur sieben oder neun) aufgeblähten Kobra-Hauben. Diese Schlange gilt als Tragtier der Schöpfung, des gesamten Kosmos, der aus den Wassern des Lebens gebildet wurde. Sie verhindert, dass diese ganze Welt ins Chaos zurück sinkt, das Endliche in der Unendlichkeit verschwindet. Das Leben entspringt aus dem Wasser, Wasser ist seine tragende Substanz und auch – im Sinnbild der Flut – sein Grab. Schescha, Symbol des Weltozeans, ist König und Ahn aller Schlangen, die den Kosmos bevölkern. Diese endlos gewundene Riesenschlange trägt das Weltei wie einen Edelstein auf dem Kopf. Zugleich ist sie eine der Hauptmanifestationen des Gottes Vischnu, des Welt-Entfalters und -Erhalters, der sich auf ihren mächtigen Schlingen ausstreckt wie auf einem Ruhekissen (siehe Bildtafel I, Abb. 1). Von dort lässt er das All, wie aus einem Traum, in jedem Weltzeitalter neu aus sich hervorgehen. So heißt es in einem Gebet an die Weltenschlange Schescha:

»Hier in den Wassern der Jamuna will ich den Herrn der Schlangen mit Hilfe von göttlichen Mantras verehren. Denn er ist der Herrscher der ganzen Welt. Ich will mich hinunterbeugen zu der geheimnisvollen Gottheit, welche die Ursache der Welt ist und deren Kopf mit tausend kostbaren Swastikas geschmückt ist. Beugen will ich mich zur tausendköpfigen Schlange Ananta, bekleidet mit blauem Gewand, von Vischnu verehrt. Das Gift, das aus ihrem Mund hervorkommt, will ich trinken, als sei es Nektar und als sei ich ein Unsterblicher. Diese Begegnung mit der Schlange wird zu unserem Wohle sein.« (Egli, S. 210)

Schescha und Vischnu sind im tiefsten Grunde eins, das überdimensionale Reptil ist wie sein anderes Ich, daher auch sein symbolisches Lieblingstier: »Die menschengestaltige Figur (des Gottes), die Schlange, die sein Lager bildet, und das Wasser, auf dem die Schlange schwimmt, sind dreieinige Offenbarungen der ein und einzigen göttlichen, unvergänglichen, kosmischen Substanz, der Energie, die allen Formen des Lebens zugrunde liegt und in ihnen wohnt.« (Zimmer 1981, S. 70) Die Gestalt der Welt wächst aus den Wassern der Tiefe wie der Lotos aus dem Nabel Vischnus, auf dessen Blütenboden er die uranfängliche Erde trägt. Und in dieselbe Tiefe kehrt sie zurück, in den Schlaf des Weltuntergangs, von wo aus sie wieder neu erstehen wird, in endlosem Werden und Vergehen. Der Schlangenozean – ein Sinnbild unendlichen, ewigen Lebens wie der unzerstörbaren, unsterblichen Substanz des Gottes.

Als Gott der allumfassenden, alles tragenden und nährenden Fluten gesellt sich Vischnu bereits in vorarischen Zeiten der altehrwürdigen Erdgöttin »Lotos« als Gemahl. Sie, die auch unter den beiden Namen »Schri« und »Lakschmi« (Göttin des Glücks) bekannt ist, gebietet sowohl über die fruchtbringende Feuchte des Bodens als auch über Edelsteine und Metalle. Beide zusammen ruhen sie und Vischnu auf dem Leib der kosmischen Schlange, und zusammen schaffen sie die Welt: »Hier ist der männliche Gott der Wasser das Schlangenwesen der Tiefe und trägt auf seinem Leibe die lotosgleiche Göttin Erde, deren Blütenschoß aus dem Nass der Tiefe seinen Saft zieht, um das Leben der Welt zu entfalten und zu speisen. Das Männliche unten, das Weibliche oben, ... das flutend Bodenlose treibt seine Blüte.« (Zimmer 1978, S. 111f)

In ähnlicher Weise wird die Schlange später Thronsitz und Baldachin Buddhas bilden, Quelle seiner Energie und Schutzschild zugleich. Schlangen allgemein verkörpern in Indien die innerweltliche Kraft überweltlicher Gottheiten. So sind sie eins mit *Schakti,* Lebensfluss und Lebenslust schlechthin, die alles belebt, was je ins Dasein tritt (selbst die männlichen Gottheiten). *Schakti* ist das energetische Prinzip der Welt und deshalb eins mit Maya, die als größte Göttin (Mahadevi) die Welt durchwebt, die gleichsam ihr Lebensmuster, ihr berühmter »Schleier« ist. Von ihr erhält auch Schescha seine Macht. Als eines Tages die Welt kurz vor dem Untergang steht und die Göttin zum Endkampf gegen die Dämonen bläst, gibt er ihr diese Macht in Form eines Schlangenhalsbandes mit großen Edelsteinen zurück. Seine Macht ist nur von ihr geliehen. Als sie all ihre Kraft zusammennehmen muss, um die Welt (wieder einmal) vor den Dämonen zu retten, stellt er ihr seine Energie zur Verfügung, die im tiefsten ihre eigene bzw. die Energie der Welt im Ganzen ist, an der sämtliche Lebewesen nur teilhaben, die sie aber niemals besitzen können.

Aus dem Atem von Schescha übrigens geht der Regenbogen hervor. So ist die Weltschlange auch am Himmel sichtbar. Der Regenbogen – ein schillerndes Abbild ihrer weltumspannenden Kräfte, zugleich Widerspiegelung und Brechung reinen Lichts. Doch nicht nur Schescha sendet den Regenbogen, vielmehr sind alle, die zu seiner Familie gehören, mit derselben »Begabung« ausgestattet: Die Strahlen der Edelsteine auf den Köpfen der Schlangen scheinen durch einen Spalt im Ameisenhügel (dem Lieblingsplatz der *nagas*) und steigen von dort zum Himmel auf, wo sie sich mit der Regenwolke berühren.

2. Die Rolle der Weltenschlange bei der »Quirlung des Milchmeeres«

Wie gelangten vor Zeiten die klugen Götter zur Unsterblichkeit? – Und welche Kraft stand ihnen dabei zur Seite? – Eine Antwort auf diese Frage gibt der Mythos von der »Quirlung des Milchmeers« (siehe Bildtafel II, Abb. 3).

Einst tobte, wie so oft in der indischen Mythologie, der Kampf zwischen Göttern und Widergöttern, beide waren damals noch gleichermaßen sterblich. Die Dämonen jedoch hatten in diesem Kampf einen Vorteil. Ihnen war es gelungen, einen Priester aus dem Brahmanengeschlecht auf ihre Seite zu ziehen, der vor Zeiten vom höchsten Gott Schiva selbst das Zauberwissen erhalten hatte, mit dem man Tote lebendig machen konnte. So mussten die Götter zu Hunderten und Tausenden sterben, während die Dämonen immer wieder lebendig wurden. Um die Gottheiten zu retten, riet ihnen Brahma, der Schöpfer, ein Bündnis mit den Dämonen zu schließen und sich zusammen mit ihnen um den Trank der Unsterblichkeit zu bemühen:

»Quirlt das Milchmeer!«, rief er ihnen zu. »Nehmt den Berg Mandara zum Quirlstock und gürtet um ihn die Weltschlange Schescha als Quirlstrick. Sodann stellt Bali, den Herrn der Dämonen, dabei zum Quirlen an – nur auf einen Tropfen Zeit. Bittet den unvergänglichen Vischnu, dass er in seiner Gestalt als Schildkröte, die auf dem unteren Grunde der Welt den ganzen Weltleib trägt, den Quirl auf seinem Schilde trage, indes ihr quirlt!«

Der Dämonenfürst Bali fühlte sich geschmeichelt und überlegen und versprach den Göttern, den Trank der Unsterblichkeit herbeizuschaffen und sie alle mit seiner Liebe zu beschirmen. Zusammen gingen sie zum Berg Mandara (auch der Weltberg Meru genannt) im höchsten Himalaya und baten ihn: »Sei unser Quirlstock jetzt beim Quirlen des Tranks der Unsterblichkeit, denn das ist das große Werk, das Göttern und Widergöttern aufgegeben ist.« »So sei es«, antwortete der Mandara. ... »Zum Amt des Quirlstricks sucht euch einen, der die Kraft hat, mich herum zu wirbeln.«

Da stiegen aus der Tiefe zwei gewaltige Götter empor, die Schildkröte und die Weltschlange Schescha, beide sind Teile eines Viertels Vischnus, und bestellt, die Welt auf ihren Schultern zu tragen. Beide sprachen stolzgeschwellte Worte. Die Schildkröte sprach: »Ob ich gleich alle drei Welten trage, werde ich doch nicht müde. Wie würde ich müde von Klein-Mandara, dem Knirps, der einem Kiesel gleicht.« – Und Schescha sprach: »Ob ich das Weltall, das Ei Brahmas, umgürte oder ob ich das Ei Brahmas quirle, beides schafft meinem Leibe kein Ermatten – etwa das Drehen des Berges Mandara?«

Im selben Augenblick noch entwurzelte das Schlangenwesen den Berg Mandara und warf ihn spielend ins Milchmeer, und die Schildkröte stellte sich unter seine Spitze.

Die Götter und Dämonen jedoch vermochten alle zusammen den Mandara nicht herumzuwirbeln und mussten sich zu Vischnus Stätte begeben, um seine Mithilfe zu erbitten. Vischnu lag, geschmückt mit Perlenketten und Armbändern, auf seinem Schlangensitz. Mit dem Lotos seines Fußes berührte er das Nabelrund der Göttin »Lotos« (Lakschmi), sie hielt, am Fußende des Lagers sitzend, seinen Fuß in ihrem Schoß. Der Sonnenvogel Garuda, auf dem er reitet, fächelte ihn mit seinen Schwingen, selige, himmlische Chöre und Halbmenschen priesen ihn, die heiligen Veden umstanden ihn leibhaft und sangen sein Lob.

»Herr der Götter«, baten ihn die Verzweifelten, »wir quirlen das Milchmeer, um Unsterblichkeit zu erlangen – hilf uns, dass wir unsterblich werden!« – Und der unnahbare Vischnu schritt samt den Göttern zum Mandaraberge hin. Der war von einer Windung der Weltschlange umgürtet und Götter und Dämonen hielten ihn. Da stellten sich die Götter aus Furcht vor dem Gift der Weltschlange an ihr Schwanzende, die Dämonen aber standen bei ihrem Kopfteil. Und Bali ergriff mit der linken Hand das Haupt der Schlange mit tausend Mündern, mit der rechten zog er an ihrem Leibe. Vischnu hielt mit zwei Paar Armen den Weltberg Mandara samt seinen lieblichen Schluchten als Quirl umfasst. Da riefen Götter und Widergötter »Sieg« und quirlten das göttliche Milchmeer volle hundert Jahre lang. Danach waren alle Götter und Dämonen erschöpft, worauf der Gott Indra zu einer Wolke wurde und mild stäubende Tropfen auf die Gemeinschaft herunterregnete, während der Windgott ihnen Kühlung zuwehte. Brahma feuerte sie von neuem an: »Quirlt, quirlt das Weltmeer! Wer unbezwinglich sich müht, dem winkt uferloses Glück!« In diesem neuen Wirbel sausten Elefanten herdenweise vom Mandara herunter, desgleichen Tausende von Wildschweinen, Ungeheuern wilden Tieren, Blüten, Früchten und Bäumen. Durch die Kraft dieser Früchte und den Saft der Blüten und Kräuter gerann das flüssige Milchmeer völlig und stockte zu Dickmilch. Da wurden all die Tausende lebender Wesen zerquirlt und strömten Fett und Saft aus, woraus gegorener Rauschtrank entstand. Von dessen Duft allein erstarkten die Götter und Dämonen zu neuen Kräften. Sie packten den Schlangenkönig ringsum, Vischnu trat allen voran und umschlang den Mandara mit seinen Armen, an das Hinterteil der Schlange trat Indra, daneben der Sonnengott, dahinter die übrigen Götter. Während sie die Flut quirlten, erhob sich ein gewaltiger Schall aus dem Meer, wie mächtiger Wolkendonner. Beim Quirlen kamen alle Arten von Lebewesen sämtlicher Zeiten und Zonen um. Sie wurden zerrieben oder durch das bei der Reibung erzeugte Feuer vernichtet. Auch flossen vielerlei Säfte in die Flut, Harze der Riesenbäume und Säfte zahlreicher Kräuter. Und die Milch solcher Säfte, die in sich die Kraft des Unsterblichkeitstrankes bargen, schenkte den Göttern Unsterblichkeit, dass ihre Haut glänzte wie Gold. Dabei allerdings wandelte sich des Meeres Milch zu Butter. Da sprachen die Götter zu Brahma: »Wir sind gewaltig müde und der Trank der Unsterblichkeit kommt nicht hervor; außer Vischnu sind alle Götter und Dämonen müde und allzu lange währt auch das Quirlen des Weltmeers.«

Da schenkte Vischnu, auf Geheiß Brahmas, allen noch einmal neue Kraft, und in einem letzten Aufbäumen all ihrer gesammelten Energien rührten sie vereint die Flut des Weltmeers gewaltig auf. Und endlich war ihr Wirken von Erfolg gekrönt: Mit klarem Glanz, weißgewandet und leuchtend wie hundert Sonnen, erhob sich der Mond (Behälter des Amrita) aus dem Meer. Ihm nach erstand die Göttin Schri – Glück und Schönheit –, sie trug ein Gewand, licht wie zerlassene Butter; und die Göttin des Rauschtranks erschien, dazu ein lichtes Pferd. Und es erstand das Juwel Kaustubha, das im Trank der Unsterblichkeit seinen Ursprung hat, in Strahlen aufblühend, und der Parijatawunderbaum mit Büscheln geöffneter Blüten, von dessen Zweigen die Seligen Erfüllung aller Wünsche pflücken.

Doch dem Glück folgt das Unglück bereits auf den Fersen und bläht sich mächtig auf. Ein Rauch entsteht, dem Feuer und schwarze Schlangen mit gewaltigen Zähnen entquellen. Und es erstand Kalakuta, der Schrecken aller Schrecken. Mit dem flammenden Glutatem gesammelten Todes versengte er alle Wesen und ließ die Götter und Himmlischen aussehen wie verbrannte Kohlen. Jetzt kann nur noch Schiva helfen, denn nur er, der Weltauflöser kann dem Vernichter Kalakuta (Gipfel des Todes) genügend eigene Zerstörungskraft entgegensetzen, um seine Macht zu bannen und in Schach zu halten. Außerdem war er es, der den Dämonen das »geheime Wissen, das Tote belebt«, zugespielt hatte. Nun muss Schiva den lichten Gottheiten zuliebe für den Ausgleich der Kräfte sorgen.

Wie aber konnte es überhaupt zu einer solchen Schreckensgestalt kommen? »Als Götter und Widergötter in heißem Zorn das gewaltige Weltmeer quirlten, wünschten sie dabei einander den Tod – da entstand ich, um alle Götter samt den Dämonen zu töten.« So stellt sich Kalakuta seinen fassungslosen »Schöpfern« vor, die gleich seine Opfer werden sollen. Es sei denn, sie verschlingen ihn, noch bevor er sie verschlingen kann. Schiva jedoch erbarmte sich und schluckte das große Gift, Kalakuta. Seither heißt er mit einem seiner Beinamen »Blauhals«, weil seine Kehle, die das Gift festhielt, von dem Trank blauschwarz wurde.

Kaum hatte Schiva sich wieder in seine Höhle auf dem Berg Mandara zurückgezogen, da begannen die Götter das Meer von neuem zu quirlen, diesmal mit bleibendem Erfolg. Der »Urvater des Heilwissens vom langen Leben« stieg herauf und mit ihm die Göttin des Rauschtranks. Danach endlich erschien der Trank der Unsterblichkeit, Amrita (d. h. »Todlos«), der mit seinem Duft allein alle Geschöpfe von Furcht erlöste. Ihm vorauf erhob sich die Göttin »Lotos« aus der Flut, die Spenderin von Glück und Schönheit, die »Schri« und »Lakschmi« genannt wird, und Vischnu nahm sie sich zur Gemahlin; dazu kam Kaustubha, das große Juwel, das Vischnu auf der Brust trägt. Ein weißer Elefantenkönig stieg herauf, den sich der tausendäugige Indra zum Reittier erwählte, und ein Juwel von weißem Pferd nahm sich der Sonnengott. Einen leuchtend weißen Sonnenschirm erhielt Varuna, der Herr der Wasser (selbst in Schlangengestalt verehrt), und zwei Ohrringe nahm sich Indra. Der Windgott zog zu sich den Parijatabaum, dessen Zweige Erfüllung aller Wünsche tragen.

Danach aber stieg der Gott des Heilwissens, der aller Welt Freisein von Krankheit schafft, leibhaftig herauf und hielt eine weiße Schale mit dem Trank der Unsterblichkeit in Händen. Sogleich kamen die Dämonen herbei und rissen ihn an sich. Vischnu aber verwandelte sich in eine unvergleichlich schöne Frau, die sich den Dämonen verführerisch näherte. Ganz von ihrer Schönheit in Bann geschlagen, überreichten die Widergötter ihr freiwillig die Schale mit dem Amrita. Die Götter tranken davon, und mit frischer Kraft machten sie sich daran, die Dämonen zu besiegen. Während die gewaltige Schlacht noch tobte, trat die uranfängliche Gestalt Vischnus, der Urmann, der die Stätte der Wasser ist, mit doppelter Erscheinung, als Nara und Narayana, in den Kampf. Sein Auftreten brachte den Göttern den vollen Sieg. Die Dämonen waren damit – vorerst – für eine Weile in Schach gehalten. (vgl. Zimmer 1978, S. 127-147)

Vischnu, der Welterhalter, als ein riesiger schlafender Mann, der auf den Windungen einer endlosen Schlange liegt, das ist zugleich der Urmann Narayana auf der Weltenschlange Schescha. Sie ist die höchste Tiergestalt seines göttlichen Wesens. Als Element nimmt sie die Form des Urwassers an. Von ihr gilt somit dasselbe, was auch von Narayana/Vischnu gesagt werden kann:

»Ich bin das Urwesen, aus dem alles kommt – ich bin der Tausendköpfige, ... der unvergängliche Herr der Wasser. ... Ich bin der Jahreskreis, der alles hervorbringt und wieder verschlingt, ich bin der Yogin, dessen Zauberspiel ›yuga‹ ›Weltalter‹ heißt, und bin auch der Wirbel, der Weltalter endet. Ich bin der Endebringer aller gewordenen Wesen, ich heiße der Tod aller. ... Was überall das höchste Wahre ist, bin ich. ... Ich bin Himmelslicht, Wind und Erde, Wasser und Meere und die zehn Richtungen des Raums. Ich bin der Urzeitliche und bin auch die höchste Zuflucht. Aus mir ward alles, was geworden ist, was werden soll und was da west. ... In meinem Leibe lebt Brahma samt allen Göttern und heiligen Sehern. ... Viele Gestalten nehme ich an und schwimme im großen Weltmeer, wenn Mond und Sonne vergangen sind, langsam dahin. Ich bin der Herr und bin Schwan. Ich brachte die Welt aus mir hervor. Und weile im kreisenden Vergehen der Zeit.« (Zimmer 1978, S. 62f)

In der Geschichte von der *Quirlung des Milchmeers* quirlt somit die Weltenschlange Schescha nichts anderes als ihre eigene Essenz hervor, die »todlos« ist, weil sie das kreisende Leben selber in elementarer (Wasser-)Gestalt verkörpert. Zugleich ist sie die Substanz der Wandlungsfähigkeit Vischnus, der in dieser Geschichte neben seiner göttlichen in drei weiteren Gestalten erscheint und wirkt: als Urmann Narayana, als Schildkröte und als Weltschlange, alle zusammen Sinnbilder des kosmischen Ozeans, den sie zugleich mit Hingebung quirlen. Was uns hier vor Augen geführt wird, ist das zeitlose Wesen des wechselvollen Weltenspiels selbst, dem wir alle preisgegeben sind, nach indischer Vorstellung Götter ebenso wie Menschen, Tiere und Dämonen, ja die Natur als Ganze. »Es hat den Sinn«, wie Heinrich Zimmer sagt, »dass am Ende der großen Quirlung des Weltleibs unter Beihilfe aller göttlichen und dämonischen Kräfte eigentlich nichts geschehen ist; nur das Gleichgewicht ist auf einer neuen Ebene wieder hergestellt.« (Zimmer 1978, S. 146) Die kosmische Schlange darf zurück ins Weltmeer sinken. Als Basis und Garantin dafür, dass das Leben, das sie selbst symbolisiert, mit all seinen wechselvollen Wendungen, Windungen und Verschlingungen weitergeht.

Letztendlich wird sie hier wieder identisch mit der Göttin Maya selbst, diesem höchsten Weltprinzip, als Energie und Sein der Welt, von der auch Vischnu nur ein Teil ist. Maya ist der ganze Kreislauf des Jahres, der alles hervorbringt und – als Kali, die Verschlingende – alles wieder fortnimmt. Weshalb es in Indien heißt: »Tauche dich unter ins Wasser, dann wirst du um die Maya wissen!« (Zimmer 1978, S. 76)

So wird das Bild der kosmischen Schlange zum Symbol der zyklischen Natur von Raum und Zeit überhaupt.

3. Manasa, die »Giftzerstörerin« – Göttin der Heilkunst

Auch Manasa, die Schwester Scheschas, genießt in Indien höchste Verehrung. Sie wird als eine von Schlangen umringte Frau dargestellt, die selbst wiederum auf einer Schlange steht. Oftmals wird sie auch nur als Zweig oder Wasserstrahl oder einfache Schlange abgebildet, dann wieder als schöne Frau, die auf einer Wasserlilie sitzt und von Schlangen umhüllt ist. In ihren Händen liegt das Heilmittel vor Schlangenbiss; deshalb nennt man sie »Giftzerstörerin«. Wer sie verehrt, der ist gegen Schlangenbiss und -gift gefeit. Sie hütet, wie wir aus der folgenden Kultlegende erfahren werden, den Nektar der Unsterblichkeit, der selbst Tote wieder zum Leben erweckt. Die Gabe, den Tod zu überwinden bzw. aus dem Tod neues Leben zu erwecken, wird weltweit mit der Heilkunst in Zusammenhang gesehen und Schlangen gelten in Indien, wie auch anderswo, als die geborenen Heiler/innen. Vorstellungen, dass die Schlangen Unsterblichkeit erlangten, als es ihnen gelang, (verbotenerweise) ein paar Tropfen Amrita zu schlecken, gehören auch in Indien zum unverzichtbaren Mythenbestand. Im Grunde jedoch symbolisiert, wie wir sahen, die Schlange selbst den Nektar des Lebens, das Lebenselixier, das uns in Form von Wasser erfrischt und (wieder)belebt.

Alljährlich im August – mitten in der Regenzeit – begeht man Manasa zu Ehren das große Schlangenfest *Nagapanchami*. Dabei zieht das Volk zu den Plätzen, an denen Schlangen leben, vor allem die giftigen Kobras, und opfert ihnen Milch und Früchte. An diesem Feiertag darf man nicht pflügen, nicht graben, nichts pflücken und nichts rösten. Und dazu erzählt man sich folgende Ursprungslegende:

Es war einmal eine Stadt, Manikpura, in der ein Brahmane lebte, der keine Ahnung vom Schlangenfest hatte. Wie jeden Tag, so ging er auch an diesem hohen Feiertag aufs Feld, um zu pflügen. Im Feld aber war ein Loch mit den Jungen einer *nagini*, einer weiblichen Kobra. Sie starben samt und sonders, als der Pflug über sie hinwegging.

Die *nagini* aber, die während des Unglücks nicht zur Stelle gewesen war, zog aus, um den Übeltäter dingfest zu machen. Sie kam zum Haus des Brahmanen und fand das Blut ihrer Kinder an seinem Pflug. Aus Rache biss sie den Brahmanen und alle Leute im Haus, die in tiefem Schlaf lagen, zu Tode. Danach wollte sie auch die Tochter der Familie von der Erde tilgen, die im Nachbardorf wohnte. Die jedoch hatte, wie es Festbrauch war, Schlangen an die Wand gemalt, sie verehrt und ihnen Gaben dargebracht. Sie verbrachte die ganze Nacht wachend, verbrannte Weihrauch, hielt die Lampen brennend und opferte Nahrungsmittel.

Als die *nagini* dies sah, war sie hoch erfreut und sagte zu der Frau: »Mädchen, dein Vater hat heute alle meine Jungen getötet, als er auf dem Felde pflügte. Nachdem ich alle deine Angehörigen getötet habe, bin ich hierher gekommen, um auch dich zu beißen. Doch weil du meiner gedacht hast und mich ehrst, will ich dich schonen.«

Die Tochter entgegnete darauf: »Du hast alle meine Leute zu Hause getötet. Gib mir bitte ein Heilmittel, das sie wieder zum Leben bringt.«

Die *nagini* sagte: »Nimm diesen Nektar und spritze ihn über ihre Leiber, dann werden sie ins Leben zurückkehren.«

Die Tochter tat, wie ihr geheißen, spritzte den Nektar über die Toten, und sie standen alle wieder auf. Darauf erzählte sie ihrem Vater alles, was geschehen war, und ermahnte ihn: »Von heute an, wenn der Monat Sravana kommt, sollst du am fünften Tag des Vollmondes die *nagas* verehren. Nachts sollst du Lampen anzünden, Weihrauch verbrennen und Esswaren opfern. An diesem Tage sollst du weder graben noch pflügen und auch nichts töten!« Von da an wurde das *Nagapanchami* auch in diesen Dörfern gefeiert.

Am Morgen des Festes stellt jede Familie eine Schlange aus Ton auf oder malt eine Gruppe von fünf, sieben oder neun Schlangen an die Wand. Die Zeremonien vor den Schlangenbildern werden in der Regel von den Frauen des Hauses durchgeführt. Den Schlangen werden Milch, Früchte, Blumen, Speisen und Weihrauch dargebracht. Lampen brennen dazu den ganzen Tag. Nachmittags pilgern die Leute zu Plätzen, an denen sie Schlangen vermuten, meist Ameisenhügel, von denen man weiß, dass sich die Tiere dort gern aufhalten. Da treten auch Schlangenbeschwörer mit ihren Kobras auf, denen das Volk große Geschenke übergibt. Abends werden dem Schlangenbild erneut Speisen, Blumen und Weihrauch dargebracht. Die Lampen brennen die ganze Nacht hindurch und die Leute bleiben die ganze Nacht auf. Dieser Brauch heißt: »die Schlangen wach halten«. (vgl. Egli, S. 68–73)

II. Die Schlange als Symbol von Weisheit und Reichtum

Schlangen hausen unter der Erde, egal ob sie unter Wasser oder in Höhlen leben. Dort aber sind Schätze ohne Zahl verborgen: kostbare Edelsteine, Perlen und Metalle. (Man bedenke, dass auch Pluto, der griechische Gott der Unterwelt, als Gott des Reichtums galt, worauf schon sein Name hinweist, der übersetzt »Reichtum« heißt.) Schlangen (wie auch Drachen) sind somit genuine und prädestinierte Schatzhüterinnen. Die Steine, die sie heraufbringen, sind zugleich Symbole einer geistigen Welt, die das Oben mit dem Unten, Himmel und Erde miteinander verbinden. Denn die Bildung von Stein und Metall wird nicht zuletzt durch die Kraft von Sonne und Licht mit angeregt. Deshalb gehören Steine – manche wurden auch »Betyle« genannt – mit zu den ursprünglichsten Verehrungsformen von Gottheiten (man denke nur an den Meteorstein in der Kaaba!). Dass sie selbst heilende Kräfte in sich bergen, ist eine Wiederentdeckung der heutigen Edelsteintherapie. Weisheit und Reichtum liegen also enger beieinander, als es zunächst den Anschein hat.

1. Schlange und Buddhismus: Der Baum des Schlangenkönigs Muchalinda

Von alters her galten Schlangen als hochgeistige und geistig tiefschürfende Wesen. Ähnlich wie die Drachen in China sind die *nagas* auch in Indien die ersten, die den Buddhismus in seiner ganzen Tiefe verstehen, annehmen und verbreiten helfen. Eine Schlange war es auch, die den Buddha während seiner alles entscheidenden Meditation vor einem schrecklichen Unwetter schützte, wie die folgende Legende erzählt, die zum frühesten Teil der buddhistischen Überlieferung Indiens gehört:

In der alles entscheidenden Phase seiner Erleuchtung saß der Buddha je sieben Tage lang unter drei verschiedenen Bäumen. Der dritte Baum war eben der, an dessen Wurzeln Muchalinda lebte. Er war eine ungeheuer große Schlange und hauste in einer Höhle inmitten des Wurzelwerks. Sobald der Buddha in den Zustand der Seligkeit entrückt war, bemerkte Muchalinda, dass eine für diese Jahreszeit außergewöhnlich bedrohliche Sturmwolke am Horizont erschien. Gelassen glitt er aus seinem dunklen Loch und ringelte sich in sieben Windungen um den Leib des in Meditation Versunkenen. Mit seiner aufgeblasenen riesigen Schlangenhaube beschirmte er das heilige Haupt. Sieben Tage lang regnete es ohne Unterlass, der Wind blies kalt, doch der Buddha merkte es nicht einmal; so vollkommen war der Schutz, den die Schlange ihm angedeihen ließ. Am siebten Tag verschwand das Unwetter so plötzlich wie es hereingebrochen war. Muchalinda entfaltete die Spiralen seines Leibes und verwandelte sich selbst in einen freund-

Der meditierende Buddha wird von einer Schlange beschützt.

lichen Jüngling. Mit gefalteten Händen an der Stirn verneigte er sich in Ehrfurcht vor dem Erlöser der Welt.

Es wird sogar erzählt, dass die Menschen erst sieben Jahrhunderte später als die Schlangen in den tiefsten Sinn der buddhistischen Lehren eingeweiht wurden. Der Buddha hatte nur zu bald erkannt, dass die Menschen noch gar nicht fähig waren, den Buddhismus und seine Vision von der universellen Leere (*Schunyata*) zu erfassen und zu verwirklichen. Darum vertraute er die tiefere Deutung der Wirklichkeit einer Zuhörerschaft von *nagas* an, die sie als Treuhänder bewahren sollten, bis die Menschheit reif genug für ihr Verständnis sei. Erst nach Ablauf von sieben Jahrhunderten wurde der große Weise Nagarjuna durch die Schlangenkönige in die Erkenntnis der großen Leere eingeweiht. So war er es, der in seinem Namen das Wort *naga* trägt, der den Menschen die voll ausgereiften Lehren des Mahayana-Buddhismus übermittelte.

Anders als im Christentum wird hier also keine Gegnerschaft zwischen Schlange und Erlöser konstruiert, sondern vielmehr eine Brücke zwischen der Tiefe, welche die Schlange repräsentiert, und der schwindelnden Höhe, die der Buddha erreichte, gesehen. Buddha hat es nicht nötig, die Schlange zu bekämpfen. Sie kooperiert freiwillig mit ihm. Was Schescha für Vischnu, das ist Muchalinda für Buddha. Ein tragendes Element. (vgl. Zimmer 1981, S. 76-78; Egli, S. 244ff)

Um den Austausch von geistigen und materiellen Gütern geht es in den beiden folgenden Märchen:

2. Die goldspendende Schlange

Es war einmal eine Stadt namens Kanti, in welcher ein König Kanajasen regierte. In seinem Haus verkehrte ein hochgelehrter Brahmane namens Dewdatt. Der trug in des Königs Haus erläuternde Übersetzungen heiliger und altehrwürdiger Erzählungen vor. Zuerst übte er für sich in der Einsamkeit, dann las er vor des Königs Umgebung und schließlich hielt er seinen Vortrag vor dem König in Gegenwart des versammelten Hofes. Eines Tages rezitierte er wieder einmal einsam im Garten seinen Vortrag, den er melodisch sang. In diesem Garten wohnte eine Schlange. Die hauste dort in einer Höhle und lag auf einer goldgefüllten Pfanne. Als die Schlange den Vortrag des Vorlesers, seine Stimme und seinen melodiösen Gesang vernahm, kam sie heraus und lauschte seiner Übersetzung. Weil sie aber unter dem Zauber seiner Stimme stand, nahm sie ein Goldstück in ihren Mund und legte es vor Dewdatt nieder. Darauf zog sie sich wieder in ihre Höhle zurück. Am folgenden Tag hielt der Vorleser im Garten vor der Schlange einen besonders langen Gesangsvortrag, und wieder schenkte sie ihm eine Goldmünze. Von nun an hielt er seine Vorlesung täglich und immer am frühen Morgen. So kam es, dass sich die Schlange näher zu dem Vortragenden setzte als sonst zu den Menschen. Und immer wenn sie sich entfernte, gab sie ihm ein Goldstück. Von dieser Geschichte aber wusste kein Mensch etwas außer dem Vorleser.

Eines Tages nun wurde er zu einer Hochzeit ins Dorf seines Bruders geladen und, ob er wollte oder nicht, er musste gehen. Da nahm Dewdatt seinen 25-jährigen Sohn, der sehr gelehrt war, und ging mit ihm in den Garten. An dem Ort, an dem die Schlange wohnte, ließ er seinen Sohn den Vortrag halten. Die Schlange freute sich; sie kam und setzte sich zu ihm. Der Vater warnte seinen Sohn, ja nichts zu verraten. »Täglich sollst du deine Vorlesung halten. Die Schlange schenkt dir stets ein Goldstück dafür. Aber lass vor keinem Menschen etwas davon verlauten!« So ermahnte er ihn, und die Schlange spendete, wie gewohnt, ihre Goldmünze.

Dewdatt machte sich mit seiner Familie auf den Weg, und der Sohn nahm seinen Platz als Vorleser sowohl vor der Schlange als auch vor dem König ein. So vergingen drei Tage. Da dachte des Gelehrten Sohn in seinem Herzen: »Die Schlange gibt mir stets ein Goldstück. Folglich muss sie auf einer großen Pfanne von Goldmünzen sitzen. Da will ich mir doch lieber gleich die ganze Pfanne herausholen.« Solch unreifen Plan entwarf er. Eines Tages nahm er einen Stock, verbarg ihn unter seinem Sitzteppich und begann seinen Vortrag. Als dieser zu Ende war, belohnte die Schlange ihn wieder mit dem üblichen Goldstück; dann schickte sie sich an, in ihre Höhle zu kriechen. Der Gelehrte aber schwang seinen Stock und schlug sie auf den Kopf. Davon zerbrach ihres Kopfes Edelstein. Da wurde die Schlange zornig, kehrte um, biss den Gelehrten und kroch zurück in ihre Höhle. Der junge Mann aber musste sterben.

Nach zehn Tagen kam sein Vater zurück und nahm seinen Vortrag vor der Schlange wieder auf. Da rief ihm die Schlange von ihrer Höhle aus die Sanskritstrophe zu: »Ich bin tief betrübt, dass mein Edelstein zertrümmert ist, und du betrauerst deinen Sohn. Woher sollte bei gebrochenem Herzen Liebe kommen? Vorleser, schließe dein Buch.« (vgl. Hertel, Ind. Märchen, S. 140f)

3. Die Schlange als Hüterin des Feldes

Ein Bauer pflügte eifrig sein Feld, doch nie trug es genügend Frucht. Da entdeckte er eines Tages auf einem alten Ameisenhügel eine große Kobra mit aufgeblähter Haube. »Sicher ist sie die Schutzherrin dieser Gegend«, dachte der Bauer und entschloss sich, von nun an diese Schlange zu verehren.

Er brachte ihr ein Becken voll Milch und betete: »Oh Herr dieses Feldes, bisher habe ich nicht gewusst, dass du hier wohnst. Vergib mir!«

Am nächsten Morgen fand er ein Goldstück im Becken. Jeden Tag nährte der Bauer sie nun mit Milch und Gebet, und jeden Morgen fand er zum Dank ein Goldstück im leeren Becken.

Als Kulturbringer/innen, als die sie nun einmal verehrt werden, verschenken die *nagas* und *naginis* außer Edelsteinen und Metallen noch andere wertvolle Kulturgüter: kostbare Flöten, Schwerter, die unbesiegbar machen, unfehlbare Lassos, mit denen man jegliches Wild einfangen kann. (vgl. Egli, S. 135f)

Die Austauschmöglichkeiten zwischen Schlangen und Menschen sind geradezu unerschöpflich. Ideale Möglichkeiten gegenseitiger Befruchtung bietet natürlich die Vermählung von Schlangen- und Menschenkraft. Wie gesagt, eine Schlange als Ahnin im Stammbaum zu führen, gibt Hintergrund und wird als ehrenvoll betrachtet.

4. Vermählungen zwischen Menschen und Schlangen

Häufig geht der Wunsch, Kontakt aufzunehmen, von den Schlangen selber aus. Zum Beispiel, wenn sich, wie im *Mahabharata* geschildert, eine Schlangenprinzessin in einen attraktiven jungen Mann verliebt. Das *Mahabharata* zählt zu den großen Märchenromanen Indiens und Arjuna ist einer seiner Helden. Von ihm wird folgende Geschichte erzählt:

Als Arjuna eines Tages zur Ganga hinabstieg, um sich rituell zu reinigen, schien es ihm, als befände er sich plötzlich auf dem Grund des Flusses. Er kam in ein prächtiges Schloss. Dort erwartete ihn die Schlangenprinzessin Ulupi, die ihn in diesen Palast hinabgezogen hatte. Sie war jung und schön und er begehrte sie leidenschaftlich zur Frau. Als er zunächst zögert, sich mit ihr zu verbinden, kann sie ihn mit ihrer Weisheit überzeugen, dass er kein Unrecht begeht, falls er sich ihren Wünschen beugt. Zusätzlich weiß sie ihn bei seiner Ehre zu packen. Arjuna ist ein Kschattriya, Angehöriger der zweiten Kaste, der Kaste der Krieger und Beschützer. »Sei gerecht!«, erklärt sie ihm. »Ich leide sehr unter meiner heftigen Liebe zu dir. Du, als Kschattriya, bist verpflichtet, einer Frau zu helfen, die in Not ist. Darum vermähle dich mit mir und erfülle mein Verlangen.« Der Held willigt schließlich ein und die beiden wählen die Gandharva-Feierlichkeit bei ihrer Vermählung, den Austausch von Blütenkränzen. Sie verbrachten die ganze Nacht zusammen, und als der Morgen anbrach, brachte Ulupi Arjuna wieder ans Ufer der Ganga und kehrte danach in ihr eigenes Reich zurück. Aus dieser Verbindung geht ein Sohn hervor, der seinerseits ein tapferer und edler Kschattriya wird. (vgl. Mahabharata, S. 63f; 230)

Eine Schlangenprinzessin gehörte selbst noch zur Familie des historischen Buddha.

Ein junger Mann, Verwandter des Buddha, sah am Seeufer ein herrliches Mädchen ruhen. Sie war die Tochter eines Schlangenkönigs, die sich in eine Frau verwandelt hatte und seine Liebe erwiderte. Als der Jüngling ihr den Heiratsantrag stellte, tauchte sie in den See und kam mit ihrem Vater, einem *Naga*könig, zurück. Dieser stimmte hocherfreut der Vermählung zu und lud den jungen Mann in seinen Palast auf dem Grunde des Sees zu einem Besuch ein. (vgl. Egli, S. 78)

III. Drachenkampfmotive

Obwohl die indische Mythologie sich durch eine äußerst wohlwollende Schlangensymbolik auszeichnet, weiß sie auch von Versuchen, die ungeheure Macht der Schlangen zu brechen. Nach den Eroberungszügen der Arier sind es vor allem deren neue und kriegerische Gottheiten, die der Schlangenkraft den Kampf ansagen. Der politische Machtwechsel führt – wie so oft in der (Mythen-)Geschichte – zu einer veränderten Weltsicht, von der auch die religiöse Erzähltradition nicht unberührt bleibt. Dabei werden, wie allgemein üblich, die Gottheiten der alten Zeit zu den Dämonen der neuen.

1. Indra – Gegenspieler und Schutzpatron der Schlangen

Symbol der neuen Machthaber ist Indra, der arische Gott des Sturmes, Schleuderer des Donnerkeils. Sein Kampf mit der Weltenschlange Vritra läutet eine neue Ära ein:

Indra schlägt die Weltenschlange Vritra

Vritra, der dravidische (vorarische) Wassergott, wurde im formlosen Umriss einer Wolkenschlange vorgestellt, die sich auf den Bergen dehnt und streckt. Als seine Mutter gilt Kadru, die in Gestalt einer weiblichen Schlange verehrte frühe Göttin der Erde, Mutter auch von Schescha und Manasa. Vritra ist der Erstgeborene der Schlangen, der beim Weltbeginn die Weltwasser umschlang und auf diese Weise verhinderte, dass sie unkontrolliert auseinander flossen. In diesen Wassern war damals noch die Sonne und alles enthalten, was die Welt am Leben hält. So wird auch hier die Schlange wieder untrennbar mit Formgebung, Kulturschaffung und Kulturerhaltung verbunden. Die Absicht des neuen Indra-Mythos ist folglich klar: Nicht mehr die altehrwürdigen Gottheiten sind für das Wohl und Gedeihen der Welt verantwortlich, sondern die neuen Eroberer, deren Götter auch den Himmel neu und nach ihrem Gutdünken ordnen wollen. Von nun an soll Indra als Spender von Regen und Fruchtbarkeit angebetet werden. Vritra (oder Ahi) aber, der die 99 Festungen der Wassertiefe bewohnt, wird zum Bösewicht erklärt, der die Wolkenkuh in seinem Bauch gefangen hält, damit es nicht mehr regnet. Die Welt leidet Dürre und steht kurz vor dem Kollaps, als der starke Indra eingreift. Der ist noch kaum geboren, als er seinem Vorgänger bereits den Kampf ansagt. Zunächst jedoch ohne Erfolg. Er erkennt nur zu bald, dass er Vritra nicht gewachsen ist, und zieht sich noch einmal in die Einsamkeit zurück, um Kräfte zu sammeln. Im zweiten Anlauf gelingt es ihm dann, zunächst die 99 Festungen der ungeheuren Schlange zu erstürmen, bis er schließlich dem Dämon selbst Auge in Auge gegenübersteht. Mit seinem Donnerkeil zersprengt er ihm den Kopf und der gewaltige Leib des Drachen fällt auseinander wie ein Haufen Laub. Die Wolkenkuh wird befreit, und die Wasser des Lebens können wieder frei fließen.

Dieser Kampf – so erzählen einige Mythen – wiederholt sich jedes Jahr neu, wenn die Felder trocken stehen. »Der Mythos wird zum Ritual, bei dem die Menschen den Urkampf und den Sieg Indras über den Schlangenfürsten Vritra neu heraufbeschwören.« (vgl. Egli, S. 213; eine Parallele dazu finden wir etwa im Kampf des babylonischen Gottes Marduk gegen die Schlangengöttin Tiamat! s.u. S. 132 ff)

Indra als Schutzpatron der Schlangen

Obgleich Indra als Sieger über die alte Weltenschlange gefeiert wird, ist er nicht grundsätzlich ihr Gegner. In gewisser Weise steht er sogar mit allen Schlangen der Welt im Bund, und das kann auch gar nicht anders sein, denn als Besieger der Wolkenschlange ist er fortan selbst für die Wasser des Lebens verantwortlich. Und die wiederum werden von den Schlangen gehütet und verteilt. An dieser prinzipiellen Vorstellung konnten auch die arischen Eroberer nichts ändern. Der hauptsächliche Gegenspieler Indras ist deshalb Agni, der Gott des Feuers. Dazu erzählt das *Mahabharata* eine bezeichnende Geschichte:

Derselbe Arjuna, der die Schlangenprinzessin Ulupi heiratete, hatte während seiner Verbannungsjahre auch eine recht zwiespältige Begegnung mit dem Feuergott Agni. Dieser klagt Arjuna und dessen Freund Vasudeva sein großes (Hunger-)Leid:

»Ich bin der Gott des Feuers und ich will den Wald von Khandava verzehren. In diesem Walde leben die *nagas*; ihr König ist Takschaka. Sooft ich auch versuchte, diesen Wald zu verschlingen durch das Feuer, das ich entfachte, immer wieder löschten es seine Bewohner. Hunderte und Tausende Elefanten bringen, sobald sie die Gefahr wittern, bei lebendigem Leibe zu verbrennen, Wasser in ihren Rüsseln und gießen es in die Flamme. Indra, der auf mich neidisch ist, lässt Regenbäche vom Himmel strömen, sobald der Wald in Flammen steht; so bleibt mein Hunger ewig ungestillt.«

Als Arjuna diese Worte vernahm, erkannte er, dass der große Gott des Feuers den Khandava-Wald gegen den Wunsch Indras zu verzehren begehrte, und erklärte ihm, dass weder er noch sein Freund über Waffen verfügten, die stark genug wären, die *nagas* zu bekämpfen. Da schenkte Agni den beiden jungen Männern zwei unbesiegbare Waffen, durch die er sie zur Mithilfe bei seinem Werk verpflichtete, und entfesselte darauf einen wilden Brand im Wald. Alle Wesen, die vor dem Feuer fliehen wollten, wurden durch Arjuna und Vasudeva unbarmherzig in den Flammentod zurückgetrieben.

»Als Indra das sah, ballte er große Wolkenmassen am Himmel zusammen, um heftige Regenschauer auf den brennenden Wald zu gießen. Doch kaum entstanden die Wolken am Himmel und der Regen begann zu fallen, als er auch schon aufgetrocknet war durch die heftige Hitze des Feuers. Der Gott des Donners und des Blitzes, der es auf Erden regnen lässt, versuchte immer wieder das Feuer zu löschen, doch vergeblich. Die Pfeile, die Arjuna mit seiner neuen Waffe schoss, hemmten den Regenguss. Zu der Zeit, als der Khandava-Wald brannte, befand sich der König Takschaka auf dem Wege nach Kurukschetra. Nur unter größten Schwierigkeiten konnte sich sein Sohn Aschwasena mit Hilfe des mächtigen Gottes Indra, der ein Freund seines Vaters war, aus den Flammen retten.«

Der Brand des Waldes rief unter den *nagas* große Empörung hervor. Im Verbund mit weiteren himmlischen und dämonischen Wesen griffen sie Arjuna und Vasudeva mit ihrer ganzen Macht an. »Die Götter des Himmels und selbst der mächtige Indra nahmen den Kampf gegen die beiden Helden auf, und die Welt schien am Rande der Zerstörung, so heftig war dieser Kampf.«

Fünfzehn Tage lang brannte der große Wald. Von all seinen Bewohnern waren nur sechs dem Tode entgangen, darunter Aschwasena, der Sohn des Schlangenkönigs Takschaka. (vgl. ebd., S. 69–72)

Von Takschaka, dem »Herrn der Schlangen«, dessen Reich unter der Erdoberfläche ist, erzählt das *Mahabharata* noch eine andere Geschichte, in der wiederum der Gott Indra eine zentrale Rolle spielt:

Takschaka hatte König Parakschit durch sein Gift getötet. Dessen Sohn beschloss deshalb, ein Schlangenopfer zu halten, bei dem sämtliche Schlangen, allen voran ihr oberster Gebieter, umkommen sollten. Dieses Ritual war in uralter Zeit von den Göttern selbst eingesetzt worden und konnte nur durch einen König vollzogen werden. Die Brahmanen steckten den Opferplatz ab und weihten den neuen König. Dann zündeten sie das Opferfeuer an und fingen an, ihre Mantras zu rezitieren. »Durch den mächtigen Bann bezwungen, erschienen die Schlangen von allen Seiten, zitternd und fauchend, und umschlangen einander mit Kopf und Schwanz. Dann stürzten sie sich in die heißen Flammen. Es waren weiße, schwarze und dunkelblaue, alte und junge. Sie gaben Töne verschiedenster Art von sich. Einige waren eine Meile lang, andere nicht größer als ein Kuhohr. Die einen waren schnell wie Stuten und andere groß wie Elefanten. Zu Hunderten und Zehntausenden und Millionen wurden sie ins Feuer gezogen, ohne dass sie widerstehen konnten.

Selbst Takschaka, der ›Herr der Schlangen‹, schien dem Tod geweiht, obwohl er sich zum Gott Indra in Schutz begeben hatte. Die Priester schürten das Opferfeuer. Ihre Mantren waren so stark, dass auch Indra nicht verhindern konnte, dass Takschaka ins Feuer gezogen wurde. Doch der ›Herr der Schlangen‹ wurde verschont, weil der Fürst Astika in Gestalt eines Brahmanen beim Königssohn Gunst erlangte und für Takschaka einstand. Der ›Herr der Schlangen‹ und der übriggebliebene Schlangenbestand wurden verschont.«

Die dankbaren Schlangen aber gewährten Astika eine Gunst: Sie versprachen, nie wieder einem Menschen zu schaden, der diese Geschichte lese. (vgl. Egli, S. 243f)

2. Das Doppelsymbol von Adler (Garuda) und Schlange

Sprechendere Gegensätze als Vogel und Schlange lassen sich wohl kaum vorstellen. Deshalb auch ist das Doppelsymbol von Adler und Schlange geradezu unsterblich. Das lichte und luftige Prinzip der Spiritualität, das sich von der Bindung an die Materie befreien will, im nimmermüden Kampf gegen die Vitalität der Erdenschwere, diese weitreichende Symbolik hat noch Nietzsches Zarathustra inspiriert. Das stolzeste und das schlaueste unter den Tieren werden bei ihm zu Verkörperungen der beiden größten Tugenden des Übermenschen. In ihrer Vereinigung erblickte er das Symbol eines neu heraufziehenden Zeitalters, in dem die unversöhnlicherscheinenden Gegensätze die paradoxe Natur des Menschenwesens widerspiegeln, das göttliche und menschliche, himmlische wie irdische Qualitäten zugleich in sich begreift.

Adler und Schlange

Schlange und Vogel, mögen sie dem menschlichen Verstand auch zunächst als unvereinbare Größen erscheinen: Symbole der Wiedergeburt sind sie letztlich beide. Und auch ihr Ursprung ist gleich: beide werden aus dem Ei geboren.

In Indien ist Garuda der adlerhafte König aller Vögel. Sein Hass auf die Schlangen ist sozusagen mütterlich vererbt. Väterlicherseits stammt er vom weisen »Schildkrötenmann« Kaschyapa ab wie Schescha und Manasa und Vritra, was durchaus auf geheime Verwandtschaft deutet. Umso mehr, als auch die Wurzel seines Namens »gri« soviel wie »herunterschlingen« bedeutet. Im Gegensatz zu seinen »großen« Schlangengeschwistern ist Garudas Mutter aber nicht die Erdgöttin Kadru, sondern Vinata, ein Wesen halb Adler, halb Mensch. Sie hat ihn als Ei gelegt.

Eines Tages nun war Vinata eine Wette mit Kadru, der Hauptfrau Kaschyapas, eingegangen. Kadru behauptete, die Pferde am Sonnenwagen seien schwarz, Vinata dagegen meinte, sie seien weiß. Kadrus Schlangensöhne spritzten Gift auf die Pferde und färbten sie dadurch schwarz. So verlor Vinata die Wette und wurde Kadrus Sklavin, die sie zu den Schlangen in die Unterwelt sperrte. Von da an wurde Garuda zum erbitterten Feind der *nagas*.

Er flog zu Kadru und bat sie um die Freilassung seiner Mutter. Die Schlangen erbaten sich als Gegenleistung, dass Garuda ihnen das Amrita, den himmlischen Nektar, herabhole. Garuda versprach es. Er trank das Wasser von neunmalneunundneunzig Flüssen leer, flog zum Himmel hinauf und löschte damit die Flammenglut, welche die himmlischen Gefilde vor unbefugten Übergriffen schützt. Als nächstes Hindernis kam ein Rad, das sich schnell drehte und tödlich scharfe Speichenblätter hatte. Der Vogel machte sich schmal und schlüpfte hindurch. Danach drohten zwei feuerspeiende Schlangen. Denen warf Garuda Staub in die Augen und hieb sie in Stücke. Er zerbrach das Rad und floh mit dem Becher Amrita.

Die Götter, die den Raub nicht dulden wollten, verfolgten ihn. Indra traf ihn mit dem Donnerkeil, konnte ihn im Kampf aber trotzdem nicht besiegen. So brachte Garuda den Trank »Todlos« zu den *nagas* und setzte den Becher auf einen Grasteppich. Die Schlangen ließen darauf seine Mutter frei.

Die *nagas* aber begannen, sich durch rituelle Waschungen auf den Genuss des Nektars vorzubereiten. Diese Chance nutzte Indra, stach hernieder und entriss den Schlangen den Becher, bevor sie noch in den Genuss des Amrita kommen konnten. Ein paar Tropfen allerdings wurden dabei verschüttet und von den *nagas* gierig aufgeleckt. So kommt es, dass die Schlangen unsterblich sind. Der Trank jedoch war so stark, dass er ihre Zungen spaltete.

Seit jener Zeit herrschte Feindschaft zwischen Garuda und den Schlangen. Sooft er konnte, stach er auf *nagas* hernieder und rottete sie beinahe aus. Der Schlangenkönig Vasuki, der den Untergang des gesamten *Naga*-Geschlechts befürchtete, handelte deshalb in höchster Not einen Kompromiss mit dem Sonnenadler aus. Er versprach, ihm jeden Tag eine Schlange zur Nahrung zu schicken, wenn er stattdessen die übrigen verschonen wollte. Denn der Untergang der *nagas*, so prophezeite er, würde unweigerlich auch Garudas eigenes Verderben nach sich ziehen.

Eines Tages kam die Reihe an Sankhachuda. Schon brachte ihn ein Soldat an die Küste. Seine Mutter begleitete ihn unter Tränen. Der Eremit Jimutavahana, ein Königssohn voll Erbarmen mit der Kreatur, sah die beiden und fasste den Entschluss, sich selbst an Sankhachudas Stelle zu opfern. Als Sankhachuda angesichts seines baldigen Todes schnell noch in den nahen Schiva-

Tempel trat, um den Segen des Gottes zu erbitten, trat Jimutavahana an seiner Statt zum Opferaltar. Da erzitterte die Erde unter Garudas Flügelschlag, und hernieder stieß der Sonnenadler, um sich seine Beute zu schnappen. Er flog mit ihr auf einen hohen Berg. Als der *naga* aus dem Tempel trat, entdeckte er die Blutspuren um den Altar. Er folgte ihnen bis auf den hohen Berg und bot sich an Jimutavahanas Stelle als Opfer an. Da erkannte Garuda sein großes Unrecht. Zur Sühne holte er Amrita vom Himmel und heilte damit die Wunden, die er dem Königssohn bereits zugefügt hatte. Danach belebte er mit dem Nektar die Knochen all jener Schlangen, die er bis dahin bereits verzehrt hatte. (vgl. Egli, S. 254-256)

Allen Mythen dieses Kapitels ist gemeinsam, dass sie zwar die Gegnerschaft der beiden entgegengesetzten Lebensprinzipien recht anschaulich schildern, den Antagonismus jedoch niemals auf die Spitze treiben. Zwar weist man das bedrohliche Schlangenwesen in seine Schranken, doch führt der Kampf niemals zur Vernichtung, sondern meist zu Aussöhnung und Neubeginn auf einer höheren Ebene. Auch werden Schlange und Vogel nicht, wie in der westlichen Überlieferung, als spirituelle Gegenspieler begriffen. Ihre Entgegensetzung beschränkt sich vielmehr auf die natürlichen Elemente: Sonnen- oder Feuerkraft gegen die flüssige Energie der irdischen Gewässer. Ein endgültiger Triumph des einen Prinzips über das andere ist so unwahrscheinlich wie die Möglichkeit, dass die Sonne den Ozean austrocknet, und ist genauso wenig wünschenswert. Die Kräfte des Oben und Unten dienen beide auf je unterschiedliche Weise dem Leben und regulieren sich dabei gegenseitig. Keine von beiden ist per se gut oder böse. So wenig man Feuer/Sonne und Wasser/Erde mit moralischen Maßstäben belegen kann, so werden auch mit den Symbolen von Schlange und Vogel keine moralischen Wertungen oder Kategorien verbunden. Jedes dieser Elemente ist für sich genommen lebensfördernd, jedes kann für sich genommen aber auch immensen Schaden anrichten. In Indien ist man stets um den Ausgleich der Kräfte bemüht. Dabei geht es weniger um Vernichtung als um (zeitweilige) Schadensbegrenzung.

Dass der Gegensatz von Schlange und Vogel, Garuda und Schescha im Grunde gar keiner ist, vermag man auch daran zu erkennen, dass beide als genuine Tragtiere Vischnus gelten. So ist Vischnu, der höchste Schöpfer des Alls, mit jedem der beiden ewigen Widerspieler verbunden. Schescha, die Schlange Endlos, Repräsentantin der kosmischen Wasser und Quelle aller Gewässer überhaupt, ist seine tierische Vertreterin genauso wie Garuda, das erobernde sonnenhafte Prinzip. »Wir haben hier ein wohlbegründetes Paradox, denn Vischnu ist das Absolute, die allenthaltene göttliche Essenz. Er begreift alle Entzweiungen in sich. Das Absolute differenziert sich in polarisierten Manifestationen, und durch diese werden die vitalen Spannungen des Weltprozesses ins Dasein gebracht und aufrecht erhalten.« (Zimmer 1981, S. 87)

Auch der später aufkommende Buddhismus fügt sich nahtlos in diese Weltsicht ein. Im Gegensatz zum Christentum, das die ewige Feindschaft zwischen dem Göttlichen und der Schlange zum moralischen Prinzip erhebt, feiert der

Buddhismus die Versöhnung der beiden unterschiedlichen Energien, deren Spannungsgefälle Leben überhaupt erst möglich macht. »Nach der buddhistischen Überzeugung bejubeln alle Genien der Natur zusammen mit den höchsten Göttern die Erscheinung des inkarnierten Erlösers, und die Schlange als die hauptsächlichste Personifikation der Wasser des irdischen Lebens macht davon keine Ausnahme. Begierig, dem All-Lehrer zu dienen, halten sie besorgt an seinem Weg zur endlichen Erleuchtung Wache. Denn er ist gleicherweise zur Befreiung aller Wesen gekommen: der Geschöpfe der Erde, der Himmel und der Höllen.« (Zimmer 1981, S. 76)

Hier kann die Schlange zum Symbol der in die Fesseln der Materie verstrickten Seelen werden, die durch das lichte, (vogel)leichte Buddhaprinzip in ihre himmlische Heimat zurückfinden. Doch die Erlösung könnte nicht stattfinden, wenn nichts da wäre, von dem befreit werden kann. So wird die Schlange zum tragenden Grund der Erlösung und bleibt auch hier im Grunde unverzichtbar.

3. Krischna tanzt auf dem Kopf des Schlangenkönigs Kaliya

Immer wieder ist es Vischnu, der Welterhalter, der auszieht, die Schlangenkraft zu bändigen, welche die Welt mit vollen Segeln dem Chaos zutreiben möchte. Und stets wählt er dazu neue Inkarnationen. Wer es mit dem Element stetiger Verwandlung aufnehmen will, muss selbst flexibel sein. Gleiches kann nur Gleiches erkennen, heilen und überwinden. In der folgenden Mythe sehen wir Vischnu in der Erscheinungsform als Krischna, wie er der Schlange auf dem Kopf herumtanzt. Und wieder ist die Welt in einem desolaten Zustand.

Gegen Ende des *Dvapara-Yuga*, des dritten Zeitalters seit Bestehen der Welt, sind die dämonischen Kräfte wieder einmal außer Rand und Band geraten. Dämonen sind wieder erstanden, die längst als besiegt galten, und wurden sogar in die Familien mächtiger Könige wiedergeboren. Die Göttin Erde klagt Brahma und Vischnu ihr Leid. »Mein Leib ist von Freveln beschwert, dass ich sie nicht länger ertragen kann; sie zerreißen meine Sehnen. Ihr Mächtigen, rettet mich, kommt, helft oder ich werde vernichtet zur Tiefe des Abgrunds stürzen.«

Da erbarmt sich Vischnu. Er reißt sich zwei Haare aus dem Kopf, ein helles und ein dunkles. Sie sollen auf sein Geheiß zur Erde herabsteigen und ihre Last fortnehmen. Das schwarze Haar wurde zu Krischna, das helle zu seinem älteren und schwächeren Halbbruder Balarama. Beide wurden von besonders untadeligen irdischen Frauen wie ganz normale menschliche Wesen auf die Welt gebracht. Unerkannt wachsen sie unter den Menschen auf. Um sie vor der Verfolgung durch die Dämonen zu schützen, werden sie als kleine Jungen bei einfachen Kuhhirten in Pflege gegeben. Sie leben mit ihrer Familie an den Ufern des heiligen Flusses Jamuna, hüten die Herden und tollen mit den anderen Kindern unbefangen durch Wald und Feld. Hier nun trifft Krischna als siebenjähriger Junge auf den gewaltigen Schlangenkönig Kaliya.

Krischna tanzt auf dem Kopf des Schlangenkönigs Kaliya.

Dieser *naga*-König war aus den Wassern des Ozeans gestiegen und hatte sich mit seinem Gefolge an einer großen tiefen Ausbuchtung des Flusses niedergelassen. Er vergiftete allein durch seine Anwesenheit die gesamte Jamuna, von der Quelle bis zur Mündung, sodass kein Lebewesen mehr seinen Durst darin stillen konnte. Krischna kletterte auf einen Baum, dessen Äste über das Wasser ragten, und sprang furchtlos in die Tiefe.

»Der Stoß erschütterte den Abgrund, die flammenden Wasser spritzten hoch in die Bäume des Ufers und setzten sie in Brand. Das Firmament schien zu glühen. Dann schlug Krischna mit seinen Handflächen auf das Wasser, und Kaliya, von dem ungewöhnlichen Lärm herausgefordert, erschien, seine Augen rot vor Zorn, während die Blasen seiner Hauben von grimmem Gifte zuckten. Schwärme roter Schlangenkrieger umgaben ihn und Hunderte von Schlangenköniginnen und Schlangenmädchen bildeten sein Gefolge. Die geschmeidigen Leiber, mit glänzenden Perlenbändern geschmückt, funkelten, als sie in wogenden Verschlingungen heraufkamen und ihre unzähligen Häupter erhoben. Sie bespuckten Krischna mit ihren gifttriefenden Mäulern und schlossen seine Glieder in ihre Windungen ein.« Das Wasser wurde siedend heiß. Krischna aber stand bewegungslos wie ein Berg und schien bewusstlos in das Schlangenknäuel verstrickt. Seine Pflege-Eltern und all seine Spielkameraden sind vor Entsetzen einer Ohnmacht nahe. Nur Balarama, quasi Krischnas Zwillingsbruder, der ein geheimes Wissen um seinen göttlichen Auftrag hegt, bewahrt einen kühlen Kopf: »Oh Krischna«, rief er mit durchdringendem Blick zu ihm hinunter in die Tiefe. »Bist du dir deines göttlichen Wesens nicht bewusst? Du bist der Nabel des Alls, der Träger der Götter, der Schöpfer, Zerstörer und Wächter der Welten. Das All ist dein Leib. Sieh, unsere Verwandten hier sind überwältigt von Kummer und Verzweiflung. Hab Mitleid mit ihnen! Du hast die menschliche Schwäche dargestellt, entfalte nun deine unbegrenzte göttliche Macht. Erhebe dich und bändige schnell den Schlangenkönig, der dich mit seinem Gift umbringen will!«

Da erinnerte sich Krischna an sein wahres Wesen und ein Lächeln glitt über sein Gesicht. Er streckte seine Arme aus und riss die Schlangen, die ihn umringten, auseinander. Mit beiden Füßen sprang er auf den gewaltigen Schlangenleib, trat ihm auf den mittleren Kopf und begann darauf zu tanzen. Sobald das Ungeheuer seinen Nacken zu heben versuchte, trat ihn der göttliche Knabe nieder. So lange, bis der *naga*-König überwältigt seine Häupter senkte und in Ohnmacht fiel. Krischna fuhr fort zu tanzen, bis Kaliya Blut spuckte und steif wie ein Stock dalag. Nun baten die Schlangenköniginnen um das Leben ihres zerschlagenen Herrn. Und auch der erschöpfte Kaliya, wieder ein bisschen zu Atem gekommen, appellierte an Krischnas Gnade: »Ich bin nur meiner Natur gefolgt. Wie du mich voller Stärke geschaffen und mir Gift verliehen hast, so habe ich gehandelt. Hätte ich mich anders verhalten, würde ich die von dir für jedes Geschöpf entsprechend seiner Art gegebenen Gesetze verletzt haben. Damit hätte ich mich gegen das Gesetz des Alls gewendet und meine eigene Bestrafung herausgefordert. Jetzt aber, selbst als du mich schlugst, hast du mich mit dem göttlichen Segen, der Berührung deiner Hände, begnadet. Meine Kraft ist gebrochen, mein Gift aufgezehrt. Verschone mein Leben und befiehl mir, was ich tun soll.«

Voll Erbarmen erwiderte Krischna: »Du darfst nicht länger in den Wassern der Jamuna wohnen. Zieh mit deinen Frauen und deinem Gefolge zurück in die Weite des Ozeans. Sollte ich dich oder einen aus deiner Familie jemals wieder im Fluss oder auf dem Land treffen, werde ich euch sicher töten. So aber verheiße ich dir, dass selbst Garuda, der goldene Sonnenvogel und Erzfeind aller Schlangen, dich für immer verschonen wird.« (vgl. Zimmer 1981, S. 90–101; Egli, S. 214f)

Nicht Vernichtung, sondern Schonung ist also das Ziel der Auseinandersetzung. Dazu die Abgrenzung der Machtbereiche, die trotz allem mit einer Anerkennung der zerstörenden Gewalten einhergeht. Der Schlangenfürst wird zwar zum Wohle der Menschheit in weit entfernte Gefilde verbannt, darf aber seiner Natur und Macht nach unverändert bleiben. Anders als in der westlichen Tradition setzt sich der Held nicht selbst an die Stelle des Besiegten; vielmehr gewährt er dem Unterlegenen gnädig Raum. Dabei zeigt sich, dass es nicht in erster Linie um die Selbstbestätigung und -erhöhung des Siegers geht, auch nicht um eine »Erlösung vom Bösen«, sondern darum, dass das Gleichgewicht der Kräfte wieder in Fluss kommt, das durch Dämonen, wie Kaliya sie repräsentiert, immer wieder blockiert wird. Krischna selbst tritt hinter dem Geschehen zurück. Er selbst als geschichtliche Persönlichkeit ist nicht wichtig. Und er macht sich auch nicht wichtig. Da er eins ist mit Vischnu, dem Welterhalter, muss er die schädliche Energie ebenso am Leben erhalten wie die aufbauende. So konnte er seit Jahrtausenden zum Leitbild indischer Menschen werden: »Krischna, der Gottmensch, ist die sinnbildende Gestalt des indischen Mythos, die den Menschen über sich selbst erleuchtet: Er ist doppelt wie wir selbst; ein selbstbefangenes Ich, in Raum und Zeit gebunden, über einem alterslos wissenden Grunde.« (Zimmer 1934, S. 144) Will sagen: Wir sind zugleich das grenzenlose, keiner Bedingung unterworfene göttliche Selbst, wie auch das Grenzen setzende Ich, das uns unsere Einheit mit dem Ewigen immer wieder vergessen lässt. Die Welle ist vom Ozean nicht unterschieden. Sie nimmt nur eine zeitweilig gesonderte Form an. So ist das menschliche Leben im Grunde eins mit dem Göttlichen. Das wird vom Ich nur zu gerne vergessen. Die Schlange kann uns sowohl das eine wie das andere versinnbildlichen: unsere ewige wie auch unsere begrenzte Natur (die uns vom Strom des Lebens abschneiden will). Zum Leben hier auf dieser Erde ist die eine so notwendig wie die andere. Es kommt darauf an, beiden den ihnen gemäßen Raum zu geben. Solange Kaliya, als Sinnbild des Ich, den Strom nur blockiert, wirkt er störend. Sobald er sich seiner inneren Einheit mit dem Ozean als dem größeren Ganzen bewusst wird, kommt das Leben wieder in Fluss.

Der »alterslos wissende Grund«, über dessen Tiefe unser Ich sich erhebt wie eine aufgeblähte Kobrahaube, wird wiederum im Bild einer Schlange verehrt: *Kundalini*, die geringelte Lebensschlange, die im Unterleib jedes Menschen eingerollt schläft und durch spezielle Rituale geweckt werden kann. (siehe Bildtafel IV, Abb. 6)

IV. Die Kundalini-Lebensschlange

Das Sanskritwort Kundalini bedeutet »zusammengeringelt«. Diese Kraft, die als weiblich und allmächtig vorgestellt wird, nistet im Wurzelchakra, am Ansatz der Wirbelsäule, und ist auch mit der Energie des Genitalbereichs verbunden. Die Kundalini-Energie wird in der Regel als schlafende Schlange vorgestellt, die dreieinhalbmal eingeringelt ist. (siehe Bildtafel IV, Abb. 6) Manchmal hält sie ihren Schwanz im Maul, Zeichen ihrer Unsterblichkeit. Als höchste weibliche Energieform ist sie eins mit Schakti, der Lebenskraft schlechthin, welche die Welt im Innersten zusammenhält, personifiziert als Schivas (des obersten männlichen Gottes) himmlische Gemahlin. Ihr Aufstieg vom Wurzel- bis zum Kronenchakra wird als mystische Vereinigung von Schakti und Schiva im Inneren des Menschen gefeiert und führt zur Erleuchtung. Zuallererst muss diese Kraft jedoch geweckt werden, was sowohl durch Yoga und Meditation geschehen kann, wie auch durch Musik, Tanz und Sexualität. Es gibt viele Wege zur Erleuchtung, und Sexualität ist einer davon. Auf jeden Fall ist die körperliche Liebe nicht – wie in der christlichen Tradition – ein Hindernis auf dem Weg zu einem spirituellen Leben. Der Tantrismus, eine Spezialform des Buddhismus, stellt die Arbeit mit der Kundalini sogar in den Mittelpunkt: »Wenn Paare die tantrischen Liebestechniken anwenden, können sie lernen, diese Energien zu kanalisieren. Indem sie die Macht der Schlange zu ihrer kreativen Verbündeten nehmen, können sie in ekstatische Verzückung verfallen, die über das normale Bewusstsein hinausgeht.« (Aldred, S. 20) Die körperliche Liebe wird hier zum Schlüssel der Erfahrung einer zeitlosen Einheit von Mensch und Universum. Dabei wird noch einmal deutlich, was Kundalini bedeutet: Sie ist die »innere Frau« in jedem Menschen, die Form, die das Göttliche im Menschen angenommen hat, zugleich die animalische Kraft seiner Tiefe. Das Ich sieht sich wie eine Lotosblüte auf Zeit »aus dem Schoße zeitloser Wasser wachsen, fühlt diese Wasser im Schoß des eigenen Leibes, findet sie dort im Bilde der Schlange, die geringelt in seiner Tiefe schlummert.« (Zimmer 1934, S. 117) Wer diese Schlange in Yogaübung erweckt, hilft ihr zugleich, den Heimweg in die obere Welt zu suchen, in jenes gestaltlose Element, welches zuvor das Ich als Blüte aus sich entlassen hat. Gegensatzvereinigung also auch hier. Die Schlange symbolisiert die innerweltliche Energie des überweltlich Göttlichen, ist fassbarer Teil des Unfassbaren und weist gleichzeitig den Weg dorthin. Wird die Kundalini-Energie geweckt, fließt sie »zickzack durch die Wirbelsäule, genau wie die gewundenen Bewegungen einer weißen Schlange in schneller Flucht« nach oben, öffnet alle sieben Chakren, setzt ihre Energie in immer feiner werdende Schwingungen um. Erreicht sie das Kronenchakra, vereint sie sich mit dem kosmischen Bewusstsein. (vgl. Purce, S. 25)

Die Energie, einmal erwacht und freigesetzt, ist so stark, dass sie das Leben der Betroffenen für immer verändern kann. Deshalb ist Vorsicht geboten, denn falscher Umgang mit der Kundalini wird eher zerstören als helfen. So ist es sinnvoll, auch diese Schlange durch spezielle Riten wie Yoga- oder Atemübungen zu bändigen, ihre unbegrenzte Energie gleichsam einzudämmen, damit sie das Bewusstsein nicht plötzlich und gänzlich hinwegschwemmt. Denn auch das haben Göttliches und Dämonisches gemeinsam: sie übersteigen (transzendieren) das menschliche Bewusstsein. Wer nicht aufpasst, kann seinen Kopf verlieren. Doch: wer den Ursprung der Dinge kennt, kennt auch ihre Auflösung! Wer Anfang und Ende miteinander zu verbinden weiß, der ist so unsterblich wie die Schlange, die ihren eigenen Schwanz im Mund hält.

Ein schönes Beispiel für die Einheit von Mensch und Schlange bietet die Geschichte von Balarama, Krischnas Halbbruder.

Kurz vor seinem Tod sehen wir ihn tief in Gedanken unter einem Baum am Ufer des Ozeans sitzen. Da kriecht plötzlich eine große Schlange aus seinem Mund und lässt seinen Leib leblos zurück. Es ist seine Schlangennatur, seine geheime Lebensessenz, die so in die Tiefe der Wasser zurückkehrt. Während diese Lebensschlange »in gigantischen Wellenbewegungen ihren Weg nimmt, singen Schlangen ihren Ruhm. Der Ozean selbst erhebt sich in Gestalt eines mächtigen Schlangenkönigs, den erhabenen Gast, sein eigenes göttliches Selbst, die Schlange des All-Wassers zu begrüßen. Die Schlangenessenz des göttlichen Helden wandert zurück in die Formlosigkeit des Abgrundes, zurück in sich selbst ...« (Zimmer 1981, S. 101)

Exkurs: Schlange und Elefant

Die Inder bezeichnen beide als *naga*, die Schlangen wie auch die Elefanten. Beide Tiere sind den Indern heilig und der Elefant gilt ebenso als Symbol der Unsterblichkeit wie die Schlange. Was verbindet nun diese, auf den ersten Blick keineswegs gleichartig erscheinenden Geschöpfe? (siehe Bildtafel III, Abb. 5)

Auch Elefanten hängen mit Regen, Wolken und Fruchtbarkeit zusammen. Man sagt ihnen (schon in vorarischer Zeit) die magische Kraft nach, Regen an sich zu ziehen, denn dort, wo diese Tiere sich wohlfühlen, ist es feucht. Sie suchen die Nähe von Teichen und Seen, Wasserpflanzen, vor allem der Lotos, gehören zu ihrer Lieblingsnahrung, Baden und Duschen ist für ihr Wohlbefinden unerlässlich. Wasser, so sagen die Inder, ist der Lebensodem der Elefanten. Schon das erste Elefantenpaar der Welt steht namentlich mit Wolken, Donner und Blitz in Zusammenhang: *Airavata* und seine Gemahlin *Abhramu*. Der Name der letzteren bedeutet »die, welche Wolken bindet oder knüpft«; Airavata bezeichnet den Regenbogen (der auch der Atem Scheschas ist) sowie eine bestimmte Art von Blitzen. So wird er später zu Indras Reittier ernannt.

Die ursprüngliche Herkunft der Elefanten ist jedoch die Sonne:

»In einem Ei entstanden die Elefanten der Vorzeit. Und das Ei war glühend. Aus Schalen vom Leibe des Sonnengottes bestand das Ei. Aus ihm erstand als erster Elefant der herrliche Airavata.« (Zimmer 1929, S. 14) In alter Zeit konnten diese mächtigen Tiere sonnengleich durch den Raum fliegen. Sie konnten Gestalt annehmen und sich bewegen, wie und wohin es ihnen gefiel. Diese magische Macht ging ihnen verloren, als sie den Zorn eines Asketen auf sich zogen, der sie in seiner Wut verfluchte. Unbefangen wie sie waren, hatte eine Gruppe von Elefanten sich auf dem Zweig eines Riesenbaumes niedergelassen, unter dem der Asket seine Schüler unterrichtete. Natürlich brach der Ast unter dem Gewicht der Kolosse zusammen und einige Schüler wurden von der Masse erdrückt. Die Elefanten aber flogen unbekümmert zum nächsten Zweig. Dies allerdings sollte das Ende ihres freien Erdenlebens bedeuten. Der Asket verwünschte sie dazu, fortan nicht mehr fliegen zu können. Seither sind sie so etwas wie Regenwolken, die über die Erde ziehen. Sobald sie jedoch ihr Erdenleben vollendet haben, kommen sie direkt in den Himmel, denn der Fluch gilt nur für ihr irdisches, nicht aber für ihr himmlisches Dasein. Erdentbunden kehren sie zu ihrer »lichten seligen Freiheit als Himmelswolke zurück, vom Fluche befreit, der zeitlichem Geschehen, nicht göttlicher Naturordnung entsprungen«, sie nur auf Zeit binden konnte. (ebd. S. 81)

Von der Sonne kommen sie und zur Sonne kehren sie zurück. »Ihre Herkunft aus dem göttlichen Gestirn, das wandellos über schwindenden Monden, wechselnden Jahreszeiten strahlt«, verleiht ihnen zugleich die Gabe, selber Unsterblichkeit zu verleihen. Menschen, die durch Elefanten umkommen, werden unsterblich und auf direktem Wege in die Welt der Seligen aufgenommen, selbst wenn sie von geringer Abkunft sind. Darum sind diese Tiere »dem Himmel vergleichbar«. Sie leben am Himmel und in den Strahlen der Sonne. Sie machen »unsterblich-selig, weil die Sonne seit alters Ort und Kraft unsterblicher Seligkeit ist.« (ebd. S. 29f) Ihr mythischer Ursprung aus der Sonne aber spiegelt wiederum ihre Wolkennatur, denn die Regenwolken der indischen Monsunwinde gelten als sonnenerzeugt.

Geschöpf der Luft wie der Erde gleichermaßen kommt der indische Elefant in Erscheinungsbild und Bedeutung somit auch dem chinesischen Drachen sehr nahe.

Eine andere Mythe verbindet die himmlische Herkunft des Elefanten mit dem Gott Schiva. Dieser schuf bereits im ersten Weltalter den Elefanten »Wolke«, der so weiß ist wie der Schneegipfel Kailasch, weiß wie der Mond, weiß wie Jasmin und weißer noch als Lotos. Schiva selbst bestimmte, dass alljährlich in der letzten Monatshälfte der Sommerzeit das Fest des Elefanten »Wolke« gefeiert wird, und zwar von Göttern und Menschen gemeinsam. Dann wenn Dürre und Hitze am schlimmsten sind und sich das tropische Jahresschicksal entscheidet, wird das Fest mit Regen- und Fruchtbarkeitszauber begangen. Es ist zugleich ein Fest zu Ehren der Göttin Schri-Lakschmi, die auch heißt »die Lotosfarbene, die im Lotos steht«; der regen- und glückspendende Elefant »Wolke« ist ihr heiliges Tier. (Wir erinnern uns, dass nach dem Mythos von der »Quirlung des Milchmeeres« Lakschmi und der weiße Elefant zusammen heraufkommen!) Bei diesem Fest wird ein mit Sandelholzpaste weiß bemalter Elefant als irdische Erscheinungsform von »Wolke« in feierlicher Prozession herumgeführt, denn weiße Elefanten gelten nun mal als besonders segenbringend. Sie sind »so selten wie der reinste Kristall, von höchstem Wert in der Welt.« (ebd. S. 24)

Dass der Elefant bei soviel Heiligkeit auch eine zentrale Stellung im Buddhismus einnimmt, wird uns kaum verwundern. Vom historischen Buddha allein werden sieben frühere Leben erzählt, in denen er als Elefant inkarniert war. Dessen riesige Fußspur, in der die Spuren aller anderen Tiere Platz finden, »ist ein Symbol der Buddhalehre, die alle anderen Erkenntniswege und -ziele übergreifend in sich aufhebt.« (ebd. S. 136)

Wie die Schlangen, mit denen sie einen großen Teil der Symbolik gemeinsam haben, stehen auch die Elefanten in Beziehung zum Allgott Vischnu. In arisch-vedischer Zeit verehrt man ihn als Sonne, die nährt, schafft und zerstört, ihm verdankt ab da auch der »sonnige« Elefant seine Existenz. Und wie die Weltschlange Schescha als Teilinkarnation Vischnus zum Träger der Erde bestimmt ist, so stemmen auch Elefanten die Erde dauerhaft vom Grund des Alls auf ihren breiten Rücken hoch: »Sie stützen das All an den vier Seiten und den vier Ecken dazwischen.« (Zimmer 1981, S. 118)

Obwohl Elefanten und Schlangen symbolisch nicht in Gegensatz zueinander stehen, geht es doch nicht immer ohne Kampf zwischen ihnen ab. Eine solche Szene findet sich im Vischnu-Tempel zu Deogarh und wurde offensichtlich zum Preise Vischnus dort verewigt (4.–6. Jhd. n. Chr.):

> Ein Elefantenkönig hat sich auf seiner Suche nach Nahrung aus Lotosstängeln und -wurzeln zu tief ins Wasser hinein gewagt, und die Schlangen der Tiefe haben ihn ergriffen und rettungslos umstrickt. In höchster Not hebt der Elefant betend seinen Rüssel zu Vischnu, und der Gott eilt ihm, auf Garuda reitend, zu Hilfe. Schon hat der Arm des Sonnenvogels den erhobenen Rüssel des flehenden Gefangenen gepackt, um ihn aus den Schlingen, die seine Füße umklammert halten, herauszureißen, doch der Schlangenkönig lässt beim bloßen Anblick des Gottes von seiner Beute ab. Zusammen mit seiner Königin unterwirft er sich. Die Schlangen verneigen sich mit gefalteten Händen vor dem Herrn und Herrscher des Alls, derweil jubelnde Götter Vischnu mit einem Diadem krönen. (vgl. ebd. S. 88)

Schlange und Elefant wurden übrigens auch im dionysisch-eleusinischen Mysterienglauben zusammen gesehen und verehrt. Im Zusammenhang mit Darstellungen der *cista mystica* des Demeterkultes erscheinen beide Tiere als Sinnbilder der Wiedergeburt und der Unsterblichkeit des Lebens. (vgl. Zimmer 1929, S. 33)

Schlangen und Drachen im Vorderen Orient

A. Das Bild der Schlange im alten Ägypten

Vielschichtig wie das gesamte mythologische und philosophische Denken des alten Ägypten ist auch sein Bild der Schlange. Hier wurde, zum ersten Mal auf einem der Goldschreine Tutanchamuns (Mitte des 14. Jhds. v. Chr.), das Symbol des *Uroboros* geboren, das in Gnosis, Alchemie und Mystik, ja selbst noch in der Tiefenpsychologie, weit über die Grenzen Ägyptens hinaus gewirkt hat. Eine Vielzahl von Schlangen begleitet das menschliche Leben vom ersten Licht der Schöpfung bis in die finstere Nacht der Unterwelt, auch sie im Bild der Schlange verewigt: *Apophis,* der Chaosdrache, das Ungeheuer, das alle Quellen versiegen lässt und die Sonne selbst zu verschlingen droht. Er ist teilweise identisch mit *Seth*, dem Gegenspieler des *Osiris*, der ihn im jährlichen Drachenkampf auf den Feldern besiegen muss. (Die Nilschwemme galt als Sieg des Osiris über den »Teufel« Seth, der dabei das Prinzip der Dürre personifizierte; s. S. 105ff) Doch da sind auch *Mehen*, die Schutz- und Ringelschlange der Erde, die Riesenverjüngungsschlange, die große Zeitschlange; alle auch mit der Unterwelt verbunden und mit dem Leben nach dem Tod. Und was schließlich wäre Ägypten ohne seine Uräusschlangen, die aufgebäumten Kobras, die als Stirnschlangen den Kopf von Gottheiten und Pharaon/inn/en zieren und in deren Gestalt sich niemand anders verbirgt als die Göttin *Maat*, Verkörperung der Weltordnung im Ganzen! – Die Welt kam aus dem Ei, und dieses Ei war ein Schlangenei! Es wird umwunden von der weltumringenden Schlange, die ihren Schwanz im Maul hält und so das Sein schützend wie bedrohend von allen Seiten umschließt. Quasi ein Ei im Ei. Was Wunder, dass selbst die Seele aller Gottheiten in Schlangen wohnen soll, eine in dieser Theologie nur folgerichtige Denkweise.

I. Schlange und Urozean

Auch im alten Ägypten stellte man sich den Urozean – *Nun* – als Schlange vor. Sie ist »das eigentliche Urwesen.« (Hornung 1989, S. 39) *Nun* wurde als bärtiger Mann mit dem Kopf eines Frosches, einer Schlange oder eines Käfers abgebildet, bewacht von vier zweigeschlechtlichen Gottheiten mit Frosch- oder Schlangenköpfen. Frosch und Schlange galten als Wesen, von denen man annahm, dass sie (wie auch der Skarabäus-Mistkäfer) von selbst, gleichsam aus sich selbst heraus entstehen können.

Alles, was aus dem Urozean hervorgeht, teilt diesen Frosch- und Schlangencharakter. Die hermopolitanische Götterachtheit beispielsweise besteht aus vier weiblichen Gottheiten, die einen Schlangenkopf tragen, und vier männlichen mit Froschkopf. Ihre Aufgabe ist es, das Weltall in den vier Himmelsrichtungen abzustützen. Sie heißen:

Nun und *Naunet*, Urflut
Heh und *Hehet*, Unendlichkeit
Kek und *Keket*, Finsternis
Amun und *Amaunet*, Verborgenheit, Leere

Aus ihrer Mitte geht die Sonne hervor und setzt durch das »erste Mal« *(sep tepi)* ihres »Auftauchens« den Anfang der Schöpfung. Und wie in Indien ist es wieder der Lotos, der seine Knospe wie einen Kopf aus dem Urschlamm hebt, und als die Blüte sich öffnet, sitzt darin das Sonnenkind, beide zusammen Symbol einer sich neu entfaltenden Welt.

Selbst der Sonnengott *Atum* war eine Schlange, als er den Urwasssern entstieg. Sein Name bedeutet »nicht sein« und »vollendet sein« zugleich! »Seine eine Seite ist Finsternis, die andere Licht. Er steht zwischen Nichtsein und Sein.« (Hornung 1989, S. 42) Am Ende der Zeiten, wenn sich alles auflöst, wird er, der allein mit Osiris (dem personifizierten Nilgeist) übrigbleibt, sich in eine Schlange zurückverwandeln. Im *Amduat*, dem ägyptischen Totenbuch, gibt *Nun* das Geheimnis seines Innersten preis:

»Ich aber werde alles, was ich schaffe, zerstören. Die Erde wird wieder als Urozean erscheinen, als Endlosigkeit – Huh – wie in ihrem Anfangszustand.
Ich bin dann das, was übrigbleibt, zusammen mit Osiris, nachdem ich mich wieder in eine Schlange verwandelt habe, die kein Mensch kennt.« (zitiert nach Egli, S. 204)

So wie ihr erster Schöpfer, der Sonnengott, gleichzeitig ist und nicht ist, so befindet sich die ganze Schöpfungswelt stets und ständig am Rande des Abgrunds, allseits umgeben von Urflut und Urfinsternis, die umso bedrohlicher wirken, als sie vom Hier und Jetzt nicht klar abgrenzbar sind, vielmehr »ausgebreitet unter jedem Ort« sind, allzeit bereit, als Chaosdrache die Welt in ihrem Schlund verschwinden zu lassen. Vom ersten Lichtstrahl an trägt die Welt den Keim ihres Verfalls bereits in sich. Das ist nicht Pessimismus, sondern Realismus und längst kein Grund, etwa die Welt abzulehnen. Die Ägypter erblickten vielmehr in diesen Verhältnissen die Vorbedingung für Regeneration und Neuschöpfung! Neues kann nicht werden ohne einen Gang durch das Nichtseiende. Es entsteht nur aus Chaos und Auflösung. »Kennt nicht den Ort, an dem er sich befindet« bedeutet soviel wie »bewusstlos sein«. Doch diese und ähnliche Formulierungen benutzten die Ägypter auch, um die Wirkungen der Liebesekstase zu umschreiben. (vgl. Hornung 1989, S. 56) Auch eine Form von Chaos, und geradezu prädestiniert, neues Leben hervorzubringen.

In dem Märchen vom »Schiffbrüchigen« begegnen wir einer Schlange, die wie die personifizierte Kraft des Urozeans erscheint. Der Text wurde ca. 2000 v. Chr. niedergelegt. Es ist nicht auszuschließen, dass er ursprünglich in eine Art Märchenroman eingebettet war.

1. Die Urwasser-Schlange im Märchen vom Schiffbrüchigen

Ein königlicher Gesandter spricht einem Kollegen Mut zu, der Angst hat vor den Pharao zu treten, weil das Unternehmen, zu dem er ihn ausgeschickt hatte, gescheitert ist. Er erzählt ihm dazu eine Art autobiografisches Märchen. Auf einer Überfahrt zum Sinai geriet sein Schiff in einen heftigen Sturm und versank in den Fluten. Nur der Erzähler allein blieb übrig. Er landet auf einer Insel, die im Grunde ein Paradies ist und von einem machtvollen Schlangengott gehütet wird, der ihm seine Zukunft weissagt. Und das hört sich in seiner Schilderung so an:

Ich wurde von einer Meereswelle auf eine Insel geworfen. Ich verbrachte dort drei Tage allein, nur mit meinem Herzen als Gefährten. Ich ruhte unter einem Baumdach und klammerte mich an den Schatten. Dann stellte ich mich auf die Füße, um etwas aufzutreiben, was ich in meinen Mund stecken könnte. ... Ich aß mich satt und warf dann noch davon weg, weil ich zuviel aufgesammelt hatte. Ich schnitt einen Feuerbohrer, schlug Feuer und entzündete ein Brandopfer für die Götter.

Da hörte ich auf einmal ein Donnern und meinte, es sei eine Welle des Meeres. Bäume krachten, die Erde bebte. Als ich mein Gesicht enthüllte, erkannte ich, dass es eine Schlange war, die herankam. Sie maß dreißig Ellen, und ihr Bart war mehr als zwei Ellen lang. Ihr Leib war mit Gold überzogen, ihre Augenbrauen waren von echtem Lapislazuli. Sie wand sich heran.

Sie öffnete ihren Mund gegen mich, während ich vor ihr auf dem Bauche lag, und sprach zu mir: »Wer hat dich hierher gebracht, wer hat dich hierher gebracht, du Wicht? Wer hat dich hierher gebracht? Wenn du es mir nicht gleich sagst, werde ich dafür sorgen, dass du dich als Asche wiederfindest, zu etwas Unkenntlichem geworden.«

(Ich antwortete). »Obgleich du zu mir sprichst, kann ich dich nicht verstehen. Da ich vor dir bin, weiß ich nichts mehr von mir.« Da nahm sie mich ins Maul und schleppte mich zu ihrem Ruheplatz. Dort legte sie mich ab, ohne mich versehrt zu haben. Ich war heil. Sie hatte mir keine Gewalt angetan.

Wieder öffnete sie ihren Mund gegen mich, während ich vor ihr auf dem Bauche lag, und fragte: »Wer hat dich zu dieser Insel des Meeres gebracht, die inmitten der Flut liegt?«

Daraufhin berichtet der Ich-Erzähler der Schlange alles, was sich zugetragen hatte, wie das Unwetter aufkam und das Schiff gekentert ist und alle ertrunken sind außer ihm.

Der Schlangengott aber beruhigt ihn: »Fürchte dich nicht, fürchte dich nicht, du Wicht. Dein Gesicht braucht nicht zu erbleichen, nachdem du zu mir gekommen bist. Denn sieh, ein Gott hat dich leben lassen dadurch, dass er dich zu dieser Insel der Paradiesfülle gebracht hat. Es gibt nichts, was nicht auf ihr wäre, sie ist von allem Guten voll. Sieh, du wirst bis zu vier Monaten auf dieser Insel verbringen. Dann wird ein Schiff aus deiner Heimat kommen, das dich mit zurück nimmt, und du darfst in deiner Stadt sterben.«

Die Schlange erzählt nun von ihrem eigenen schweren Schicksal, das ihr auf derselben Insel zustieß:

»Ich war auf ihr mit meinen Geschwistern; es waren Kinder unter ihnen. Wir waren mit meinen Kindern und meinen Geschwistern zusammen fünfundsiebzig Schlangen. Dabei will ich dir eine kleine Tochter nicht erwähnen, die mir auf ein Gebet hin geschenkt worden war.

Da fiel eines Tages ein Stern herab, und diese alle gingen durch ihn in Feuer auf. Es traf sich aber, dass ich nicht bei ihnen im Feuer war, denn ich war damals nicht in ihrer Mitte. Doch wäre ich fast gestorben, als ich sie als einen einzigen Leichenhaufen fand.

Wenn du die Kraft hast, bezwinge dein Herz, und dann wirst du deine Kinder umarmen, du wirst deine Frau küssen, du wirst dein Haus wiedersehen, und das ist schöner als alles andere. Du wirst die Heimat wieder erreichen und dort inmitten deiner Geschwister leben.«

Der Ich-Erzähler seinerseits verspricht, den Schlangengott in der Hauptstadt seines Landes fortan immer in Ehren zu Halten: »Ich werde dir Stiere als Brandopfer schlachten, ich werde Gänsen den Hals umdrehen für dich, ich werde dir Schiffe zuführen, die mit allen Schätzen Ägyptens beladen sind, wie man es einem Gotte tut, der die Menschen liebt in einem fernen Lande, das die Menschen nicht kennen.«

Darüber kann der Schlangengott nur lachen: »Du bist doch nicht reich an Myrrhen, da du ja nur als Herr von gewöhnlichem Weihrauch geboren bist. Ich aber bin der Herrscher von Punt und mir gehören die Myrrhen; und jenes Salböl, das du mir zu bringen versprichst, hat diese Insel in Hülle und Fülle. Außerdem wirst du, wenn du diesen Ort verlassen hast, diese Insel nie wieder sehen, da sie zur Flut wird.«

An dem Tag, als das rettende Schiff sich nähert, weiß die Schlange es bereits, ehe der Ich-Erzähler es auch nur erblickt. Zum Abschied sagt der Gott zu ihm: »Zieh gesund nach Hause, du Wicht, auf dass du deine Kinder wiedersiehst. Mach mir einen guten Namen in deiner Stadt. Sieh, das ist es, was ich von dir wünsche.«

Da warf ich mich vor ihm auf den Bauch und beugte meine Arme ehrfürchtig vor ihm. Er gab mir ein Abschiedsgeschenk von Myrrhen und Salböl, Spezereien, Schminke, Giraffenschwänze, ein großes Stück Weihrauch, Elefantenzähne, Windhunde, Meerkatzen, Paviane und alle schönen Schätze. Bevor ich ihm endgültig Lebewohl sagte, sprach er zu mir: »Sieh, du wirst in zwei Monaten in deiner Heimat eintreffen, du wirst deine Kinder umarmen und wirst dich in deinem Grabe verjüngen.« (was soviel bedeutet wie: nach dem Tode für das Jenseits wiedergeboren zu werden.)

Alles traf genau so ein, wie die Schlange es prophezeit hatte. (vgl. Brunner-Traut, S. 5–10)

2. »Uroboros«, die »ewige Schlange«

Das Doppelgesicht von Drohung und ständiger Erneuerung findet schließlich seinen symbolischen Ausdruck im Bild des Uroboros, jener berühmten Schlange, die sich in den eigenen Schwanz beißt. Die geschaffene Welt stößt überall – ringsum – räumlich wie zeitlich, an das Ungeschaffene, Nichtseiende. Dieses Umringtsein der Welt von Nicht-Welt wird sichtbar gemacht im Bild der Schlange »Schwanz-im-Maul«, die in sich selbst zurückläuft. Sie macht Welt und Nicht-Welt in ein und demselben Bild anschaubar, macht das Geschaffene bewusst wie das Ungeschaffene und schützt zugleich das eine vor dem anderen. Denn beides ist Leben und beides soll am Leben bleiben. Der Uroboros schützt vor der Bedrohung, die er andererseits durch seine Existenz überhaupt erst (be)greifbar macht und bewusst hält: Die Schöpfung könnte jeden Tag auch nicht sein und muss deshalb jeden Tag (rituell) erneuert werden. Sie ist kein Akt der fernen Vorzeit, sondern wird täglich neu aktuell.

Das Sonnenkind im Uroboros

Urgewässer und Urfinsternis sind Bedingung für die fruchtbare, lebenspendende Nilüberschwemmung, sie stehen aber auch in Zusammenhang mit der nächtlichen Dunkelheit, in deren bodenlose Tiefen die Schlafenden hinabtauchen, um dort, im Traum, den Göttern und Verstorbenen zu begegnen. Will sagen: der Urozean sprudelt in uns selbst, dahinein taucht unser Bewusstsein jede Nacht, um aufzutanken. Doch es kann auch – etwa in einem schizophrenen Schub – »drüben« bleiben, »über"schnappen, wie der Volksmund nicht ganz zu Unrecht sagt. »Mitten in der uns vertrauten Welt erscheint das Unvertraute jenseits aller Grenzen. Die geschaffene Welt ist gegen das Unerschaffene keineswegs klar und eindeutig abgesetzt, in uns selbst ist der Übergang immer wieder fließend, dauert der Schöpfungsprozess an, wirkt das Unbegrenzte heilend und bedrohend.« (Hornung 1989, S. 93) Nicht-Welt ist also nicht einfach gar nichts, sie ist nur durch nichts zusammengehalten; sie zerfließt zu einer amorphen Masse, bleibt aber eine wirkende Kraft, die unser Dasein beeinflussen kann.

Für seine Erneuerung ist alles, was lebt und lebendig bleiben will, auf Zerfall angewiesen. Anders herum könnte man auch sagen: Zerfall, Auflösung, Zersetzung, Tod, all das, was uns schrecklich erscheint, ist kein Hindernis für Leben. Dafür ist Horus, Sohn von Isis und Osiris, selbst das beste Beispiel. Er, der als die wiedergeborene Sonne am Himmel erscheint, verdankt sein Dasein dem bereits verwesenden Leib seines Vaters, aus dem seine Mutter Isis neues Leben hervorbringt; was als Sinnbild für die Kontinuität des Lebens überhaupt gefeiert wurde, die von dieser Göttin garantiert wurde. Isis hat aber selbst Beziehung zur Urflut, denn es heißt, sie sei »im Ganzfeuchten« geboren. Ihr heiliger Stern, der Sirius (Sothis), zog nach Auffassung der Ägypter das Wasser an und setzte die Nilflut in Gang, die – wenn alles gut ging – zu üppigen Ernten führte. Außerdem war das Sternbild des Sirius in Ägypten für eine Weile im Jahr am nächtlichen Himmel nicht sichtbar, war sozusagen untergegangen. Wenn es Mitte Juli, gerade mit Einsetzen der Nilflut (zusammen mit dem Orion, dem Sternbild des Osiris, das zur selben Zeit abgetaucht war) wieder heraufkam, feierte Ägypten den Beginn seines Neuen Jahres. Denn erst der Durchzug durch die Tiefe der Welt macht Erneuerung möglich. »Herrin des Jahresanfangs« war ein Beiname der Isis. Und Jahr bedeutet auf Ägyptisch »Das sich Verjüngende« *(Renpet)*. An jedem Neujahrsfest wird es wie ein Kind geboren und aus kleinen Anfängen groß werden. Was hier verjüngt und erneuert wird, ist im Grunde die gesamte Schöpfung. Sie kehrt an den Anfang der Zeit zurück, als die Gottheiten neu geboren wurden, allen voran Isis, Osiris und Re. Das Neue aber muss – jung und verletztlich, wie es ist, geschützt werden. Und wer würde sich dazu besser eignen als die Schlange, welche die Welt umringelt? »Sonnenkind im Uroboros« – ein Symbol für die soeben aus dem Ei gepellte Schöpfung. (vgl. Zingsem 1995, S. 338–341; Hornung 1989, S. 48)

Die Schlange »Schwanz-im-Maul« ist ein Bild des Lebens, das alle Gegensätze in sich umgreift und ineinander überlaufen lässt, Zeichen des ewigen und ungeteilten Seins vor der Schöpfung wie auch innerhalb der Schöpfung. »Ewige Schlange« wird sie deshalb zu Recht genannt, denn was alle Gegensätze in sich birgt, ist selber todlos. Der Weisheitsgott Thoth bestimmt sie zur Hüterin seiner Schriften, seines geheimen Wissens, das am Anfang der Zeiten niedergelegt wurde. Sie zu bekämpfen hat etwa soviel Aussichten wie den Weltozean austrinken zu wollen, der nach ägyptischer Auffassung sowieso Teil von uns ist. Ewigkeit ist nicht getrennt von uns. Der Uroboros hütet den Schatz der Unsterblichkeit, der sich im Innersten unseres Herzens (ver-)birgt (s. u. das Märchen von Seton Chaemwese).

djed – Ewigkeit

»Du wirst dich in deinem Grab verjüngen«, prophezeit die Schlange dem Schiffbrüchigen im Märchen, und das bedeutete für die Ägypter einen höchsten Wert. Dies wird nirgends so deutlich wie in den Jenseits- und Unterweltsvorstellungen des alten Ägypten, wie sie dargelegt und ausgemalt sind im *Amduat*, der »Schrift des verborgenen Raumes« (auch »Ägyptisches Totenbuch« genannt, das besonders ausführlich in den Gräbern von Thutmosis III. und Amenophis II. aufgezeichnet ist), im »Pfortenbuch« sowie im »Höhlenbuch« und im »Buch von der Erde«. Und in all diesen Büchern wimmelt es nur so von Schlangen der unterschiedlichsten Natur.

II. Schlangen in Jenseits- und Unterweltsdarstellungen

Von Anbeginn ihrer Kultur war für die Ägypter eine Auseinandersetzung mit Tod und Jenseitsvorstellungen prägend und lebenswichtig. Davon zeugen ihre großartigen Pyramiden und Nekropolen ebenso wie ihre Mumifizierungskünste, denen ein Gottes- und Menschenbild entsprach, das über die Unterweltsbücher der verschiedensten Epochen ausgestaltet, verfeinert und gefestigt wurde. Die drei wichtigsten, nämlich *Amduat*, Pfortenbuch und Höhlenbuch, erschienen Mitte bis Ende des zweiten vorchristlichen Jahrtausends. Sie waren zuerst nur für die Königsgräber bestimmt, später fand man sie auch auf Särgen und Papyri von Privatleuten, was unzweifelhaft mit der allgemeinen »Demokratisierung« des Auferstehungsglaubens in Ägypten zusammenhing. War man lange Zeit hindurch überzeugt gewesen, nur die Pharaonen und ihre Familien seien zum Weiterleben nach dem Tod bestimmt, so setzte sich spätestens seit dem Ende des sog. Neuen Reiches (etwa die Zeit Ramses II.) die Auffassung durch, dass im Tode jeder

Mensch (und sogar Tiere) zu Osiris würde(n). Osiris aber starb und wurde von seiner Schwestergattin Isis zu neuem Leben erweckt. Wer im Tode zu Osiris wurde, durfte also hoffen, genau wie dieser Gott auferweckt und zu weiterem Leben bestimmt zu werden. Dazu aber musste er sich im Jenseits orientieren können, wissen, worauf es ankam, um gegebenenfalls richtig reagieren zu können. Die verschiedensten Totenbücher gaben dazu Kenntnis und Anleitung. Und nicht nur das. Sie schildern Tod und Wiedergeburt am Beispiel des Sonnenlaufs. Sie zeigen, dass der Sonnengott in der Sonnenbarke jede Nacht im Kampf mit Urflut und Urfinsternis liegt, die jede Nacht aufs Neue sein Leben zu verschlingen drohen. Die geballte Kraft des Übels wird dabei ebenso in Schlangengestalt herbei phantasiert wie die hilfreichen Genien. Geflügelte Uräusschlangen, feuerspeiende Kobras, die mit ihrem Licht der Sonnenbarke den Weg weisen, »Weltumringler« und Verjüngungsschlange, sie alle arbeiten »Hand in Hand«, um der Vernichtung Einhalt zu gebieten, die durch den Chaosdrachen *Apophis* versinnbildlicht wird. Jede Nacht steht der Kampf »spitz auf Knopf«, wie man so schön sagt. Das Leben muss der Urfinsternis immer wieder neu abgerungen werden. Schöpfung geschieht jeden Tag neu, am Ausgang der Nacht. Doch der Abgrund des Nichtseins befindet sich nicht nur außerhalb von uns, er holt uns ein im nächtlichen Tiefschlaf, im Traum, im Chaos unserer eigenen seelischen Verfasstheit, stets ist das Ich in Gefahr, sein (mühsam errungenes) Bewusstsein zu verlieren. Stets ist andererseits auch das (Ich-) Bewusstsein in Gefahr, auf dem Trockenen zu stranden, weil es den Gang durch die Tiefe scheut und lieber den Kopf über Wasser halten als sich verlieren will.

Die nächtliche Durchquerung des Todesdunkels vermittelt eine Ahnung vom Leben als Ganzem, diesseits wie jenseits. Die Schlange steht dabei Patin. Das Pfortenbuch vermittelt uns ein schönes Bild der am Morgen frisch glänzenden, »jungen« Sonne:

»Sie tritt aus der Finsternis hervor, begleitet von acht Göttinnen, die auf Schlangen reiten, Sterne in der Hand tragen und mit lauter Stimme das Sonnenkind preisen. Die Schöpfung der Welt wiederholt sich, die Morgenfrische des Anfangs kehrt zurück – ›der Himmel ist Gold, das Wasser Lapislazuli, die Erde ist mit Türkis bestreut‹.« (Hornung 1989, S. 114)

Spätestens in den Mysterienkulten der hellenistischen Zeit wird der Mensch, der eingeweiht wird in Wissen und Wesen der Gottheit, selbst symbolisch zur Sonne, und alles was in den Totenbüchern über die Sonne gesagt wird, gilt dann von ihm selber. (vgl. die Szene in Apuleius' Roman »Der goldene Esel«, S. 318f; auch bei Zingsem 1995, S. 316)

Im Folgenden werden wir einige der Schlangen kennen lernen, die der Sonne auf ihrem Weg durch die Nacht zur Seite stehen.

1. Weltumringler, Verjüngungsschlange, Zeitschlange

Die Darstellungen in *Amduat*, dem ältesten ägyptischen Totenbuch, und Pfortenbuch gliedern den Jenseitsraum in zwölf klar unterscheidbare Abteilungen, die den zwölf Stunden der nächtlichen Sonnenfahrt entsprechen. Jeder Strecken- und Stundenabschnitt wird durch gewaltige, von Schlangen und furchterregenden Dämonen bewachte Tore vom anderen abgegrenzt. In den ersten Stunden der Nacht segelt die Sonnenbarke auf dem Unterweltsstrom dahin; es ist ein Teil der Urflut *Nun*, die ihr als Fahrbahn dient, die unterweltliche Form und Entsprechung des irdischen Nil sozusagen. Götter und selige Verstorbene jubeln ihr vom Ufer aus zu. Re selbst ist in der Barke von einer schützenden Schlange umringelt, der Vorläuferin des späteren *Uroboros*. (siehe Bildtafel V, Abb. 8)

Bevor sich in der Amarnazeit die Vorstellung vom Uroboros ausbildete, hatte er bereits eine würdige Vorgängerin: die »Ringelschlange der Erde«, auch »Weltumringler« genannt, auf Altägyptisch *Mehen*. Im *Amduat*, dem ältesten ägyptischen Totenbuch, wird sie genannt:

Mehen, die Ringelschlange, die Beschützerin der Gottheit, die unendliche »Schwanz-im-Maul«, Schlange der Neugeburt.

Mehen wird auch übersetzt mit der »Zusammenhalter, der in der Erde ist«.

»Möge deine Seele leben, Atum! Es befestigt dich der ›Zusammenhalter‹, der in der Erde ist. Er schleudert sein Feuer in die, die sich gegen dich empören.«

Die »tote Sonne« wird von der Schlange Mehen beschützt. (Grab von Sety I, Tal der Könige, Theben-West, Ägypten, 2. Jtd. v. Chr.)

Sie muss in der elften (vorletzten) Stunde der nächtlichen Unterweltsfahrt der Sonne von den Göttern gemeinsam auf den Weg gebracht werden. Diese unendlich lang erscheinende »Ringelschlange der Erde« wird in 12 x 3 Windungen von den Stundengottheiten (zwölf weiblichen und zwölf männlichen Gestalten mit Sternen auf dem Kopf) in Gang gesetzt. »Es sind die zwölf Stunden des Tages; 36 = 360° des Kreises, 360 Tage des Jahres.« Die überschaubare Zeit wird hier neu hervorgebracht. (vgl. Clarus, S. 193–196 u. 172f)

In der zwölften und letzten Stunde der Nacht, kurz bevor die Sonne »wie neugeboren« aus der Unterwelt auftaucht, werden wir *Mehen* als Riesen-Verjüngungs-Schlange wiedererkennen, der eine (endlose) Länge von 1300 Ellen zugeschrieben wird. Der Sonnengott und mit ihm »alle Götter und seligen Toten werden durch den Leib einer riesigen Schlange hindurchgezogen, und zwar in verkehrter Richtung – sie treten in den Schwanz ein und kommen aus dem Maul der Schlange heraus. Entscheidender noch: sie alle treten als Greise, Alterschwache, Grauhaarige und Ehrwürdige ein, die ihre Zeit durchlebt haben, und sie kommen als ›kleine Kinder‹ heraus, in verjüngter Gestalt.« (Hornung 1989, S. 105f) Dem mag die Vorstellung zugrunde gelegen haben, dass die sich häutende Schlange sich gleichzeitig verjüngt. Wer in den Leib einer Schlange eingeht, wird damit selbst zur Schlange und – im letzten – zum Kind:

»Dieser Große Gott fährt dahin im Rückgrat dieses geheimen Bildes der Schlange. Er tritt ein in ihren Schwanz und kommt heraus aus ihrem Maul, indem er geboren ist in seiner Erscheinungsform als Chepri, und die Götter, die in seiner Barke sind, ebenfalls. – Sie treten ein in das Bild der geheimen Schlange (und zwar) als ›Ehrwürdige‹ (d. h. Alte), und sie kommen heraus als Verjüngte Re's.«

So lautet ein Text des *Amduat* für die zwölfte Stunde.

Der Name dieser Verjüngungsschlange ist »Ka dessen, der die Götter leben lässt«. Ihre Lebensenergie (Ka) stammt also noch aus der Zeit, bevor die Gottheiten exisitierten. Vielleicht ist sie am Ende gar der personifizierte *Nun*?

Re spricht diesen großen Schlangen-Ka an »bei seinem Namen ..., dass er glatt sei zur Geburt des Gottes. Er besitzt ein Rückgrat von 1300 heiligen Gottesellen Länge und lebt von dem Gemurmel der Ehrwürdigen, die in seinem Rückgrat sind und täglich aus seinem Maul herauskommen.« (Clarus, S. 198f)

Die Schlange wird hier zum Jungbrunnen. Die Zeit läuft rückwärts. »Zeitschlange« nennt man sie deshalb auch: Ein endloser Schlangenleib, der mit Hieroglyphen für »Lebenszeit« versehen ist und aus dem Stunde um Stunde geheimnisvoll ›geboren‹ wird. Die Zeitschlange repräsentiert die Dauer von Millionen Jahren, macht den unerschöpflichen Vorrat an Zeit deutlich, den das Jenseits zu bieten hat. (vgl. Hornung 1989, S. 72–77)

Ein Uroboros, wie er im Bilderbuch steht, ist auch die Schlange »Vielgesicht«, die fünf Köpfe hat und sich schützend um Chepris Leichnam herum legt. Sie erscheint in der sechsten Stunde, dem Tiefpunkt und Wandlungsraum der Nachtfahrt, und vereint den Sonnengott mit seinem Leichnam, beispielhaft für alle Toten. Wie im Totenbuch erläutert wird:

»Dies ist der Leichnam des Chepri als sein eigenes Fleisch. *Vielgesicht* hütet ihn. Sein Schwanz ist in seinem Maul ... Die Stimme Res ist es, die zu dem Bild kommt, das in ihm ist.« (vgl. Clarus, 148–163)

2. Feuerspeiende und geflügelte (Uräus-)Schlangen

Von Anbeginn ihrer Unterweltsfahrt weisen feuerspeiende Kobras dem Sonnengott in seinen wechselnden Gestalten (als *Atum, Re, Chepri* – Abend-, Mittags- und Morgensonne) die Bahn:

»Es preisen dich deine Preisenden, es erleuchten dir deine Uräen die Finsternis.«

In der vierten Nachtstunde wird die eigentliche Tiefe der Unterwelt (ägypt. *Dat*) gewonnen. Nun herrscht undurchdringliche Finsternis, der *Nun*-Strom versiegt, die Barke läuft auf Grund und muss mühsam von den Ruderern an Seilen weitergezogen werden. Alles ist voller Schlangen, die vom Blut der Menschen schlürfen. Hier wird es ernst, doch wo Gefahr ist, wächst auch hier ein Rettendes und hat wiederum Schlangengestalt. Bereits die erste in dieser Stunde auftretende Schlange heißt »Hüter des Weges«. Sie hat vier Füße und einen menschenähnlichen Kopf mit »Götterbart«. Die anderen Schlangen weisen der Barke den Weg durch das Licht, das sie spenden.

»Die Flammen im (Schlangen-)Maul seiner Barke sind es, die ihn (Re) leiten ..., ohne dass er ihre Barke sieht.«

Eine dreiköpfige Schlange taucht auf und erhält den Namen »Sich-Bewegender.« Von ihr heißt es:

»Licht ist täglich in ihr, bis zur Geburt Chepris (der Morgensonne), der aus den Gesichtern der Schlange ›Sich-Bewegender‹ hervorgeht.«

Eine weitere Schlange heißt: »Glatter, der leuchtet«. Sie verbreitet Licht, hat vor sich ein *Anch*-Lebenszeichen und wird selbst beseelt durch den Klang menschlicher Stimmen.

Ein Uräus (siehe Bildtafel IV, Abb. 7) mit Namen »lebt vom Windhauch seiner Flügel« scheint des Leben der jungen Sonne zu schützen. Hier begegnen wir also einer geflügelten Uräusschlange, wie sie auch aus zahlreichen Privatgräbern bekannt ist. Man möchte sich vorstellen, dass der »Windhauch ihrer Flügel« belebend wirkt. Eine geflügelte mehrköpfige Schlange steht auch im Mittelpunkt der fünften Stunde. Ihr hinteres Ende mündet in einen Menschenkopf mit Götterbart. Auf ihr steht Horus, der Sonnensohn (von Isis und Osiris), und hält ihre Flügel, bändigend oder lenkend, in seinen Händen. »Großer Gott, der seine Flügel ausbreitet, der Buntgefiederte« wird sie genannt. Und »bunt« bedeutet vielfältig lebendig. Horus, der Sonnenfalke, der selbst geflügelt ist, steht nun nicht mehr in Gegensatz zur Schlange. Diese Schlange leuchtet wie die Sonne selber: »Erleuchteter« heißt sie deshalb auch und ist in dieser Funktion eine Hüterin des Totenreiches. (vgl. Clarus, S. 157 u. 191)

Die Sonnenbarke ist inzwischen selbst mit zwei feuerspeienden Schlangen am Bug ausgestattet, die ihr den Weg erleuchten. Unter so vielen bedrohlichen Schlangen kommt man noch am ehesten selbst mit Schlangenkraft vorwärts. Gleiches kann am besten von Gleichem bekämpft – und geheilt – werden. Ein Gesetz, das sich die Homöopathie bis heute zunutze macht.

In der zehnten Stunde leuchten Göttinnen mit ihren Stirnschlangen sogar bis zum Osttor des Sonnenaufgangs.

Die feuerspeienden Kobras üben also eine Doppelfunktion aus: Sie spenden Licht, und bahnen als Erleuchtete und Erleuchtende mit ihrem Licht Wege durch die Dunkelheit. Gleichzeitig wirken sie auf ihre Feinde wie Flammenwerfer, die sie mit Haut und Haaren vernichten. Selbst die Schutzschlange *Mehen* muss, wie wir oben sahen, als feuerspeiend vorgestellt werden; ihr Feuer macht den lebensfeindlichen Elementen den Garaus.

Was die weniger gnädigen Schlangen in den tiefsten Tiefen der Unterwelt anrichten können, die nicht umsonst »Stätte der Vernichtung« genannt wird, wird schaurig genug ausgemalt:

In einer Szene des Pfortenbuches setzt eine feuerspeiende Riesenschlange, genannt der »Feurige«, gefesselte Sünder in Flammen. Im später entstandenen Höhlenbuch heizen feuerspeiende Kobraschlangen Kessel an, in denen die Verdammten oder die bereits aufgelösten Teile ihrer Persönlichkeit schwimmen, womit sie für den Zustand des Nichtseins gargekocht werden. (vgl. Hornung 1989, S. 99f)

Auch die böse Apophis-Schlange ist schließlich voller Feuersglut. (vgl. Hodel-Hoenes, S. 225) Licht ist eben nicht gleich Licht. Feuer kann erhellen und verbrennen. Im Falle von Apophis wütet es in vernichtender und alles verschlingender Weise.

III. Drachenkampfmotive

Das Motiv des Drachenkampfes ist in beinahe allen Kulturen der Erde zu Hause und darf auch in Ägypten nicht fehlen, das man in ganz ähnlicher Weise wie Indien als ein Land der Schlangen bezeichnen könnte. Wie überall gehen die Begriffe auch hier fließend ineinander über. Doch wenn man Drachen als ins Maßlose gesteigerte Schlangenphantasien begreift, dann haben wir im Folgenden echte Prototypen vor uns, die wiederum nicht klar gegeneinander abzugrenzen sind. In Seth, so könnte man sagen, bekämpft Apophis in gewisser Weise sich selbst, denn beide sind im Grunde eins. Typhon ist die griechische Version desselben Vorstellungskomplexes. Als die Griechen auf die ägyptische Mythologie trafen, versuchten sie deren Gottheiten zu verstehen, indem sie sie mit ihren eigenen verglichen. So wurde Seth zu Typhon, ein riesiges Schuppenmonster auch er.

1. Apophis – Seth

Die entscheidende Auseinandersetzung mit Apophis ist nach dem *Amduat* der siebten Nachtstunde vorbehalten. Hier wird die Sonne direkt mit ihrem Widersacher konfrontiert. (siehe Bildtafel V, Abb. 9) Die Barke läuft auf Grund und lässt sich keinen Millimeter mehr weiterziehen. Das Prinzip des Lebens sitzt auf dem Trockenen. Das Ungeheuer hat die Wasser des *Nun* weitgehend ausgeschlürft, der Urozean läuft Gefahr zu vertrocknen. Nun wälzt sich der gewaltige Drache brüllend auf einer Sandbank von 440 Ellen Länge und liegt buchstäblich im Weg.

»Die Sandbank des Apophis ... 440 Ellen ist sie in ihrer Länge. Er füllt sie mit seinen Windungen, und er wird niedergemetzelt.« (Clarus, S. 169f)

In dieser beinahe aussichtslosen Situation können nur noch Zaubersprüche helfen. Und zwei Gottheiten, die insbesondere durch Zaubersprüche aktiv werden: Allen voran die Göttin Isis, die ohnehin »die Zauberreiche« genannt wird, und Seth, eigentlich ihr Gegenspieler im mythologischen Weltkonzept. Beide Gottheiten werden zugleich in Schlangen- oder Drachenform verehrt. Wiederum verfügt also nur »Gleichartiges« über die Kräfte, die hier notwendig werden, um das Böse zu bezwingen. Vorübergehend natürlich nur, denn der Kampf beginnt ja jede Nacht aufs Neue und muss jede Nacht auf die gleiche Weise bestanden werden, und welche Seite siegen wird, ist jede Nacht von neuem ungewiss. Und es ist auch nicht eigentlich ein Kampf, der hier stattfindet. Vielmehr wird Apophis durch den Zauber bezwungen, sodass er sich am Ende willenlos fesseln und zerstückeln lässt. In den dazugehörigen Texten findet sich das Zeichen für Apophisschlange oft noch eigens mit Messern durchbohrt, damit sie auch bloß keinen Schaden anrichten kann. (Vgl. Hodel-Hoenes, S. 237f) Was andererseits den ägyptischen Glauben an die magische Macht des Wortes verdeutlicht. Das gesprochene Wort vermag den »Bösen« zu bannen, doch aus dem geschriebenen Wort könnte seine vernichtende Kraft wieder aufflackern. Dagegen hilft eben nur ein weiterer Zauber.

Trotz allem wäre es verfehlt, Apophis ausschließlich als böse und schädliche Kraft anzusehen. Denn erstaunlicherweise geht Apophis oft genug sogar in *Mehen* über, die in der zwölften Stunde Verjüngung und Erneuerung bewirkt. Wobei sich bewahrheitet, was oben schon angesprochen wurde: Das vernichtende Prinzip steht nicht in grundsätzlichem Widerspruch zum Schöpferischen, sondern erweist sich vielmehr als Vorbedingung für dessen Wiedergeburt. Apophis und *Mehen* sind außerdem beide ihrem Wesen nach Schlangen und beide von feurigem Naturell. Sie zeigen das Feuer von seinen zwei Seiten, der verschlingenden und der erhellenden, der versengenden und der wärmespendenden.

Als der dritte im Bunde kommt dann noch Seth hinzu. Und die Verwirrung wird auf die Spitze getrieben, wenn wir uns vergegenwärtigen, dass Seth im Grunde als identisch mit Apophis gilt. Auch er also ein Drache. Beide verkörpern sie im ägyptischen Weltbild das Prinzip der Dürre und Trockenheit, das die Wasser des Nils zurückhält, die – aus Nubien (Äthiopien u. Uganda) kommend – gewaltig heranrauschen. Wenn der Nil das Land nicht überschwemmen kann, sind Dürre und Hungersnot die Folgen. Überschwemmungen, die in anderen Ländern Chaos und Tod nach sich ziehen würden, bedeuten für Ägypten das Lebenselixier: Fruchtbarkeit und reiche Ernten. Als Verkörperung dieser Fruchtbarkeit, als Personifizierung des Nils galt den Ägyptern Osiris. Das bebaubare Land zu beiden Seiten des Nils symbolisierte die Göttin Isis. Die jährliche Überschwemmung des Landes im Juli wurde gleichzeitig als Heilige Hochzeit von Isis und Osiris gefeiert. Das Zusammenwirken beider Gottheiten verwandelte das trockene Brachland in blühende Äcker. Blieb der Nil jedoch aus bzw. überflutete er das Land nicht weit genug, standen magere Zeiten bevor. Seth, Bruder von Isis und Osiris, galt als Prinzip von Dürre und Trockenheit, die sich der belebenden Kraft des Wassers entgegenstemmte. Im Naturkreislauf bildete er mithin den ganz natürlichen Widersacher des feuchten und fruchtbringenden Elements. Seth zerstückelt Osiris, so erzählt es der Mythos. Doch Isis setzt die zerstückelten Teile zusammen, erweckt Osiris zu neuem Leben, bringt aus dem bereits Gestorbenen den gemeinsamen Sohn Horus hervor, der als Sonne (Horusfalke) die Welt erleuchten wird. Es ist dieselbe Sonne, die auch zur Dürre führen kann. Von da aus gesehen sind selbst Seth und Osiris/Horus keine vollständigen Gegenspieler. Sie sind ja auch – dem Mythos nach – Verwandte! Geschwister vom Mutterleib an. Osiris wird Seth überwinden und töten, wie jede Flut die Trockenheit besiegt. Dann ist der Drache Seth erschlagen. Vorläufig bis zum nächsten Jahr. Denn endgültig überwinden kann man ihn so wenig wie die Jahreszeiten, die ihren eigenen Gesetzen folgen. Und das wäre auch gar nicht wünschenswert. Jedes Prinzip erfüllt zu seiner Zeit seinen je eigenen Sinn. Es kommt lediglich darauf an, das Ausufernde einzudämmen.

Und der Damm, der den Nil begrenzte, das war nun wiederum Seth. Die Ägypter hatten ein hervorragendes System ersonnen, die Nilschwemme auszudehnen. Kurz bevor der Nil in sein Bett zurückflutete, wurden die Kanäle, die das Wasser aus dem Fluss über die Felder leiten sollten, zusätzlich durch Dämme versperrt, die das Wasser zunächst aufstauen und dann umso wirkungsvoller verteilen sollten. Diese Dämme, die das befruchtende und belebende Wasser zurückhielten, galten schon in Ägypten seit alters her als Verkörperung des Seth und wurden im mythischen Bild des Drachen vorgestellt. (wichtigstes Zeugnis dafür ist der »Mythos von der geflügelten Sonnenscheibe«, der unter Ptolemaios Kaisarion und Kleopatra in Edfu eingemeißelt wurde; vgl. Merkelbach 1963, S. 21) »Sobald das Wasser eine gewisse Höhe erreicht hatte, wurde auf Befehl eines hohen Beamten der Damm durchstochen. Der Dammdurchstich galt als Sieg des (Sonnengottes) Horus über Seth. Das Wasser überflutete das Land, man feierte die Hochzeit der Isis (des Landes) und des Osiris (des Wassers) oder das Finden des Osiris. Man schöpfte Wasser, den neugefundenen Osiris, und trug es jubelnd nach Hause.« (ebd. S. 14) Das Trinken des Nilwassers aber kam einem sakramentalen Trinken des Osiris gleich, wobei nach dem Mythos von Edfu sich am Tag der Nilflut das Nilwasser sogar in Wein verwandeln sollte. (vgl. ebd. S. 17)

Mit dem Tag des Dammdurchstichs begann ein allgemeines Volksfest mit Theaterbesuchen und Liedern, die auf dem Nil gesungen wurden. Achilleus Tatios beschreibt, wie ein solches Nilfest im 2. Jhd. n. Chr. aussah:

> »Am Vorabend der Zeremonie (des Dammdurchstichs) strömen viele Zuschauer herbei und man feiert ein großes öffentliches Fest; private Gesellschaften mieten Boote und fahren am Eingang des Kanals umher. Man singt und macht Musik; Geschichtenerzähler treten auf ... Während der Nacht sind die Boote illuminiert, am Ufer stehen Feuerkörbe.« Eine Stunde nach Sonnenaufgang wird der Damm durchstochen. »Man feiert noch tagelang.« (Merkelbach 1963, S. 20f)

Noch im Jahre 1987 beschreibt Jehan Sadat das Nilfest ihrer Kindheit – *»Wafa el-Nil«* (»Fülle des Nils«) mit erstaunlich ähnlichen Worten wie einst Achilleus Tatios:

> »An diesem Augusttag wurde der Damm unmittelbar südlich von Kairo durchstochen, und der Nil, angeschwollen von den Wassern und dem fruchtbaren Schlamm seiner Quellflüsse in Uganda und Äthiopien, stieg zu seiner alljährlichen, zwei Monate währenden Herbstflut an.« (Sadat, S. 43f)

Erst der Bau des Assuanstaudamms (1964) setzte nicht nur diesen Festivitäten, sondern auch dem durch sie gefeierten Ausgleich der Kräfte ein Ende. Dass er für

Ägypten alles andere als ein Segen werden sollte, stellte sich leider zu spät heraus. Zuzeiten ist es wohl wirklich besser, den Drachen am Leben zu erhalten.

In christlicher Zeit übrigens verlegte man den Todestag des heiligen Joseph auf den 20. Juli und schuf damit einen Anlass, den Tag der Nilflut auch weiterhin zu begehen. Als Patron der Nilflut galt von jetzt ab der Erzengel Michael, der Prototyp des Drachenbezwingers. (vgl. Merkelbach 1963, S. 22)

Seth am Bug der Sonnenbarke galt in den Totenbüchern als der »Älteste Zauberer«. Seine Farbe war Rot, die Farbe der Wüste und des alles verzehrenden Feuers. In dieser Eigenschaft war er prädestiniert, den Kampf mit Apophis aufzunehmen. Selbstlos stellt er sich an den Bug der Sonnenbarke und bricht ihr eine Lanze durch Stillstand und Stockung. Wenn er dabei als der älteste Zauberer angesprochen wird, weist das wiederum auf seine geheime Identität mit dem Weisheitsgott Thoth, der diesen Titel zu allererst trug. Seth zeigt damit jene Wandlungsfähigkeit, wie sie allen echten Schlangenwesen eigen ist.

Nach der Devise »wie unten, so oben« ist Seth der Sonne nicht nur zur Nacht, sondern genauso bei ihrer Fahrt durch den Himmel behilflich. Wie er der Schlange zu wehren weiß, die der Sonnenbarke in der Unterwelt den Weg versperrt, so vertreibt er als Wettergott auch die Wolkendrachen. »Als Naturvorgang bedeutet seine Tat das Vertreiben der Wolken auf der Bahn der Sonne.« (Brunner-Traut, S. 273) Wenn es darauf ankommt, weiß er sogar das Meer in Schach zu halten: In der Geschichte über »das unersättliche Meer«, das kein Maß mehr halten und keine Grenzen mehr dulden will, erfahren wir, dass Seth gerade dieser Bereich des Gesetzlosen unterstellt ist. Denn, so müssen in dieser Erzählung selbst die Götter erkennen: Der rechte Kämpfer gegen das Meer ist Seth, die einzige Kraft, die das maßlos Ausufernde eindämmen und in seine Schranken verweisen kann. Ihn rufen die Götter herbei, wo es einen Kampf mit Gewalt auszutragen gibt. »Er, der Gewittergott, versteht sich auf Wolken und Wogen, auf Wetter und Brandung. Seth zog gegen das Meer und schleuderte gegen das Meer seine Waffen, die blitzenden, und Seth brüllte gegen das Meer. Das Meer hörte die Stimme des Seth. Dann setzte Seth sich nieder, das Meer aber beruhigte sich.« (ebd. S. 75f)

2. Seton Chaemwese und Ni-noferka-Ptah – ein ägyptisches Drachentötermärchen

Um Maßlosigkeit und ihre Folgen geht es auch in dem folgenden Märchen. In dessen Mittelpunkt steht eine Truhe des Weisheitsgottes Thoth, die durch einen Uroboros, eine »ewige Schlange«, vor unbefugtem Zugriff geschützt werden soll. Die Hauptpersonen jedoch bekommen den Hals nicht voll, schlagen alle Warnungen in den Wind und zerstückeln die »ewige Schlange«. Gehen wir von einer geheimen

Verwandtschaft des Schreibergottes und »ältesten Zauberers« mit Seth aus, dann ist vielleicht auch dieser Schatzhüter-Uroboros letztlich identisch mit Seth.

Wer die Schlange erschlägt, versteht plötzlich die Sprache der Tiere – auch das ein altes Drachentötermärchenmotiv. Die Schlange zu töten, bringt den Helden dieser Geschichte allerdings kein Glück, ihr Ansinnen wird ausdrücklich als vermessen gebrandmarkt. Die Schlange setzt ein Maß: bis hierher und nicht weiter! Wer dennoch weitermacht, verliert den Bezug zur Maat, zur gerechten Weltordnung, die selber in Schlangenform auftritt (s. u.). Vielleicht bezeugen die vielen Drachentötermärchen unserer Kultur (in denen die Ungeheuertötung begrüßt wird) nichts weiter, als dass wir schon längst aus dieser Weltordnung herausgefallen sind und längst jedes Maß aus den Augen verloren haben, als wir meinten, den Menschen zum Maß aller Dinge machen zu müssen. Und sollte es doch die »ewige« Schlange sein, die uns an diese Grenzen erinnert?!

Die Geschichte ist Teil eines Märchenromans, von dem große Partien verloren gegangen sind. Der vorliegende Text wurde in einem christlichen Grab in Theben gefunden und ist wahrscheinlich im 1. Jhd. v. Chr. entstanden.

Die Hauptperson, Seton Chaemwese, war Hohepriester am Tempel des Gottes Ptah zu Memphis. Er galt als vortrefflicher Schreiber und überaus gelehrter Mann. Er war in der Lage, die alten Schriften des Lebenshauses zu lesen, und verstand sich auf Zauberei. Durch seine Forschungen erfuhr er, dass vor langer, langer Zeit ein vollkommener Schreiber und großer Gelehrter gelebt hatte, Sohn des Pharao Mer-neb-Ptah. Er hieß Ni-noferka-Ptah und besaß einen Zauberspruch, der noch aus dem goldenen Kasten des Schreibergottes Thoth höchstpersönlich stammte. In diesem Buch standen zwei Sprüche. Durch den ersten wurden Himmel, Erde und Unterwelt, Berge und Gewässer bezaubert. Auch konnte man die Sprache der Vögel und der Tiere, die auf der Erde kriechen, verstehen, dazu die Fische in der Tiefe des Wassers. Durch den zweiten Spruch konnte man, während man im Totenreich war, wieder seine irdische Gestalt annehmen und auf die Erde zurückkehren. Dieses Zauberbuch befand sich bei Ni-noferka-Ptah in seinem Grabe bei Memphis, wo er seine Ruhestätte gefunden hatte.

Seton sucht wie besessen nach diesem Grab und kann an nichts anderes mehr denken. Er ist jedoch außerstande, es zu finden, bis er in einem Wüstengrab von Memphis einen vornehmen Toten durch Zauberspruch zum Sprechen bringt, der noch zu Mer-neb-Ptahs Zeiten gelebt hatte. Der rät ihm, in der Wüstennekropole von Memphis den Geiern und Raben so lange zu folgen, bis er sie aus den Augen verliert. Sie werden ihm das gesuchte Grab zeigen.

Alles kommt so, wie der Tote prophezeit hatte. Seton ließ den Stein vom Grabeingang wegnehmen und stieg hinab zu der Stelle, wo Ni-noferka-Ptah ruhte. Drunten im Grab dreht er jeden Stein und jede Götterstatue um, ruft seinen Milchbruder und viele andere Leute zu Hilfe, doch sie fanden das Buch nicht.

Seton musste das Grab unverrichteter Dinge wieder verlassen. Er erzählte seinem Vater Ramses II. alles, was er getan hatte, doch der Pharao riet ihm von dem Unternehmen ab: »Hole das Buch nicht weg von Ni-noferka-Ptah. Man wird dich töten, wenn du es nicht lässt, wo es ist.« Seton hörte aber nicht auf ihn. Zäh und verbissen gab er nicht auf, bevor er nicht den richtigen Zauberspruch gefunden hatte. Mit dessen Hilfe brachte er das Buch im Grab zum Leuchten, sodass er erkennen konnte, wo es war. Er entdeckte, dass es festgebunden war am Leibe des Ni-noferka-Ptah. Der Tote aber rief in höchster Not die Seelen seiner Frau Ahwere und seines Sohnes Merib herbei, die weit weg zusammen in einem Grab in Koptos ruhten. Beide stellen sich schützend vor Ni-noferka-Ptah, sodass er gegen deren vereinten Willen nicht an das Buch heran kommt. Als er sich endlich anschickt, es trotzdem mit Gewalt an sich zu reißen, warnt Ahwere ihn eindringlich: »Lass ab von diesem Buch, es wird dir nur Unheil bringen. Denn siehe, auch uns ist nur Unglück widerfahren durch dieses Buch, wie du aus meiner Lebensgeschichte erfahren sollst.«

Ahwere, Tochter des Mer-neb-Ptah, erzählt Seton u. a., wie eines Tages ein Priester ihrem Gemahl von dem berühmten Buch berichtet. Es war während einer Prozession zu Ehren des Gottes Ptah, als dieser ihm erklärte, was es mit dem Buch auf sich hätte und wo es zu finden sei. »Es liegt mitten im Wasser von Koptos in einem Kasten von Eisen. In dem Kasten von Eisen ist ein Kasten von Bronze. In dem Kasten von Bronze ist ein Kasten von Sandelholz. In dem Kasten von Sandelholz ist ein Kasten von Elfenbein und Ebenholz. In dem Kasten von Elfenbein und Ebenholz ist ein Kasten von Silber. In dem Kasten von Silber ist ein Kasten von Gold. Und in diesem Kasten liegt das Buch. Eine Meile im Umkreis um den Kasten, in dem das Buch liegt, hausen Schlangen, Skorpione und allerlei Gewürm, und um den genannten Kasten selbst ringelt sich eine ›ewige Schlange‹, ein Uroboros.« Ni-noferka-Ptah aber wusste nicht mehr, an welchem Ort der Erde er sich befand, weil ihm schier die Sinne schwanden, als der Priester ihm dies alles mitteilte.

Unverzüglich begibt sich Ni-noferka-Ptah zusammen mit seiner Familie nach Koptos. Mit Hilfe von allerlei Zauber gelangt er von dort in drei Tagen an den fraglichen Ort. Eine Meile im Umkreis von dem Platz, an dem das Buch verborgen war, fand er alle Arten von Schlangen Skorpionen und Drachen. Er fand auch die ewige Schlange, um den genannten Kasten geringelt. Durch einen Spruch hinderte er alle diese Wächter daran, hochzukommen. Danach ging er an den Ort, an dem die ewige Schlange war. Er kämpfte mit ihr und tötete sie. Sie aber lebte weiter und nahm von neuem Gestalt an. Er kämpfte ein zweites Mal mit ihr und tötete sie. Sie lebte trotzdem weiter. Beim dritten Mal zerschnitt er sie in zwei Stücke und warf Sand zwischen beide Teile. Da starb sie und nahm ihre Gestalt nie wieder an. Ni-noferka-Ptah ging hin und öffnete der Reihe nach alle Kästen und nahm das Buch aus dem goldenen heraus. Nun verstand er alles, was die Vögel des Himmels sprachen, die Fische der Tiefe und das Wild der Wüste. Er sah den Sonnengott Re mit seinem göttlichen Gefolge am Himmel erscheinen und den Mond aufgehen und die Sterne in ihrer Gestalt. Er teilt sein Wissen mit seiner Frau, und auch sie wendet dieselben Zaubersprüche mit dem gleichen Erfolg an.

Thoth jedoch, der Schreibergott, hatte alles erfahren und beklagte sich bitter bei Re über Ni-noferka-Ptah: »Er ging in meinen Bezirk, plünderte ihn und nahm meinen Kasten mit meinen Schriften weg. Er erschlug meinen Wächter, die ewige Schlange, die ihn behütete.« Von den Gottheiten wurde beschlossen, eine Gotteskraft zur Erde hinab zu senden, die verhindern sollte, dass Ni-noferka-Ptah mit seinen Angehörigen je wieder heil nach Memphis zurückfänden. Und genau so geschah es. Auf der Rückfahrt von Koptos nach Memphis fallen sowohl Ahwere als auch Merib vom Schiff ins Wasser und ertrinken. Da ließ sich Ni-noferka-Ptah einen Streifen Königsleinen bringen und band sich das Buch damit auf den Leib. Danach überantwortete auch er sich dem Fluss und dem Tod durch Ertrinken. Pharao Mer-neb-Ptah aber entschied: »Dieses Buch, das an seinem Leibe ist, soll verborgen bleiben.«

Natürlich lässt sich Seton selbst jetzt noch nicht von seinem Ziel abbringen, doch am Ende muss er einsehen, dass diese Schrift nicht für Menschen wie ihn gemacht ist. Immerhin erhält aber auf seine Veranlassung hin die getrennte Familie Ni-noferka-Ptahs ein gemeinsames Grab in Memphis. Und so hat der ganze Aufruhr schlussendlich doch etwas Gutes bewirkt. (vgl. Brunner-Traut, S. 171–192)

3. Typhon

Der schuppige Typhon ist eines der riesigsten und garstigsten Monster, das die griechische Mythologie hervorgebracht hat. Seine Mutter ist die Erde selber, als deren jüngster Spross er gilt. Sie bringt diesen Sohn auf die Welt, um sich an Zeus zu rächen, der zuvor ihre anderen Kinder, die Titanen, umgebracht hatte. Typhon war das größte Ungeheuer, das jemals das Licht der Welt erblickte. Woran man ermessen mag, welchen Umfang die Rachegefühle der Göttin Erde angenommen hatten. Und wie verletzt sie war, dass ihre Rechte mit Füßen getreten wurden.

Wie sah nun Typhon aus? Von den Schenkeln abwärts bestand er nur aus sich windenden Schlangen. Seine Arme besaßen zahllose Schlangenköpfe anstelle von Händen und waren, wenn er sie ausstreckte, in jeder Richtung hundert Meilen lang. Sein bestialisches Eselshaupt berührte die Sterne, seine ungeheuren Flügel verfinsterten die Sonne, Feuer brach aus seinen Augen, und flammende Lava schoss aus seinem Mund. Sein Name bereits kündet von seiner feurigen Natur: Typhon bedeutet »betäubender Rauch«. Sein Erscheinen gleicht einem vulkanischen Ausbruch. Zeus hatte sich am Ende nicht mehr anders zu helfen gewusst, als dass er dem rasenden Ungeheuer den Berg Ätna überstülpte, um es lahm zu legen. Dieser Berg speit bis heute Feuer. (vgl. Ranke-Graves 1982, S. 118f)

Der Name Typhon stand aber auch für den sengenden Wind aus der arabischen Wüste, heute Schirokko oder Chamsin genannt. Die Parallelen zu Seth sind deutlich. Zudem hat er einen Eselskopf. Auch das verbindet ihn mit Seth, denn Esel galten in Ägypten als Tiere des Seth. Damit wurde der Esel zu einem geradezu klassischen Unterweltstier. Bei der Verarbeitung des Getreides – Dreschen und Mahlen – war er unverzichtbar. Dreschen und Mahlen bedeutete aber im ägyptischen Weltbild soviel wie »Osiris töten«. Denn Osiris erschien in doppelter Gestalt: einmal als Nilwasser und zum anderen als Korn, das in der von ihm überschwemmten Erde heranwuchs. Jede Stufe der Getreideverarbeitung bis hin zum Brechen und Zerteilen des fertigen Brotes wurde dem Zerstückeln des Osiris gleichgesetzt. Der Esel, der an einigen dieser gewaltsamen Vorgänge Anteil hatte, wurde auf diese Weise zum unfreiwilligen Mordgehilfen Seths. Und erleichterte den Vorgang, Seth und Typhon zu einer gewissen Einheit zu verschmelzen.

Doch hat dieser Vergleich auch seine Grenzen. Der Typhon der griechischen Mythologie ist längst nicht so vielschichtig und wandlungsfähig wie der ägyptische

Seth. Zwar ist auch er ein Prinzip, das letztlich nicht besiegt werden kann, doch hat seine Verwandlung in die »bleibende Form« des Berges Ätna zugleich auch etwas Erstarrendes an sich. Hier verliert der Chaosdrache seine Verbindung zum Jahreskreis mit seinen wechselnden Anforderungen und Wandlungen. Typhon ist im Berg nur vorübergehend gebändigt. Seine Eruptionen bleiben zerstörerisch. Während der ägyptische Seth im Tiefsten mit seinen »Widersachern« verbunden bleibt, womit symbolisch die geheime Verwandtschaft und innere Einheit von Tod und Leben gewürdigt und anerkannt wird, gibt es in der griechischen Mythologie keine Aussöhnung von Zeus und Typhon. In Zeus bekämpft das himmlische Prinzip der – auch politisch gesehen neuen Welteroberer – die Kulte der alten Erdgöttin als ein ihm entgegengesetztes, feindliches, antagonistisches Prinzip. Die Erde bäumt sich noch eine Zeit lang dagegen auf, indem sie zur Verteidigung und Abschreckung immer scheußlichere Monster auf die Welt bringt, die Zeus und die neue »Überheblichkeit« des Himmlischen in die Schranken weisen sollen, doch wird auch sie ihre alte (Vor-)Machtstellung vorläufig nicht zurückerobern können. Sie wird zum untergeordneten Prinzip, und das wird, soweit es unseren eigenen Kulturkreis betrifft, für lange Zeit so bleiben.

Wie anders geht dagegen die ägyptische Mythologie mit Typhon um: Als Isis den gefesselten Typhon im Empfang nahm, tötete sie ihn nicht, sondern löste ihn und ließ ihn frei. Was Plutarch mit den Worten kommentiert: »Denn die Göttin, welche die Erde beherrscht, ließ nicht zu, dass die der Feuchte widerstrebende Naturkraft gänzlich unterginge, sondern sie löste und entließ dieselbe, weil sie die Mischung erhalten wollte: denn das Weltall konnte nicht vollkommen sein, wenn das Feurige aufhörte und vernichtet ward.« (De Iside et Osiride, Kap 40)

Exkurs: Apollo und das Orakel zu Delphi

Die Feindschaft zwischen Zeus und Typhon findet im Kampf des Sonnengottes Apollo mit der Pythonschlange zu Delphi ihre unrühmliche Fortsetzung und Ergänzung:

Nach einer Version des Euripides erschlägt Apollo die Pythonschlange, die zu Delphi das alte Erdorakel bewacht. Damit bricht er ihre Macht und setzt sich an ihre Stelle, was als Triumph der »lichten«, rationalen Kräfte über die dunkeldumpfe Macht der Erdgöttin gefeiert wird. Dabei wird das Wissen verdrängt, dass Apollo seine Macht in Wirklichkeit der freiwilligen Gabe einer Frau verdankt, Phoibe, nach der er sogar seinen Beinamen Phoibus oder Phoebus erhält. Der folgende Text macht deutlich: Als erste Wahrsagerin galt die Erdgöttin (Gaia) selbst. Phoibe, die spätere Hüterin des Heiligtums, ist ihre Tochter.

Zuerst durch Anruf von den Göttern ehr ich hoch
Die Urwahrsagrin Gaia; nach ihr Themis dann,
Die ja als zweite dies, der Mutter, Heiligtum
In Hut nahm, wie es heißt; darauf als dritte nahm
Der Reih, mit Willen jener und ohn allen Zwang,
Auch ein Titanenkind der Erde, ein den Sitz,
Phoibe. Die gibt ihn am Geburtstag als Geschenk
Phoibos; und Phoibes Name wird Beiname ihm.
(Aischylos, im Prolog zu den *Eumeniden*)

Im Umfeld der germanischen Kultur blieb die lateinische Bezeichnung *mulier phytonissa* jedenfalls noch lange in Gebrauch, um den Berufsstand der Wahrsagerinnen zu bezeichnen. Geistbegabte Frauen, so sagte man, hatten einen *spiritus phitonis*.

Der Name des Orakels, *Delphi*, leitet sich zudem ab vom griechischen Wort für (Mutter)Schoß. Gleich ob nun die erste Priesterin oder gar die Pythonschlange selber den Namen Delphine (bzw. Delphyne) trug, Apollo ermordet sie beide, um sich an ihre Stelle zu setzen. Die Weisheit des Himmels gerät in Kontrast zur Weisheit der Erde. Schlangen gelten von nun an als das der Sonne feindliche Prinzip. Zeichen der neuen Siegermacht wird ausgerechnet der Lorbeer. Jener Baum, den die Ergöttin Gaia einst bei der Pythonschlange zu Delphi wachsen ließ!

IV. Die Göttin Isis als Schlange

1. Maat, die Große, am Bug der Sonnenbarke

Kommen wir nun zu einer der erfreulichsten Gestalten der ägyptischen Mythologie: Isis, die Große, Mutter des (Sonnen-)Gottes, die Zauberreiche, »herrlich an Beschwörungen«. Sie steht neben Seth am Bug des Sonnenschiffes. Ganz vorne am Bug kämpft und leuchtet sie als feuerspeiende Kobra den Weg frei. »Herrin der Seefahrt« nennt man sie, und das meint beileibe nicht nur die irdische Schifffahrt, deren Schutzpatronin sie, nebenbei gesagt, auch noch war. Mit dem Titel »Herrin der Seefahrt« wurde schon seit der Pyramidenzeit vor allem ihrer Funktion als Herrin der Sonnenbarke gedacht. Isis ist »Maat, die Große, am Bug der Sonnenbarke«, die durch ihre Pläne, Weissagungen und Befehle den ganzen Weltenlauf regelt. Von der Sonnenbarke aus, die von Isis geschützt, gehalten und getragen wird, übt der Sonnengott Re seine Weltherrschaft aus, wobei sich Isis in ihrer Eigenschaft als Maat (die ausgewogene Ordnung der Welt und Weltgerechtigkeit) an seiner Seite befindet. »Ich bin die Gefährtin des Weges der Sonne«, kann sie deshalb mit Recht

Die Personifizierung der Weltordnung Maat

von sich behaupten. Isis-Maat ist die Pilotin der Sonnenbarke, »die Schöngesichtige im Schiff der Millionen«, »die Ehrwürdige, die Starke, die Einzige, Herrin des Schreitens im Schiff der Millionen«, »die die Weisungen erteilt in der Gottesbarke«. Ihre gute Fahrt lag bereits in ihrem Namen beschlossen: »Du segelst die Sonnenbarke mit gutem Wind in diesem deinem Namen Maat.«

Isis-Maat sitzt sowohl am Steuer der Tagesbarke *Manezet* als auch des Nachtschiffs *Mesektet*, welche – zusammengenommen – auch mit dem Titel »die beiden Maat« versehen werden. Damit untersteht Isis als Herrin der Schifffahrt auch die Zeitenregelung und sie sorgt dafür, dass die Sonne sicher über den Himmel fährt. Ihr Posten an der Spitze des Sonnenschiffes garantiert die wirksame Bekämpfung der mythischen Feinde des Re – allen voran die Apophisschlange – und verhilft dem Sonnengott zum täglichen Sieg: »Vor mir weicht alles zurück«, erklärt sie deshalb mit vollem Recht. In der vierten und fünften Stunde der nächtlichen Unterweltsfahrt stellen sich »Sandregionen, von zahllosen Schlangen bewacht ... dem Sonnengott hindernd in den Weg, und sein Boot muss sich selber in eine Schlange verwandeln, um weiter voranzugleiten ... Bug und Heck des Sonnenschiffes enden in Schlangenköpfen, und der leuchtende Gifthauch aus ihrem Maul ›sticht‹ einen schmalen Fahrweg in die undurchdringliche Finsternis.« (Hornung 1981, S. 444) Sie sorgt dafür, dass die Wasser wieder fließen, die von der Sonne beschienene Welt nicht wüst oder überhaupt wieder zur Wüste wird. (Immerhin war Ägypten von Wüste umgeben. Nur 4% des Landes konnten urbar gemacht werden, der Rest war und ist Wüste!).

Isis-Maat befindet sich am Bug des Sonnenschiffs, ganz wie die Uräusschlange, mit der sie und andere ägyptische Göttinnen gleichgesetzt werden, ihren Sitz an der Stirn des Sonnengottes hat. »Im Anfang« oder »an der Stirn« bezeichneten deshalb in Ägypten zwei annähernd synonyme Begriffe. Dem lag folgende einleuchtende Vorstellung zugrunde: Wenn die Sonnenbarke mit dem Sonnengott aus dem Urwasser des *Nun* hervortaucht, ist die Göttin am Bug des Schiffes bzw. die Göttin-Uräusschlange an der Stirn des Gottes diejenige, welche zuallererst erscheint. Somit kann die Göttin von sich behaupten, dass sie vor ihrem Herrn entstanden ist! Andere Bezeichnungen für die Uräusschlange lauteten: »Kopf« im Sinne von »die Erste« oder gar »die Einzige«, was zugleich ein häufiger Beiname der Isis war. Als weitere Benennung des Uräusdiadems findet sich »Oberhaupt«. In einem Text aus Philae erhält Hathor, mit der Isis in späterer Zeit immer häufiger gleichgestellt wurde, folgende Prädikationen: »Tochter des Re, Oberhaupt an seiner Stirn, nach deren Befehl er in allen Dingen handelt.«

In ihrer Eigenschaft als Isis-Maat regelt sie jedoch nicht nur die himmlische und unterweltliche Schifffahrt, sondern ebenso den Lebenswandel der Menschen. Beim Darreichen der Maat ruft man allerorten zuerst Isis an. Sie ist die starke Retterin, Herrin der Seefahrt und Nothelferin am Meer. So verbinden sich auch hier Transzendenz und Immanenz, Sonnenlauf und Lebenslauf der Menschen.

2. Die List der Isis

Isis benutzt ihre Schlangenkraft nicht immer nur in selbstloser Weise. Das, womit sie schützt, kann in anderen Zusammenhängen Leben in Gefahr bringen: das Gift der Schlange das den bösen Apophis in die Flucht schlägt, kann sich durchaus auch gegen den Sonnengott wenden. Etwa, wenn sie ihn zum Machtkampf herausfordert und – gewinnt. Das geschieht, als eines Tages Zeichen des Verfalls am Äußeren des Gottes zu erkennen sind. Er sabbert plötzlich wie ein alter Greis, und das macht sich die Göttin zunutze. Aus seinem eigenen Speichel zusammen mit der Erde, auf die er ihn tropfen ließ, formt sie eine kleine spitze Wunderschlange und legt sie ihm quer über den Weg, ganz so wie sonst Apophis zu nächtlicher Stunde »querliegt.« Sie beißt ihn, dass er Fieber und Schüttelfrost in einem bekommt und das Gift ihn zu vernichten droht. Danach dann bietet Isis sich listig als seine Ärztin an, fragt ihn scheinheilig, ob sein Unwohlsein etwa von einem Schlangenbiss herrühre, und heilt ihn erst, nachdem er ihren Herzenswunsch erfüllt hat. Seinen allergeheimsten Namen will sie wissen, den außer ihm selbst keine Menschen- und auch keine Götterseele kennt. In dem all seine Macht, sein ganzes Wesen gebündelt liegt. Den Namen eines solchen Wesens kennen heißt, dass seine gesamte Macht im Augenblick, da der Name ausgesprochen wird, auf die andere Person übergeht, die ihn zu hören bekommt. Isis will Re am Himmel und auf Erden ablösen. Durch ihre Schlangenkraft macht sie den großen Gott gefügig. Er dankt ab, und Isis kann an seine Stelle treten: Sein Name ist in ihren Leib übergegangen. Von nun an ist sie »die Große, Mutter des Gottes«, »Oberhaupt an der Stirn des Re, nach deren Befehl er in allen Dingen handelt«, die Uranfängliche, die zuerst entstand, die Einzige, die Älteste, Herrscherin der Götter. Oft wird sie dabei sogar mit dem *Nun*, dem Urozean selbst, zusammen gedacht.

> ... Das Königtum über Menschen und Götter
> war für eine lange Reihe von Jahren in einer Hand.
> Aber niemand kannte seinen (des Herrschers Re) Namen,
> denn er nahm viele Gestalten an
> und wechselte seinen Namen täglich als ein vielnamiger Gott.
> Doch weder der eine noch der andere Name war bekannt.
> Jedoch Isis war eine weise Frau.
> Ihr Herz war listiger als das von Millionen Menschen.
> Ihr Spruch war erlesener als der von Millionen Göttern,
> sie hatte tiefere Einsicht als Millionen Geister.
> Es gab nichts, was sie nicht gewusst hätte im Himmel
> und auf Erden, wie Re, der die Erde erhält.
> Nun plante die Göttin in ihrem Herzen,
> (auch) den Namen des ehrwürdigen Gottes
> in Erfahrung zu bringen.
> Re trat täglich ein
> an der Spitze der Rudermannschaft (der Sonnenbarke)
> (in den Himmel)
> und ließ sich auf dem Thron am Horizonte nieder.
> Ein göttliches Alter ließ ihm seinen Mund erschlaffen,
> und er ließ seinen Speichel auf die Erde tropfen,
> und so fiel sein Speichel zu Boden.
> Den wischte Isis mit ihrer Hand auf,
> zusammen mit der Erde, die daran hing.
> Sie formte daraus eine Wunderschlange
> und machte sie nadelspitz.
> Die bewegte sich nicht lebendig vor ihr.
> Isis ließ sie vielmehr auf dem Kreuzweg,
> über den der große Gott zu wandeln pflegte
> durch seine beiden Länder nach dem Wunsche seines Herzens.
>
> Der ehrwürdige Gott, er trat heraus,
> und die Götter aus dem Himmelspalast begleiteten ihn,
> und er erging sich wie jeden Tag.

Da biss die Wunderschlange zu,
und das lebendige Feuer, das aus ihm selbst hervorgegangen war,
verkroch sich im Ufergestrüpp.
Als der göttliche Gott seinen Mund auftat,
drang die Stimme Seiner Majestät bis an den Himmel.
Und die Götterneunheit rief: »Was ist das? Was ist das?«
Und die Götter fragten: »Was ist? Was ist?«
Er aber fand seine Stimme nicht, um darauf zu antworten.
Seine Lippen bebten, und es schlotterten alle seine Glieder.
Das Gift hatte seinen Leib ergriffen
so wie die Nilüberschwemmung um sich greift.

Als der Große Gott sich ein Herz gefasst hatte,
rief er zu seinem Gefolge:
»Kommt mir zu Hilfe, die ihr aus meinem Leibe entstanden seid,
ihr Götter, die ihr aus mir hervorgekommen seid,
damit ich euch wissen lasse, was geschehen ist.
Etwas Schmerzhaftes hat mich gestochen.
Mein Herz kennt es nicht, meine Augen haben es nicht gesehen.
Meine Hand hat es nicht gemacht,
und ich kenne es nicht unter allem, was ich geschaffen habe.
Ich habe nie einen Schmerz gekostet wie diesen,
und es gibt nichts Schmerzhafteres als dies.

Ich bin ein Fürst, Sohn eines Fürsten,
bin Same eines Gottes, der zum Gotte wurde.
Ich bin der Älteste, Sohn eines Ältesten.
Mein Vater hat meinen Namen erdacht.
Ich habe viele Namen und viele Gestalten,
meine Gestalten sind in jedem Gotte.
Ich werde gerufen Atum und Horus-Hekenu.
Mein Vater und meine Mutter haben mir meinen
Namen genannt.
Aber ich habe ihn in meinem Leibe verborgen
vor meinen Geschöpfen,
um zu verhindern, dass Macht erhielte
Zauberer oder Zauberin (gegen mich).

Als ich herausgetreten war, um anzusehen,
was ich gemacht habe,
und um mich zu ergehen in den beiden Ländern,
die ich geschaffen habe,
da hat mich etwas gebissen, was ich nicht kenne.
Es ist nicht Feuer,
es ist nicht Wasser;

und doch brennt mein Herz,
und es schlottert mein Leib,
und all meine Glieder ziehen sich zusammen und frösteln.

Lasset von meinen Geschöpfen, den Göttern,
solche zu mir kommen,
deren Worte helfen,
die ihre Zauber können
und deren Weisheit bis zum Himmel reicht.«
Da kamen die Geschöpfe des Gottes,
ein jedes von ihnen in Klage.
Aber Isis kam mit ihrer Zauberhilfe,
mit ihrem Munde voller Lebensodem,
mit ihrem Schmerz vertreibenden Spruch,
deren Worte den Verröchelnden beleben.
Sie sagte: »Was ist das, was ist das, göttlicher Vater?
Hat etwa eine Schlange dir ein Leid zugefügt,
hat eines deiner Geschöpfe gar sein Haupt gegen dich erhoben?
Dann will ich es zu Fall bringen durch wirksamen Zauber
und dafür sorgen, dass es den Anblick deiner Strahlen flieht.«

Der herrliche Gott tat seinen Mund auf:
»Es war so, dass ich des Weges ging
und wandelte in den beiden Ländern und in den Fremdländern,
denn mein Herz wünschte anzusehen, was ich geschaffen habe.
Da wurde ich von einer Schlange gebissen, ohne sie gesehen zu haben.
Es ist nicht Feuer,
es ist nicht Wasser;
aber ich bin kälter als Wasser
und bin heißer als Feuer.
Mein ganzer Leib ist in Schweiß,
indes ich doch zittere.
Mein Blick ist nicht fest,
und ich kann nicht sehen,
denn der Himmel flimmert mir vorm Gesicht
wie zur Sommerzeit.«

Da sprach Isis zu Re: »Sage mir deinen Namen, mein göttlicher Vater,
denn der Mann lebt, mit dessen Namen
ein Zauber gesprochen wird.«
– »Ich bin es, der die Erde gemacht und die Berge geknüpft hat
und der erschuf, was darauf ist.
Ich bin es, der das Wasser gemacht hat, sodass die Himmelskuh entstand.
Ich bin es, der den Stier gemacht hat für die Kuhherde,
sodass die Liebesfreude in die Welt kam.

Ich bin es, der den Himmel gemacht hat und die Geheimnisse der beiden Horizonte,
damit die Seelen der Götter darin wohnen.
Ich bin es, der seine Augen öffnet, auf dass es Licht werde,
und der seine Augen schließt, auf dass es Finsternis werde;
auf dessen Geheiß die Fluten des Nils dahinströmen,
dessen Namen aber die Götter nicht kennen.
Ich bin es, der die Stunden schafft, auf dass die Tage werden.
Ich bin es, der die Jahreseinteilung macht und der die Jahreszeiten schafft.
Ich bin es, der die Uräusschlange macht,
damit das Königtum blüht.
Ich bin Chepre am Morgen und Re am Mittag
und am Abend Atum.«

Das Gift aber wurde nicht gehemmt in seinem Fluss,
und der Große Gott erholte sich nicht.

Da sprach Isis zu Re:
»Dein (wirklicher) Name ist nicht unter denen, die du mir genannt hast.
Nenn ihn mir, dann wird das Gift austreten!
Denn ein Mann lebt, dessen Name ausgesprochen wird.«
Das Gift nun brannte mit Brennen,
es war stärker als Flamme und Feuer.
So sprach die Majestät des Re:
»Leih mir dein Ohr, meine Tochter Isis,
auf dass mein Name aus meinem Leib übergehe in deinen Leib.
Der Gott (mein Vater) verbarg ihn den Göttern,
damit mein Raum weit sei in der Barke der Millionen.
Wenn er (der Name) aber (hiermit) zum ersten Male
herauskommt aus meinem Herzen, dann
sage ihn auch meinem Sohne Horus.
Doch binde ihn zuvor durch einen Gotteseid ...«

Der Große Gott offenbarte seinen Namen
der Isis, der zauberreichen Göttin.
– »Fließe heraus, Schlangengift! ...
Komme heraus aus dem brennenden Gotte auf meinen Spruch!
Ich bin es, die dich geschaffen hat.
Ich bin es, die dich wieder austreibt.
Geh zugrunde, mächtiges Gift.
Wahrlich, der Große Gott hat seinen Namen offenbart.
Re bleibt am Leben,
das Gift ist tot.«

So sprach Isis, die Große, die Fürstin der Götter,
die nun Re bei seinem wirklichen Namen kannte.

[Der Mythos ist dank seines Gebrauchs im Zauber zweimal erhalten: auf dem Papyrus von Turin und dem Papyrus Chester Beatty XI aus der 19. Dynastie, und zwar als Zauberformel zum Schutz gegen giftige Bisse; außerdem haben zwei Ostraka die Rekonstruktion des in den Papyri verlorenen Anfangs ermöglicht. (Brunner-Traut, S. 115–120)]

3. Schlangenzauber – Schöpfungsmacht

Bei dem, was die Ägypter als Zauber bezeichnen, handelt es sich vor allem um die schöpferische Kraft des Wortes. Und Isis als Schöpfergöttin wird von Anfang an mit dieser Macht verbunden.

»Siehe, mein Mund hat Lebenssprüche«, verkündet sie einer verzweifelten Frau, deren totes Kind sie wiedererweckt.

»Ich bin die göttliche Isis, Herrin der Zauberkraft, die den Zauber ausübt, glänzend im Beschwören. Jedes beißende Gewürm gehorcht mir.«

»Ich bin Isis, die göttlich ist durch die Formeln meines Mundes und durch die Weisheit meines Herzens.«

»Frau, die groß ist an Gesetzen. – Was aus ihrem Mund kommt, geschieht sogleich.«

»Mir gehorcht das Schicksal«, lässt man sie deshalb in den Texten von sich behaupten. Womit zugleich auch an ihre hilfreiche Seite appelliert ist:

»Seine (des Osiris) Schwester Isis war sein Schutz, die die Feinde fernhielt, die die Anschläge des Unheilstifters mit den Sprüchen ihres Mundes zuschanden werden ließ, die mit sicherer Zunge, deren Wort nicht fehlgeht, die mit wirksamen Befehlen, Isis, die Nützliche ...«,

so wird die Göttin bereits im sog. Pariser Osirishymnus (um 1400 v. Chr.) geehrt.

Spätestens im Tode, wenn jeder Mensch symbolisch mit Osiris eins wurde, wollte man sich auf die segensreichen Wirkungen ihres schöpferischen Wortes verlassen.

Bei den Thronbesteigungsfesten wurde jeder Pharao als Horus, Sohn der Isis, von der Göttin adoptiert und als Herrscher legitimiert. Damit stellte sich Ägypten unter ihren Schutz:

»Ich bin Isis, ich wache! Ich bin die Mutter des Horus, ich bin die Schwester des Osiris, ich bin die Zauberkräftige, ich bin die große Jungfrau. Siehe, ich bin an deiner Seite, ich bin es, die dein Herz liebt.«

Von Osiris heißt es in einem griechischen Zauberpapyrus: »Sein Name ist ein Herz (auch Symbol Ägyptens), von einer Schlange umwunden.«

Die Zauberkraft der Göttin ist untrennbar mit ihrer Schlangengestalt verbunden. Als Uräus am Bug der Sonnenbarke, als aufgerichtete Kobra an der Stirn des

Sonnengottes wie auch an der Krone seines irdischen Stellvertreters ist sie die »Uranfängliche, die das Entstehen begann«, Herrin des Jahresanfangs und aller Anfänge überhaupt. Die Schöpferin schlechthin. Die Behauptung, die Älteste, Erste, uranfänglich Entstandene zu sein, enthielt in sich das Versprechen, Schöpfungswunder zu vollbringen, sprich jeden Tag neu im Sinne der Welterhaltung tätig zu werden. Von der Gottheit, die mit dem Entstehen anfing, hängt fortan jegliches Entstehen und Geschehen überhaupt ab. Die geheime Kraft, die solche übernatürlichen Wirkungen hervorbringt, fassten die Ägypter als »Zauberkraft« im Sinne von Schöpfungskraft auf, denn sie sahen in Schöpfung und Zauber dieselbe wunderbare Kraft am Werke. Isis, »die an Zauber Große, die Zauberreiche« nannten sie deshalb ihre Göttin, ein Titel, den sie mit ihrem Lehrer Thoth (Hermes), und ihrem Vater Geb (Kronos) teilte.

Die gewöhnliche Bezeichnung des Uranfangs als »das Erste Mal« unterstreicht die fundamentale Einstellung, dass der ein für allemal bestimmte Vorgang der Schöpfung von nun an stets zu wiederholen ist. Womit zugleich auf den Idealzustand des Uranfangs angespielt wird, den jede Zeit für sich neu verwirklichen soll. Die bereits bei der Schöpfung uranfänglich wirksame Gottheit bleibt demnach die für immer Aktive. Isis als die Zauberreiche ist die Lebensspenderin, die das Leben schenkt und bis weit über den Tod hinaus beschützt, indem sie es fortwährend erneuert. Dabei kommt ihr ihre Zauberkraft zu Hilfe, denn es sind vor allem ihre wirksamen Beschwörungen, die Schutz gewähren; ihre mit Schöpfungskraft erfüllten Sprüche und Taten vermitteln und sichern das Leben. Als Zauberin und Lebenspenderin ist sie zugleich die Heilkundige, die nicht nur vom Tode, sondern von jeglicher (zum Tode führenden) Krankheit erretten kann. Bei Joannes Lydus (de mensibus IV.45) heißt es deshalb, »dass Isis den Ägyptern dasselbe sei wie Asklepios den Griechen, nämlich die Sonne und die Gesundheit.« (Meier 1985, S. 48)

In diesen Zusammenhang gehören auch die Geburts- und Erntegöttin *Renenutet*, die in ihrer griechischen Erscheinungsform *Thermutis* genannt wurde, dazu *Mereseger*, *Die-die-Stille-liebt*, die allesamt in Kobragestalt verehrt wurden. Mereseger ist die als »Bergspitze des Westens« (des Totenreiches) verehrte Schlangengöttin der thebanischen Berge, Schutzpatronin für Schwangerschaft, Geburt und Ernte, ebenso Schutzherrin des Handwerks. Sie wurde oft als Frau mit Schlangenkopf dargestellt. Christian Jacq vermittelt einen Eindruck von ihrem Kult, der in der ersten Märzwoche begangen wurde:

»Nachdem sie die Zeremonie der Anhebung des Kosmos vollzogen hatten, die den Lebenshauch zwischen Himmel und Erde kreisen ließ, beteten sie zu den Mächtigen des Bodens, die sich im Körper der Schlangen verbargen. Diese verliehen den Ähren Fruchtbarkeit, indem sie durch die Felder glitten und sich zwischen den Pflanzen hindurchschlängelten, um in ihre fins-

Weiherelief

teren Schutzlöcher zu gelangen. Die Kobragöttin, *Die-die-Stille-liebt*, erhörte die heimlichen Gebete der Erntearbeiter.« (S. 203)

In hellenistischer Zeit verschmolz Isis mit *Renenutet-Thermutis* zu einer neuen Einheit. So sehen wir auf einem Weiherelief aus dem 2. Jhd. n. Chr. *Renenutet-Thermutis* als aufgerichtete Kobra mit dem charakteristischen Kopfschmuck der Isis, nämlich Sonnenscheibe, Kuhhörner und zwei Straußenfedern (als Sinnbild der Maat) oder als *Isis-Thermutis,* deren Oberkörper in Menschengestalt aus dem Leib einer Schlange herauswächst und die in der Hand ein Füllhorn trägt. Ihr zu Ehren wurden Schlangen als gute Hausgeister in Hausaltären gehalten und regelrecht ins Familienleben integriert. Der folgende Hymnus vermittelt einen Einblick in ihre Machtfülle:

> Reichtumspendende Königin der Götter, Herrin Thermutis,
> Allmächtige, Agathé Tyché (gutes Geschick, Heil Glück),
> hochberühmte Isis,
> höchste Deo, Erfinderin allen Lebens,
> und allerlei Wunder wirktest du,
> um allen Menschen Lebensunterhalt
> und gesetzliche Ordnung zu bringen,
> und Sitten und Gebräuche führtest du ein,
> damit überhaupt Gerechtigkeit sei,
> und handwerkliche Fertigkeiten verliehst du ihnen,
> damit das Leben angenehm sei,

und du erfandest das kräftig sprossende Wachstum aller Früchte.
Dir ist zu danken, dass es Himmel und Erde,
das Wehen der Winde und die Sonne mit ihrem
angenehmen Licht überhaupt gibt.
Durch deine Macht füllen sich zur Herbstzeit alle Flüsse des Nils,
und in reißenden Fluten ergießt sich das Wasser
über das ganze Land,
sodass die Früchte unaufhörlich wachsen. (Zingsem, S. 331)

Wegen ihrer Fähigkeit, sich zu häuten, gilt die Schlange als uraltes Symbol von Unsterblichkeit und Lebenserneuerung und daher auch der Heilkunst, weshalb sie in vielen Volkssagen in enger Beziehung zum »Wasser des Lebens« steht. In welcher Beziehung Isis zu Nil und *Nun* steht, wurde bereits ausführlich erläutert. In den Prozessionen zu Ehren der Göttin wurde von den Priesterinnen stets auch ein Gefäß mit heiligem Nilwasser, in dem Osiris gegenwärtig ist, mitgeführt. Der Griff wird oft von einer Schlange gebildet, deren Kopf mit buntschuppigem, giftgeblähtem Nacken daran emporragt und in deren Schutz sich Wiedergeburt und Neuschöpfung (des Gottes) vollziehen. Zur Einnerung an die drei Tage und Nächte, die Osiris im (Toten)Reich des Seth verbringen musste, zogen zum großen Fest der *Isia* im November Prozessionen durch die Städte, die wie folgt beschrieben werden:

»Die Götterbilder wurden im Schmuck kostbarer Gewänder und Juwelen durch die Straßen getragen, gefolgt von den Priestern und Priesterinnen und den Gläubigen. Die Priester, kahlköpfig, im weißen Leinenrock, darüber einen schwarzen Mantel, wurden angeführt vom Oberpriester, der das Hydreion, das Gefäß mit dem Nilwasser, trug. Es folgten die Priesterinnen im Gewand der Isis: Über der leinenen Tunika trugen sie ein Kleid mit Fransen, das vor der Brust mit dem *Isisknoten* der Lebensschleife, geknüpft war (das Ankh-Zeichen in Schlaufenform), und darüber einen Mantel, ebenfalls mit Fransen. Kleid und Mantel waren rötlichschimmernd und schwarz, in den Farben ›der Herrin, die Licht bringt in die Finsternis‹. In der Hand hielten die Priesterinnen das Sistrum, die Isisklapper, und ein Schöpfgefäß für das Nilwasser oder den Krug für die Trankspende. Die Oberpriesterin trug an der Stirn eine Lotosblüte und um den Arm gewunden eine – lebende oder bronzene – Uräusschlange.« (Giebel, S. 167f)

Die Schlange mit ihrer Fähigkeit zur Häutung fand ihr Pendant im Wasser der Wandlung. Wer sich mit Osiris im Kult eins fühlen durfte, gewann daraus die Hoffnung, im Tod wie Osiris von der Göttin mit den Lebenssprüchen neu zusammengesetzt zu werden. In den Mysterienfeiern der hellenistischen Zeit (etwa ab dem 3.Jhd. v. Chr.) wurden Tod und Verwandlung durch einen rituellen Abstieg in die Unterwelt für jeden Einweihungswilligen hautnah erfahrbar. Das neue Kleid, das die Mysten nach erfolgter Einweihung anlegten, war Zeichen ihrer eigenen Häutung in ein neues, verwandeltes Leben.

V. Schlange und Vogel

1. Schlange und Vogel: Möglichkeiten, das Unmögliche zu verbinden

Das Motiv von Schlange und Vogel taucht in der ägyptischen Kunst schon recht früh auf. Besonders eindrucksvoll ist der Grabstein des Königs »Schlange« aus der 1. Dynastie (um 2800 v. Chr.). Den oberen Teil des Reliefs nimmt ein großer Horusfalke im Profil ein, das Symbol des Sonnengottes. Seine Augen sind Sonne und Mond und seine Flügelspitzen berühren die Grenzen der Erde. Stolz steht er auf der Fassade seines Palastes. Direkt unter seinen Füßen, nur getrennt durch die Andeutung der Mauer, züngelt eine Schlange von unten herauf. Halb aufgerichtet, sieht sie aus wie Welle und Blitz zugleich. Sie vertritt jene Mächte der Tiefe, die wir schon zur Genüge kennen gelernt haben. Vogel und Schlange, das wird auch auf diesem Bild deutlich, stehen nicht in Gegensatz zueinander. Vielmehr sind sie, wie Horus und Seth, unzertrennbar auf ihre kompensatorische Wirkung angewiesen. Zwar kann, wo der eine herrscht, der andere nicht unbedingt gleichzeitig auch sein, doch zusammen sind sie ein komplettes Symbol für das kreisende Wechselspiel des Lebens, in dem natürlicherweise mal die eine, mal die andere Seite die Oberhand erhält und nichts von beständiger Dauer sein kann. In der zehnten Stunde des Amduat begegnet sogar eine Schlange mit Falkenkopf, die in der Sonnenbarke dahinsegelt und diese komplett ausfüllt. Diese Vereinigung scheint geradezu die Vorbedingung dafür zu sein, dass die Sonne wieder an den Morgenhimmel zurückfindet. Sie nennt sich »Schutzschlange der Unterwelt« und »hält« die heilige Seele des Osiris. Es heißt, sie »erhebt sich gegen die Urfinsternis beim Torweg des Osthorizontes.« Gegen die Urfinsternis scheint nur ein Kraut gewachsen: die Vereinigung von Elementen, die sonst unvereinbar erscheinen: die Verbindung von höchster Höhe und tiefster Tiefe, wie sie im Miteinander von Falke und Schlange ihren sprechenden Ausdruck findet.

Da es bei der Vereinigung von Schlange und Vogel um ein Zusammenwirken von oberen und unteren Mächten, von Sonne und Finsternis geht, ist es nur folgerichtig, diese beiden unterschiedlichen Tiere nebeneinander auf der Königskrone zu verewigen. Denn die Pharaon/inn/en galten als Repräsentanten der Sonne und mussten wissen, wie sie ihr – und damit dem ganzen Land – zum Leben verhalfen. Als Beschützerinnen des Königs galten übrigens schon seit der Frühzeit die Geiergöttin Nechbet aus Oberägypten und die Kobragöttin *Uto (Wadjit)* aus Unterägypten. Sie legen ihre Kräfte (und Länder) zusammen, um den Herrscher zu verteidigen. Auf den Königskronen erscheinen sie bisweilen sogar einträchtig nebeneinander »vor der Stirn« des Pharao. Da der jeweils amtierende

König als Verkörperung des Horus auf Erden galt, konnte schließlich die aufgerichtete Uräusschlange sogar das Falkenhaupt krönen, zusammen mit den Federn der Maat; in gewisser Weise eine doppelte Gegensatzvereinigung. Geierhaube und Uräus gehörten auch zum Ornat von Königinnen. Das Schriftzeichen der Kobra aber konnte so seit frühester Zeit zu einem allgemeinen Klassenzeichen im Namen von Göttinnen werden. (vgl. Hornung 1989, S. 176)

Schließlich noch Isis selbst. Sie konnte sowohl in Raubvogel- als auch in Schlangengestalt erscheinen. Als Geierweibchen schwebt sie über dem toten Osiris und zeugt aus ihm das neue Leben:

»Die mit ihren Flügeln Schatten machte und mit ihren Schwingen Luft entstehen ließ, die die Regungslosikeit des Starren löste, seinen Samen empfing und den Erben hervorbrachte.«

(Pariser Osirishymnus)

»Isis, die Zauberin, verteidigte ihren Bruder. Sie kam, ihn unermüdlich zu suchen. Sie flog rund und rund über die Erde, Klagerufe des Grams ausstoßend, und sie ließ Licht aus ihren Federn ausgehen, sie machte Wind mit ihren Schwingen ... sie empfing von ihm sein Wesen und machte daraus einen Erben.«

(Osirishymnus bei Ledrain)

Als Weihe legt sie auf Grabdarstellungen schützend ihre Flügel um die Toten, die durch ihr Wirken zu neuem Leben auferstehen werden. Geflügelte Uräen, in deren Eigenschaften sich all ihre segenspendenden Kräfte konzentrieren, sind das Abbild der Göttin. Als aufgrichtete Kobra wird sie zur Trägerin der Sonne, bereit, sie gegen alle Feinde zu verteidigen, die ihren Lauf hemmen könnten. Und schließlich noch eine weitere Gegensatzvereinigung, die Isis in ihrer Eigenschaft als personifizierte Weltgerechtigkeit betrifft. Die Göttin Maat wird symbolisiert durch ein bis zwei Straußenfedern. Bei Isis-Maat werden diese Federn durch eine Krone von Uräen emporgehoben und gleichsam dem Himmel dargebracht. Solange Schlange und Vogel zur Einheit finden, kommt die Welt in Ordnung.

In der folgenden, eher politisch inspirierten Sage kündet die Vereinigung von Schlange und Adler den großen Herrscher an. Zugleich verbindet sie Ägypten mit der neuen Zeit des Hellenismus, in der die ägyptische Kultur – wider Erwarten – nicht untergehen, sondern zu einer neuen Blüte gelangen wird. Bewahren und auch Bewähren wird sie sich nicht, indem sie sich gegen das Neue abgrenzt und abschottet, sondern indem sie ihr eigenes im Fremden wiedererkennt und feiert. In der nun anbrechenden Zeit wird Isis zur Allgöttin werden: Isis *triumphalis*, die Göttin »mit den tausend Namen«, auf dem ganzen Erdkreis zu Hause. Sie herrscht nicht, indem sie sich an die Stelle der anderen setzt, sondern indem die anderen sie als diejenige erkennen, die sie schon längst, wenn auch unter je anderen Namen verehrten.

2. Schlange und Adler: ein Mythos um Alexander den Großen und der »Trug des Nektanebos«

Diese hellenistische Geschichte leitet die Lebensgeschichte Alexanders des Großen ein. Dabei geht es weniger um die historische Gestalt als vielmehr um eine Art populären »Alexanderroman«, mit dem der große Eroberer mythologisch überhöht werden soll. Die Geschichte ist für unser Thema insofern interessant, als in der Gestalt und im Siegeszug Alexanders des Großen die symbolische Vereinigung von Schlange und Adler gefeiert wurde. Bei seinem Tode, so hieß es, seien ein Adler und eine feurige Schlange vom Himmel herab ins Meer gefallen. Die Erzählung vom Trug des Nektanebos sichert zunächst die mythische Abkunft des Helden von der Schlange: Er ist der Sohn einer menschlichen Mutter und eines Schlangenvaters. Und eine Schlange weist ihm bereits vor seiner Geburt den frühen Tod.

Nektanebos, der letzte König Ägyptens, soll durch Zauberkunst allen überlegen gewesen sein. Nachdem er lange Zeit durch seine bloße Zauberkunst das Land regiert hatte, offenbarte ihm diese Kunst auch, dass die Götter das Ende der ägyptischen Königsherrschaft beschlossen hatten. Bevor seine Feinde ihn überwältigen können, macht er sich davon und landet nach vielen Irrfahrten schließlich in Pella in Makedonien. Dort lässt er sich als Weissager nieder.

Durch seine Wahrsagekunst wurde Nektanebos so berühmt, dass sein Ruf selbst die Königin Olympias erreichte. Sie ließ ihn zu sich kommen, während ihr Gatte Philipp im Krieg war, und er entbrannte in Liebe zu ihr. Er verheißt ihr einen Traum, in dem der libysche Gott Ammon, mit goldenem Haar und Widderhörnern, sie zur Nacht umarmen werde. Durch seine Zauberkunst kann Nektanebos bewirken, dass der Traum sich erfüllt. Darauf verlangt Olympias danach, sich auch in Wirklichkeit mit dem Gott zu vereinigen. Nektanebos aber befiehlt ihr: »Wenn eine Schlange als Vorläufer des Gottes erscheint, so entferne alle Anwesenden, lass aber die Lichter brennen, setze dich auf dein Lager, verhülle dich und schaue den Gott, den du im Traum erblickt hast.«

Natürlich erschien Nektanebos zur fraglichen Zeit selbst im Gemach der Königin. Er trieb eine Schlange vor sich her und hüllte sich in ein Widderfell mit Hörnern. So stillte er ihrer beider Verlangen. Bevor er sie verlässt, prophezeit er ihr: »Der Sohn den du empfangen hast, soll dich rächen und Herr des Erdkreises werden.« Später sorgt er dafür, dass auch Philipp das Geschehen im Traum übermittelt bekommt, damit er Olympias nicht verstößt, wenn er zurückkehrt und sie schwanger vorfindet.

Eines Tages jedoch hört Nektanebos, wie Philipp seiner Gemahlin vorwirft, sie habe ihn nicht mit einem Gott, sondern mit einem Sterblichen betrogen.

Als darauf ein Festmahl stattfand, verwandelte sich Nektanebos in eine große Schlange und bewegte sich mit furchtbarem Zischen mitten durch den Speisesaal, sodass alle Gäste erschraken und zitterten. Nur Olympias streckte ihre Hand nach ihm aus und die Schlange schmiegte sich an sie und küsste sie mit der zwiegespaltenen Zunge. Während Philipp zwischen Furcht und Verwunderung zuschaute, verwandelte sich Nektanebos in einen Adler und flog davon. Philipp aber pries sich von da an glücklich, Vater eines Gottessohnes zu werden.

Eines Tages nun saß Philipp neben einem Teich im Park seines Palastes, als eine Henne auf seinen Schoß flog und ein Ei hineinlegte. Das Ei kullerte auf die Erde und zerbrach. Aus der Schale aber schlüpfte eine kleine Schlange heraus, umkreiste das Ei und wollte dann wieder hinein kriechen. Doch noch ehe sie den Kopf hineingesteckt hatte, starb sie. Ein berühmter Zeichendeuter weiß dies folgendermaßen zu erklären: »König Philipp, du wirst einen Sohn haben, und er wird König werden und die ganze Welt umkreisen und alle Menschen bezwingen. Sobald er sich jedoch heimwärts wendet, wird er draußen in der Fremde einen frühen Tod sterben. *Denn die Schlange ist das Zeichen des Königtums und das Ei die ganze Welt.*« (Brunner-Traut, S. 157–163)

Während sich in der Alexandersage die Kräfte von Schlange und Adler vereinen, um einen Herrscher ohnegleichen hervorzubringen, reißt Homer in der *Ilias* einen Graben zwischen beiden Prinzipien auf, der ihre Unversöhnlichkeit untermauert:

Während der Belagerung von Troja erschien über den versammelten griechischen Helden eines Tages ein Adler. Er trug eine blutende Schlange in seinen Klauen. Der weissagende Priester deutete dies als günstiges Vorzeichen. So wie der Vogel die Schlange überwältigt hatte, so würden die Griechen im Kampf die Trojaner besiegen. Der Orakeldeuter erblickte in diesem Bild ein Symbol für den Sieg der patriarchalischen, himmlischen Ordnung Griechenlands über das weibliche Prinzip Asiens und Trojas. (vgl. Zimmer 1981, S. 84)

Von nun an wurde Feindschaft gesetzt zwischen den beiden Prinzipien, die dem Sinn und der Natur nach dennoch innerlich zusammengehören; und an dieser Feindschaft leidet die Welt bis heute. Diese beiden Kräfte auf der Symbolebene wieder zu vereinen, könnte durchaus eine Aufgabe der Zukunft sein.

B. Das Bild der Schlange in Mesopotamien/Babylon

I. Schlange und Vogel

Das Doppelsymbol von Schlange und Vogel ist von einer Vitalität erfüllt, die alle Zeitalter und Kulturen überdauert. So darf es auch in Mesopotamien nicht fehlen, jenem Landstrich zwischen Euphrat und Tigris, den man getrost als Wiege auch unserer eigenen Kultur bezeichnen kann. Die Liebesgöttin Aphrodite hat hier ihren Ursprung. Hier findet sich zum ersten Mal das Motiv des dreitägigen Abstiegs in das Reich der Toten, auch dies verbunden mit der Liebesgöttin und Himmels-

Schlange und Vogel

königin Inanna (Ischtar, Astarte). Lilith ist an den Ufern des Euphrat zu Hause. Abraham, der Stammvater Israels, kommt – der Legende nach – von dort. Hier werden Weichen gestellt für eine Zukunft, die auch für uns Heutige noch nicht Vergangenheit ist. Hier trennen sich auch die Wege zwischen Vogel (Adler) und Schlange und zwischen den Elementen und Kräften, für die sie symbolisch einstehen.

In Mesopotamien repräsentierten die Schlangen u. a. den Gott der Heilkunst *(Ningischzida)* und seine Gemahlin. Sie bilden ein Schlangenpaar, das mit einander zugewandten Köpfen in liebender Umarmung verschlungen ist. Eine Symbolik, die sie mit *Fuhsi* und *Nü-kua*, dem ersten Drachen-Schöpferpaar der chinesischen Mythologie, verbindet, sowie mit *Asklepios* und seiner Gattin *Hygieia* im griechischen Raum. Die Kraft, Neues zu schaffen, erscheint hier (noch) identisch mit der Kunst zu heilen. In der frühen mesopotamischen Kunst, auf einem Weihegefäß des Königs *Gudea von Lagasch* (entstanden etwa um 2300 v. Chr.), ist dieses Motiv bereits erkennbar: *Ningischzida* und seine Gemahlin winden sich nach der Art sich paarender Schlangen fünf- bis sechsmal umeinander und halten dabei einen Stab in ihrer Mitte, der gemeinhin als stilisierter Lebensbaum gedeutet wird. Sie werden umstellt von einem kriegerischen Paar geflügelter vogelähnlicher Ungeheuer mit Löwenvorderpfoten, die aufrecht auf Adlerklauen stehen. Was genau die beiden Paare hier symbolisieren, bleibt unklar, da ein erläu-

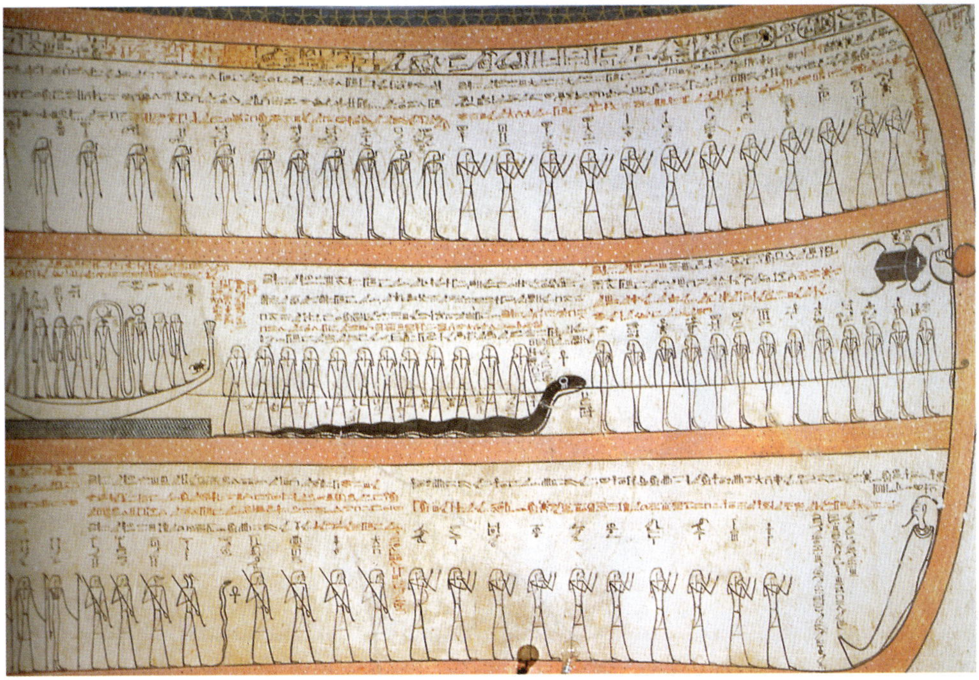

Abb. 8: *Göttliche Wesen ziehen die Barke des Sonnengottes (Ausschnitt)*

Abb. 9: *Re zerstückelt die Apophis-Schlange*

Abb. 10: *Detail des Wandfrieses des Ischtar-Tors (um 580 v. Chr.) – schreitender Drache*

Abb. 11:
Babylonischer Kudurru

Abb. 12: *Madonna mit den Schlangen (Haiti), (Foto: Uwe Stamer)*

Bildtafel VIII

ternder Text dazu fehlt. Kann sein, dass die beiden Vogelwesen zwei Cherube darstellen, die das Tor zum Baum des Lebens bewachen. Dann hätten sie eher eine schützende Funktion. Der Gegensatz zwischen Schlange und Vogel wäre noch nicht unversöhnlich. (vgl. Egli, S. 44; Zimmer 1981, S. 82ff)

1. Schlange und Vogel in der ältesten Schöpfungsgeschichte der Welt

Das folgende Gedicht gehört in den Kreis der Mythen um die sumerische Göttin *Inanna*, Königin von Himmel und Erde, von der erzählt wird, dass sie als Erste den Abstieg in die Unterwelt gewagt hat. Es ist die älteste schriftlich überlieferte Schöpfungsgeschichte, die wir kennen; sie wurde vor etwa 4000 Jahren auf Keilschrifttafeln festgehalten. Entsprechend dunkel und geheimnisvoll bleiben die darin enthaltenen Anspielungen.

Was auffällt ist, dass wir hier Symbole zusammengesetzt finden, die weit in andere Mythologien und Kulturkreise hineinwirken: Ein Baum am Wasser, in seiner Krone brütet der (*Anzu-*)Vogel, in seinen Wurzeln nistet sich die Schlange ein, und die dunkle Lilith besetzt – wie eine Baumgöttin – den Raum »dazwischen«. Inanna fühlt sich von diesen urzeitlichen Wesen bedroht. Sie erscheinen wie Projektionen ihres eigenen Inneren, mit denen sie sich nicht konfrontieren will. Die (zu dieser Zeit noch) jugendliche Göttin ist starr vor Schrecken und bittet die Götter um Hilfe. Warum, können wir nicht ermessen. Denn das Bild als solches wirkt nicht unbedingt bedrohlich. Lilith, die im Gedicht als dunkel charakterisiert wird, scheint wie ein anderes Ich der lichten Himmels- und Liebesgöttin Inanna (verehrt im Morgen- und Abendstern). Vogel (Eule) und Schlange galten als Liliths genuine Symbole. Noch in der jüdischen Vorstellungswelt wurde sie mit Leviathan, der gewaltigen Meeresschlange, gleichgesetzt. Was auf einen Bezug zur Unterwelt hinweist, der auch im vorliegenden Mythos eine Rolle spielen könnte. In anderen Zusammenhängen erscheint Lilith jedoch selbst als schöne junge Frau mit großen Flügeln und (Drachen?)Krallen. Ihre Verbindung zu Eule und Nacht charakterisiert sie als Weisheitsgöttin. Der *Huluppu-Baum* erscheint wie ein Symbol ihres Wesens, in dem sich die Gegensätze von Vogel und Schlange harmonisch vereinen. Inanna aber kann den Anblick nicht ertragen. Vielleicht weil sie selbst Liliths Platz einnehmen will und die Göttin sie durch ihr Erscheinen an ein Unrecht erinnert? Noch scheint Inanna nicht reif für die Begegnung mit Lilith. Gilgamesch, (mythischer) König und Held von Uruk, die als Inannas »Hauptstadt« gilt, erledigt das Problem für sie. Er fällt den Baum und vertreibt die dunklen Geister. (Der Text erscheint hier in gekürzter Fassung. Zum Ganzen vgl. Zingsem 1999, S. 13–27)

Der Huluppu-Baum

In den ersten Tagen, in den allerersten Tagen,
In den ersten Nächten, in den allerersten Nächten,
In den ersten Jahren, in den allerersten Jahren,
In den ersten Tagen, als alles, was zum Leben nötig war,
ins Sein gebracht wurde,
In den ersten Tagen, als alles, was zum Leben nötig war,
angemessen ernährt wurde,
Als Brot gebacken wurde in den Schreinen des Landes,
Als Brot gekostet wurde in den Häusern des Landes,
Als der Himmel sich von der Erde fortbewegt hatte,
Und die Erde sich vom Himmel getrennt hatte,
Und der Name des Menschen festgelegt wurde;
Als der Himmelsgott, An, die Himmel davongetragen hatte,
Als der Luftgott, Enlil, die Erde davongetragen hatte,
Als die Königin des Großen Unten, Ereschkigal,
die Unterwelt als ihren Herrschaftsbereich erhalten hatte,

In diesen Zeiten pflanzte sich ein Baum, ein einzelner Baum,
ein *Huluppu-Baum*
An den Ufern des Euphrats ein.
Der Baum wurde von den Wassern des Euphrats genährt.
Der wirbelnde Südwind erhob sich, zog an seinen Wurzeln
Und zerrte an seinen Ästen,
Bis die Wasser des Euphrats ihn davontrugen.

Eine Frau (Inanna), die in Ehrfurcht
vor den Worten des Himmelsgottes An wandelte,
Die in Ehrfurcht vor den Worten des Luftgottes Enlil lebte,
Riss den Baum aus dem Fluss und sprach:
»Ich werde diesen Baum nach Uruk bringen,
Ich werde diesen Baum in meinen heiligen Garten pflanzen.«

Mit eigener Hand sorgte Inanna für den Baum.
Mit ihren Füßen stampfte sie die Erde um den Baum herum fest.
Sie sprach zu sich selbst:
»Wie lange wird es wohl dauern, bis ich einen
leuchtenden Thron habe, auf dem ich sitzen kann?
Wie lange wird es wohl dauern,
bis ich ein leuchtendes Bett besitze, auf dem ich liegen kann?«
Die Jahre gingen dahin; fünf Jahre, zehn Jahre.
Der Baum wurde dick,
Doch seine Rinde sprang nicht auf.
Dann schlug eine Schlange, die nicht bezähmt werden konnte,
Ihr Nest in den Wurzeln des *Huluppu-Baumes* auf.

Der Anzu-Vogel setzte seine Brut in die Zweige des Baumes.
Und die dunkle Jungfrau Lilith baute ihr Haus in seinem Stamm.
Die junge Frau, die gerne lachte, weinte.
Und wie Inanna weinte!
Doch all diese Schreckgestalten
wollten ihren Baum nicht verlassen.

Nachdem der Sonnengott Utu, dem Mythos nach Inannas Bruder, seine Hilfe verweigert hatte, lässt Gilgamesch sich überreden:

Er betrat Inannas heiligen Garten.
Gilgamesch erschlug die Schlange,
die nicht bezähmt werden konnte.
Der Anzu-Vogel flog mit seinen Jungen in die Berge;
Und Lilith zertrümmerte ihr Haus
und entfloh an wilde, unbewohnte Orte.

Ob der Sieg von Dauer sein wird, ist fraglich. Gilgamesch vertreibt nicht nur die »bösen Geister«, er fällt anschließend den *Huluppu*-Baum, um aus dessen Stamm Thron und Bett für Inanna zu schnitzen. Der Baum soll also nicht erhalten, sondern zu Holz, zu nützlichen Gegenständen, verarbeitet werden. Ein durchaus zwiespältiges Resultat.

Dem Mythos zufolge wird Inanna als reife Frau den Abstieg in die Unterwelt wagen: von der höchsten Himmelshöhe hinab in die tiefste Erdentiefe. Dann wird sie die beiden Reiche von Schlange und Vogel auf ihre Weise neu vereinen und verwandeln: Himmel, Totenwelt und die Welt »dazwischen«, unsere Erde.

(Eine umfangreiche Mythensammlung zur Göttin Inanna findet sich bei Zingsem 1995 u. 99)

2. Die Göttin Inanna als geflügelter Feuer-Drache

In den älteren Hymnen wird Inanna, die etwa ab 3000 v. Chr. im Vorderen Orient verehrt wurde, übrigens noch selbst mit einem – fliegenden – Drachen verglichen. Hier geschieht es in der Absicht, ihre stürmischen und kämpferischen wie auch ihre schöpferischen Qualitäten herauszustreichen. Als Göttin, die ihre Kraft aus der »Wassertiefe« (dem *Apsu*) bezieht, ist sie, wie die besten chinesischen Drachen, zugleich verantwortlich für den befruchtenden Regen. Im Wasserkreislauf sind Himmel und Erde keine Kontrahenten. Schöpferisch ist, wer beide Kräfte miteinander verbinden kann. Inanna in Drachengestalt verspricht zugleich Schutz und Schirm vor allen Feinden. (siehe Bildtafel VI, Abb. 10)

Herrin, von Ningal (Mondgöttin) jubelnd zur Freude geboren,
gleich einem Drachen ist dir Zerstörungs(kraft) gegeben,
Inanna, von Ningal jubelnd zur Freude geboren,
wie einem Drachen ist dir Zerstörungs(kraft) gegeben.
Auf einem Sturmwind thronst du,
hast aus dem Apsu (Meerestiefe) die ›göttlichen Kräfte‹ erlangt,
hast den König auf deinem heiligen Hochsitz Platz
nehmen lassen,
Inanna, auf einem Sturmwind thronst du,
hast aus dem Apsu die ›göttlichen Kräfte‹ erlangt,
hast den König auf deinem heiligen Hochsitz
Platz nehmen lassen.
Göttin, du hast deine ›göttlichen Kräfte‹
im Himmel unerreichbar gemacht,
hast vom Leibe deiner Mutter an Wehr und Waffen ergriffen,
Inanna, du hast deine ›göttlichen Kräfte‹
im Himmel unerreichbar gemacht,
hast vom Leibe der Ningal an Wehr und Waffen ergriffen.

Dazu passt auch eine Hymne, in der Inanna als »laut donnernder Sturm« gepriesen wird, mit Attributen, die man in späteren Zeiten nur noch mit männlichen Blitz- und Donner-Gottheiten verband:

Stolze Königin der Erdgötter,
Höchste unter den Himmelsgöttern,
Laut donnernder Sturm, du gießt deinen Regen über alle Länder und Völker aus.
Du lässt die Himmel erzittern und die Erde erbeben.
Große Priesterin, wer kann dein aufgewühltes Herz besänftigen?

Eine Hohepriesterin am Tempel in Ur ehrt die Göttin als

Königin aller *me*-Kräfte, strahlendes Licht,
Leben spendendende Frau, Geliebte des An (Gott des Himmels),
Die alle sieben *me* (Fülle der Weisheit) im Griff hält,
Du hast die *me* hoch erhoben,
hast die *me* auf deine Hände gebunden,
Hast die *me* gesammelt und sie fest an deine Brust gepresst.
Mit (Schlangen)Gift hast du das Land erfüllt wie ein Drache.
Wenn du donnerst wie Ischkur,
gedeiht das Wachstum der Pflanzen,
Du, die du die große Flut vom Berge herab bringst,
Allerhöchste du, Inanna von Himmel (und) Erde,
Die flammenden Feuerregen über das Land streut,
Der die *me* von An (Himmelsgott) übergeben wurden, Königin,
die auf wilden Tieren reitet,
Die – auf Ans heiligen Befehl hin – göttliche Worte ausspricht,
Wer kann deine erhabenen Riten ergründen!

3. Adler und Schlange im sumerischen Etana-Mythos

Die älteste Schilderung eines Kampfes zwischen Vogel und Schlange stammt aus dem sumerischen *Etana*-Mythos und ist rund 4000 Jahre alt. Hier bahnt sich mit Macht die Gegensatzstruktur an. Noch allerdings ergreift der Sonnengott für die Schlange Partei:

In jener fernen Zeit lebten ein Adler und eine Schlange zunächst noch friedlich zusammen. Bald aber trat Feindschaft zwischen sie, und der Adler sprach zur Schlange: »Ich werde deine Jungen fressen!« Ein Junges aus seinem eigenen Horst warnte ihn: »Tu es nicht, denn der Sonnengott Schamasch wird dich dafür bestrafen!« Doch der Adler wollte nicht hören, sondern verleibte sich die Schlangenbrut ein.

Da beklagte sich die Schlange beim Sonnengott und flehte ihn um Gerechtigkeit an. Schamasch erhörte ihr Flehen und riet ihr, in die Berge zu ziehen, wo sie auf einen toten Wildochsen stoßen werde. In den solle sie hineinschlüpfen. Sobald der Adler sich anschicke, von dem Aas zu fressen, solle sie ihn bei seinen Flügeln packen und sie ihm abreißen. Wenn sie ihn dann auch noch in eine tiefe Grube werfen würde, könne er nicht entfliehen und müsse vor Hunger und Durst umkommen.

Die Schlange tat, wie ihr geheißen und alles kam genau so, wie der Sonnengott es vorher gesagt hatte. Zwar warnte das hochgescheite Adlerjunge auch diesmal seinen Vater, doch der schlug auch diesmal wieder die Warnung in den Wind. Kaum hatte er sich auf dem Aas niedergelassen, schoss die Schlange hervor, packte ihn bei den Flügeln, riss sie ab und warf ihn schleunigst in eine Grube. Mochte er auch noch so sehr um Erbarmen flehen, die Schlange blieb unerbittlich. (vgl. Egli, S. 254)

II. Drachenkampf und Schöpfung

1. Schlange und Urwasser

Eine Schlüsselstellung nimmt im Vorderen Orient der babylonische Schöpfungsmythos *Enuma Elisch* ein, der zu Beginn des zweiten vorchristlichen Jahrtausends entstand. *Enuma Elisch* heißt übersetzt »als droben« und bezeichnet die ersten beiden Worte, mit denen die Geschichte anhebt. Im Zentrum des Interesses steht der Kampf des göttlichen Helden Marduk gegen die als Meerschlange vorgestellte Urmutter *Tiamat.* (siehe Bildtafel VII, Abb. 11) Marduk ist der Held der neuen Zeit. Sein Aufstieg soll mit dem Sieg über den Chaosdrachen besiegelt und gefeiert werden. Die neuen Herrscher Babylons wollten in seine Fußstapfen treten. Alljährlich zu den Neujahrszeremonien wurde der Kampf rituell wiederholt, »Marduk«, bzw. sein jeweiliger politischer Repräsentant als Schöpfer der Welt, konnte bei dieser Gelegenheit neu auf dem Thron bestätigt werden. Der Schlachtruf »Möge er weiterhin Tiamat besiegen und ihre Tage abkürzen!« gehörte zum festen Bestandteil der Zeremonien. Marduk galt als Sonnengottheit. Mit ihm setzte sich die Kraft des Lichts in Kontrast zur Dunkelheit von Urtiefe und Urfinsternis, die fortan als feindliche Kräfte begriffen wurden. Jedes Jahr fiel die Tötung der Tiamat mit dem Sieg der Frühlingssonne zusammen. Sie galt von da ab als die eigentlich schöpferische Macht. Der Mythos bleibt also noch dem Naturgeschehen verhaftet, bezieht aber eindeutig Partei für das himmlische, sonnenklare »obere« Prinzip.

Tiamat bedeutet das Salzwasser, der Ozean, die Urwässer, das Chaos vor der Schöpfung. Ihr Gefährte ist *Apsu*, die Urnässe, das frische Süßwasser. Schöpfung entsteht zunächst, indem Tiamat und Apsu ihre Wasser zusammenfließen lassen. Aus ihrer Vereinigung wurden die Gottheiten geboren, entstehen erste Formen, bildet sich aus Ablagerung von Schilfresten allmählich festes Land, Symbol für ein abgegrenztes Bewusstsein. Ansonsten geht es in der Urfamilie sehr »menschlich« zu. Die Kinder tanzen den Eltern schon bald auf der Nase herum, sie sind unerträglich laut und gehen ihren geplagten Erzeugern auf die Nerven. Insbesondere Apsu reagiert wie ein gestresster Familienvater. Und nicht nur das: Er will die eigenen Kinder unbarmherzig töten, weil sie nicht nach seinem Willen geraten sind. Tiamat ist fassungslos. »Vernichten sollten wir, was wir geschaffen haben?« Sie rät dazu, sich in Sanftmut zu gedulden. Bevor das Urelternpaar noch eine Entscheidung treffen kann, werden jedoch bereits neue Tatsachen geschaffen. Die Kinder, allen voran der Gott *Ea*, proben den Aufstand und erschlagen ihren Vater. Ea errichtet über der Stätte seines ermordeten Vaters seinen neuen Wohnsitz. Dort »im Schoß des Apsu« wird Marduk als sein Sonnen-Sohn geboren. Sein Stern ist Jupiter, sodass wir Marduk in gewisser Weise sogar mit Zeus gleichsetzen können.

Von der neuen Generation von Gottheiten, die da heranwächst, ist kein Mitleid zu erwarten. Im Gegenteil versuchen sie, ihrer Mutter auf alle erdenkliche Weise das Leben schwer zu machen. Bis es Tiamat zu viel wird und sie gnadenlos zurückschlägt. Nun gebiert sie Schlangenmonster aller Art, gleich elf verschiedene Arten, und rüstet sich zum Kampf.

Enuma Elisch

> Als droben die Himmel nicht genannt waren.
> Als unten die Erde keinen Namen hatte,
> Als selbst Apsu, der uranfängliche, der Erzeuger der Götter,
> Mummu Tiamat, die sie alle gebar,
> Ihre Wasser in eins vermischten,
> Als das abgestorbene Schilf sich noch nicht angehäuft hatte,
> Rohrdickicht nicht zu sehen war,
> Als noch kein Gott erschienen,

Mit Namen nicht benannt, Geschick ihm nicht bestimmt war,
Da wurden die Götter aus dem Schoß von Apsu und Tiamat geboren.

Es kamen zusammen die Brüder, die Götter,
zu stören Tiamat durch ungeordnetes Treiben.
Sie verwirrten tatsächlich Tiamats Gemüt,
Da sie tanzend umhersprangen
inmitten der Himmelswohnung.
Sie dämpften ihr Geschrei nicht einmal inmitten des Apsu.
Tiamat schwieg angesichts ihrer Ausschweifung,
Doch ihr Treiben war Apsu peinlich,
Ihr Wandel missfiel ihm, denn sie waren erwachsen.
Da begann Apsu, der Vater der großen Götter,
Mummu, seinen Boten, zu rufen und sagte zu ihm:
»Komm, zu Tiamat wollen wir gehen!«
Sie gingen hin, und vor Tiamat ließen sie sich nieder.
Die Angelegenheit berieten sie wegen der Götter,
ihrer Erstgeborenen.

Apsu tat seinen Mund auf,
Mit lauter Stimme sprach er zu Tiamat:
»Unerträglich ist mir ihr Verhalten.
Tagsüber kann ich nicht ruhen, nachts kann ich nicht schlafen.
Ich will sie vernichten, um ihrem Treiben ein Ende zu machen.
Stille soll herrschen, damit wir endlich schlafen können!«
Als Tiamat diese Worte vernahm,
Begann sie gegen den Gatten zu schmähen,
Einen Schmerzensschrei stieß sie aus,
wütend in ihrem Alleinsein,
Ließ das Böse ein in ihr Herz:
»Was? Vernichten sollen wir, was wir geschaffen haben?
Gewiss, ihr Verhalten ist peinlich,
doch wollen wir uns mit Sanftmut gedulden.«

Mummu sprach nun, Apsu zu beraten.
Mummus Rat war voll Gewalttätigkeit und Feindseligkeit:
»Zerstöre, Vater, diese trüben Umtriebe,
Damit du tagsüber ruhen, damit du nachts schlafen kannst.«
Als Apsu dies hörte, glänzte sein Antlitz.
Weil er Böses plante gegen die Götter, seine Söhne,
Umarmte er Mummu,
Nahm ihn auf seine Knie und küsste ihn.

Doch der sehr kluge, der weise, der mächtige,
Der allwissende Ea erkannte ihre Absichten.

Er goss einen Schlaf über Apsu aus, der sanft schlummerte.
Er betäubte ihn, da er den Schlaf über ihn ausgoss.
Mummu, der Ratgeber, war unfähig, sich zu bewegen.
Er beraubte ihn seiner Kleider, zog ihm die Tiara ab,
Seinen Glanz nahm er weg und bekleidete sich damit.
Nachdem er Apsu gefesselt hatte, erschlug er ihn.
Er sperrte Mummu ein, schob den Riegel vor über ihm.
Und auf Apsu schlug er seine Wohnung auf.
Er nannte sie Apsu und bestimmte die geweihten Stätten.
Ea und seine Gemahlin Damkina lebten dort in Herrlichkeit.

Da wurde im Gemach der Geschicke
Ein Gott gezeugt, der mächtigste und weiseste von allen.
Im Schoß des Apsu wurde Marduk geboren.
Im Schoß des reinen Apsu wurde Marduk geboren.
Es zeugte ihn Ea, sein Vater.
Seine Mutter, Damkina, die ihn gebar,
Ließ ihn an den Brüsten der Göttinnen saugen.
Ein Wächter wachte über ihn,
erfüllte ihn mit furchtbarer Herrlichkeit.
Prächtig war seine Gestalt, funkelnd der Blick seiner Augen.
Erwachsen bei seiner Geburt,
besaß er von Anbeginn all seine Macht.
...
Erhob er sich, so überstieg seine Gestalt die der Götter,
Mit riesenhaften Gliedern überragte er sie alle an Größe.
»Mein Kind, mein Kind!
Mein Sohn! Sonne! Sonne der Himmel!«
Bekleidet ist er mit dem Glanz von zehn Göttern,
höchstlich stark,
Alle Schrecken sind auf ihn gehäuft.

Tiamat aber schuf neue Dämonen, um ihren Gemahl zu rächen und die neuen himmlischen Eroberer in die Schranken zu weisen, die keine Gelegenheit ausließen, ihr und ihren Nachkommen das Leben schwer zu machen:

Die Abgrund-Mutter, die alles erschafft,
Schuf überdies unwiderstehliche Waffen,
gebar entsetzliche Schlangen,
mit spitzem Zahn, erbarmungslosen Kiefern,
Mit Gift anstatt mit Blut füllte sie ihren Leib.
Wütende Drachen bekleidete sie mit Furchtbarkeit,
Mit übernatürlichem Glanz belud sie sie, machte sie wie Götter:
»Wer sie sieht, den sollen sie vor Schreck vernichten!
Sie sollen springen, ohne ihre Brust zu wenden!«
Sie schuf die Viper, den roten Drachen und die Sphinx,

Den großen Löwen, den tollen Hund, den Skorpionmenschen,
Wütende Dämonen, Fischmenschen und Kentauren,
Die schonungslose Waffen tragen, die Schlacht nicht fürchten.
Gewaltig waren ihre Weisungen, unwiderstehlich waren sie.
Elf Arten schuf sie so in Eile.
Unter den Göttern, ihren Erstgeborenen,
die ihren Anhang bildeten,
Erhöhte sie Kingu, machte ihn groß unter ihnen,
Voranzuziehen an der Spitze des Heeres, die Truppe zu führen,
Alles vertraute sie seiner Hand an,
sie ließ ihn in der Ratsversammlung sitzen und sagte:
»Ich habe einen Zauber über dich gesprochen,
In der Versammlung der Götter dich erhöht!
Du seist erhaben, mein Gatte, auserwählter du!«
Sie gab ihm die Schicksalstafel,
brachte sie an seiner Brust an und sagte:
»Dein Gebot sei unveränderlich, fest stehe dein Wort!«
Jetzt war Kingu erhöht, im Besitz der höchsten Gewalt.

2. Drachenkampf und neue Weltordnung

Die Rebellen bekommen Angst, scheuen die offene Auseinandersetzung, verkriechen sich feige vor der Urmutter, mit der nun nicht mehr zu spaßen ist. In dieser Situation bietet sich Marduk als Retter an, allerdings nur unter der Bedingung, dass die höchste Herrschergewalt danach ihm zufällt. Es kommt zum Zweikampf (der Naturgewalten) zwischen Marduk und der alten Schöpfergöttin, den Tiamat verliert.

Da traten zusammen Tiamat und Marduk,
der weiseste der Götter,
Stürzten sich aufeinander und begegneten sich im Kampf.
Es breitete der Herr sein Netz aus, fing sie darin,
Er ließ vor ihr los den schlimmen Wind,
den er aufbewahrt hatte,
Als Tiamat das Maul auftat, um ihn zu verschlingen,
Warf er den Sturm hinein,
damit sie ihre Lippen nicht wieder schließen könne.
Die grimmen Winde füllten ihren Leib.
Ihr Leib blähte sich auf und ihr Maul blieb offen.
Er schoss einen Pfeil ab, zerriss ihr den Bauch,
Ihr Inneres zerriss er und durchbohrte ihr Herz.
Als er sie bezwungen hatte, tilgte er ihr Leben aus,
Ihren Leichnam warf er zu Boden und stellte sich darauf.

Als er Tiamat, die Anführerin, erschlagen hatte,
Zerbrach er ihre Rotte, ihr Heer zerstreute sich.
Und die Götter, ihre Helfer, die ihr zur Seite gingen,
Erzitterten, fürchteten sich, wandten sich rückwärts.
...
Die elf Arten von Ungeheuern,
die sie mit Furchtbarkeit beladen hatte,
Die Rotte der Dämonen, die zu ihrer Rechten eingesetzt war,
Warf er in Fesseln, band ihre Glieder.
Zur Strafe für ihren Aufruhr trat er sie nieder.

Er kehrte zurück zu Tiamat, die er bezwungen hatte.
Es stellte der Herr seinen Fuß auf Tiamats Kreuz,
Mit seinem schonungslosen Dolch spaltete er ihren Schädel,
Durchschnitt ihre Adern,
Und der Nordwind entführte das Blut in die Ferne.
...
Es ruhte der Herr und beschaute ihren Leichnam.
Aus dem geteilten Ungeheuer wollte er Kunstvolles schaffen.
Er schnitt es also entzwei wie einen getrockneten Fisch;
Der einen Hälfte bediente er sich,
das Himmelsgewölbe zu machen,
Zog den Riegel, setzte Wächter ein
Und schärfte ihnen ein, ihre Wasser nicht herauszulassen.
Er ging durch die Himmel, durchforschte ihre Gegenden,
Um dort ein Gegenstück des Apsu zu errichten.

Marduk macht sich nun daran, das Firmament zu schaffen
und die Jahreszeiten zu bestimmen.
»In den Bauch der Tiamat setzte er den Zenit.«
Der neue Herrscher ordnet selbst die Wasser neu.
Über Tiamats Kopf häuft er ein Gebirge (man denke daran,
dass auch Zeus den Typhon unter einem Berg begrub)
In ihren Augen schloss er den Euphrat und Tigris auf,
Er häufte auf ihrer Brust fruchtbare Hügel an.
Aus einer Schlinge ihres Schwanzes schuf er
das Band des Himmels und der Erde.
...
Er spannte das Himmelsgewölbe aus und festigte die Erde,
Er schüttete Staub in das Innere der Tiamat.
Er breitete sein Netz aus
Und trennte den Himmel von der Erde.
...
Den elf Arten von Geschöpfen, die Tiamat erschaffen hatte,
Zerbrach er die Waffen und fesselte sie zu seinen Füßen.

> Nachdem er sie in Statuen verwandelt hatte,
> ließ er sie die Tore des Apsu tragen.

Aus dem Blut des Rebellen Kingu wird er später noch den Menschen schaffen. Die Parallelen zur zweiten, jüngeren Schöpfungsgeschichte der Bibel (Gen 1,1ff) sind auch so kaum zu übersehen. Schließlich ist der Text aus Genesis 1,1ff abgefasst worden, als Teile Israels im sog. »babylonischen Exil« waren und mit derlei Gedankengut vertraut wurden. Neuere Forschungen sind zu der Erkenntnis gelangt, dass die uranfängliche *tehom*, die Wassertiefe, die in den ersten Versen der Bibel erwähnt wird, über der der Geist Gottes schwebte, mit *Tiamat* gleichzusetzen ist. Im Unterschied zum Enuma Elisch geht allerdings in der Genesis das Wissen um einen weiblich-schöpferischen Urgrund aller Dinge völlig verloren. Die *tehom* tritt ja auch nicht mehr als eigenständige Gottheit auf, sondern hat lediglich noch den Wert von Handwerksmaterial und als solches zur Verfügung zu stehen. Für den Gott der Bibel steht ein weiblicher und noch dazu nach eigenen Zielen handelnder Widerpart nicht einmal mehr zur Diskussion. Dies sollten wir bedenken, wenn immer wieder die Rede davon ist, Mann und Frau seien beide als Abbild Gottes erschaffen. Die Frage mag erlaubt sein, womit die Frau sich in diesem Fall symbolisch identifizieren soll. Etwa mit ihrer »Nichtigkeit«, die perfiderweise nicht einmal als solche benannt wird?!

Die Art und Weise, wie im *Enuma Elisch* mit der Schöpfergöttin verfahren wird, ist in keiner Weise zu begrüßen. Doch bleibt sie selbst als Besiegte und Verdinglichte weiterhin in der Welt gegenwärtig. Der gesamte Kosmos ist schließlich aus dem Leib der Urmutter gebildet! Ihr Schwanz bildet sogar das Band, das Himmel und Erde miteinander verbindet, den Knotenpunkt, der die beiden Seiten des Kosmos miteinander verknüpft, damit der Mensch in einem geheiligten Raum erschaffen würde. Wer auch immer auf Erden und unter dem Himmel lebt, lebt weiterhin aus ihr. Nur ist sie keine aus sich selbst heraus wirkende Kraft und Ursache mehr. Die Verhältnisse wirken erstarrt: die Wasser können nicht mehr frei fließen. Dieser Drachenkampf hat nicht zum Ausgleich der Kräfte, sondern zu einem hierarchischen Oben-Unten-Verhältnis geführt. In platter Verdrehung der Tatsachen ist dabei nicht der Mörder, sondern die Ermordete zur Hauptschuldigen erklärt worden. Der Aggressor aber wird als Held und Befreier gefeiert, den keine Einsicht beschleicht, dass es vielleicht doch nicht so »gut« war, was er hier vollbracht hat. Es fehlen die versöhnlichen Töne, die Wiedergutmachungsangebote, die in Ägypten und Asien so sehr beeindruckten.

III. Schlange – Quelle – Baum: Weisheit – Heilung – Unsterblichkeit

Wie wir am Beispiel Ningischzidas und seiner Gemahlin sahen, setzte man auch in den Kulturen Mesopotamiens die Schlange schon früh in Beziehung zu Wandlung, Heilung und Unsterblichkeit. Ihre Verbindung zu den Wassern des Lebens macht sie zur idealen »Ärztin«; ihre Fähigkeit zur Häutung verstand man als Kraft zur Überwindung des Todes und jeglicher Krankheit, die zum Tode führen konnte.

1. Das Gilgamesch-Epos

Bereits im *Gilgamesch-Epos* (ca. 1200 v. Chr.) hören wir von einer Schlange, die dem Helden, der sich an einer Quelle erfrischt, das Unsterblichkeitskraut stiehlt und dadurch selber unsterblich wird. Und wieder ist das Thema der Verjüngung angesprochen, denn das Lebenskraut heißt *»Jung wird der Mensch als Greis«!*

Die Geschichte entbehrt als solche nicht einer gewissen Tragik. Nachdem der Held und König von Uruk sich so lange und redlich um seine Unsterblichkeit gemüht hat, wird er am Ende doch durch eigene Unbedachtheit um seinen verdienten Lohn gebracht. Die Quelle, die ihn erfrischen und reinigen soll, bringt ihn zugleich um den Schatz des ewigen Lebens. Das Wasser, das lebendig macht, kann eben auch unbewusst machen. Ein Verlangen, das zu stark ist, kann sich in sein Gegenteil verkehren, vor allem wenn es unreflektiert ist. Die Geschichte ist ein Lehrstück. Der historische Gilgamesch hat wesentlich früher gelebt. Die entscheidende Textpassage beschreibt das Drama so (Gilgamesch-Epos, S. 104f):

> Utnapischtim (eine Entsprechung des biblischen Noah)
> sprach zu ihm, zu Gilgamesch:
> »Du, Gilgamesch, kamst, hast dich abgemüht, abgeschleppt –
> Was soll ich dir geben, dass du kehrst in die Heimat?
> Ein Verborgenes, Gilgamesch, will ich dir enthüllen,
> Und ein Unbekanntes will ich dir sagen:
> Es ist ein Gewächs, dem Stechdorn ähnlich,
> Wie die Rose sticht dich sein Dorn in die Hand.
> Wenn dies Gewächs deine Hände erlangen,
> Findest du das Leben!«
> Kaum hatte Gilgamesch dieses gehört, grub er einen Schacht.
> Da band er schwere Steine an die Füße,
> Und als zum Apsu sie ihn niederzogen,
> Da nahm er's Gewächs, ob's auch stach, in die Hand,

Schnitt ab von den Füßen die schweren Steine,
Dass ihn die Flut ans Ufer warf.
Gilgamesch sprach zu ihm, zum Schiffer Urschanabi:
»Urschanabi, dies Gewächs ist das Gewächs gegen die Unruhe,
Durch welches der Mensch sein Leben erlangt!
Ich will's bringen nach Uruk-Gart, es dort zu essen geben
und dadurch das Gewächs erproben!
Sein Name ist ›*Jung wird der Mensch als Greis*‹;
Ich will davon essen, dass mir wiederkehre die Jugend.« –
Nach zwanzig Doppelstunden nahmen sie einen Imbiss ein,
Nach dreißig Doppelstunden schickten sie sich zur Abendrast.
Da Gilgamesch einen Brunnen sah, dessen Wasser kalt war,
Stieg er hinunter, sich mit dem Wasser zu waschen.
Eine Schlange roch den Duft des Gewächses.
Verstohlen kam sie herauf und nahm das Gewächs;
Bei ihrer Rückkehr warf sie die Haut ab.

Der Wunsch des Helden-Ich, sich Unsterblichkeit zu verschaffen, wird hier gründlich durchkreuzt. Er hätte sie auch nicht verdient. Schließlich ist es derselbe Gilgamesch, der die heilige Zeder im Garten der Göttin Ischtar fällt, der den Himmelsstier der Göttin tötet, der überhaupt die Liebe der Göttin »heroisch« ablehnt. Wer derart in der Welt wütet, hat keine Belohnung verdient.

Kanaanitischen Ursprungs sind die Helden der beiden nächsten Mythen. Sie bilden von ihrer Herkunft her eine Brücke zwischen Mesopotamien und Griechenland. Der erste – Kadmos mit Namen – ist kein geringerer als der Bruder Europas, jener jungen Frau, die Zeus aus ihrer Heimat im heutigen Syrien entführte und die seither unserem Kontinent den Namen gibt.

Wie so oft hatte Zeus/Jupiter sich »unsterblich« in ein junges und schönes Mädchen verliebt. Um ihr nahe zu sein, verwandelte er sich in einen ausnehmend wohlgestalteten Jungstier von schneeweißer Farbe. »Spielend« und spielerisch gewinnt er das Vertrauen des arglosen Mädchens. Als sie schließlich jede Scheu vor dem friedlichen Tier verliert und es wagt, auf ihm zu reiten, stolziert er mit ihr ins offene Meer davon. Der Vater schickt alle seine Söhne nach ihr aus und verbietet ihnen, jemals wieder sein Reich zu betreten, solange sie ihre Schwester nicht mitbringen können. Da auch Kadmos nicht zurückkehren kann, wird er zum Begründer der griechischen Stadt Theben, der Hauptstadt von Boeotien.

2. Kadmos und die Drachenzähne

Die Pythia im Orakel zu Delphi hatte Kadmos (lat. Cadmus, der »Östliche«) den Weg in die Gegend des späteren Theben gewiesen. Dort befand sich auch ein altes Heiligtum mit einer dem Kriegsgott Ares/Mars heiligen Schlange. In einem uralten Wald, den noch keine Axt verletzt hatte, gab es eine Höhle hinter dichten Weidenruten. Sie war reich an frischem Quellwasser. Und mitten in dieser Grotte hauste die heilige Schlange:

»Ein goldener Kamm schmückt sie, Feuer sprühen die Augen, der Leib ist ganz von Gift geschwollen, drei Zungen blitzen hervor, in drei Reihen stehen Zähne da.« Nichtsahnend schickt Kadmos seine Diener aus, um aus dieser Quelle Wasser für ein Trankopfer zu holen. Sie kommen allerdings nicht weit, denn kaum haben sie den Krug ins Wasser gesenkt, »reckte aus der tiefen Höhle die blaue Schlange ihren Kopf und ließ ein schreckliches Zischen ertönen. Schon sind die Krüge den Händen entglitten, das Blut weicht aus den Gliedern und ein plötzliches Zittern ergreift sie, als wären sie vom Donner gerührt. Der Drache aber schlingt sich in rollenden Windungen, bildet schuppige Ringe, im Sprung krümmt er sich zu unermesslichen Bögen und weit über die Mitte seines Körpers hinaus reckt er sich in die leichten Lüfte empor, blickt auf den ganzen Wald herab und ist so groß wie die Schlange am Himmel zwischen den beiden Bären in ihrer ganzen Länge (die Schlange »Ladon«, die von der Göttin Hera an den Himmel versetzt wurde, s. u. S.148). Und sofort packt er die Phoenizier, gleichgültig ob sie die Waffen oder die Flucht ergriffen oder ob gerade die Furcht beides verhinderte. Die einen tötet er durch seinen Biss, die anderen durch langwährende Umstrickung, wieder andere durch den Pesthauch des tödlichen Giftes.«

Kadmos, der seine Männer erschlagen findet, tötet schließlich die Schlange aus einem Gefühl der Rache heraus. Doch er wird keine rechte Freude an seinem Sieg haben. Nach einem langwierigen Kampf gelingt es ihm, den Drachen an einer Eiche aufzuspießen. »Unter der Last der Schlange bog sich der Baum und er ächzte, weil das Ende des Schwanzes sein Holz peitschte. Während der Sieger die besiegte Feindin in ihrer ganzen Länge betrachtete, ließ sich plötzlich eine Stimme vernehmen: ›Was siehst du die getötete Schlange an? Auch dich wird man als Schlange sehen.‹«

Kadmos hat nicht Zeit, über diese Worte nachzudenken, denn schon naht seine Schutzgöttin Athene und befiehlt ihm, die Erde umzupflügen und die Zähne des besiegten Drachen darin auszusäen. Auf diese Weise sollen die Spartaner entstanden sein, das sind »Gesäte Männer«. Als Menschensaat entsprangen sie dem Boden und sofort schlugen sie aufeinander los, bis nur noch fünf von ihnen übrig blieben. Sie boten Kadmos ihre Dienste an und zusammen mit ihnen baute er die Stadt Theben auf.

Kadmos heiratet später Harmonia, die Tochter von Aphrodite und Ares. Sein Schwiegervater jedoch, der ihm immer noch grollt wegen des Schlangenmords, wird beide am Ende ihres Lebens in Schlangen verwandeln und damit die Prophezeiung erfüllen. Bei Ovid bittet Kadmos am Ende selbst um diese Verwandlung, die von dem Dichter ebenso anschaulich wie grotesk geschildert wird:

»›War etwa jene Schlange, die mein Speer durchbohrte, heilig, damals, als ich, aus Sidon kommend, die Drachenzähne als neuartige Saat auf den Boden streute? Rächt die Vorsehung der Götter diese Schlange mit so unerbittlichem Zorn, so bitte ich darum, selbst zur Schlange mit langgestrecktem Bauch zu werden.‹ Sprach's, und wie eine Schlange streckt er sich in die Länge, fühlt, wie auf seiner hart gewordenen Haut Schuppen wachsen und seinen Leib, der sich schwarz färbt, blaue Tupfen beleben. Vornüber fällt er auf die Brust, die Schenkel schließen sich zusammen und verjüngen sich allmählich zur Schwanzspitze. Noch bleiben ihm die Arme. Die Arme, die ihm noch bleiben, streckt er aus, und während ihm Tränen übers Gesicht strömen, das noch menschliche Züge trägt, spricht er: ›Komm zu mir, liebe Frau, komm, Unglückliche, und solange von mir noch etwas übrig ist, berühre mich, nimm meine Hand, solange es noch eine Hand ist, solange die Schlangengestalt noch nicht ganz von mir Besitz ergriffen hat.‹ Er will noch weiter reden; doch plötzlich ist seine Zunge in zwei Hälften gespalten, beim Sprechen gehorcht ihm die Stimme nicht mehr, und sooft er eine Klage äußern will, zischt er. Diese Stimme hat ihm die Natur belassen.

Harmonia, die nicht ohne ihren Gatten sein will, bittet darum, auch in eine Schlange verwandelt zu werden: »›Warum verwandelt ihr Himmlischen mich nicht auch in solch eine Schlange?‹ Sprach's; er aber leckte seiner Gattin das Gesicht, schmiegte sich an die geliebte Brust, als erkenne er sie, umschlang sie und suchte den vertrauten Hals. Alle, die dabei waren, sind von Schrecken erfüllt, sie aber streichelt den schlüpfrigen Hals des kammbewehrten Drachen; und plötzlich sind es zwei, und sie kriechen, gemeinsam sich windend, davon, bis sie im Schlupfwinkel des nahegelegenen Hains verschwunden sind. Heute noch fliehen sie nicht vor Menschen, tun ihnen nichts zuleide und erinnern sich als zahme Drachen daran, was sie früher gewesen sind.«

Andere Quellen erzählen jedoch, dass Kadmos und Harmonia durch die Verwandlung von Ares nicht bestraft, sondern vielmehr aus kriegerischen Auseinandersetzungen gerettet wurden. Nachdem er sie in zwei schwarz-blau gefleckte Schlangen verwandelt hatte, ließ Zeus sie auf die Inseln der Seligen bringen, wo sie für alle Zeiten glücklich weiterleben konnten. Man nimmt sogar an, dass Kadmos in Illyrien, wo er sein Leben beendete, als Orakelgott galt, weil er dort als Schlange abgebildet wurde. (vgl. Metamorphosen III, 1–137: IV, 563–604; v. Ranke-Graves, S. 173–178)

Die Geschichte mit der Aussaat der Drachenzähne wird uns in der Geschichte von »Jason und Medea« wiederbegegnen. Dort zählt sie zu den Prüfungsaufgaben, die der Held bestehen muss.

3. Eschmun – Asklepios – Aesculap

Im Gegensatz zu Kadmos ist uns Asklepios (lat. Aesculap), der Gott der Heilkunst, bis heute ein Begriff; genauso wie sein Schlangenstab, der noch immer das Wahrzeichen der Ärzte ist. Dieser Schlangenstab war ursprünglich ein Baum, genauso wie bei Ningischzida und seiner Gemahlin. Und so wie sein Vorläufer tritt auch Asklepios stets in weiblicher Begleitung auf, meist zusammen mit seiner Frau *Hygieia* oder einer seiner Töchter. Vor allem die »sanfthändige« *Hygieia* hat eine besonders gute Beziehung zur Asklepios-Schlange, die oft von ihr gefüttert wird.

Die Heimat des Asklepios scheint Syrien zu sein, wo er unter dem semitischen Namen *Eschmun* angerufen wurde. Auf der ganzen Welt gab es mehr als 400 Asklepios-Heiligtümer. Sein Hauptkultort in Griechenland war Epidaurus. Neben der

Asklepios und Hygieia

Schlange galt vor allem der Hund als sein Tierattribut. Beide galten der antiken (indogermanischen) Welt als Seelenführer im Jenseits. Durch diesen Bezug zur Unterwelt erklären sich auch die wahrsagerischen Fähigkeiten des Gottes.

In Memphis (heute Kairo) wurde Asklepios mit Osiris identifiziert und damit zum Gemahl der Göttin Isis. Dem entsprechend findet man schlangenumwundene Stäbe an zahlreichen Isisaltären (z. B. in Pompeji).

Asklepios gilt interessanterweise als Sohn von Apollo und Coronis (deren Symboltier ist die Krähe als Weissagungsvogel). Von Apollo hat er sein sonnenhaftes Naturell, weshalb man sagen konnte, den Griechen bedeute er soviel wie die Sonne und die Gesundheit. In den Erzählungen erscheint der Gott allerdings selbst als riesige Schlange mit feuersprühenden Augen. Was nicht recht zu seinem Namen »der unermüdlich Sanfte« passen will. In seinem Tempel zu Epidauros wurden stets mehrere gezähmte Schlangen gehalten. Wird der Gott mit menschlichen Zügen dargestellt, dann ruht seine Hand auf dem Kopf einer Schlange oder er stützt sich auf einen Schlangenstab. Und auch dieser Stab war eher Baum als Wanderstecken. Es scheint, als gehörte auch Asklepios noch zum mythischen Urgestein der Region und dass seine Verbindung mit Apollo erst sekundär ist bzw. einer Vereinnahmung durch die späteren Eroberer gleichkommt. So wie Apollo das Orakel zu Delphi für sich beanspruchte, so wollte er sich hier mit der alten (Schlangen-) Macht verbinden, indem er sich selbst als ihr Erzeuger ausgab. In der folgenden Geschichte trägt Asklepios noch regelrecht Züge eines Urzeitmonsters. Ovid erzählt, wie es den Römern gelang, den Gott der Heilkunst an den Tiber zu holen.

Als vorzeiten eine schreckliche Pest in Rom wütete, wusste man sich dort nicht anders zu helfen, als Rat vom Heiligtum in Delphi einzuholen. Dieses wiederum verwies auf Asklepios, den Sohn des Apollo. Man schickte also Leute aus, die mit gutem Wind zur Küste von Epidauros segelten. Dessen Einwohner waren alles andere als begeistert von der Bitte, Asklepios für eine Weile nach Rom »ausleihen« zu sollen. Die einen glauben zwar, man dürfe Hilfe nicht verweigern, viele raten jedoch, den Gott lieber für sich zu behalten, das eigene Heil nicht leichtfertig fortziehen zu lassen. Da erscheint der Gott einem der Delegierten im Traum: »So wie er sonst im Tempel ist, einen ländlichen Stab in der Linken haltend, strich er das Haar des langen Bartes mit der Rechten und sprach aus gütigem Herzen solche Worte: »Fürchte dich nicht! Ich werde kommen und mein Götterbild verlassen. Schau dir nur diese Schlange genau an, die in Windungen den Stab umschlingt, und merke sie dir recht, damit du sie erkennen kannst, wenn du sie siehst! In sie will ich mich verwandeln. Doch größer werde ich sein und so groß erscheinen, wie es sich für die Leiber der Himmlischen geziemt!« ...

»Das Morgenrot des nächsten Tages hatte den Sternenschimmer vertrieben.Voller Zweifel, was sie tun sollten, kommen die Edlen am reich verzierten Tempel des Gottes zusammen und bitten, er selbst möge ihnen durch himmlische Zeichen anzeigen, an welcher Stätte er weilen wolle. Kaum waren sie recht zu Ende, da stieß der Gott goldglänzend, mit hohem Kamm bewehrt und in Schlangengestalt, als Vorankündigung ein Zischen aus; durch sein Nahen bewegte er das Götterbild, den Altar, die Pforten, den Marmorboden und die goldenen Giebel, richtete sich mitten im Tempel steil in Brusthöhe auf und blickte mit feuersprühenden Augen umher. Die Menge ist erschrocken und verzagt. Den Gott erkannte der Priester, auf dessen geweihtem Haupt eine Binde das Haar zusammenhielt. ›Da ist der Gott, es ist der Gott! Seid mit Herz und Mund ehrerbietig, alle, die ihr zugegen seid!‹ sprach er. ›Mögest du, o Herrlichster, den Völkern Heil bringen, die deine Heiligtümer verehren.‹ Alle Anwesenden huldigen der sichtbar erschienenen Gottheit, alle wiederholen die Worte des Priesters. Ihnen nickt der Gott Erfüllung und Gewährung zu, indem er den Kamm bewegte und wiederholt zischte und züngelte. Dann gleitet er die schimmernden Stufen hinab, wendet das Angesicht zurück, blickt abschiednehmend zum altehrwürdigen Altar und grüßt das vertraute Haus und den Tempel, den er bewohnt hat. Von dort kriecht er riesengroß über den blumenübersäten Boden, krümmt sich in Windungen und eilt mitten durch die Stadt zum Hafen, den in weitem Bogen eine Mole schützt. Hier hielt er inne; und es war, als entlasse er mit freundlicher Miene sein Gefolge und die Schar, die ihm das Ehrengeleit gab. Darauf legte er sich im Schiff zur Ruhe.« Später, als das Schiff Fahrt gewinnt, »richtet sich der Gott hoch auf; den Nacken auf das geschwungene Heck gestützt, schaut er auf die blauen Wasser hinab.« Sanfte Westwinde tragen ihn übers ionische Meer; beim sechsten Morgenrot hat er Italien erreicht. Unterwegs macht Asklepios noch einen Besuch im Apollo-Tempel zu Antium: »Da entrollt der Gott seine Ringe; in vielen Windungen und mächtigen Bögen dahingleitend, zieht er im Tempel seines Vaters ein, der an den gelben Strand grenzt.« Auf dem Weg zurück zum Schiff »zieht er Furchen im Sand des Strandes und schleift knirschend sein Schuppenkleid darüber hin. Am Steuerruder des Schiffes kriecht er empor; schon hat er sein Haupt hoch auf das Heck gelegt, bis er endlich an der Tibermündung angelangt ist. ... Schon war das Schiff in die römische Stadt, das Haupt der Welt, eingefahren, da richtet sich die Schlange auf, lehnt den Hals ganz oben an den Mastbaum, dreht den Kopf und sieht sich nach einem passenden Wohnsitz um. Es spaltet sich der Fluss in zwei Teile und umfließt eine Insel, nach beiden Seiten breitet er gleich weit die Arme aus. In der Mitte ist Land. Hierher begab sich die Schlange, nahm wieder himmlische Gestalt an, setzte der Trauer ein Ende und kam als Heilbringer für die Stadt.« (vgl. Ovid, Metamorphosen XV. 623ff)

Darstellungen von Asklepios als Drache sind noch im 14. Jhd. auf der griechischen Insel Kos nachweisbar. Sogar eine Tochter des Hippokrates soll dort in Gestalt eines Drachen von 100 Fuß Länge gesichtet worden sein! »Die von der Insel nennen sie die Herrin des Landes, und sie liegt in einem alten Kastell und zeigt sich dreimal im Jahr, und sie tut niemandem etwas zuleide ...«, heißt es in einer Reisebeschreibung aus der damaligen Zeit. (vgl. C. A. Meier, S. 29)

Bei der Gründung neuer Asklepiosheiligtümer erfolgte die Kultübertragung fast immer durch die Überführung einer heiligen Schlange von Epidaurus, meist zusätzlich durch einen Traum legitimiert:

»Sie sagen auch, dass sie aus ihrer Heimat Epidauros eine Schlange mitgebracht hätten, welche hier aus dem Schiff entwichen und am Strand in der Erde verschwunden sei. Und so fanden sie es im Hinblick auf die Visionen, die sie in ihren Träumen gehabt hatten, und auf das Omen der Schlange gut, sich hier niederzulassen und zu wohnen. Wo die Schlange in die Erde verschwunden war, sind Altäre für Asklepios, und Olivenbäume umstehen sie.« (vgl. C. A. Meier, S. 25)

Wasser spielt in den Asklepiosheiligtümern von Anfang an eine große Rolle. Heilige Quellen gehören zum unverzichtbaren Bestandteil des Kultes. Die labyrinthisch angelegten Untergeschosse der Rundbauten wurden zudem künstlich von Wasser durchflutet. Oft wies der Gott selbst in Schlangengestalt den Weg zu neuen Quellen. Die zum Heiligtum gehörigen Bäume waren vorwiegend orientalische Platanen, von denen es heißt, dass die heiligen Quellen aus ihrem Wurzelwerk herausquollen. Die in den Asklepieien gehaltenen, zahmen Schlangen waren meist Baumschlangen, sodass sich eine enge Beziehung von Baum, Schlange und Wasser ergibt. Infolge ihrer periodischen Häutung galt die Schlange weltweit als Symbol der Lebenserneuerung, die ihr Pendant im Lebenswasser findet. Das heilende Wasser lässt uns hautnah und praktisch erfahren, worum es bei unserer eigenen Gesundung geht: Wie die Schlange ihre Haut abwirft, so sollen wir uns von der Krankheit loslösen und dadurch selbst »neu« werden.

Bäder galten in den Asklepiosheiligtümern zudem als (Heil-)Traumbewirker. Durch Bäder, d. h. kultische Reinigungen, wurde die Seele aus schädlichen Verstrickungen mit dem Körper gelöst. Danach war sie bereit für unbeschränkte Traumerlebnisse, die zum Heilungsprozess genauso unabdingbar dazu gehörten wie Musik, die als krankheitsbrechend galt. So erhebt Orpheus beispielsweise den

Anspruch, durch seinen Gesang als erster die Reinigung von unheiligen Werken und dadurch die Heilung von Krankheiten erfunden zu haben. Auf die reinigende Kraft der Musik wurde in den Asklepieien ebenso viel Wert gelegt wie auf das Ein- und Untertauchen in der Quelle. Das rituelle Bad erhielt so die Bedeutung eines freiwilligen Todes, die Heilung wurde entsprechend als neue Geburt gefeiert.

Auf derlei Zusammenhänge weist auch die Geschichte von *Glaukos und Polyeidos* hin. Polyeidos wird allgemein für eine Erscheinungsform des Asklepios gehalten:

Glaukos, Sohn der Pasiphae und des Minos von Kreta, fällt eines Tages beim Ballspielen im Palast zu Knossos kopfüber in einen Bottich mit Honig und ertrinkt darin. König Minos schickt den Wahrsager Polyeidos von Argos auf die Suche nach dem Knaben, und nachdem dieser ihn tot aufgefunden hat, befiehlt ihm Minos, seinen Sohn ins Leben zurückzurufen. Zusammen mit dem Toten mauert er Polyeidos ein, damit er seinen Befehl erfülle. Nachdem er sich an die Dunkelheit gewöhnt hatte, entdeckte dieser plötzlich, »wie sich eine Schlange dem Körper des Knaben näherte. Mit seinem Schwert tötete er sie. Da kroch eine zweite Schlange heran. Als sie ihren Genossen erschlagen fand, verschwand sie und kehrte kurz darauf mit einer magischen Pflanze in ihrem Munde zurück. Diese Pflanze legte sie auf den toten Körper. Langsam kehrte das Leben in diese zurück. Polyeidos war zunächst erstaunt, dann aber legte er geistesgegenwärtig die gleiche Pflanze auf den toten Glaukos und hatte Erfolg.« (vgl. Ranke-Graves 1982, Bd. 1, S. 276)

Von dieser Symbolik her ist es nur zu verständlich, dass die Schlange sich im Stab des Asklepios wiederfindet. Dass dieser Stab ursprünglich ein Baum war, wird auf einem antiken Marmorrelief aus der Gegend von Saloniki sichtbar, das Asklepios zusammen mit seiner Gattin Hygieia (Hygiene!) bei der Fütterung einer Schlange zeigt, die sich um einen Baum windet. »Das Lebenskraut entspricht dem Lebensbaum, welcher z. B. in der Johannes Apokalypse 22,2 am Strom des Lebenswassers wächst und dessen Blätter zur Heilung der Nationen dienen. Vgl. Ez 47, 1-12.« (C. A. Meier, S. 79) C. A. Meier zitiert dazu eine hochinteressante Legende aus der Moses Apokalypse 5-15 und der Vita Adae et Evae 30-44, welche im Mittelalter eine beachtenswerte Weiterbildung erfuhr:

»Seth (der dritte Sohn Adams) schaut im Paradies Bäume mit den schönsten Früchten und eine Quelle, aus der die vier Paradiesflüsse entspringen. Oberhalb der Quelle steht ein verzweigter Baum, aber ohne Laub und ohne Rinde. Es ist der Baum der Erkenntnis, der infolge der Übertretung Adams und Evas noch die Spuren des göttlichen Fluches an sich trägt. Als Seth zum zweiten Mal ins Paradies schaut, sieht er, dass die Schlange um den entblößten Baum gewunden ist. Und beim dritten Blick ins Paradies gewahrt er, wie der Baum mit seinem Gipfel in den Himmel ragt, auf dem Gipfel aber liegt ein neugeborenes, in Windeln gewickeltes Kind. Auch das dazugehörige Motiv der Heilsamkeit fehlt nicht in dieser Legende, indem die aus den Apfelkernen vom Lebensbaume wachsenden Reiser dem Moses als Heilmittel dienen. Bekanntlich wird aus diesen Reisern auch das »Kreuzesholz«, das von Salomo, nachdem es sich der Einfügung in den Tempel als Türbalken widersetzt hatte, tief in der Erde vergraben worden war. Nach einiger Zeit entstand an dieser Stelle eine piscine (Teich) von wunderbaren Heilkräften. Alle Kranken, die sich in ihr badeten, wurden geheilt.«

4. Typhon und seine Kinder

Typhon, der Rache-Drache der Mutter Erde, war verheiratet mit Echidne, die halb Schlangen-, halb Menschenfrau war: unten war sie, nach Art der Nixen, eine fleckige Schlange, oben eine liebliche Frau. Aus dieser Verbindung gehen ungeheuer berühmte Schlangen hervor, die allesamt an Quellen hausen und sich – schützend und wachsam – um (Lebens-)Bäume herum winden: Ladon am Baum der Hesperiden, die Hydra von Lerna, der Drache, der das goldene Vlies bewacht, das Jason mit Hilfe von Medea erobert. Interessanterweise zeugte Typhon mit Echidne auch einen Geier, der später die Leber des für den Feuerraub an den Felsen geketteten Prometheus fraß!

Ladon

Der immer wachsame Drache Ladon hütete im Garten der Hesperiden den goldenen Apfelbaum der Göttin Hera. Diesen Baum mit den verjüngenden Früchten hatte Hera von der Mutter Erde zur Hochzeit geschenkt bekommen. Sie hatte sich so darüber gefreut, dass sie ihn in ihrem eigenen göttlichen Garten anpflanzte, der auf den Abhängen des Berges Atlas lag, dort wo sich abends die Sonnenpferde zur Ruhe legten. Der Apfel galt allgemein als Symbol der Unsterblichkeit. Wird diese Frucht der Breite nach durchschnitten, so erscheint ein fünfzackiger Stern, Vorbild des Pentakels, das sich »endlos« weiterzeichnen lässt, ohne dass man den Stift je absetzten müsste. Den Baum vertraute die Göttin den Hesperiden, den Töchtern des Atlas, an. Als Hera merkte, dass die Hesperiden sich immer wieder unerlaubterweise an den Früchten bedienten, bestellte sie den Drachen Ladon zum Hüter des Baumes. Er hatte hundert Köpfe und sprach verschiedene Sprachen. Manche sagen, er sei sogar ein parthenogener, d.h. ein durch Jungfrauengeburt entstandener Sohn der Mutter Erde gewesen. Diesen Drachen wird Herakles mit einem Pfeilschuss töten, um sich die goldenen Äpfel zu verschaffen. Hera, die um Ladon weinte, setzte sein Bild unter die Sterne als das Bild der Schlange.

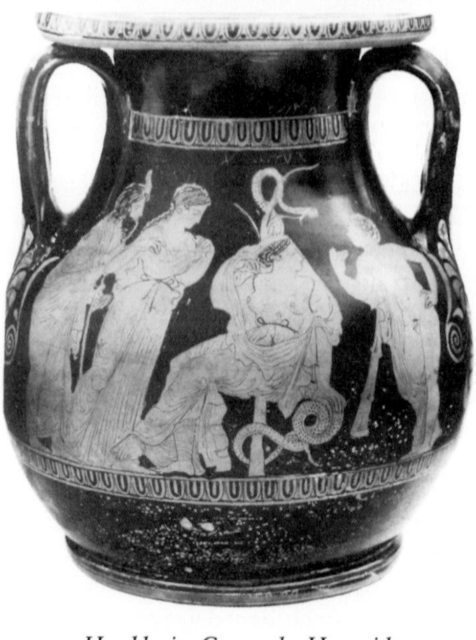

Herakles im Garten der Hesperiden

Die lernäische Hydra

Die Hydra war eine vielköpfige Wasserschlange, die zu Lerna lebte. Sie hatte einen ungeheuren, hundeähnlichen Körper und acht oder neun Köpfe, von denen einer unsterblich war; letzterer bestand zu großen Teilen aus Gold. Manche sagen sogar, sie hätte 100 oder gar 1000 Köpfe gehabt. Sie hauste in einer Höhle, die sich unter einer Platane an der siebenfachen Quelle eines Flusses befand. Sobald man eines ihrer Häupter abgeschlagen hatte, wuchsen an derselben Stelle sofort mindestens zwei neue nach, sodass ihr der Ruf von Unbesiegbarkeit vorausging. Hera höchstpersönlich hatte dieses Ungeheuer als Bedrohung für Herakles aufgezogen. Mit Athenes Hilfe gelingt es Herakles dennoch, die Hydra zu überwältigen. Danach tauchte er seine Pfeile in die Galle des toten Ungeheuers. Wer von diesen Pfeilen auch nur minimal verletzt wurde, musste sterben.

Der Drache und das »goldene Vlies« in der Geschichte von Medea und Jason

Ein Orakel bestimmt den Griechen Jason dazu, das berühmte »goldene Vlies« aus Colchis in Kleinasien an sich zu bringen. Dies ist der Anlass der ebenso berühmten »Argonautenfahrt«:

Eine Gruppe von Helden segelt unter Jasons Befehl mit der »Argo« übers Schwarze Meer. Am Hof des Königs von Colchis trifft er auf dessen Tochter Medea, die sofort in heftiger Liebe zu Jason entflammt. Ihr Vater aber will das goldene Vlies nicht kampflos hergeben und erlegt dem Helden Mutproben auf, an deren Ausführung er scheitern soll. Ohne Medeas Hilfe, die ihm voll Liebe ihre Zauberkräfte »leiht«, wäre er verloren gewesen. Wieder geht es darum, Drachenzähne auszusäen, die sich in der gepflügten Erde in bewaffnete Männer verwandeln:

»Wie im Mutterleibe das Kind Menschengestalt annimmt, im Inneren Glied um Glied aufgebaut wird und erst, wenn es reif ist, an die allen gemeinsamen Lüfte hervortritt, so wuchsen Menschengestalten, die sich in der Tiefe der schwangeren Erde gebildet hatten, auf dem trächtigen Acker empor. Und – ein noch größeres Wunder! – sie schütteln Waffen, die zugleich mit ihnen entstanden sind.« Alle zusammen stürzen sie sich auf Jason, der seine letzte Minute nahen sieht. Doch Medea, die von der Tribüne aus zusieht, gibt nicht auf: »Damit die Kräuter, die sie ihm gegeben hat, nicht zu schwach wirken, singt sie ein Zauberlied zur Unterstützung und ruft ihre geheimen Künste zu Hilfe. Er aber wirft einen schweren Felsblock unter die Feinde und lenkt den Krieg von sich auf die Männer selbst. So fallen die erdgeborenen Brüder durch Wunden, die sie sich gegenseitig schlagen, in einem Bürgerkrieg.«

Auch der Eichenbaum, an dem das goldene Vlies hängt, wird von einem ekelerregenden Drachen bewacht, der tausendmal gewunden ist und niemals schläft. Er ist ein Nachkomme Typhons, aus seinem Blut entsprungen und unsterblich. Medea kann ihn durch ihr magisches Wissen bezwingen. Sie tötet ihn allerdings nicht, sondern schläfert ihn nur ein!

»Es bleibt die Aufgabe, den nimmermüden Drachen durch Kräuter einzuschläfern, der, bewehrt mit einem Kamm, drei Zungen und gebogenen Zähnen, der furchterregende Hüter des goldtragenden Baumes war. Sie besprengt den Lindwurm mit Saft vom Kraut des Vergessens, spricht dreimal Worte, die sanften Schlummer erzeugen, die ein stürmisches Meer und schnelle Ströme zum Stehen bringen können. Kaum hat der Schlaf die Augen übermannt, die er nicht kannte, bemächtigte sich der Held, Aesons Sohn, des goldenen Vlieses. Stolz auf seine Beute trägt er seine Helferin – die zweite Beute! – mit sich fort und kehrt als Sieger mit seiner Gattin in den heimatlichen Hafen zurück.« (vgl. Ovid, Metamorphosen, VII, 125–158; v. Ranke-Graves Bd. 2, S. 229–231)

Die Verwandtschaft zwischen Mensch und Schlange wurde, wie schon die Geschichten von den gesäten Drachenzähnen zeigen, als grundlegend gedacht: »Manche glauben, wenn ein Rückgrat im verschlossenen Grabe zerfallen ist, verwandle sich menschliches Mark in eine Schlange«, zitiert Ovid in Anlehnung an den großen Philosophen Pythagoras. (Metamorphosen XV, 389f) Menschen können sich in Schlangen, Schlangen in Menschen zurück verwandeln. Dem entspricht, dass auch im Arabischen und Aramäischen ein dem Wort Eva/Chavah verwandtes Wort »Schlange« bedeutet. (Keller, S. 110) Die Schlange als »Mutter alles Lebendigen« – nach allem bisher Gesagten dürfte dies so abwegig nicht mehr sein.

C. Die Schlange als Vertreterin des weiblichen Prinzips

I. Die »Weisheits«-Silbe me in den Namen großer Göttinnen

1. Medea

Medea wird ihre heilenden Kräfte und ihr Zauberwissen noch oft für Jason und seine Familie einsetzen. Dabei zeigt sich, dass sie selbst in enger Beziehung zu Schlangen und Drachen steht. Auf einem von Drachen gezogenen Wagen jagt sie durch die Lüfte, kann wie eine echte Schamanin die Grenzen von Raum und Zeit durchbrechen. Bereits ihr Name ist Programm: Medea heißt übersetzt: »die Göttin mit dem weisen Rat.«

Eines Tages bittet Jason sie darum, das Leben seines Vaters Aeson zu verlängern. Sie verspricht ihm, das Leben des Hochbetagten nicht nur zu verlängern, sondern – unter Beistand der dreigestaltigen Göttin (Hekate) – sogar zu verjüngen. Dazu muss sie zunächst zu mitternächtlicher Stunde Kräuter sammeln:

»› ... und nicht umsonst ist, von fliegenden Drachen gezogen, der Wagen da!‹ Da stand, vom Himmel herabgekommen, der Wagen. Kaum hat sie ihn bestiegen, die aufgezäumten Drachenhälse gestreichelt und die leichten Zügel mit den Händen geschwungen, wird sie in die Höhe entführt, blickt hinab auf das thessalische Tempeltal, das unter ihren Füßen liegt, und lenkt die Schlangen nach bestimmten Gegenden.« Dort sammelt und schneidet sie Kräuter und »lebenspendendes Gras«, um dem Vater des Jason seine Jugendkraft zurückzugeben. »Und schon hatten der neunte Tag und die neunte Nacht sie auf dem Wagen mit den geflügelten Drachen alle Felder durchmustern sehen, als sie zurückkehrte; und die Drachen hatten nur den Duft eingeatmet und streiften doch schon ihre greisenhafte Haut ab.«

Medeas Schwiegervater wird schließlich von diesem Wissen profitieren. Die Kräutertinktur, die sie im Kessel zusammenbraut, wird sein Leben um vierzig Jahre verjüngen! Und sie reicht sogar noch aus, um den Ammen des Bacchus (lat. Name für Dionysos) die Jugend zurückzugeben. Medea zeigt hier dieselbe Verwandlungskraft, die man sonst den Schlangen und Drachen zuschreibt. In echt schamanischer Weise tritt sie als machtvolle, kräuterkundige Heilerin auf, die sogar Leben verjüngen kann. (vgl. Ovid, Metamorphosen VII, 159–297)

Außer Medea tragen noch andere bedeutende Göttinnen des Vorderen Orients die Kernsilbe *me* im Namen: *Demeter, Metis, Medusa*, um nur die wichtigsten aufzuzählen. Mittelbar (im Falle von *Metis*, deren Tocher Athene die Schlange im Schutzschild führt) oder unmittelbar haben alle diese Gestalten mit Schlangen zu tun, und allesamt gelten sie als weise:

2. Metis und Medusa

Die griechische Göttin Metis, Titanin des vierten Tages und des Planeten Merkur, regierte über alle Weisheit und über alles Wissen. Sie war schwanger mit der späteren Göttin Athene, bis sie eines Tages von Zeus auf hinterhältige Weise hereingelegt und verschluckt wurde. Eine Geschichte mit weiterreichenden Folgen als nur einer Kopfgeburt. Die Weisheitsgöttin Athene, die zwar das Wissen um ihre Mutter und ihr mütterliches Erbe verloren hat, führt dennoch das Symbol der Schlange auf ihrem Schutzschild. Dies wiederum wird in späteren und noch patriarchalischeren Zeiten mit dem Haupt der Gorgo Medusa in Zusammenhang gebracht. Von ihr weiß Ovid Folgendes zu erzählen:

»Sie war wegen ihrer Schönheit hochberühmt und die Hoffnung vieler eifersüchtiger Freier. Doch nichts an ihr war schöner als ihr Haar. ... Der Beherrscher des Meeres soll sie im Tempel der Minerva (lat. Name für Athene) geschändet haben. Jupiters Tochter (Minerva) wandte sich ab und bedeckte ihr keusches Antlitz mit der Ägide. Um dies nicht ungestraft zu lassen, verwandelte sie das Haar der Gorgo in hässliche Schlangen. Auch heute noch trägt sie, um ihren Feinden lähmendes Entsetzen einzuflößen, vorn auf der Brust die Schlangen, die sie schuf.« (vgl. Metamorphosen IV 770–803)

Eine klar erkennbare, erzpatriarchalische Mythe, wird doch hier die Schandtat nicht am – männlichen – Verursacher, sondern am – weiblichen – Opfer bestraft. Perseus, der Held, dessen Name »Zerstörer« bedeutet, zieht aus, um die Gorgo Medusa zu erschlagen. Mit Athenes Hilfe gelingt es ihm, sie zu enthaupten, während sie in tiefem Schlaf liegt. Dabei schaut er sie nicht direkt an, sondern nur ihr Abbild, das sich auf der glänzenden Bronze seines Schildes spiegelt. Der abgetrennte Kopf behält die Kraft zu versteinern, eine Kraft, die nun auf den Bezwinger übergeht und die er sich in zahlreichen Kämpfen gegen seine Feinde zunutze machen kann, bis er das Gorgonenhaupt Athene zum Geschenk macht. Fortan trägt sie es in ihrem eigenen Brustschild, um ihre Feinde schreckensstarr zu machen. Ursprünglich galt dieser Schild jedoch als eigenes Symbol der Athene.

Aus dem Blut der Medusa entspringt auf wundersame Weise das geflügelte Pferd Pegasus. Mit seinem harten Hufschlag stampft es alsbald eine Quelle aus der Erde! An dieser Quelle leben die sangeskundigen Musen. Eines Tages sucht Athene diesen Ort auf, um sich mit eigenen Augen von dem Wunder zu überzeugen:

»Zu Ohren kam mir die Kunde von der neuen Quelle, die der harte Hufschlag des aus dem Blut der Meduse entstandenen Flügelpferdes entspringen ließ. Sie ist der Grund meines Kommens; ich wollte das Wunder schauen; sah ich doch das Ross aus dem Blut seiner Mutter entstehen.‹ Uranie versetzt: ›Welcher Grund auch dich, Göttin, in unser Heim führen mag, du bist uns hochwillkommen. Doch das Gerücht spricht wahr: Pegasus hat in der Tat diese Quelle hervorgebracht.‹ Und schon hat sie Pallas zum heiligen Wasser geführt. Lange steht diese staunend an den Wellen, die aus dem Hufschlag entsprangen, sieht sich ringsum die Haine mit ihren altehrwürdigen Bäumen an, die Höhlen und die Kräuter, zwischen denen unzählige Blumen blühen, und glückselig nennt sie die Töchter der Erinnerung zugleich wegen ihres Berufes und ihrer Wohnstätte.« (vgl. Ovid, Metamorphosen, V 250–268)

Noch das Blut der (erschlagenen) Medusa hat heilende Wirkung und kann sogar Tote zum Leben erwecken. Athene schenkt diesen »Lebenssaft« bezeichnenderweise an Asklepios weiter, der erst dadurch zu einem großen Heiler wird.

»Und nachdem er ein Chirurg geworden und die Kunst zu großer Vollkommenheit gebracht hatte, hat er nicht nur einige vor dem Tode errettet, sondern sogar Tote erweckt, denn er hatte von Athena das Blut, welches aus den Venen der Gorgo geflossen war, und während er das Blut, welches von der linken Seite kam, als Pest für die Menschheit verwendete, gebrauchte er dasjenige von der rechten Seite zu deren Heil und erweckte damit Tote.«

Der griechenfeindliche antike Schriftsteller Tatian erklärt diesen selben Sachverhalt so:

»Und nach der Enthauptung der Gorgo ... teilten sich Athene und Asklepios die Blutstropfen. Und letzterer unter ihnen erhielt rettende Wirkung, erstere aber wurde von demselben vergossenen Blut eine Menschenmörderin und Kriegsstifterin.«

Aus dieser Äußerung müssen wir schließen, dass Tatian zudem noch frauenfeindlich war. Das im ersten Zitat noch vereinigte Gegensatzpaar von Hell und Dunkel reißt er jedenfalls in bekannt polarisierender Weise auseinander; und spielt der weiblichen Seite den dunkleren Part zu. (vgl. C. A. Meier, S. 46f)

Das Wort Medusa stellt sich übrigens dar als die weibliche Form von *medon*, Herrscher. Eine »Medusa mit goldenen Schwingen« wurde im 7./6. Jhd. v. Chr. als Erscheinungsform der Aphrodite verehrt. Ihre heraushängende Zunge, die immer noch als zusätzlich grässlich dargestellt wird, sollte die Bitte um Regen zum Ausdruck bringen. (vgl. Johnson, S. 94) So wäre auch diese »Schlangengöttin« ursprünglich mit Regen, Wasser und Fruchtbarkeit verbunden gewesen.

3. Demeter

Sehen wir uns noch Demeter an. In ihrem Namen verbindet sich die *me*-Kraft mit dem Mütterlichen: *meter*, so wird das Wort für Mutter noch im heutigen Griechisch geschrieben (*metera*). Somit ist das Wort Mutter »von Anbeginn« mit der Vorstellung von all-umfassender Weisheit verknüpft. Und wir messen unsere Welt bis heute noch in Metern!

Obgleich als Erdmutter verehrt, kann sich auch Demeter mit Leichtigkeit in die Lüfte schwingen. Und auch sie benutzt dazu den Schlangenwagen:

»Die Göttin der Fruchtbarkeit aber spannte zwei Schlangen vor ihren Wagen, legte ihnen Zaumzeug ums Maul, fuhr durch die Luft, die zwischen Himmel und Erde ist, schickte den leichten Wagen in die Stadt der Tritionis zu Triptolemus und gebot ihm, Samen, den sie ihm gab, teils auf bisher unbebautes Land zu streuen, teils auf Land, das nach langer Zeit wieder bebaut wurde.« (Ovid, Metamorphosen V 642–649)

Auch bei der Suche nach ihrer Tochter Persephone »spannte sie gezäumte Schlangen vor den Wagen und fuhr trockenen Fußes über die Fluten des Meeres.« (Ovid, Fasten Bd. 1, 4. Buch 393–620; vgl. Zingsem 1995, S. 163–168)

Demeter macht durch ihre Gabe, das Getreide, die Fruchtbarkeit des Feldes unsterblich und damit in gewisser Weise auch uns Menschen. Das Korn, dessen Anbau sie stiftet, ist unser aller Grundnahrungsmittel und sichert das Überleben der Menschheit im Ganzen. Es verwandelt sich in der Erde, in der das Weizenkorn zunächst abstirbt, um auf diese Weise neues (Pflanzen-)Leben hervorzubringen.

Weil Medea genau wie Demeter im Schlangenwagen durch die Lüfte saust, vermutet Robert v. Ranke-Graves, Medea sei die in Korinth verehrte Demeter gewesen. Ihre spätere Vertreibung aus Korinth und Athen deutet er als Unterdrückung des Erdkultes durch die Hellenen. (Bd. 1, S. 304)

4. Me, Maya, Ma'at

Das Wort *me* leitet sich ab aus der Sanskrit-Wurzel *medha*, Weisheit, die wiederum mit der Silbe *ma*, ausmessen, planen (nach Art der Tischler und Architekten) zusammenhängt. *Ma* aber ist die Kernsilbe des Wortes *Maya* – Name der größten Gottheit Indiens – die Fülle der Möglichkeiten und das mütterliche Maß der Welt:

»Große Weisheit, große Maya, große Einsicht, großes Gedenken, große Verblendung, verehrungswürdige große Göttin, große Widergöttin! O du, die du die Welt bist!«, wird sie von Brahma (Mit-Schöpfer der Welt) gepriesen. (Zimmer 1978, S. 479; vgl. Zingsem 1995, S. 387–390)

Wer dächte hier nicht sogleich auch an die ägyptische Göttin *Ma'at*, jene Personifikation kosmischer Ordnung und Gesetzlichkeit, ohne deren beständiges Wirken, nach Auffassung der alten Ägypter, kein Leben möglich schien? Auf Abbildungen trägt sie häufig (neben der obligatorischen Straußenfeder) eine Krone aus lauter Uräusschlangen, wie sie im Übrigen auch zum Ornat amtierender Königinnen gehörte. Damit wurden die Pharaoninnen zu Stellvertreterinnen der Ma'at auf Erden.

Die unbestrittene »Königin aller *me*-Kräfte« aber ist Inanna, die sumerisch/babylonische Königin von Himmel und Erde, als Göttin der Liebe verehrt im Abendstern, als Göttin der Gerechtigkeit verehrt im Morgenstern (beides nennen wir bis heute »Venusstern«). Sie, die als Erste den Abstieg in die Unterwelt wagte, hat aus der Wassertiefe *(Apsu)* die Weisheit des Lebens, die »sieben« *me*-Kräfte gewonnen, die Gaben der Weisheit in ihrer ganzen Fülle. »Leben spendende Frau« heißt sie deshalb, »die alle sieben *me* im Griff hält«. Die Auseinandersetzung mit Tod und Auferstehung gehört in den Bereich dieser *me*. Niemand darf sich weise nennen, der sich nicht mit den Schrecken des Todes konfrontiert und erkannt hat, dass sie nur die andere Seite des Lebens sind. Im Reich des Todes findet Inanna das Wasser des Lebens und das Brot des Lebens. Was uns nährt und am Leben erhält, erweist sich als Gabe der »unteren Welt«: Das Korn wie auch die Quelle entspringen im Erdinnern, werden unter der Erde verwandelt, um auf der Erde Frucht zu bringen. Mit diesem Wissen der Tiefe gesegnet kann Inanna beruhigt und bereichert an ihren Platz am Himmel zurückkehren.

Als die Göttin mit der Schlange im *Huluppu*-Baum kämpft, hat sie diese Weisheit noch nicht erlangt. Das Motiv der Zusammengehörigkeit von Schlange, (Lebens-)Wasser und Baum aber wird im Vorderen Orient bereits um diese frühe Zeit (ca. 3000 v. Chr.) geprägt und hat ihn seither nicht mehr verlassen. Die ältere Schöpfungsgeschichte der Bibel (Gen 2, 4ff) greift es mit veränderten Vorzeichen wieder auf, und noch das letzte Buch der Bibel beginnt sein letztes Kapitel mit einem ähnlichen Bild (Apk 22,1f):

»Und er zeigte mir einen Strom von Lebenswasser, glänzend wie Kristall; der geht vom Throne Gottes und des Lammes aus. Inmitten ihres Platzes und zu beiden Seiten des Stromes steht der Baum des Lebens, der zwölf Früchte trägt. Jeden Monat spendet er seine Frucht, und die Blätter des Baumes dienen zur Heilung der Völker.«

Herausgefallen aus dem Bild ist die Schlange. Sie, die der Antike als das allergeistigste Tier und Symbol unsterblichen Lebens galt, findet offiziell in der jüdisch-christlichen Welt keinen Halt mehr. Zusammen mit Lilith wird sie zum Symbol von Tod, Sünde und Verderben. Lebensbaum und Lebenswasser jedoch sind in die Hände eines Vatergottes gelegt, der keine gleichrangige weiblich-göttliche Gefährtin neben sich duldet. Schlange und Frau erleiden ein ähnliches Schicksal. Aus den Müttern des Lebens werden die angeblichen »Todesmütter«. Die Einheit von Leben und Tod, hell und dunkel, männlich und weiblich wird auseinander gerissen. Fluch und (Lebens-)Feindlichkeit sind die Folgen:

»Nun sprach Gott zur Schlange: ... verflucht seist du unter allem Vieh und unter allen Tieren des Feldes. Auf deinem Bauche sollst du kriechen und Staub fressen alle Tage deines Lebens. Feindschaft will ich setzen zwischen dir und dem Weibe, zwischen deinem Spross und ihrem Spross. Er wird dir den Kopf zermalmen, und du wirst ihn an der Ferse treffen.«

Und wie die Schlange im Staub kriecht, so wird auch der Mensch auf den Staub verwiesen: »Denn Staub bist du, und zum Staub musst du zurückkehren.« (Gen 2, 14–19)

Nicht zur Erde, sondern zum Staub kehrt der Mensch zurück. Hier ist die Erde längst keine – eigenmächtige – Göttin mehr; so wie auch die Gestirne, in denen die antike Welt ihre Gottheiten erblickte, in der späteren biblischen Schöpfungsgeschichte (Gen 1,1ff) nur mehr zu »Lampen am Firmament« degradiert werden.

Trotz allem spiegelt selbst die Schöpfungsgeschichte aus Gen 2,4ff noch den Einklang des Mütterlichen mit Weisheit und Spiritualität (wenngleich mit verzerrtem Ausgang). Nicht zufällig wohl hält hier Eva *(Chavah)*, die »Mutter alles Lebendigen«, Zwiesprache mit der Schlange, die dem Alten Orient als Symbol höchster Geistigkeit galt. Was Eva anstrebte, war Erkenntnis, und zum Denken und Erkennen wollte sie Adam (ver)führen, nicht zum Sex, was in der späteren Auslegungsgeschichte zu dieser Stelle gern vergessen wurde.

Und auch Lilith taucht wieder auf: Nun als geflügelte Dämonin der Nacht und der Untiefen des Unabsehbaren. In der christlich inspirierten Kunst wird sie zur Schlange, die sich um den Baum der Erkenntnis windet und mit Eva spricht. Frau und Schlange geraten hier gleichermaßen auf die Schattenseite der Kultur.

II. Lilith, verdammte Schlange

Lilith, die geflügelte Dämonin der Nacht und der Wassertiefen, wurde geradezu zu einem Symbol für die dunkle Seite des Weiblichen: Obwohl sie im Laufe ihres langen (und noch keineswegs erschöpften) mythologischen Lebens mit einer Vielzahl von (häufig widersprüchlichen) Attributen und Legenden bedacht wurde, gibt es auch eine (jüdisch-kabbalistische), die sie in direkter Linie mit dem Leviathan, dem Chaos- Meeresdrachen verbindet:

»Dies sind der Leviathan und sein Weib. Und jede lebende Kreatur, die kriecht. Dies ist die Seele des Geschöpfs, das in alle vier Gegenden der Welt kriecht, nämlich Lilith.« (Sohar I 34a)

Das Wasser, heißt es dort, ernährt Lilith und der Südwind verbreitet ihren Einfluss und gibt ihr Macht über alle Tiere des Feldes. So wird sie schließlich zur Seele aller Tiere des Feldes und aller Kriechtiere. Während ihres Aufenthaltes am Roten Meer, wohin sie auf Gottes eigenen Befehl verbannt wurde, wird sie zur Gemahlin des Samael (Satan): »Das Weib des Samael heißt Schlange, Hurenweib, Ende allen Fleisches, Ende des Tages.« (Sohar I 148a)

Im Mythos dieser »teuflischen« Vermählung wird Lilith gern als Leviathan, die geringelte Schlange, und Samael als Leviathan, die flüchtige Schlange, vorgestellt.

»Und wir fanden es geschrieben, dass der üble Samael und die böse Lilith das Aussehen eines Paares haben, das, mit der Verbindung durch den blinden Drachen als Brautführer, eine Emanation des Bösen und der Anmaßung empfängt, die von einem zum andern fließt. Und über dieses Mysterium steht geschrieben: ›An jenem Tag sucht Er heim mit seinem Schwert, dem harten, dem großen, dem starken, den Lindwurm flüchtige Schlange und den Lindwurm geringelte Schlange, er erwürgt den Drachen, den am Meer‹« (Jes 27,1). Leviathan besteht aus der Verbindung und Verknüpfung zwischen den beiden, die das Aussehen von Schlangen haben. Daher ist er verdoppelt: Die flüchtige Schlange entspricht Samael und die geringelte Schlange entspricht Lilith.

Das Schicksal, das Lilith treffen soll, ist Vernichtung. Der blinde Drache, der die Heirat zwischen Lilith und Samael herbeigeführt hat, »reitet Lilith, die sündige – mag sie in unseren Tagen bald ausgelöscht werden, Amen!«

Wobei die Kabbala immerhin anerkennt, dass Lilith (wie Samael) aus dem strengen und strafenden Aspekt Gottes hervorgegangen und damit letztlich Teil von ihm ist. (Es bleibt zu überlegen, inwieweit nicht unsere Nixen-, Melusine- und Undine-Märchen mit dieser Lilith-Tradition in Verbindung zu sehen sind.)

Anders ergeht es dem Drachen der Apokalypse, dem letzten Buch der Bibel. Er gilt als Verkörperung der nur-noch-bösen, widergöttlichen und von Gott getrennten Welt:

»Und der Engel ergriff den Drachen, die alte Schlange, die der Teufel und der Satan ist, und legte ihn in Fesseln für tausend Jahre und warf ihn in den Abgrund und schloss über ihm zu und legte ein Siegel an, damit er die Völker nicht mehr verführe, bis die tausend Jahre vollendet wären. Danach muss er auf kurze Zeit losgelassen werden.« (Apk 20, 2f)

Und auch die Vision von der Frau und dem Drachen darf nicht fehlen:

»Und es erschien am Himmel ein großes Zeichen: eine Frau, umkleidet mit der Sonne, der Mond unter ihren Füßen und auf ihrem Haupt ein Kranz von zwölf Sternen. Und sie ist schwanger und schreit in Wehen und Geburtsqualen. Und ein anderes Zeichen erschien am Himmel und siehe: ein großer feuerspeiender Drache mit sieben Köpfen und zehn Hörnern und auf seinen Köpfen sieben Kronen; und sein Schwanz fegte ein Drittel der Sterne des Himmels hinweg und warf sie auf die Erde. Und der Drache steht vor der Frau, die gebären soll, um gleich nach der Geburt ihr Kind zu verschlingen.«

Gegen diesen Drachen führt der Erzengel Michael Krieg: »Und gestürzt wurde der große Drache, die alte Schlange, die der Teufel heißt und der Satan, der die ganze Welt verführt; gestürzt wurde er auf die Erde, und seine Engel wurden mit ihm gestürzt. ... Wehe der Erde und dem Meer! Denn der Teufel ist zu euch hinabgestiegen mit grimmem Zorn, weil er weiß, dass er nur noch kurze Zeit hat.« (Apk 12,1-17)

Der Drache verfolgt die Frau und die Nachkommenschaft derer, die an Jesus festhalten. Sein Ende jedoch ist Vernichtung, wie Apk 20 unmissverständlich klar macht. Unversöhnlichkeit der Gegensätze bis zuletzt. Tod und Unterwelt und der sie repräsentierende Chaosdrache landen gemeinsam im »Feuerpfuhl«. Die Feindschaft zwischen Frau und Schlange wird verewigt. Dadurch wird auch die Erde ein Ort des Schreckens. Was sich in Genesis 3 anbahnte, wird hier vollendet. Symbole, die ansonsten im Vorderen Orient zusammengehörten, werden endgültig auseinander gerissen. Der Drache wird zum Symbol einer lebensfeindlichen Erde. Die Frau, die noch in der Schöpfungsgeschichte (Gen 3) mit ihm zu paktieren schien, ist ihm nicht gewachsen. Hier werden die Verhältnisse auf den Kopf gestellt. Die Schlangen oder Drachen, die sonst – gerade auch von Erdgöttinnen – zum Schutz heiliger Stätten und Bäume eingesetzt werden, können in ihrem lebenfördernden Aspekt nicht mehr erkannt werden.

Wir können davon ausgehen, dass der stilisierte Baum auch den Kosmos, die Welt, in der wir leben, die Erde, die uns trägt und nährt, repräsentiert. Die Schlange, die ihn umwindet, schützt damit zugleich auch diese Welt vor aufdringlichen, verdinglichenden Zugriffen: Erst als Gilgamesch Lilith und die Schlange aus dem *Huluppu*-Baum vertrieben hat, kann er aus dem Holz des Baumes »Möbel« machen, sicher auch in dieser Hinsicht eine prototypische Geschichte. Und nicht umsonst etwa gebiert Hera, die Erdgöttin, zahlreiche Schlangenmonster, um ihr Reich vor dem Wüten des Herakles zu schützen, der sich mit Zeus als dem Repräsentanten einer neuen Weltordnung gegen sie und ihre Geschöpfe verbündet hat. Zu glauben, der Drache am Baum müsse bekämpft und besiegt werden, um den Kosmos vor Chaos und Untergang zu bewahren, erweist sich als Grundirrtum. Nirgends ist davon die Rede, dass die Schlange sich an dem Baum, der Quelle, dem Fluss vergreift, den/die sie bewacht. Ganz im Gegenteil wird sie, wenn sie nicht bereits selbst als Gottheit verehrt wird, häufig von Gottheiten explizit zum Schutz geweihter Stätten eingesetzt. Diesen Drachen zu bekämpfen könnte symbolisch bedeuten, dass uns nichts auf Erden und im Kosmos mehr heilig ist. Dann wäre der erschlagene Drache auch Sinnbild einer säkularisierten »Natur«, aus deren vielfältigem Sein uns nichts Göttliches mehr aufscheint. Erst eine solche Welt, eine solche Erde können wir ungehindert zu unserem eigenen angeblichen Nutzen ausbeuten. Die Folgen dieser Einstellung werden uns vielleicht erst heute bewusst. Es wäre an der Zeit, über die positiven Züge der Drachen auch in dieser Hinsicht neu nachzudenken.

III. Frau und »falsche Schlange« – von der Wirkmacht eines Symbols

Der Kampf zwischen Vogel und Schlange, Himmel und Erde, Oben und Unten wird im Vorderen Orient (und schließlich weltweit) immer mehr zu einem Kampf zwischen dem männlichen und dem weiblichen Prinzip, wobei das Weibliche zunehmend und ausnehmend mit der Symbolik des »Unten« – Erde, Dunkel, Chaos, Tod – und das Männliche mit der Symbolik des »Oben« – Himmel, Sonne, Licht und Leben – identifiziert wird. Eine überaus willkürliche und keineswegs zwingende Trennung, wie aus dem Vorangegangenen deutlich geworden sein dürfte. Das Männliche stilisiert sich in diesem Vorgang zum solaren, freigeistigen, hellen (hell auch im Sinne von intelligent) Prinzip, das vom weiblich-lunaren, erdenschwer-verschlingenden an seinem »Höhenflug« gehindert wird. Woraus das Männliche sein Recht ableitet, das Weibliche zu bekämpfen und zu unterdrücken, als hätte letzteres nicht ein genau gleiches Recht auf Entfaltung und Verwirklichung seiner selbst. Inanna, eine der ältesten Göttinnen unseres Kulturraumes, war immerhin noch Königin von Himmel und Erde (und Unterwelt), Hera oder Demeter dagegen sind »nur« noch Erdgöttinnen. Die mesopotamische Göttin der Liebe war auch Göttin des Kampfes, Aphrodite/Venus ist »nur« noch Liebesgöttin, wohingegen Ares/Mars den Kampfaspekt übernimmt. Immerhin bleibt Aphrodite zunächst noch Göttin von Unterwelt, Tod und Erlösung. Schamaninnen wie Medea werden, gerade weil von ihnen Glück, Leben und Lebendigkeit abhängt, verteufelt. Wer sich zur Freiheit der Lüfte erhebt, will nicht mehr an seine erdgebundene Abhängigkeit erinnert werden. Wenn er sie schon nicht ändern kann, dann will er sie wenigstens verachten dürfen. Und dieses »er« ist hier wortwörtlich zu nehmen. Denn »sie« soll nun »unten« bleiben. Der klassische Kampf der Lilith, deren Wunsch, auch ab und zu die »obere« Position einnehmen zu dürfen, unerhört bleibt (in des Wortes doppelsinniger Bedeutung). Adam will sie »unten« und sich selbst »oben drüber« sehen und erhält von seinem Schöpfer in dieser Weltsicht Unterstützung.

»Feindschaft will ich setzen zwischen dir und der Schlange«, ein Urteil, das die Schlange ins Mark trifft. Ein Satz, der aus einem Wesen mit Lebenssprüchen ein verderbeneinflüsterndes Ungeheuer macht; und aus der Frau gleich mit dazu. Sie findet sich mit der nun »falschen Schlange« am selben Baum wieder, und dieser Baum spendet nicht mehr die Früchte der Unsterblichkeit und Verjüngung, sondern Früchte von Tod und Verderben. Wer von den Früchten dieses Baumes isst, wird nicht mehr jung und lebendig, sondern stirbt. Man könnte auch sagen, dass das Wissen um die verwandelnde Kraft des Todes in Vergessenheit gerät. Vom Tod, der früher selbst Erlösung und Verwandlung in ein neues Leben bedeutete, muss fortan erlöst werden. Wer von den Früchten dieses neuen »Baumes der Erkenntnis« gegessen hat, versteht, dass diese Welt kein Paradies ist, und das lässt Wut, Enttäuschung und Trauer zurück – und das Bestreben, diese Welt, als »Durchgangsstation« zu einem angeblich besseren Leben, so bald als möglich hinter sich zu lassen. Wer das Paradies im Jenseits sucht, wird das Hier und Jetzt vernachlässigen und zuletzt »verteufeln«. Die Erde wird zum »Jammertal«, die Einheit von Tod und Leben, Gut und Böse, die von der Schlange versinnbildlicht wurde, auseinander gerissen. Die Frau, die mit dieser »Erde« symbolisch gleichgesetzt wird, hat bald selbst als »Mutter des Lebens« ausgedient. Wie die Schlange wird sie zur Todesbotin. Dass sie Leben schenken kann, wird ihr in einer Welt verübelt werden, in der zunehmend darüber phantasiert wird, dass es besser wäre, überhaupt nicht geboren zu sein.

Unser leitender Hintergrundmythos aber wurde, psychologisch gesehen (worauf als erster C. G. Jung und die Vertreter/innen seiner Schule hinwiesen) der Kampf gegen den Drachen und das, wofür er auf der Symbol-Ebene stand: die Erde und das Weibliche, Grab und Geburtskanal zugleich. Unter diesem Aspekt müssten uns die vielen Drachentötergestalten auf unseren Dorfbrunnen eigentlich beunruhigen.

Dass man die Schlange, losgelöst von unserer kulturellen Voreingenommenheit, auch in einen ganz anderen Kontext stellen kann, möchte ich an einem abschließenden Beispiel veranschaulichen: Bei den Ojibway in Kanada ist die (Klapper-)Schlange ein Vorbild für unerschöpfliche Geduld. Auf ihr Verhalten fällt nicht einmal der Schatten einer bösen Absicht.

Die Schlange, so erklären die Ojibway, war bei der Schöpfung eher benachteiligt worden: keine Arme, keine Beine, keine Flügel. Mit derart geringen körperlichen Hilfsmitteln ausgestattet, wurde sie vom Schöpfer dennoch zur Hüterin der Felder, Wiesen und Grünpflanzen bestimmt. Und im Gegensatz zu anderen Tieren (wie etwa dem Vielfraß), die sich beim Großen Geist lauthals über ihr Aussehen beschwerten, ertrug sie ihr Geschick klaglos. Heiter und zufrieden machte sie das Beste aus ihren allerschwächsten Kräften und schützte die Pflanzen, so gut sie es vermochte. Nur mit den gierigen Kaninchen, die unterschiedslos alles fraßen, was ihnen an Grünzeug zwischen die Zähne geriet, kam sie beim besten Willen nicht zurande. Die Kaninchen fraßen sämtliche Blätter, Stiele, Blüten und meist auch noch die Wurzeln aller Pflanzen, sogar die Rinde der jungen Baumtriebe knabberten sie ab. Wo sie sich niederließen, wuchs buchstäblich kein Gras mehr. Die Schlangen aber waren zu schwach, um sich gegen die Kaninchen zur Wehr zu setzen, im Gegenteil machten sich die Kaninchen einen Spaß daraus, die Schlangen zu tyrannisieren. Sie zogen sie am Schwanz, setzen sich auf sie, zogen und zerrten sie über den Boden und warfen sie sogar hoch in die Luft, sodass sie blutend auf der Erde aufschlugen. Alle Versuche der Schlangen, sich mit den Kaninchen zu einigen, waren vergebens. Schließlich entschlossen sie sich, den großen Geist um Hilfe zu bitten, weil sie sich außerstande sahen, die ihnen bei der Schöpfung zugeteilte Aufgabe weiter zu erfüllen.

Und der Große Geist hatte Mitleid mit den bedauernswerten Schlangen. So gab er den einen Gift, den anderen die Fähigkeit, ihre Angreifer/innen zu ersticken. Wobei er sie gleichzeitig warnte, diese ihre neue Macht nur im äußersten Notfall zu gebrauchen und es zuerst mit Drohungen zu versuchen (wozu die Klapperschlange natürlich die beste aller Ausstattungen erhielt). Die Schlangen, so scheint es, haben sich daran gehalten. Nachdem die Kaninchen sie auch weiterhin und trotz aller Warnungen zum Spielball ihres Übermuts machen wollten, ließen sie ihren Giftzahn antworten, der auf der Stelle einen der Angreifer tötete. Seine Genoss/inn/en wurden dadurch wirksam in die Flucht geschlagen. Die Schlangen aber, die sich nun endlich den gebührenden Respekt verschaffen konnten, sorgten weiterhin aufopferungsvoll für den Schutz der Felder und sicherten damit letztlich allen Wesen das Leben: Pflanzen, Tieren und Menschen. Den Ojibway erscheint die (Klapper-)Schlange bis heute als Sinnbild der unerschöpflichen Geduld. Sie haben sie in den Kreis ihrer Tier-Totem-Symbole aufgenommen und verehren sie als große Lehrerin für all jene, die lernen wollen, sich in Geduld zu fassen. (vgl. Basil Johnston, S. 47–49; 53)

Hier, wie auch bei vielen anderen Völkern des Erdkreises ist die Schlange wieder, was sie zu allen Zeiten und Zonen vorrangig war: Symbol für die Heiligkeit des Lebens und den Ausgleich der Kräfte im Universum.

Teil 2

Barbara Stamer

I. Die Schlange – ein Symbol des Lebens in Märchen, Mythos und Kunst

1. Die Schlange als Lebens- und Erdkraft im Europäischen Volksmärchen und in der Sage

a. Das Kind und die Schlange

Märchen gehören zu den ursprünglichsten und traditionsreichsten Erzählformen der Menschen aller Völker: Sie geben uns »Kunde« (mittelhochdeutsch »maere«) von vielerlei Geschehnissen und übermitteln uns soviel wie eine »hohe Botschaft« (althochdeutsch: »mâri«), die über Raum und Zeit hinausweist. Das Märchen erzählt von Lebenserfahrungen und Weisheiten vieler Generationen, die sich in archetypischen Bildern und Symbolen verdichtet haben. Manche dieser Bilder mögen aus archaischen Zeiten stammen, da sie von religiösen und gesellschaftlichen Vorstellungen und Riten zeugen, die uns heute unverständlich erscheinen. Umso interessanter ist es, diesen uralten Bildern nachzugehen, denn die Märchen sind in einer Symbolsprache geschrieben, die dem heutigen Menschen zwar fremd geworden ist, die jedoch die bedeutendsten Ausdrucksformen des menschlichen Geistes und tiefe Quellen der Weisheit in sich birgt.

Erich Fromm sieht in dieser Symbolsprache die »einzige universale Sprache, welche die Menschheit jemals entwickelt hat und die für alle Kulturen im Verlauf der Geschichte die gleiche ist. (...) Es ist eine Sprache, die eine andere Logik hat als unsere Alltagssprache, die wir tagsüber sprechen, eine Logik, in der nicht Zeit und Raum die dominierenden Kategorien sind, sondern Intensität und Assoziation.«

Der moderne Mensch hat diese Sprache vergessen, nur in seinen Träumen – und in den Märchen – tauchen ihre längst versunkenen Bilder wieder auf, rätselhaft und manchmal erschreckend.

In dem geheimnisvollen Märchen »Die Schlange« treffen wir auf eine solche archaische Symbolwelt, jenseits aller Realität:

- Eine Schlange, die zum tödlichen Entsetzen der Eltern mit ihrem Kind vertraulich spielt und kost!
- Eine Schlange, die ganz widernatürlich als liebste Speise Milch trinkt!
- Eine Schlange, die durch ihr heimliches Beisammensein mit dem Kind dessen Wachstum und gutes Gedeihen bewirkt.
- Eine Schlange, durch deren Tötung unbegreiflicherweise der Tod des Kindes bewirkt wird.

Hier kann es sich nicht um eine »natürliche« Schlange handeln! Welche Vorstellungen fließen in diesem Tiersymbol zusammen? Was bedeutet diese »Chiffre«? Die Intensität dieser uralten Bildsymbole ruft viele Assoziationen hervor. Doch lassen wir zunächst das Märchen in seinem Originalton auf uns wirken:

»Die Schlange«
In der Barkowschen Heide liegt, nicht weit von dem Holzwege, der mitten durch den Wald geht, ein einsames Bauernhaus. In demselben wurde vor Jahren eine tote Schlange gezeigt, von der man sich folgendes erzählte:

In dem Hause lebten vor langen Zeiten einmal Bauersleute, die nur ein einziges Kind hatten, ein Mädchen von vier Jahren. Im Sommer ließen sie das Kind vor dem Hause spielen, wohin sie ihm auch des Mittags seine Milch mit eingebrockter Semmel brachten. Wenn nun das Kind dies verzehrte, kam jedesmal eine große Schlange herbei, setzte sich zu ihm und trank mit ihm von der Milch und aß von der Semmel. Es fürchtete sich garnicht vor dem Tiere, wurde vielmehr so vertraut mit ihm, daß es dasselbe ohne Scheu auf den Hals klopfte und zu ihm sagte: »Trinke mir auch nicht zu viel ab.«

Seinen Eltern erzählte das Mädchen nichts hiervon. Als es aber eines Mittags viermal nach einander Milch forderte, da fiel das der Mutter auf, und wie sie das letzte Mal die Milch hingebracht hatte, blieb sie hinter der Thüre stehen, um zu sehen, was das Kind mit der Milch anfange. Auf einmal sah sie die Schlange herbei kommen, welche die Milch aufzehren half.

Darüber entsetzte sie sich und rief ihren Mann zu Hilfe, der mit einem Knittel herbei kam, um das Tier totzuschlagen. Das Mädchen weinte zwar sehr und bat den Vater um Gnade für die Schlange; aber er tötete sie doch. Von der Stunde an schwand das Kind an allen Gliedern, – und nach wenigen Tagen war es tot. (Sage aus Pommern)

Es ist, als ob ein geheimer *Lebensstrom zwischen der Schlange und dem Kind* bestünde, wird dieser unterbrochen, so tritt der Tod ein. Die Schlange gebietet über Tod und Leben – sie selbst *ist* diese göttliche Lebensenergie und Schöpferkraft!

Dieses Märchen zeigt aber auch den kulturgeschichtlichen Bruch des Symbolverständnisses von Schlangen: Hier prallt die alte Vorstellung der Schlange als Erd- und Lebensgöttin mit dem traditionell christlichen Bild der Schlange als dem Prinzip des Bösen und Gefahrvollen zusammen: Die Eltern, die nichts von den lebengebenden, geheimen und göttlichen Kräften der Schlange wissen, können in der Schlange nur den Inbegriff des Bösen, Gefahrvollen sehen. Eine spätere, von christlichem Gedankengut geprägte Erzählschicht schiebt sich hier über das viel ältere Wissen von der Schlange als einem positiven Symbol des Lebens und der ewigen Erneuerung. Bei Grimm wird die Schlange bemerkenswerterweise als das »gute Tier« bezeichnet:

»Die Mutter, die in der Küche stand, hörte, dass das Kind mit jemand sprach, und als sie sah, dass es mit seinem Löffelchen nach einer Unke (hier: »Schlange«, Grimm bezeichnet sie in seinen Anmerkungen zu den Kinder- und Hausmärchen (KHM) als »Ringelnatter«) schlug, so lief sie mit einem Scheit Holz hinaus und tötete das *gute* Tier ... Jetzt aber verlor es seine schönen roten Backen und magerte ab. Nicht lange, so fing in der Nacht der Totenvogel an zu schreien, und das Rotkehlchen sammelte Zweiglein und Blätter zu einem Totenkranz, und bald hernach lag das Kind auf der Bahre.« (Brüder Grimm, »Das Märchen von der Unke« KHM 105)

In einer Erzählvariante aus Schwaben (»Die Schlange und das Kind«) ist das Wissen um diese positiven, lebenserhaltenden Kräfte der Schlangen erhalten geblieben; die Mutter begegnet der Schlange mit Ehrfurcht und lässt Kind und Schlange gewähren:

Die Schlange und das Kind
In Schwandorf bei Nagold gab eine Mutter ihrem Kinde, so oft sie ins Feld mußte, einen ganzen Hafen voll Milch und ließ das Kind damit allein im Garten. Da wunderte sich die Mutter, wenn sie vom Feld heimkam, daß die Milch jedesmal rein ausgegessen war, wie groß der Hafen auch sein mochte. Das Kind sagte, es käme immer ein Vöglein und esse mit. So paßte die Mutter eines Tages auf und sah, daß eine Schlange aus der Gartenmauer herauskroch und mitaß. Sooft das Kind einen Löffel voll genommen hatte, steckte die Schlange ihren Kopf in den Hafen und trank, und so ging das fort, eins ums andre. Dabei wurde die Schlange nicht böse, als das Kind sie mit dem Löffel auf den Kopf schlug und sagte: Iß et no Ilch, iß au Ickle!« (Brickle, Bröckle). Nach dem Essen legte sich die Schlange dem Kind in den Schoß und spielte mit ihm. Als die Mutter nun sah, daß die Schlange dem Kind nichts zuleide tat, ließ sie sie gewähren, und gab ihr auch später, als das Kind schon erwachsen war, noch lange Zeit allein täglich ihre Milch. Solche Schlangen darf man nicht töten; es bringt dem Kind sonst Unglück und kann ihm selbst das Leben kosten. (Sage aus Süddeutschland)

So gilt die »Hausschlange« als ein sympathetisches Tier (ein Tier von geheimer Wirkung), als ein guter Hausgeist, dessen Gedeihen eng mit dem Leben des Kindes verknüpft ist. »Das kleine Kind lebt symbiotisch mit der Milch trinkenden Hausunke, worunter die Ringelnatter zu verstehen ist, ... die Schlange ist gewissermaßen das Seelentier des Kindes.« (Uther, S. 202)

Das archaische Bildsymbol der Milch trinkenden Schlange ist erstaunlicherweise weit verbreitet und findet sich in den Volksbräuchen, im Volks- und Aberglauben vieler Völker.

Sehr alt und verbreitet sind Sagen, die davon berichten, dass die Schlangen Milch trinken, Kühen und sogar Frauen die Milch aussaugen. Ja, sie schlüpfen sogar gerne in die Wiege der Kinder, um sich zu wärmen, ohne diesen zu schaden. Auch in den Volksbräuchen ist dieses Wissen von der sympathetischen Verbindung zwischen Schlange und Kind erhalten geblieben. Sagen berichten davon, dass die Kinder auf geheime Weise in der unmittelbaren Nähe der Schlange besser als zuvor gedeihen, dass die Schlange Stärke, Wachstum und Schönheit verleiht.

Besonders bemerkenswert ist dabei die Tatsache, dass Schlangen in Wirklichkeit gar keine Milch trinken! Der renommierte amerikanische Reptilienforscher Archie Carr weist darauf hin, dass es bis in die jüngste Zeit hinein in Osteuropa und im Mittleren Osten einen Schlangenkult gab, »bei dem in den Bauernhäusern Schlangen gern gesehene Gäste waren und ihnen erlaubt wurde, dort als gute Geister zu leben – vielleicht ein Überbleibsel griechischer und römischer Sitte, Schlangen zur Bekämpfung der Mäuseplage im Haus zu halten (...) (Abends) wurde ihr eine durch ein weißes Tuch bedeckte Schale Milch hingestellt, die Otter würde kommen und daraus trinken (...) Auch in den verschiedenen Gegenden Afrikas wird den Hausschlangen Milch angeboten, wohl auch deshalb, weil man glaubt, dass die Vorfahren in Schlangengestalt wiederkämen ... Es ist doch merkwürdig, dass in beiden Fällen die Milch das versöhnende Geschenk ist, dabei *schätzen Schlangen Milch gar nicht.* Die Arten wenigstens, die ich kenne, nahmen Milch nicht an, und ich habe oft versucht, Schlangen Milch anzubieten, um zu sehen, ob vielleicht doch irgendein Sinn in diesen vielen Schlangen-und-Milch-Geschichten steckt, die auch überall in Amerika zu hören sind. Einer der am weitesten verbreiteten Aberglauben um Schlangen in den Vereinigten Staaten steckt in der Sage, dass bestimmte Kettennattern Milch stehlen, indem sie direkt am Euter der Kuh saugen. Wer weiß, wie empfindlich Kühe gegen Berührungen des Euters sind, erachtet es nicht wert, darüber nachzudenken.« (Carr. S. 149)

Das archaische Bildsymbol der Milch trinkenden Schlange ist auf der ganzen Welt verbreitet und nicht als Beschreibung der »natürlichen« Schlangen, sondern als Archetyp (Urbild) zu bezeichnen.

Die Museumsleiterin des Reutlinger Naturkundemuseums, Frau Dr. B. Karwatzki, bestätigte mir: »Schlangen ernähren sich räuberisch und bevorzugen lebendige Beutetiere als Nahrung. Einen Unterdruck im Mundbereich, der zum Saugen nötig wäre, können Schlangen aus anatomischen Gründen nicht erzeugen. Das entlarvt alle Geschichten über an Eutern und Brüsten saugende Schlangen als falsch.«

Was naturwissenschaftlich als »falsch« zu bezeichnen ist, hat für den Märchen- und Mythenkenner einen umso höheren symbolischen »Wahrheitsgehalt«: Was viele verschiedene Völker in ihrem Volksgut überliefern, enthält einen archetypischen Bilderkanon, dessen verborgenen mythischen Sinn es aus der uns fremd gewordenen Märchen-Symbolsprache zu dechiffrieren gilt:

Die Schlange als chthonisches (der Erde angehörendes) Tier symbolisiert in Märchen und Mythos häufig die *Urkraft der Erde*, ihre immer währende Fruchtbarkeit und Lebenskraft, die Vergehen und Tod mit einschließt. Diese Urkraft der Erde wurde stets als göttlich-numinos aufgefasst und als solche personifiziert. Deshalb ist die Schlange *das heilige Tier der großen Mutter- und Erdgottheiten, der mythischen Gestalt der Großen Göttin*, die sowohl als Spenderin des Lebens wie auch als Todbringende verehrt wurde. (siehe Seite 177ff) Die Milch ist hier ein mythisches Symbol für Fruchtbarkeit, Wachstum, stetig sich erneuerndes Leben und Mütterlichkeit und insofern der Schlange und der Erdkraft zugeordnet.

Dieser weit verbreitete Märchen- und Sagenkreis von dem »Kind und der Schlange« hat in einer alten Erzählschicht das Wissen und die Vorstellung von der Schlange als dem heiligen Tier der großen Muttergottheiten bewahrt. Deutlich schimmert in dieser Vorstellung noch das Bild einer lebengebenden Göttin in Schlangengestalt durch. Die »große Schlange« flößt dem Kind keine Furcht ein, mütterlich »setzt sie sie sich zu ihm«, ist sehr »vertraut« mit diesem, isst, spricht und spielt mit ihm. Bei Grimm wird deutlich darauf hingewiesen, dass »solang die Unke (Schlange) mit ihm gegessen hatte, (es) groß und stark geworden« ist. Von der Schlange geht eine Lebenskraft aus, die in dem Symbol der Milch, dem gemeinsamen Essen, seinen Ausdruck findet. Durch die Milch sind Schlange und Kind symbiotisch verbunden. Da in diesem Märchen die Schlange das Prinzip des Lebens und des Göttlich-Numinosen symbolisiert, bedeutet die Tötung der Schlange den unweigerlichen Tod des eigenen Kindes.

Auch der griechische Mythos kennt das Motiv der symbiotischen Einheit zwischen Kind und Schlange: Im Traum gebiert Klytaimnestra eine Schlange, legt sie »wie ein Kind in Windeln« und reicht ihr die Brust.

Hierher gehört ebenso der griechische Mythos von Erichthonios, dem erdentsprossenen mythischen König von Athen:

Hephaistos stellt der jungfräulichen Göttin Athene nach, die sich gegen ihn zur Wehr setzt. Aus dem auf die Erde herabfließenden Samen des Hephaistos entsteht der kleine Erichthonios, in dessen Name der seiner Mutter (Erde = chthon) enthalten ist. Athene, die Erichthonios erzieht, übergibt ihn in einer verschlossenen Kiste den Töchtern des Kekrops, die ihre Neugier nicht bezähmen können und gegen das Verbot die Kiste öffnen, den schlangengestaltigen Knaben sehen und darüber wahnsinnig werden. (nach H. Hunger).

Eine andere Erzählart berichtet davon, dass das Kind von einer Schlange umwunden oder von Schlangen bewacht in seiner Kiste lag; bei Ovid wird das Kind der Mutter Erde von einem Drachen bewacht:

»Einst hatte den Sprössling,
Welchen gebar kein Weib, Erichthonius, Pallas verschlossen
In dem geflochtenen Korb, der gemacht von actäischem Reisig,
Und ihn vertraut den drei Jungfrauen, des doppelten Cecrops Töchtern, zur Hut,
doch sollten sie nicht das Verborgene schauen.
Mitten im regsamen Laub versteckt auf der buschigen Ulme
Sah ich ihr Tun. Das Anvertraute wahren die beiden,
Herse und Pandrosos, treu. Doch eine der Schwestern, Aglauros,
Nennt sie feig und trennt das Geflecht mit den Händen, und innen
Sehen sie liegen *ein Kind und einen sich reckenden Drachen*.«
(Ovid, Metamorphosen, 2, 552 ff.)

Der griechische Mythos zeigt gleich dem Volksmärchen und der Volkssage die mythische Beziehung zwischen Erde und Schlange – und damit auch zwischen Schlange und Kind: auch hier symbolisiert die Schlange die göttliche Erd- und Lebenskraft. Die Schlange gehört in den Umkreis der Großen Göttin, hier ist sie ihr Kind, sie erwächst im buchstäblichen Sinne aus der mütterlichen Erde.

In Erichthonios sah man ferner die *heilige Burgschlange* der athenischen Akropolis verkörpert, die mantische Fähigkeiten besaß. Erichthonios deckt sich auch mit Erechtheus, dessen altes Heiligtum, das Erechtheion, sich auf der Akropolis befand.

Doch nun zurück zu den Märchen: Dasselbe Motiv der symbiotischen Einheit zwischen Kind und Schlange finden wir in dem Märchen »Die Schlangenamme« (Ludwig Bechstein) – die Mutter säugt an ihren Brüsten Kind und Schlange – ein archaisch-fremdes Bild!

(...) Da blieb nun der Frau für ihr Kindlein nur die eine Brust, und die andere behauptete die Schlange, die nicht mehr abließ, zumal die Milch ihr wundersam zum Wachstume gedieh, und dem Kindlein schadete es auch nicht im mindesten, daß es an der Schlange eine Milchschwester hätte, es gedieh ebenfalls und wuchs mit der Schlange um die Wette. (...)

Kehren wir zu der These zurück, dass Märchen in einer universalen Symbolsprache geschrieben sind, die uns heutigen Menschen fremd geworden ist und die es zu entschlüsseln gilt.

Das Bild der nährenden Muttermilch, der schützenden Mutterbrust passt gleichermaßen zu Schlange *und* Kind: hier zirkuliert sozusagen der Lebensstrom, gedeiht und wächst Leben. Das Kind liegt *bei* der Schlange an der Mutterbrust – in anderen Sagen und Mythen (z.B. von Erichthonios) in der Wiege –, beide trinken dieselbe Milch. Die Schlange *ist* des Kindes Schutz, später hütet und rettet sie sein Leben, allerdings zunächst, ohne dass es jemand begreifen und glauben kann.

Auch in diesem Märchen bricht die ambivalente Haltung gegenüber der Schlange auf: Zuerst die Angst und das Erschrecken der Mutter über die vermutete Bosheit und Hinterhältigkeit der Schlange und dann das Staunen über die Errettung ihres Kindes durch die Schlange.

Die weise Schlange des Märchens belehrt uns über die von der christlichen Kirche jahrhundertelang tradierte Meinung der alten »Feindschaft zwischen Schlange und Frau« und sagt: »Die Schlangen sind nicht falsch und nicht undankbar, wie ihr Menschen euch einbildet und euch einredet und uns zu Sinnbildern des Hasses stempelt!« Die Schlange selbst klärt die Menschen über die positiven Kräfte der Schlangen auf und polemisiert gegen die Auffassung, Schlangen seien böse und falsch. Im Gegensatz zu den Mythen ist die Gestalt der Göttin aus der Märchenerzähltradition verdrängt worden, geblieben sind ihre Symbole, aus denen sich die alten Weisheiten ablesen lassen. Ihr Name durfte nicht mehr genannt werden, die alten Göttinnenkulte sollten durch christliche Riten und Heiligenverehrung abgelöst bzw. ausgerottet werden. Deshalb mischen sich in den Märchen mehrere Erzählschichten, wie hier in den vorliegenden Texten.

Auch in der Bildenden Kunst treffen wir auf dasselbe Phänomen: »Die Madonna mit den Schlangen« (siehe Bildtafel VIII, Abb. 12) *ist* die archaische Schlangengöttin – die heiligen Schlangen winden sich wie bei der Schlangengöttin von Kreta um die prallen Brüste, Ausdruck der Fruchtbarkeits- und Lebenspotenzen. Hier hat die Schlange im Rahmen der christlichen Heiligenverehrung ihren alten Platz als heilige Schlange der archaischen Erd- und Fruchtbarkeitsgöttinnen wieder eingenommen; im Gegensatz dazu steht die christlich-kirchliche Tradition, welche die Schlange als Inbegriff des Bösen darstellt, die Maria durch ihre Heiligkeit zu vernichten vermag.

In dem Märchen der transsilvanischen Zigeuner »Das Mädchen und die Schlange« tauchen zwei weitere bemerkenswerte Motive auf: aus dem Grab der erschlagenen Schlange wächst ein »Baum, der goldene Äpfel trug«, ein Zauberbaum, dessen Früchte Reichtum und Glück spenden! Die Lebenskraft der Schlange bleibt durch ihren Tod hindurch erhalten, sie verwandelt sich in ein anderes Lebenssymbol, den Lebensbaum. Das Märchen weiß hier noch von der uralten Zusammengehörigkeit von Schlange und Baum. (s. S. 253) Der Aspekt der Fülle und Fruchtbarkeit äußert sich außerdem in der geheimnisvollen Vermehrung der Milch, auch die Kühe gedeihen unter dem Einfluss der Schlange besser als zuvor.

Das Mädchen und die Schlange

Ein Bauer hatte zwei Töchter, von denen die jüngere folgsam und fleißig war, die ältere aber faul und unfolgsam. Die jüngere mußte schon zeitig in der Frühe aufstehen und nach der Wirtschaft sehen, denn ihre Mutter war längst gestorben, und die ältere, die erhob sich erst gegen Mittag vom Lager und brachte den Tag bei Herrn Nichtsthun und Frau Faulheit zu. Zeitig in der Frühe ging das fleißige Mädchen in den Stall, die Kühe zu melken. Im Stalle wohnte eine kleine Schlange, die jeden Tag aus ihrem Schlupfwinkel hervorkroch und vom Mädchen eine Schüssel voll Milch bekam. Dafür gaben auch die Kühe dreimal so viel Milch, als die der Nachbarn. Der Bauer wunderte sich stets, wenn er die viele Milch sah.

Einmal sagte er zu seiner Tochter: »Morgen soll Deine Schwester die Kühe melken. Ich will sehen, ob auch sie so viel Milch bringen wird!« Am nächsten Tage ging nun die ältere Tochter des Bauern in den Stall. Als sie die Schlange bemerkte, schrie sie auf: »Was suchst Du hier?« – »Ich will meine Milch haben!« antwortete die Schlange. Darauf sagte die faule Jungfrau: »Wart' ich werde Dir gleich Milch geben!« Sie ergriff einen Stein und erschlug die Schlange. Als sie nun die Kühe melken wollte, gaben diese keine Milch und das Mädchen kehrte mit leeren Töpfen in die Stube zurück.

Da ging die jüngere Tochter in den Stall und als sie dort die Schlange erschlagen fand, weinte sie sehr. Sie nahm die todte Schlange und vergrub sie im Garten. Als sie am nächsten Tage in der Frühe aufwachte, ging sie in den Garten und erblickte an der Stelle, wo sie die Schlange vergraben hatte, einen Baum, der goldene Äpfel trug. Sie pflückte die Äpfel vom Baume und wurde so reich, daß sie gar bald ein Grafensohn heiratete, ihre faule Schwester aber mußte sich mit Herrn Nichtsthun's Liebe begnügen.
(Märchen der transsilvanischen Zigeuner)

Auch in dem Bechstein-Märchen »Schlange Hausfreund« kommt das ambivalente Verhältnis des Menschen zur Schlange zum Ausdruck: Der tödliche Schreck, als die Frau eine Schlange sieht, die sich um einen Ast ringelt, steht im Gegensatz zu der segensspendenden Fähigkeit der Schlange, die dem ganzen Haus Schutz, Glück und Reichtum zu bringen vermag.

»Geh mir mit deiner Schlange!«, sprach die Frau. »Ich bin froh, dass ich sie nicht gesehen habe, ich wäre des Todes gewesen.« Kaum hatte des Holzhauers Frau dies gesagt, so stieß sie einen gellenden Schrei aus und sprang entsetzt zurück, denn aus dem Reisigbündel hervor kroch plötzlich eine Schlange, und ihr Anblick jagte der Frau einen tödlichen Schreck ein. »Aber, liebe Frau!«, rief der Mann. »Wie du dich gleich stellen kannst! Was erschrickst du denn? Es ist ja keine giftige Schlange, es ist eine unschuldige Unke, die Frösche und Mäuse frisst. Man sagt, Unken bringen Glück ins Haus, vielleicht bringt diese es uns, Zeit dazu wär' es, denn des Elendes haben wir lange genug gehabt. Man hat auch Beispiele, dass Menschen in solche Lindwürmer verwandelt worden sind, welche Schätze vergruben und nun in Schlangengestalt das gleißende Gold hüten müssen, vielleicht ist uns ein solcher Schatz beschert, wir wollen daher der Schlange kein Leid zufügen.«

Der Frau zitterten die Glieder, sie vermochte kaum, ihrem Mann etwas zu antworten, denn es besteht ein Widerwille der Frauen gegen die Schlangen vom Anbeginne her ...« Die Schlange schlüpfte ins Haus, sie ward als guter Hausgeist stets mit Milch gefüttert und im Waldhäuschen aber kehrte Segen ein, seit die Schlange bei dem alten Ehepaare lebte und geduldet ward.

So hat das Märchen die uralte Vorstellung von der Schlange als Lebens- und Schöpferkraft erhalten und spiegelt darin noch den letzten Nachhall der großen Schlangengöttinnen matriarchalischer Zeiten.

Eine der archaischsten Göttinnen, die mit Milch und Kuh, aber auch mit einer Schlange assoziiert werden, ist die »Marša oder »Mara« in altlettischen Volksliedern. Sie wird als »Mutter der Milch«, als Schicksalsgöttin (Laima) bezeichnet und erscheint in den Kuhställen auch in der Gestalt einer schwarzen Schlange. (In diesem Symbolzusammenhang bedeutet »Schwarz« so viel wie Fruchtbarkeit.)

Die Erde, aus einem Manuskript, Abtei Monte Cassino, 11. Jahrhundert

In dieser frühchristlichen Buchmalerei verschmelzen Volksbrauch und mythisch-antiker Glaube mit christlichen Vorstellungen zu einem faszinierenden Bild: Die Erdgöttin Gaia, die Vegetations- und Fruchtbarkeitsgöttin, säugt an ihren Brüsten bezeichnenderweise *Kuh und Schlange* (hier spiegeln sich die mythischen Zusammenhänge, von denen die oben erwähnten Märchen und Sagen erzählen!) – sie hält die Arme ausgebreitet gleich den archaischen Göttinnenstatuetten.

In dieser Darstellung ist die Terra Mater noch lebendig, ganz selbstverständlich repräsentiert sie die *weibliche* Schöpfermacht. Schlange und Baum sind kraftvolle Symbole des Lebens und des Wachstums, die zusammengehören wie Säugling und Mutter. Die kirchliche Lehre von der Schlange als der Inkarnation des Bösen hat hier noch keinen Eingang gefunden.

Zumeist bekämpfte die Kirche jedoch die Traditionen der Göttinnenkulte, auch der Schlangenkulte, allerdings ohne sie ganz ausrotten zu können:

Im Jahre 1604 berichtete ein Jesuitenmissionar voller Staunen über die noch lebendige Schlangenverehrung in Litauen: »Die Menschen dort haben einen solchen Grad der geistigen Verwirrung erreicht, dass sie glauben, den Schlangen wohne etwas Göttliches inne ... In ihrem Aberglauben meinen sie, es werde ihnen ein Unheil widerfahren, wenn den Schlangen keine Achtung entgegengebracht wird.« (Gimbutas, S.134)

Eine einmalige Symbiose zwischen archaischer Schlangenverehrung und christlichem Traditionsgut kann man heute noch auf Kefallonia (Ionische Insel) erleben: Die Bewohner der Dörfer Arginia und Markopoulo vertrauen den geheimen Kräften der »Schlangen der Muttergottes«, die sich jährlich im August zu Mariä Himmelfahrt in den Kirchen zeigen! Es soll Unheil bedeuten, wenn sie ausbleiben! (Stuttgarter Zeitung, 28.5.00)

Ähnlich werden in Cocullo, einem italienischen Dorf in den Abruzzen, heute noch heilige Schlangen verehrt: Alljährlich Anfang Mai findet dort ein außerordentliches religiöses Ritual statt, in dem Kult und Katholizismus verschmelzen. Schlangen »werden auf den Feldern gesammelt und dürfen sich dann im Verlauf einer Prozession durch den Ort um die Heiligenfigur des Domenico winden, der das Dorf einst von einer Schlangenplage erlöst haben soll.« (Süddeutsche Zeitung, 7.5.01)

Dass neben der verderbenbringenden Paradiesschlange die Schlange als *heiliges Symbol einer weiblichen Göttlichkeit, als Symbol höchster Weisheit und Geistigkeit* auch in der christlichen Traditionsgeschichte denkbar ist, zeigt ein außerordentliches Kunstwerk, das versteckt im Dämmerdunkel einer kleinen Kirche im Schwarzwald (Bad Teinach, Dreifaltigkeitskirche) zu entdecken ist (siehe Bildtafel IX, Abb. 13).

Beeinflusst duch die jüdische Mystik der Kabbala wird auf der »Kabbalistischen Lehrtafel der Prinzessin Antonia von Württemberg« (1673) u.a. die göttliche Dreieinigkeit in weiblichen Figurationen dargestellt: Gott der Vater, Gott der Sohn und Gott der heilige Geist. Die weibliche Göttlichkeit, welche den heiligen Geist personifiziert, hält in der linken Hand einen Spiegel, Symbol der Erkenntnis und Einsicht, in der rechten Hand die sich emporrichtende *Schlange, Symbol für Weisheit und Wandlung.*

b. Reichtum und Glück – die Schlange als Haus- und Schutztier

Zahlreich sind Sagen und Märchen, die von gekrönten Schlangen berichten. Die vielen Varianten des Märchens »Die Krönlnatter« erzählen ebenso von der Schlange als dem *Haus- und Schutztier.*

Schon bei den Griechen und Germanen galt die Schlange als apotropäische (das Unheil abwehrende) Hausbeschützerin, in Rom vertrat die Hausschlange den Genius, man nannte sie die Larenschlange.

Die Litauer verehrten die schlangengestaltigen Hausgeister Áitvaras und Zaltis als Schatzbringer, auch die slawische Religion kannte Schlangen als Beschützerinnen des Hauses.

Die Archäologin Marija Gimbutas weist auf die Schlangenverehrung in Litauen hin:

Die Schlangen »lebten unter den Fußböden der Häuser, wurden mit Milch gefüttert und sogar in den Wohnräumen geduldet. Eine grüne Schlange zu verletzen, galt als schwere Sünde. Eine Schlange im Haus bedeutete Glück und Wohlergehen; sie sicherte die Fruchtbarkeit der Familie (man legte sie sogar unter das Bett eines jungvermählten Paares), ihrer Nutztiere und des Ackers. Sie war die Hüterin des Hauses, konnte hellseherisch die Zukunft der Menschen voraussagen und verborgene Schätze aufspüren. Bis heute werden an Ecken, Fenstern und Dächern baltischer Bauernhäuser Schlangenornamente aufgebracht ...

Es gibt einen sehr interessanten Text von Maletius aus dem 16. Jahrhundert, in dem er über die feierlichen Zeremonien an einem bestimmten Tag des Jahres, wahrscheinlich dem Schlangentag, berichtet:

›Sie verehren sie als Gottheiten und laden sie zu einer bestimmten Zeit im Jahr mit Bittgebeten zu Tisch. Sie kriechen hervor (aus tiefem Schlaf), legen sich auf das saubere Tuch und machen es sich auf dem Tisch bequem. Sie kosten von jedem Gericht, dann gleiten sie davon (auf den Boden) und kehren in ihr Versteck zurück. Sobald sich die Schlangen zurückgezogen haben, essen die Menschen vergnügt von den Speisen, von denen die Schlangen genommen haben, und glauben zuversichtlich, dass diesmal für sie alles nach Wunsch gehen wird. Wenn die Schlangen ... nicht von den vorgesetzten Speisen kosten, dann glauben sie, dass sie in einem solchen Jahr von großem Unglück heimgesucht werden.‹«(Gimbutas, S. 135)

Selbst der Tierforscher Brehm kennt den im Volksbrauch verwurzelten Glauben über die mythischen Eigenschaften der Schlangen und weist auf die bekannte Ringelnatter als »die Schlange aller Schlangen für unser Volk, der Gegenstand seiner alten Sagen« hin. »Nicht selten nähert sie sich den menschlichen Wohnungen und schlägt hier in den Gehöften unter oder in den von Ratten, Mäusen und Maulwürfen gegrabenen Löchern, auch wohl in Kellern und Ställen ihren Wohnsitz auf.« (Brehm, S. 400)

Den Ursprung für die »märchen«-hafte Vorstellung eines »Krönleins« auf dem Haupt der Schlangenköniginnen sieht Brehm in der außergewöhnlichen Musterung der Ringelnatter: »Zwei weiße oder gelbe Mondflecke, erstere beim Weibchen, letztere beim Männchen, beiderseits hinter den Schläfen« bilden »die Krone der Sage und des Märchens.« (Brehm, S. 400)

Die Krönlnatter

Die Krönlnatter ist eine Natter so gescheckt, züngelnd und kriechend wie die andern ihres Geschlechtes, aber auf dem Kopfe trägt sie ein gar hübsches Krönlein und davon heißt sie die Krönlnatter. Das Krönchen glänzt wie Gold, und die Spitzen desselben funkeln wie Edelsteine. Kömmt die Krönlnatter zu dir und begegnest du ihr recht lieb und freundlich, so ist dein Glück

gemacht, denn früher oder später wird sie dir das Krönlein schenken, und das Krönlein macht alles, was du immer willst, unversieglich. Legtest du das zackige Reiflein zu deinem Schatzthaler, den dir die liebe Mutter aufbewahrt, so könntest du dir um 100 Gulden Soldaten, Pferde und Bilder kaufen, und dein Thaler wäre doch als Heckthaler im Beutelchen. Würdest du das Krönlein zu den Soldaten legen, so würdest du Soldaten ohne Maaß und Ziel bekommen, so daß dein Füßchen in der Stube vor lauter Soldaten nicht mehr Platz fände.

Einmal vor alten Zeiten war ein armes Bauernmadl, das von seiner bösen Stiefmutter gar hart behandelt wurde. Es mußte früh aufstehen und in den Stall gehen und arbeiten früh und spät, und war Abends Alles abgethan, so bekam es von seiner Mutter noch Schläge und Scheltworte und höchstens ein wenig Grütze, um den Hunger zu stillen. Das Mädchen war aber immer heiter und wohlgemuth, denn so oft sie in den Stall ging, kam eine Natter mit einem Krönlein daher und blickte dem netten Kinde so lieb in die dunklen Aeuglein, daß es Weh und Ach vergaß und des Lebens froh wurde. Das Mädchen gab dem zutraulichen Thierchen, weil es in die Butte äugelte, einmal ein wenig Milch und es trank und trank und sah die kleine Dirne so lieb an, als ob es danken wollte. Das Mädchen brachte aber die Milch voll Bangen der Stiefmutter, denn diese zählte jeden Tropfen und forderte von jedem fehlenden Rechenschaft. Wie groß war aber das Staunen der Melkerin, als zwei Schüsseln mehr als gewöhnlich voll wurden und selbst die herbe Mutter ein süßes Gesicht schnitt.

Seitdem kam die Natter immer und das Mädchen gab ihr tagtäglich von der Milch, und das Thierchen blickte sie immer mit seinen klugen schwarzen Aeuglein so lieb an, als ob es hätte sagen wollen: »Maidele, ich will dir dankbar sein.«

So ging es viele, viele Jahre. Die Natter kam Morgens und Abends und trank Milch, und das Mädchen wuchs und wuchs und ward immer schöner und lieber, so daß es die schönste Dirne im Dorfe war und von Allen gerne gesehen wurde.

Die Dirne war endlich Braut und hielt eine lustige Hochzeit. Die Schüsseln dampften, die Böhmen musicirten und die Pöller krachten, daß es eine Lust war, und Alles war laut und fröhlich. Als das Fest dem Ende sich zuneigte, war es plötzlich stille, stille – denn die Krönlnatter schlängelte sich durch den Saal, bis sie zum Sitze des Brautpaares kam. Hier kroch sie an der Sessellehne empor auf die rechte Schulter der Braut, sah ihr in's freudennasse Auge, schüttelte das goldene Krönlein vom Kopfe auf den blanken Teller – und verschwand, ohne je wieder zu kommen. Die Braut nahm aber das funkelnde Andenken zu sich und legte es zu ihrem Gelde. Dies nahm aber nie mehr ab, mochte sie davon nehmen, so viel sie wollte, und seitdem war sie die reichste und stattlichste Bäurin im ganzen Dorfe. (Märchen aus Tirol)

Das arme, von der Stiefmutter misshandelte Mädchen fand Trost und Schutz durch die Liebe und Fürsorge der Krönlnatter: »dass es Weh und Ach vergaß und des Lebens froh wurde«. Eine beglückende Lebenskraft, die stärker als Entbehrung und Not war, erfüllte das Mädchen durch die Begegnung mit der Schlange. Psychisch und physisch gesundete das Mädchen, es wurde nicht nur innerlich heil, sondern »wuchs und wuchs und ward immer schöner und lieber«.

Eine solche Lebenskraft kann ihren Ursprung nur in göttlichen Bereichen haben: deutlich schimmert hier hinter dem Bild der Krönleinnatter die uralte Gestalt der Großen Göttin hindurch: im Krönlein, dem Insignium der königlich-göttlichen Macht. Durch ihre Begegnung mit der Schlangenkönigin gewinnt sie außerdem Liebe und Reichtum; »Gold« steht im Märchen immer auch für Vollkommenheit, Erfüllung und Glück.

c. Die Schlangenkönigin als Verkörperung der Großen Göttin

In der Grimmschen Sage »Die Schlangenkönigin« übt die Schlange Schicksalsmacht aus: sie verwandelt sich in einen feurigen Drachen (hier zeigt sich deutlich, dass in Mythos und Märchen Schlange und Drache zusammengehören), vernichtet Hab und Gut des stolzen Vaters und erreicht so, dass das Mädchen seinen Liebsten heiraten und das Glück seines Lebens gewinnen kann.

Der Titel »Schlangenkönigin« heißt also in Wirklichkeit göttliche Königin, Herrscherin über Leben und Tod, über alle Mächte der Natur. Lesen wir eine weitere Variante aus Deutschland (Colshorn), so tritt die Macht der göttlichen Gestalt der Schlange noch deutlicher zutage:

Schlangenkönigin

Vor langer Zeit hausten in Deutschland neben anderen wilden Thieren auch viele Schlangen. Über alle Schlangen aber und alle Thiere herrschte die Schlangenkönigin; denn mitten in ihrer goldenen Krone war ein herrlicher Edelstein, welcher blitzte wie ein Sonnenstrahl, und welcher die Kraft besaß, alle Mächte der Natur seinem Besitzer unterthänig zu machen. Ihr Heereslager war eine große Grube, welche sich im Schatten einer Eiche befand, deren Stamm zehn Männer nicht umklammern konnten, und deren Äste so dick wie Bäume waren. Da ruhte sie mit ihrem zischenden Hofstaat.

Schon viele Ritter hatten der Schlangenkönigin die Krone vom Haupte zu reißen versucht, vornehmlich des Steines willen, mit dessen Hülfe sie große Thaten vollbringen wollten; aber alle warden von den wüthenden Schlangen zerfleischt und verzehrt. Nun lebte damals ein junger Königssohn, das war ein kühner Held; ungeschreckt durch das klägliche Ende der übrigen, wollte auch er sein Leben dran wagen, um den Stein zu gewinnen, und ritt in der heiligen Johannisnacht wohlgemuth in den gefahrvollen Strauß.

An den Ästen hieng die Nacht; Eulen und Wölfe heulten durch den Wald; Glühwürmer sprühten umher, und über alle Bäume schoß der Stein seine Strahlen. Bald war der Held bei der Grube, ritt dreimal um sie herum, während er inbrünstig betete, spornte sein edles Thier, sprengte hinüber und trennte während des ungeheuren Satzes mit dem Schwerte die Krone vom Haupt der Schlangenkönigin. Zischend fuhr sie aus dem Schlafe empor; zischend ringelten sich alle Schlangen in die Höhe, strebten wie fliegende Pfeile hinter dem Reiter her, und in wenigen Minuten hatte ihn ein großes Thier eingeholt und saß auf seinem Nacken. Er aber schleuderte den Mantel sammt dem Ungeheuer zu Boden und rettete sich glücklich in seine nahe Burg.

Am andern Morgen war von dem Mantel nur noch ein Häuflein übrig, das wie Häckerling aussah; das Reich der Schlangenkönigin aber war zu Ende, und der Königssohn wurde durch die Kraft des Steins berühmt durch alle Lande. (Deutsches Märchen)

»Über alle Schlangen aber und alle Tiere herrschte die Schlangenkönigin.« Sie ist dank ihres kostbaren Edelsteins in ihrer Krone, der die Kraft besaß, »alle Mächte der Natur seinem Besitzer untertänig zu machen«, die Herrin über die Tiere und alle Naturmächte, über Wachsen und Vergehen – wahrlich eine Göttin, gleich den griechischen Göttinnen Artemis, der Herrin der Tiere und der freien Natur, auch als Vegetations- und Fruchtbarkeitsgöttin verehrt, und Demeter, der mütterlichen Göttin der Fruchtbarkeit und des Wachstums.

Nach einem im Altertum und Mittelalter weit verbreiteten Aberglauben trägt die Schlange im Kopf einen Stein, der häufig durchsichtig ist oder die Farbe eines dunklen Smaragds hat. Der Schlangenstein wurde früher in der ärztlichen Heilkunst verwendet, nach dem Grundsatz »similia similibus curantur«, vor allem als Heilmittel gegen Gift. Er bewahrt auch vor Pestilenz, Verzauberung und Faszination. Dieser Volksglaube spiegelt das alte Wissen von der Schlange als der Meisterin der Heilkunst wider. (siehe auch S. 189f).

Auch dieses Märchen zeigt den kulturgeschichtlichen Wandlungsprozess vom Bild der Schlange als eines positiven Numens und Insigniums der Großen Göttin zur Todesschlange als bösem, widergöttlichen Prinzip, das vom männlichen Helden »ruhmreich« besiegt wird. Bezeichnenderweise gelingt dieser Kampf nur in der »heiligen Johannisnacht«, in der das »Johannisfeuer« stattfand, die »verchristlichte« Sonnenwendfeier, die zahlreiche alte naturkultische Bräuche an sich zog. Das Volk glaubte, dass in der Johannisnacht segensreiche wie auch gefährliche Kräfte wirkten. Man pflückte bestimmte Kräuter, die vor Krankheit, Blitzschlag und Hexerei bewahren sollten, aber auch für magische Zwecke zu verwenden waren. Die Nacht galt als günstig, Wünschelruten zu schneiden und Schätze zu heben, sie war bedeutungsvoll für alle magischen Praktiken, eine Nacht der Wende und Wandlung.

Auch im Märchen ist es eine magische Nacht – »Eulen und Wölfe heulen« und der Schlangenstein »schoss seine Strahlen« über alle Bäume. Magische Praktiken – dreimal muss die Schlangengrube umrundet werden – gemischt mit Gebeten verhelfen dem Helden zum Sieg über die heidnische Schlangenkönigin, er schleudert das »Ungeheuer« zu Boden.

»Das Reich der Schlangenkönigin war zu Ende«: dies könnte eine Märchenmetapher sein für das Ende der Göttinnenherrschaft und deren Kulte und den Beginn der christlich geprägten patriarchalischen Herrschaftsstrukturen. So sind Volksbrauch und Volksmärchen auch Spiegel kulturgeschichtlicher Prozesse.

2. Die Schlange als Erd- und Lebenskraft in der Kunst der Alten Welt

Die Schlange als chthonisches Tier gehörte in den ältesten matriarchalischen Zeiten zu den lebenschaffenden Kräften. Sie ist das Attribut der Großen Göttin, der Erd- und Fruchtbarkeitsgöttin. Schlangenbilder tauchen erstmals in Kunstwerken des Jungpaläolithikums auf.

Die Schlange und die anthropomorphe Schlangengöttin sind auch in Symbolen und Zeichen auf zahlreichen neolithischen Funden des Alten Europa nachzuweisen (5000-4000 v.Chr.). Mit ihrer fließenden und schwungvollen Form belebt die Schlangenspirale, häufig in Kombination mit Sicheln, Brüsten und Monden, die vielfältige Keramikkunst.

Schlangen, Schlangenspiralen, Schlangenskulpturen und Zwitterwesen aus Schlange und Frau gelten als Manifestationen der Großen Erdgöttin, die Lebenskraft, Fruchtbarkeit und Wachstum symbolisiert.

In Verbindung mit magischen Pflanzen hatte die Schlange die Fähigkeit zu heilen und neues Leben zu schaffen. Eine sich aus der Erde nach oben windende Schlange symbolisierte die Lebenskraft, ähnlich dem »Lebensbaum«, der ebenfalls aus der Erde wuchs.

Wassersymbole begleiten das Schlangenzeichen, die Schlange muss auch schon in prähistorischen Zeiten die Hüterin der Quellen des Lebens gewesen sein.

In den neolithischen Tempelbauten auf *Malta* (Tarxien und Hagar Qim), die alle im Grundriss der Gestalt einer schwangeren Frau ähneln, sind mysteriöse Skulpturen außerordentlich dicker Frauengestalten entdeckt worden. Eine Statue gleicher Art, aber von kolossaler Größe – sie muss ursprünglich über zwei Meter hoch gewesen sein – schmückte als Mittelstück den Tempelkomplex in Tarxien. Wenn Größe ein gültiges Kriterium dafür ist, dass es sich nicht um die Darstellung eines Menschen, sondern einer Gottheit handelt, so ist dies zweifellos der Torso einer weiblichen Gottheit, die wahrscheinlich auf prähistorische Erd- und Fruchtbarkeitsrituale in diesen Tempeln hinweist.

Die Steinreliefs vor und zu beiden Seiten dieses weiblichen Torsos zeigen *Schlangen- bzw. Spiralmotive*, welche die Lebenskraft, die der Spirale, der aufgerollten Schlange, innewohnt, ganz besonders schön zum Ausdruck bringen: aus der Spirale sprießen Blätter und Pflanzentriebe, das keimende Leben symbolisierend. (Ende 4., frühes 3. Jahrtausend).

Die Spiral- und Schlangenornamente, die in allen Tempeln das vorherrschende Motiv bilden (siehe Bildtafel IX, Abb. 14), hatten höchstwahrscheinlich rituelle Bedeutung, denn sie zieren auch in dem sog. »Hypogäum« (unterirdischer Tempel, der als Begräbnisplatz und vermutlich gleichzeitig als Orakelstätte und »Allerheiligstes« genutzt wurde) in rotem Ocker Wände und Decke des Heiligtums.

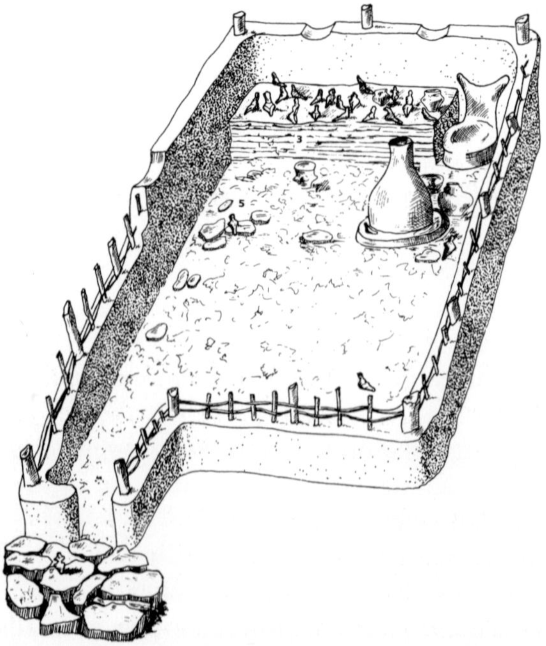

Verehrung der Schlangengöttin in Hausheiligtümern

Dass die Schlange schon in prähistorischer Zeit als *Kulttier* eine wesentliche Funktion spielte und bereits in einer Art von »Hausschrein« oder »Hausheiligtum« verehrt wurde, zeigen neuere Ausgrabungen in Thessalien und in der Westukraine.

Bei einem solchen Hausheiligtum (in Sabatinivka, 4800-4600 v.Chr.) mit auf gehörnten Thronen sitzenden weiblichen Figuren, die einen Schlangenkopf haben und zum Teil eine Schlange im Arm halten, handelte es sich möglicherweise um »das Tableau eines jahreszeitlichen Rituals der Erneuerung.« (Gimbutas, S. 133)

Dass Schlangenbildnisse und anthropomorphe (menschenähnliche) Schlangen in Haus- bzw. Tempelheiligtümern des Alten Europa gefunden wurden, bezeugt, dass die Verehrung einer Schlange als Hausgottheit und Schutzgeist, als Symbol der Lebenskraft und des Wachstums, bis in prähistorische Zeiten zurückreicht.

Auch auf den Megalithdenkmälern in der Bretagne finden sich die uralten Fruchtbarkeitssymbole: Die Menhire (aufrechtstehende Steine) und die Dolmen (Großsteingräber) tragen nur selten eingehauene Bildwerke (etwa ab 6000 v.Chr.), aber auf den Wänden einiger Dolmen sind zwei oder mehrere Paare von reliefartigen Brüsten eingeritzt, Symbole einer schematisierten Form einer weiblichen Gottheit der Fruchtbarkeit, einer Muttergottheit, die im Zentrum des Kreislaufs zwischen Leben und Tod stand. (Langgrab von Kergüntuil bei Tregastel, Cotes d'Amor)

Der »Menhir von Le Manio« auf dem gleichnamigen Grabhügel bei den Alignements (Steinalleen) von Kermanio bei Carnac zeigt auf seinem Fuß fünf fast senkrechte, eingravierte *Schlangenmotive*. Die Schlangen scheinen aus dem Erdreich herauszukriechen und sich am Stein emporzuschlängeln.

Abb. 13: *Weibliches Abbild der Trinität. Lehrtafel der Prinzessin Antonia 1673, Bad Teinach (Foto: Uwe Stamer)*

Abb. 14:
Spiralmotiv als Flachrelief, Tempel von Tarxien (Malta)

Abb. 15: *Getreidepithoi: (Palast von Knossos)*

Bildtafel X

Abb. 16: *Die »Schlangengöttinnen« (Palast von Knossos)*

Abb. 17: *Gorgo. Gorgo-Giebel des Artemistempels in Korfu*

Bildtafel XII

3. Die Schlange und der Magna-Mater-Kult

Der Kult der *Minoer, Mykener und Kanaanäer* ist stark von der Vorstellung einer Magna Mater geprägt, die immer mit Schlangensymbolen verbunden ist.

Die Magna Mater zeigt ein Doppelgesicht: einmal repräsentiert sie die Göttin des Lebens und der Fruchtbarkeit – zum anderen ist sie die Göttin der Unterwelt, des Todes.

Skulpturen einer halb schlangen-, halb menschenähnlichen Frauengestalt – zumeist in hockender Stellung, Arme und Beine sind häufig in Schlangenform dargestellt, – erscheinen im ganzen Neolithikum auf *Kreta* und den *Ägäischen Inseln* (um 6000-5500 v.Chr.).

Bemerkenswert erscheint mir die Tatsache, dass in Kreta die Schlange immer in Verbindung mit einer weiblichen Figur oder einem Gefäß, das auch als Symbol des Weiblichen aufgefasst werden kann, künstlerisch dargestellt wird. Frau und Schlange gehören eng zusammen, bilden eine starke positive und schöpferische Einheit, da sie beide Lebenskraft und Fruchtbarkeit darstellen. Das Weibliche ist das Göttliche, die Schlange ihre Inkarnation.

Auch frühminoische Funde (2900–2600 v. Chr.) belegen einen über Jahrtausende andauernden *Schlangenkult in Kreta* – hier können nur einige Artefakte aufgezeigt werden:

So lässt z.B. ein anthropomorphes (menschenähnliches) Gefäß mit schlangenförmigem Hals, Schlangenarmen und Ausgusslöchern in den Brüsten kultische Funktion vermuten (Myrthos, Südkreta, 2900–2600 v. Chr.). (Gimbutas, S. 49)

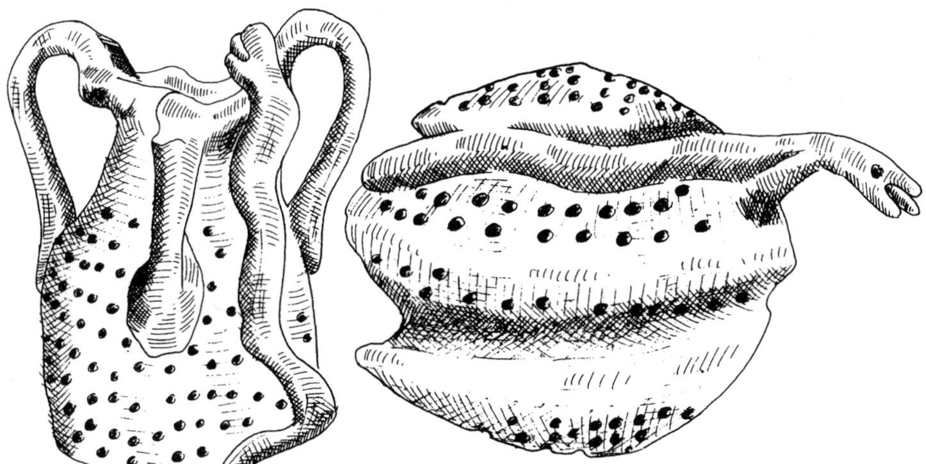

Kultgefäße mit Schlangen

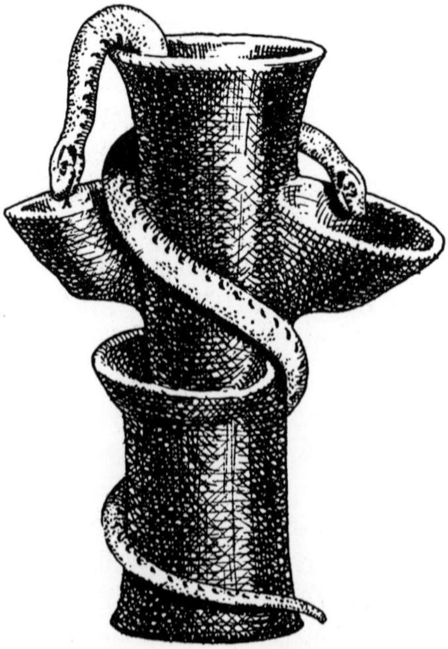

Schlangengefäß aus Kreta

Im Palast von Knossos wurden gelochte Kultgefäße gefunden, um die sich plastische Schlangen winden (spätminoisch, um 1500 v.Chr.).

An einem anderen Kultgefäß aus Kreta (spätminoisch) schlängeln sich Schlangen empor und scheinen aus den Schalen zu trinken.

In den Untergeschossen des Palastes von Knossos standen große Mengen von riesigen Getreidepithoi (-gefäße – siehe Bildtafel X, Abb. 15), die alle reich mit Schlangenornamenten verziert sind, was wiederum auf die enge Beziehung zwischen Fruchtbarkeit, Erde und Schlange hinweist.

Hans Egli sieht in den Pithoi die Nahrungsspeicher für die Toten. Der Glaube, dass die Schlangen Hypostasen (Verdinglichungen, Personifizierungen) der Toten und folglich »Seelentiere« seien, ist auf der ganzen Welt verbreitet und liegt in der Beobachtung begründet, dass die Schlangen sehr häufig geheimnisvoll aus einem Erdloch erscheinen, als seien sie Boten der Unterwelt.

Insbesondere die alten Griechen opferten den Toten, die sie sich in Schlangengestalt vorstellten, Speisen und Getränke:

»An vielen Vasen sind Schlangen dargestellt, die sich zum oberen Rand emporwinden, um die ihnen vorgesetzte Totenspeise zu kosten. Zum Teil steigen die Schlangen auf dem Gefäßbauch senkrecht nach oben, zum Teil winden sie sich um den Gefäßbauch und erreichen mit ihrem Kopf den oberen Rand. Den Schlangen, beziehungsweise den Toten in Schlangenhypostase gehören die geopferten Speisen und Getränke.« (Egli, S. 108)

Folgt man heute einer Führung durch den Palast von Knossos, so wird im innersten Bezirk des Palastes auf eine »Schlangengrube« hingewiesen, wo einst heilige Schlangen gehalten wurden.

Die Schlange als heiliges Tier der Göttin/Priesterin ist in Kreta allgegenwärtig, auch in anderen Tempel- und Palastanlagen Kretas kann man Schlangenidole entdecken: Auf den Stufen der Prozessionstreppe im Palast von Phaistos sind ebenfalls schlangenartige Einritzungen zu erkennen.

1

Spätminoische Schlangengöttin

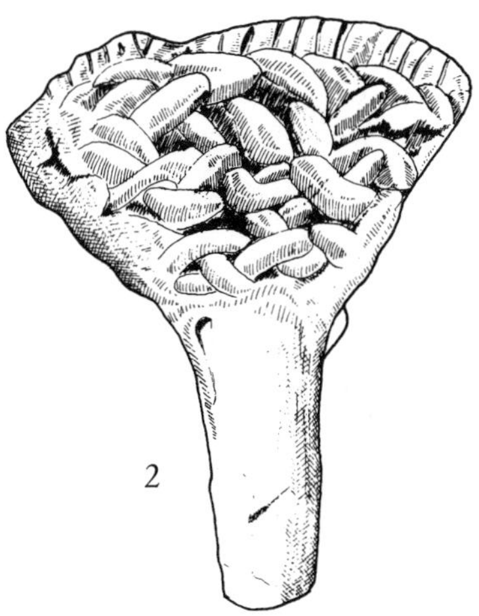

2

Schlangenkrone

Von den zahlreichen weiblichen Statuetten mit Schlangen, die man in Kreta gefunden hat, seien hier nur einige angeführt:

Die Arme einer spätminoischen weiblichen Figurette aus dem Doppelaxtgrab in Knossos laufen in Schlangenköpfen aus, die sich rund um die Brüste legen (1).

Eine mittelminoische Schlangengöttin (um 2000 v.Chr.) trägt eine mehrstufige Schlangenkrone, die einem aufgeschichteten Berg von durcheinanderringelnden Schlangen gleicht (2).

An den zwei berühmtesten minoischen weiblichen Statuetten, die gemeinhin als »Schlangengöttinnen« bezeichnet werden (die wissenschaftlich gesicherte Deutung ihrer rituell-religiösen Bedeutung steht noch aus), winden sich Schlangen um Taille, ausgeschnittenes Mieder, Unterleib und Kopf (Fayence-Figuretten aus der Grabablage des zweiten Palastes von Knossos; siehe Bildtafel XI, Abb. 16).

In der kretisch-minoischen Kultur ist die Schlange möglicherweise ein *Fruchtbarkeitssymbol*, denn die Schlangen, die sich um die nackten Brüste der Schlangenpriesterin/-göttin ringeln, verknüpfen sich zu einem lebenden Knoten in der Schoßgegend. Die engverschlungenen Schlangenleiber treten reliefartig hervor und bilden so das Zentrum der Figur.

Sir Evans als Ausgräber der kretischen Paläste weist zu Recht auf eine weitere Bedeutung der »sacred knots« hin und hält sie für *Hoheitssymbole*, die er auch u.a. bei der sog. »Pariserin«, die den heiligen Knoten als Teil ihrer kultischen Kleidung trägt, nachweist.

Die andere berühmte »Schlangengöttin«, die in ihren hocherhobenen Händen je eine Schlange hält, weist durch ihre Haltung deutlich auf eine rituelle Funktion

hin. Die Schlange ist ihr Hoheitszeichen, Ausdruck ihrer priesterlichen bzw. göttlichen Macht.
Etwa gleichzeitig (zweites Drittel des 2. Jahrtausends v. Chr.) mit dem Auftauchen des Schlangenkults auf Kreta finden sich auch in der *kyprischen* Kunst Darstellungen von Schlangen, z.B. Gefäße, an denen sich plastische Schlangen emporringeln oder den Henkel bilden (Küster, S. 25).

Auch in der *mykenischen* Kultur sind weibliche Statuetten bekannt, die Schlangensymbole tragen, z.B. hält eine Terrakottafigur, die mit Schlangenlinien überzogen ist, einen Säugling in Schlangenarmen (Mykene, 14. Jahrhundert v. Chr.). (Gimbutas, S. 141)

Schliemann erwähnt Henkelansätze in Schlangenform und eine »aus Goldblech und Bergkristall kunstvoll gearbeitete Schlange aus Mykene«. (Küster, S. 29)

Bei den *Kanaanäern* wurde *Ashera*, auch Antit-Ashtaroth, eine Mutter- und Fruchtbarkeitsgöttin, verehrt, die ebenfalls mit Schlangen dargestellt wird.

In dem kanaanäischen Tempel von Beth-shan (»Haus der Schlangen«) fand man heilige Gefäße mit Schlangenornamenten und dreieckigen Öffnungen, das weibliche Schamdreieck symbolisierend, die vermutlich zu Ackerbau- und Fruchtbarkeitsriten verwendet wurden. Auch im nördlichen Mesopotamien, in Tepe Gawra bei Ninive, wurden in einem Tell viele Gefäße ausgegraben, deren Ränder und Oberfläche von kultischen Schlangen geschmückt sind. (K. R. Joines, S. 109)

Die Schlange war unter der Herrschaft Salomos ein israelitisches Kultsymbol. Auch im Tempel in Jerusalem gab es eine bronzene Schlange, wobei diese Schlange nicht das einzige »heidnische« Symbol im Tempel darstellte. Erst der König Hiskia (715-687 v. Chr.) zerbrach die »heidnischen« Götterbilder und zerstörte die Kultstätten der Fruchtbarkeitsgöttinnen, z.B. der Ashera.

Schlangenbilder übernahmen seit dem 2. Jahrtausend v. Chr. auch in den Tempeln Wächterfunktion. In Hazor, Megiddo, Sichem, Geser und anderen Orten wurden viele Schlangen aus Edelmetall und Metallblech gefunden. Im Allerheiligsten des Tempels von Timna (12./13. Jh. v. Chr.) wurde eine vergoldete Bronzeschlange von 12 Zentimeter Länge gefunden. Ein Schlangengraffito schmückt den Hörneraltar von Beerscheba.

Eine ägyptische Stele aus der Zeit um 1300 v.Chr. zeigt Qudschu, eine vorderasiatische Göttin, wie sie dem ägyptischen Fruchtbarkeitsgott Min einen Lotos, das Symbol der Fruchtbarkeit, reicht, und dem kanaanäischen Gott Reschef, Bringer von Krankheit und Pest, streckt sie Schlangen entgegen. Das Bild der Göttin und der Schlange symbolisiert in seiner Ambivalenz Leben und Tod, Vitalität und Verderben (nach Silvia Schroer).

Ashera wurde auch Tinnith oder Tannit – »Antlitz Baals« – genannt, Begleiterin des Mondgottes. Sie ist immer als weibliche Gestalt mit erhobenen Händen, die zumeist Schlangen halten, dargestellt.

Auch die ägyptische Göttin Qadesh, die Geliebte des Ptah, wird als »Schlangengöttin« gedacht: Als nackte Göttin auf einem Löwen stehend, hält sie in den hoch erhobenen Händen die sich windenden Schlangen.

Fast das gleiche Motiv findet sich auf einem Goldamulett in Ras Schamra (Syrien): Die Göttin Anat (13. Jahrhundert v. Chr.), ebenso auf einem Löwen stehend, trägt Schlange und Lotos als Insignien ihrer Göttlichkeit.

Im 4. und 3. Jahrtausend v. Chr. treffen wir immer wieder auf diese wilden und erotischen Göttinnen, welche die Schlangen mit ihren Händen packen und bändigen, sie aber nicht töten. Die Schlangen, die auch häufig ihre Schamgegend umgeben – oder sich dort verknoten – können als sexuelle Potenz und machtvolle Lebenskraft gedeutet werden.

Goldamulett von Anat

4. Die Schlange/der Drache als Lebens- und Erdkraft in der griechischen Mythologie

Zahlreiche Aspekte wurden in der griechischen Antike mit dem Lebenssymbol der Schlange verknüpft: Die Schlange galt als Symbol der Fruchtbarkeit und Schöpferkraft, der Prophetie und Weissagung, der Gesundheit und Heilung, der Klugheit und Zauberkraft und als Symbol der Seele und Beschützerin des Grabes.

a. Die Schlange als Symbol der Fruchtbarkeit und Schöpferkraft

Insbesondere der griechische Mythos kennt die Assoziation der Schlange mit den chthonischen (unterirdischen) Erdkräften, der Fruchtbarkeit und der Schöpferkraft. Die Schlange als Erdgeist ist das heilige Attribut aller griechischen Göttinnen, die das Reich der Erde, einschließlich der Unterwelt, repräsentieren.

Im prähellenistischen (pelasgischen), im homerisch-orphischen und im olympischen Schöpfungsmythos entstand das Leben durch die Schöpferkraft der Großen Göttin, Herrin über Himmel und Erde und Unterwelt, Lenkerin der Jahreszeiten und des Wachstums, Schöpfergöttin der Lebewesen, der Pflanzen und Tiere, aber auch der Gestirne.

Der *Pelasgische Schöpfungsmythos* berichtet von *Eurynome*, der Göttin aller Dinge, der Großen Göttin, die als Mond am Himmel entlangzog, und von *Ophion*, der schöpferischen Schlange der hebräischen und ägyptischen Mythologie. In der frühen mediterranen Kunst sind die Kultstatuetten der Großen Göttin immer mit der Schlange verbunden. In dem religiösen Weltbild der Archaik gab es weder männliche Götter noch Priester, sondern nur die Große Göttin und ihre Priesterinnen.

Der pelasgische Schöpfungsmythos

Am Anfang war Eurynome die Göttin aller Dinge. Nackt erhob sie sich aus dem Chaos. Aber sie fand nichts Festes, darauf sie ihre Füße setzen konnte. Sie trennte daher das Meer vom Himmel und tanzte einsam auf seinen Wellen. Sie tanzte gen Süden; und der Wind, der sich hinter ihr erhob, schien etwas Neues und Eigenes zu sein, mit dem das Werk der Schöpfung beginnen konnte. Sie wandte sich um und erfaßte diesen Nordwind und rieb ihn zwischen ihren Händen. Und, siehe da, es war Ophion, die große Schlange. Eurynome tanzte, um sich zu erwärmen, wild und immer wilder, bis Ophion, lüstern geworden, sich um ihre göttlichen Glieder schlang und sich mit ihr paarte. So ward Eurynome vom Nordwind, der auch Boreas genannt wird, schwanger. Dies ist der Grund, warum Stuten oft ihr Hinterteil dem Winde entgegenhalten und trächtig werden ohne Hilfe eines Hengstes.

Dann nahm Eurynome die Gestalt einer Taube an, ließ sich auf den Wellen nieder und legte zu ihrer Zeit das Weltei. Auf ihr Geheiß wand sich Ophion siebenmal um dieses Ei, bis es ausgebrütet war und aufsprang. Aus ihm fielen all die Dinge, die da sind: Sonne, Mond, Planeten, Sterne, die Erde mit ihren Bergen und Flüssen, ihren Bäumen, Kräutern und lebenden Wesen.

Eurynome und Ophion schlugen ihr Heim auf dem Berge Olympos auf. Hier rief er ihren Unwillen hervor, weil er behauptete, der Schöpfer der Welt zu sein. In ihrem Zorn trat sie ihm mit der Ferse auf den Kopf, schlug ihm dabei die Zähne aus und verbannte ihn in die dunklen Höhlen unter der Erde. (R. v. Ranke-Graves)

Der bekannteste griechische Schöpfungsmythos, der *olympische,* erzählt von *Gaia*, der Erde, einem göttlich-weiblichen Wesen, das alles Sterbliche hervorbringt und wieder einfordert:

»Am Anfang aller Dinge tauchte Mutter Erde aus dem Chaos und gebar im Schlafe ihren Sohn Uranos. Er blickte von den Bergen liebevoll auf sie herab und sprühte fruchtbaren Regen über die geheimen Öffnungen ihres Leibes. Da gebar sie das Gras, die Blumen und die Bäume und auch die Tiere und Vögel, die dazu gehörten.« (R. v. Ranke-Graves, Mythologie)

Gaia gilt als der Ursprung vieler Göttergenerationen, aber auch widergöttlicher Ungetüme:

So ist die Erdmutter Gaia die Mutter aller *Erdschlangen*, der heilbringenden und der dämonischen Schlangengötter.

Zusammen mit Tartaros zeugte Gaia *Typhon*, »das größte Ungeheuer, das je das Licht der Welt erblickte. Von seinen Schenkeln abwärts bestand er nur aus sich windenden Schlangen. Seine Arme hatten zahllose Schlangenköpfe anstelle von Händen. Wenn er sie ausstreckte, waren sie in jeder Richtung hundert Meilen lang. Sein bestialisches Eselshaupt berührte die Sterne, seine ungeheueren Flügel verfinsterten die Sonne, Feuer brach aus seinen Augen, und flammende Lava schoss aus seinem Munde.« (R. v. Ranke-Graves, Mythologie, S. 118)

Gaia sendet Typhon zum Kampf gegen den Olymp aus, Zeus trifft ihn mit seinem Blitz und schleudert den Ätna auf ihn. Typhon bedeutet im Griechischen so viel wie »Wirbelwind«. Unter dem Einfluss ägyptischer Vorstellungen verstand man Typhon als den aus der äthiopischen Wüste kommenden Glutwind bzw. feurigen Sturmwind. (H. Hunger, S. 416)

Typhon wiederum zeugte mit Echidne den *Kerberos*, den Wachhund der Unterwelt mit drei Schlangenköpfen, er soll ursprünglich eine Schlange gewesen sein; die *Hydra*, die vielköpfige Wasserschlange am Eingang der Unterwelt in Lerna; die *Chimäre* mit dem Schwanz einer Schlange. Auch die *Schlange im Areshain*, die Jason beim Stehlen des Goldenen Vlieses hinderte, war ein Spross Typhons. (Egli, S. 171)

Mutter Erde gebar aus ihrer Verbindung mit dem Meer – Pontos – den Meeresgott *Phorkys*, der wiederum schlangengestaltige Kinder hervorbrachte:
Es sind dies *Ladon, Echidne* (die eine Hälfte des Körpers der Echidne war eine liebliche Frau, die andere eine fleckige Schlange), die drei *Gorgonen* und die drei *Hesperiden*. Die Gorgonen heißen Stheino, Euryale und *Medusa*.

»Ursprünglich sind alle von schöner Gestalt. Eines Nachts aber überraschte Athene Medusa, wie sie mit Poseidon in einem ihrer Tempel buhlte. Erzürnt verwandelte sie Medusa in ein geflügeltes Ungeheuer mit glühenden Augen, heraushängender Zunge, bronzenen Klauen und Schlangenlocken. Der Anblick ihres Antlitzes ließ die Menschen versteinern. Als Perseus Medusa enthauptete, entsprangen ihrem toten Leib Chrysaor und Pegasus, die Kinder des Poseidon. Athene befestigte das Haupt an ihrer Aigis.« (R. v. Ranke-Graves, Mythologie, S. 122)

Dieses schreckeneinflößende, todbringende, von wilden Schlangenhaaren umrahmte Gorgonengesicht erscheint in der ganzen Antike als apotropäisches Zeichen auf Kriegsschilden, Rüstungen und Dachziegeln. Die eindrucksvollste Darstellung der Medusa ist als Zentralgestalt des dorischen Tempels der Artemis (590–580 v. Chr.) in Korfu zu sehen (siehe Bildtafel XII, Abb. 17). Ein mächtiges Schlangenpaar mit aufgerissenen Rachen verknotet sich um ihre Taille, zwei Schlangenpaare ringeln sich aus den Locken und im Hintergrund richtet sich ein weiteres Paar gefährlich züngelnd auf.

Ceres. Terrakottarelief, Griechenland

Demeter, in deren Gestalt die Funktionen der uralten Erdmutter Gaia später zusammenflossen, wird häufig auf attischen Monumenten als »mit Schlangen und Ähren aus dem Erdboden entsteigende Erdgöttin« dargestellt.

Die *Thesmophorien*, ein Kultfest der Demeter und Kore Persephone, bei der die Schlange als Fruchtbarkeitssymbol eine wesentliche Rolle spielte, wurden als »jahreszeitlicher Vegetationskult und Fruchtbarkeitszauber« schon in neolithischer Zeit durchgeführt. Sie waren ein Frauenfest, dessen Hauptritual darin bestand, dass Frauen die vorher in Gruben geworfenen »Ferkel, Pinienzweige mit Zapfen und Nachbildungen von Phallen und Schlangen aus Weizenteig« heraufholten und sie anschließend unter das Saatgut mischten, um so das Wachstum der Früchte und der Menschen zu fördern und zu gewährleisten. (Küster, S. 146 ff.)

»In den Mysterienfeiern kam der Schlangenaspekt der Mutter Erde auf neue Art zum Ausdruck. Ein kaiserzeitliches Relieffries lässt den Mysten zu Demeter, die auf einem geflochtenen Deckelkorb sitzt, herantreten. *Es ist die ›Kiste‹, um die sich eine Schlange windet.* Demeter blickt nach hinten auf eine jugendliche Frauengestalt, die mit einer Fackel herbeieilt. Es ist Persephone, die aus der dunklen Unterwelt, dem Reich des Todes, zurück ins Leben kehrt. Im Mysterium erlebte der Myste dank der Mutter Erde die Gewissheit des Weiterlebens. *Die Schlange in der ›Kiste‹ war das Symbol der lebensspendenden Magna Mater*, wenn nicht gar ihre Inkarnation.« (Egli, S. 173)

Nach Strabo war die Schlange Tempelhüterin im Tempel der Demeter in Eleusis. Auf eleusinischen Reliefs sieht man häufig zu Füßen der Demeter die »cista mystica«, aus welcher eine Schlange kriecht. (nach Küster)
Hekate, die Unterweltsgöttin, erscheint in sehr frühen archaischen Darstellungen als mütterlich-chthonische Erd-Gottheit, die Segen spendet. Bei Hesiod ist Hekate die »ursprüngliche Dreifaltige Göttin, die im Himmel, auf Erden und im Tartaros herrschte. Die Hellenen betonten jedoch ihre zerstörende Macht und vergaßen darüber ihre schöpferische Kraft.« (R. v. Ranke-Graves, Mythologie, S. 109)

Hekate (Gemme), Rom

Selbst Zeus respektiert Hekate so sehr, dass er ihr alte Rechte nie streitig machte: sie kann Sterblichen jede Gunst gewähren oder verweigern. Ihr chthonischer Charakter und ihre Zauberkraft (sie galt als Herrin der Hexen) wird durch die Schlangen ausgedrückt, die sie gleich den Gorgonen als Gürtel und als Haarschmuck trägt, ihr Körper läuft in Schlangenwindungen aus. Eine Gemme aus Rom zeigt ihr Dreigesicht und ihre Wahrzeichen: Schlange und Fackel.

Artemis wird in der archaischen Kunst nicht als Jägerin, sondern als Ackerbau- und Vegetationsgöttin, als Fruchtbarkeit spendende Erdgöttin, als Herrin über Leben und Tod dargestellt. Ihr ältestes Göttinnenattribut ist ebenfalls die Schlange, die sie anstatt des Jagdspießes trägt. Eine Artemisstatue in Lykosia zeigt die Göttin mit einer Fackel in der einen und einer Schlange in der anderen Hand.

Auf einer Elfenbeinfibel (Tempel der Artemis Orthia in Sparta) ist Artemis als geflügelte Gottheit mit einem Vogel und einer Schlange als Begleittieren abgebildet. (Küster, S. 109)

Athene ist eine vorhellenische Göttin, ihre Heimat war Libyen, bezeichnenderweise gelangte sie über Kreta nach Attika. Athen war schon eine mykenische Niederlassung, ehe die Griechen kamen. (Egli, S. 172) Athene trug immer ihre *Aigis*, einen magischen Ziegenfellbeutel, bei sich, *der eine Schlange enthielt* und von einer Gorgonenmaske geschützt wurde – und dies lange, bevor Zeus behauptete, ihr Vater zu sein. (R. v. Ranke-Graves, Mythologie, S. 36)

Möglicherweise war die Schlange eine alte lokale Erdgottheit, die von Athene verdrängt und so zu ihrem Attribut wurde.

b. Die Schlange als Symbol der Prophetie und Weissagung

Kehren wir noch einmal zur Erdmutter Gaia zurück. Der *Omphalos*, ihr maternales Wahrzeichen, Nabel der Welt und Fruchtbarkeitssymbol, war der heilige Ort des Delphischen Orakels, das von Gaias Sohn *Python*, einem Drachen, bewacht wurde. Dieser Drache als Beschützer des matriarchalischen Heiligtums gleicht dem Drachen *Ladon*, der den goldenen Apfelbaum der Hera, den diese als Hochzeitsgeschenk von der Mutter Erde erhalten und in ihren göttlichen Garten gepflanzt hatte, gegen die Hesperiden zu verteidigen hat:

»Als Hera eines Tages merkte, dass die Töchter des Atlas, die Hesperiden, denen sie den Baum vertraut hatte, die Äpfel plünderten, ließ sie den immer wachsamen Drachen Ladon sich *als Hüter um den Baum winden*«. (R. v. Ranke-Graves, Mythologie, S. 468)

Die Besitzergreifung des chthonischen, einst matriarchalischen Erdorakels durch Apollon wird mythologisch in dem Drachenkampf zwischen Apollon und Python ausgedrückt:

»Apollon, der Sohn des Zeus und der Leto, war zwar ein Siebenmonatskind, doch wachsen Götter schneller als Sterbliche. Themis nährte ihn mit Nektar und Ambrosia, und als der vierte Tag dämmerte, verlangte er bereits Pfeil und Bogen, die Hephaistos ihm sofort besorgte. Er verließ Delos und ging geradewegs zum Parnass. Dort lauerte die Schlange Python, die seiner Mutter Feind war; mit seinen Pfeilen verwundete er sie schwer. Python floh zum Orakel der Mutter Erde in die Stadt Delphi, so genannt zu Ehren des Ungeheuers Delphyne, Pythons Gemahlin. Aber Apollon wagte es, Python in den Schrein zu folgen und ihn dort neben dem heiligen Spalt zu töten.« (R. v. Ranke-Graves, Mythologie, S. 65)

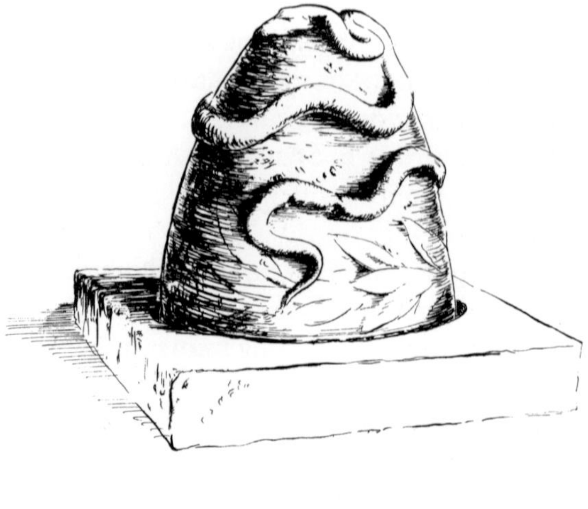
Der Omphalos von Delphi, von der Schlange umschlungen

Die Reste des Python sollen im Dreifuß der Pythia aufbewahrt und unter demselben begraben worden sein. Auf griechischen Münzen ist häufig ein schlangenumwundener Omphalos abgebildet, und die griechische Kunst kennt das Motiv der Schlange, die sich am Dreifuß der Pythia (von »Python« abgeleitet!) emporringelt. (Küster, S. 123)

Damit ist eine enge mythologische Verknüpfung der Schlange mit der Fähigkeit zur Weissagung hergestellt. Mantische Fähigkeiten entwachsen ursprünglich dem Reich der Erdgöttin Gaia. Durch die gewaltsame Besitzergreifung des matriarchalischen Erdorakles hat Apollon auch die Schlange als Symbol der Weissagung okkupiert.

Dieses Bild der weissagenden und allwissenden Schlange ist in den europäischen Märchen und Sagen weit verbreitet, über die griechische Mythologie hat es möglicherweise Eingang in die Volksliteratur gefunden. So erzählt z.B. ein estnisches Märchen »Die im Mondschein badenden Jungfrauen« von der Einweihung in geheime Weisheiten. Die Schau übernatürlicher Dinge gewährt der Schlangenkönig alle sieben Jahre einmal an geheimem Ort, jedoch die göttlichen Geheimnisse zu schauen, bringt Gefahr und Tod.

(...) »Der Schlangenkönig hat ein Goldschüsselchen mit Himmelsziegenmilch vor sich; wenn es dir nur gelingt, ein Stückchen Brot in diese Milch zu tunken und den eingetunkten Bissen in den Mund zu stecken, ehe du dich wieder auf die Flucht begiebst, so kannst du alles Geheime schauen, was unter der Decke der Nacht geschieht, ohne daß die Menschen Kunde davon haben.« (...)

In dem süddeutschen Volksmärchen »Die drei Federn des Drachen« rettet der Drache durch seine Allwissenheit und die Fähigkeit, in die Zukunft zu schauen und zu weissagen, dem Märchenhelden das Leben und verschafft ihm obendrein unsäglichen Reichtum und Liebesglück. Übrigens ist auch in diesem Märchen noch die mythologisch ursprüngliche Verbindung zwischen Schlange, hier Drache, und weiblicher Gottheit erhalten geblieben: Die weise alte Frau auf dem Glasberg, die mit dem menschenfressenden Drachen umzugehen weiß und ihm alle Weisheiten entlockt, personifiziert in Märchengestalt die Große Göttin: der Glasberg ist eine Metapher des Jenseitigen, Numinosen, auch des Totenreiches.

Die Schlange als selbständiges Symbol der Mantik konnte auch bevorzugten Menschen die Gabe der Weissagung verleihen: In der griechischen Bildenden Kunst und Literatur war das Motiv, dass sich eine Schlange dem Ohr eines Sehers oder Priesters nähert, sehr häufig, die Schlange besaß mantische Kräfte und konnte Zukünftiges voraussagen: Der Seher Iamos wird von einem Schlangenpaar aufgezogen und unterwiesen (Pindar), dem Melampus leckt eine Schlange die Ohren aus und verleiht ihm so die Gabe, die Vogelsprache zu verstehen (Plinius). Auch im griechischen Volksglauben war die Vorstellung verankert, dass der Genuss von Schlangenfleisch ein Verstehen der Vogelsprache bewirke. (Siehe Nordische Mythologie S. 24)

Das italienische Volksmärchen »Das Geheimnis der Schlange« erzählt von einem *magischen Schlangenring*, dessen Besitz die höchste Weisheit der Welt verleiht. Es ist der Dummling, der in einer Höhle auf Anraten einer Alten eine Schlange totschlagen und aus deren Maul einen Goldring bergen soll. Die Schlange aber kann sprechen (!) und belehrt ihn, dass die Hexe – denn dies ist die Alte – den Burschen totschlagen werde, sobald sie den Goldring besitze. Die Schlange rät ihm, die Hexe zu töten, dafür werde er, der Dummling, den kostbaren Zauberring und eine Zauberlehre von ihr erhalten. Der Bursche tut so, wie die Schlange es ihm geraten hat, und bringt ihr den Kopf der Hexe. Da übergibt die Schlange ihm den magischen Ring und erklärt ihm, dass er ab sofort die *Tiersprachen* verstehen könne und der weiseste Mensch sein werde, denn alle Schätze in Erde, Meer und Himmel würden ihm offenbar werden. Spreche er jedoch über sein Schlangengeheimnis, so müsse er sterben. Dann speit die Schlange ihm in den Mund und verleiht ihm *Unsterblichkeit*, wobei es ihm ist, als sei eine kleine Schlange in ihn hineingeglitten.

Dieses Märchen vereint auf einmalige Weise mehrere magische Eigenschaften der Schlange: eine numinose Göttlichkeit, denn sie verleiht Unsterblichkeit, eine allumfassende Macht über alle Schätze der Welt und des Himmels und eine Weisheit, die alle Weisheiten der Menschen übersteigt. Diese Weisheiten gilt es geheim zu halten – hier klingen Motive aus den Eleusinischen Mysterienkulten an (siehe S. 193ff.).

Auch in den folgenden Märchen verleiht der Genuss von Schlangenfleisch das Verständnis der Tiersprache:

Die weiße Schlange

Es ist nun schon lange her, da lebte ein König, dessen Weisheit im ganzen Lande berühmt war. Nichts blieb ihm unbekannt, und es war, als ob ihm Nachricht von den verborgensten Dingen durch die Luft zugetragen würde. Er hatte aber eine seltsame Sitte. Jeden Mittag, wenn von der Tafel alles abgetragen und niemand mehr zugegen war, mußte ein vertrauter Diener noch eine Schüssel bringen. Sie war aber zugedeckt, und der Diener wußte selbst nicht, was darin lag, und kein Mensch wußte es, denn der König deckte sie nicht eher auf und aß nicht davon, bis er ganz allein war.

Das hatte schon lange Zeit gedauert, da überkam eines Tages den Diener, der die Schüssel wieder wegtrug, die Neugierde, daß er nicht widerstehen konnte, sondern die Schüssel in seine Kammer brachte. Als er die Tür sorgfältig verschlossen hatte, hob er den Deckel auf, und da sah er, daß eine weiße Schlange darin lag. Bei ihrem Anblick konnte er die Lust nicht zurückhalten, sie zu kosten; er schnitt ein Stückchen davon ab und steckte es in den Mund. Kaum aber hatte es seine Zunge berührt, so hörte er vor seinem Fenster ein seltsames Gewisper von feinen Stimmen. Er ging und horchte, da merkte er, daß es die Sperlinge waren, die miteinander sprachen und sich allerlei erzählten, was sie im Felde und Walde gesehen hatten. Der Genuß der Schlange hatte ihm die Fähigkeit verliehen, die Sprache der Tiere zu verstehen. Nun trug es sich zu, daß gerade an diesem Tage der Königin ihr schönster Ring fortkam und auf den vertrauten Diener, der überall Zugang hatte, der Verdacht fiel, er habe ihn gestohlen.

Der König ließ ihn vor sich kommen und drohte ihm unter heftigen Scheltworten, wenn er bis morgen den Täter nicht zu nennen wüßte, so sollte er dafür angesehen und gerichtet werden. Es half nichts, daß er seine Unschuld beteuerte, er ward mit keinem bessern Bescheid entlassen. In seiner Unruhe und Angst ging er hinab auf den Hof und bedachte, wie er sich aus seiner Not helfen könne.

Da saßen die Enten an einem fließenden Wasser friedlich nebeneinander und ruhten, sie putzten sich mit ihren Schnäbeln glatt und hielten ein vertrauliches Gespräch. Der Diener blieb stehen und hörte ihnen zu. Sie erzählten sich, wo sie heute morgen all herumgewackelt wären und was für gutes Futter sie gefunden hätten, da sagte eine verdrießlich: »Mir liegt etwas schwer im Magen, ich habe einen Ring, der unter der Königin Fenster lag, in der Hast mit hinuntergeschluckt.« Da packte sie der Diener gleich beim Kragen, trug sie in die Küche und sprach zum Koch: »Schlachte doch diese ab, sie ist wohlgenährt.«

»Ja«, sagte der Koch und wog sie in der Hand, »die hat keine Mühe gescheut, sich zu mästen, und schon lange darauf gewartet, gebraten zu werden.« Er schnitt ihr den Hals ab, und als sie ausgenommen ward, fand sich der Ring der Königin in ihrem Magen. (...)

(Märchen der Brüder Grimm)

Der Schlangenkamm

Es ging einmal ein Jäger in den Wald. Dort traf er eine Schlange, die auf dem Kopf einen Kamm hatte. Der Jäger schoß auf sie mit seiner Flinte. Die Schlange begann zu schreien. Auf ihr Geschrei strömte eine Menge kleiner Schlangen herbei. Wohl schlug der Jäger mit einem Knüppel nach ihnen, das half aber nichts. Endlich warf der Jäger seine eigenen Kleider ihnen zu. Da blieben die Schlangen bei den Kleidern, und der Jäger konnte entfliehen.

Am anderen Tage ging der Jäger wieder dorthin, wo er nach der Schlange mit dem Kamm geschossen hatte. Er fand die Schlange wieder vor. Sie hatte nur noch wenig Leben in sich und konnte nicht mehr entfliehen.

Dem Jäger kam der alte Glaube in den Sinn: wer einen Schlangenkamm aufisst, der versteht alle Vogelsprachen. Der Jäger nahm den Schlangenkamm, ging nach Hause, kochte ihn und aß ihn auf.

Dann ging er hinaus spazieren. Eine Krähe krächzte, und der Mann verstand alles, was die Krähe sprach. (...)

(Estnisches Volksmärchen)

c. Die Schlange als Symbol der Gesundung und Heilkraft

Dass der Erde prophetische Kraft innewohne, geht auf einen alten griechischen Glauben zurück. In der Erde hausende Höhlengeister wie Trophonios, Amphiaraos und *Asklepios* besaßen Kraft ihrer chthonischen Natur auch die Gabe der Mantik und wurden dadurch zu Orakelgeistern. Diese mächtigen Erdgeister, an die man sich in aller Bedrängnis wandte, dachte man sich in Schlangengestalt. Sie offenbarten sich den Ratsuchenden im Imkubationsschlaf durch Träume und Visionen. Mittelpunkt des berühmten Asklepios-Kultes wurde Epidauros. Asklepios verdrängte allmählich im Kult seinen »Vater« Apollon, den Heilgott. Im Schlaf bzw. Traum verkündete der Gott die richtigen Heilmittel und die Kranken gesundeten. Bei der Gründung neuer Heiligtümer wurde die Schlange als Inkarnation des Gottes Asklepios in feierlichem Zuge mitgeführt. Die antiken Darstellungen zeigen Asklepios immer mit Schlange und Stab.

Das Symbol der *Athene Hygieia* ist ebenfalls die Schlange, sie vereinigt alle Eigenschaften auf sich, die Gesundheit und Heilung spenden. Sie wird meist zusammen mit Asklepios dargestellt.

Bis auf den heutigen Tag ist die *Schlange als Symbol der Heilkraft* das »Wappentier« der Ärzteschaft! So ist auch in Mythos und Märchen die Schlange ein Symbol für Gesundung und Heilkraft.

Der griechische Mythos erzählt die Geschichte von »Glaukos und Polyeidos« (s. S. 147), deren Motive im europäischen Volksmärchenschatz immer wieder auftauchen, so auch in dem Grimmschen Märchen »Die drei Schlangenblätter«:

(...) Der König hatte eine Tochter, die war sehr schön, aber sie war auch sehr wunderlich. Sie hatte das Gelübde getan, keinen zum Herrn und Gemahl zu nehmen, der nicht verspreche, wenn sie zuerst stürbe, sich lebendig mit ihr begraben zu lassen.

»Hat er mich von Herzen lieb«, sagte sie, »wozu dient ihm dann noch das Leben?« Dagegen wollte sie ein Gleiches tun und, wenn er zuerst stürbe, mit ihm in das Grab steigen. Dieses seltsame Gelübde hatte bisjetzt alle Freier abgeschreckt, aber der Jüngling wurde von ihrer Schönheit so eingenommen, daß er auf nichts achtete, sondern bei ihrem Vater um sie anhielt. »Weißt du auch«, sprach der König, »was du versprechen mußt?«

»Ich muß mit ihr in das Grab gehen«, antwortete er, »wenn ich sie überlebe, aber meine Liebe ist so groß, daß ich der Gefahr nicht achte.«

Da willigte der König ein, und die Hochzeit ward mit großer Pracht gefeiert. Nun lebten sie eine Zeitlang glücklich und vergnügt miteinander, da geschah es, daß die junge Königin in eine schwere Krankheit fiel und kein Arzt ihr helfen konnte. Und als sie tot dalag, da erinnerte sich der junge König, was er hatte versprechen müssen, und es grauste ihm davor, sich lebendig in das Grab zu legen, aber es war kein Ausweg: der König hatte alle Tore mit Wachen besetzen lassen, und es war nicht möglich, dem Schicksal zu entgehen.

Als der Tag kam, wo die Leiche in das königliche Gewölbe beigesetzt wurde, da ward er mit hinabgeführt und dann das Tor verriegelt und verschlossen. Neben dem Sarg stand ein Tisch, darauf vier Lichter, vier Laibe Brot und vier Flaschen Wein. Sobald dieser Vorrat zu Ende ging, mußte er verschmachten. Nun saß er da voll Schmerz und Trauer, aß jeden Tag nur ein Bißlein Brot, trank nur einen Schluck Wein und sah doch, wie der Tod immer näher rückte.

Indem er so vor sich hinstarrte, sah er aus der Ecke des Gewölbes eine Schlange hervorkriechen, die sich der Leiche näherte. Und weil er dachte, sie käme, um daran zu nagen, zog er sein Schwert und sprach: »Solange ich lebe, sollst du sie nicht anrühren«, und hieb sie in drei Stücke.

Über ein Weilchen kroch eine zweite Schlange aus der Ecke hervor, als sie aber die andere tot und zerstückt liegen sah, ging sie zurück, kam bald wieder und hatte drei grüne Blätter im Munde. Dann nahm sie die drei Stücke von der Schlange, legte sie, wie sie zusammengehörten, und tat auf jede Wunde eins von den Blättern. Alsbald fügte sich das Getrennte aneinander, die Schlange regte sich und ward wieder lebendig, und beide eilten miteinander fort. Die Blätter blieben auf der Erde liegen, und dem Unglücklichen, der alles mit angesehen hatte, kam es in die Gedanken, ob nicht die wunderbare Kraft der Blätter, welche die Schlange wieder lebendig gemacht hatte, auch einem Menschen helfen könnte. Er hob also die Blätter auf und legte eins davon auf den Mund der Toten, die beiden andern auf ihre Augen. Und kaum war es geschehen, so bewegte sich das Blut in den Adern, stieg in das bleiche Angesicht und rötete es wieder. Da zog sie Atem, schlug die Augen auf und sprach: »Ach, Gott, wo bin ich?«

»Du bist bei mir, liebe Frau«, antwortete er und erzählte ihr, wie alles gekommen war und er sie wieder ins Leben erweckt hatte. Dann reichte er ihr etwas Wein und Brot, und als sie wieder zu Kräften gekommen war, erhob sie sich, und sie gingen zu der Türe und klopften und riefen so laut, daß es die Wachen hörten und dem König meldeten. Der König kam selbst herab und öffnete die Türe, da fand er beide frisch und gesund und freute sich mit ihnen, daß nun alle Not überstanden war. Die drei Schlangenblätter aber nahm der junge König mit, gab sie einem Diener und sprach: »Verwahr sie mir sorgfältig und trag sie zu jeder Zeit bei dir, wer weiß, in welcher Not sie uns noch helfen können.« (...)

d. Die Schlange als Symbol der Seele und Hüterin des Grabes

In der griechischen Antike nannte man die Schlange das »allergeistigste Tier« (Philo v. Byblos) und sah in ihr auch das *Seelentier.*

Auch im deutschen Volksgut und Aberglauben findet sich ein ähnlicher Gedanke – nicht im Tode, sondern im Schlaf entschlüpft die Seele als Schlange dem Menschen:

Der schlafende König

Der fränkische König Guntram war eines gar guten, friedliebenden Herzens. Einmal war er auf die Jagd gegangen, und seine Diener hatten sich hierhin und dahin zerstreut; bloß ein einziger, sein liebster und getreuster, blieb noch bei ihm. Da befiel den König große Müdigkeit; er setzte sich unter einen Baum, neigte das Haupt in des Freundes Schoß und schloß die Augenlider zum Schlummer. Als er nun entschlafen war, schlich aus Guntrams Munde ein Tierlein hervor in Schlangenweise, lief fort bis zu einem nahe fließenden Bach, an dessen Rand stand es still und wollte gern hinüber. Das hatte alles des Königs Gesell, in dessen Schoß er ruhte, mit angesehen, zog sein Schwert aus der Scheide und legte es über den Bach hin. Auf dem Schwert schritt nun das Tierlein hinüber und ging hin zum Loch eines Berges, da hinein schloff (kroch) es. Nach einigen Stunden kehrte es zurück und lief über die nämliche Schwertbrücke wieder in den Mund des Königs. Der König erwachte und sagte zu seinem Gesellen: Ich muß dir meinen Traum erzählen und das wunderbare Gesicht, das ich gehabt. »Ich erblickte einen großen, großen Fluß, darüber war eine eiserne Brücke gebaut; auf der Brücke gelangte ich hinüber und ging in die Höhle eines hohen Berges; in der Höhle lag ein unsäglicher Schatz und Hort der alten Vorfahren.« Da erzählte ihm der Gesell alles, was er unter der Zeit des Schlafes gesehen hatte und wie der Traum mit der wirklichen Erscheinung übereinstimmte. Darauf ward an jenem Ort nachgegraben und in dem Berg eine große Menge Goldes und Silbers gefunden, das vorzeiten dahin verborgen war.
(Brüder Grimm, Sagen)

Nach griechischer Auffassung bedeutet der Tod die radikale Trennung von Leib und Seele. Der Leib zerfällt, die unsterbliche Seele verlässt den Körper. (nach Platon, »Phaidon«)

Die Vorstellung, dass die Seele des Verstorbenen in einer Tiergestalt weiterlebt, ist uralt. Der Wurm, die Schlange, wurde häufig als Verkörperung der Seele angesehen. Plutarch und Plinius sprechen von einem »Seelenwurm«.

Prähistorische Gefäße, die zur Aufnahme der Totenspeise auf das Grab gesetzt wurden – sie hatten ein rundes Loch am Boden – belegen die archaische Vorstellung, die Toten inkarnierten sich in Schlangen. Man glaubte, die Seele könne in Schlangengestalt auf diese Weise an die Totenspeise gelangen. Sehr häufig waren auf diesen Gefäßen plastische Schlangen abgebildet, die sich an den oberen Rand des Gefäßes emporringelten. So wird die Schlange zur *Behüterin und Schützerin des Grabes.* (nach Küster)

In der griechischen Antike erscheint die Schlange als Totentier auf unzähligen Grabreliefs und freiplastischen Grabfiguren. Sie ist auch die *rächende Schlange*, die aus dem Körper des Ermordeten aufsteigt und den Mörder verfolgt. (Ein Vasenbild des 5.Jh. zeigt Orest, der von der Seelenschlange des Neoptolemos gepackt wird.)

»Erinnys« bedeutet so viel wie »die zürnende Seele des Ermordeten«. So tragen die *Erinnyien* Schlangen in Haar und Händen.

Griechische Totenmahlreliefs zeigen häufig eine männliche oder weibliche Figur auf der Kline gelagert, ein Ei als Symbol des sich erneuernden Lebens in der Hand haltend, das von einer sich emporrichtenden Schlange geholt wird. Das Motiv der Schlange, die sich um einen Lorbeer- oder Olivenbaum windet, gehörte ebenfalls zu den Totenmahlreliefs. (nach Küster)

Hier schließt sich der Kreis: Die Vorstellung von der Schlange als einem Seelentier und als Hypostase der toten Ahnen führt ganz unmittelbar zur *Verehrung einer Hausschlange.* Wie wir schon aufgezeigt haben, war die Verehrung einer Hausschlange so weit verbreitet bzw. spiegelt sich dieser Glaube in so zahlreichen Sagen und Märchen (er ist sogar bis in die prähistorische Zeit hinein nachzuweisen, (s. S. 176), dass man von diesem Phänomen als einem »indogermanischem Gemeingut« reden kann. (Egli, S. 116)

II. Die Schlange/der Drache – Ein Symbol der Unsterblichkeit und Wandlung

1. Das antike Märchen von »Amor und Psyche« Das Schlangenungeheuer als Tiergemahl

Das Märchen von der Liebe der Psyche zu dem jungen Amor, der sie als *geflügeltes Drachenungeheuer* entführt, ist uns in dem Roman »Metamorphosen oder der Goldene Esel« des römischen Dichters Apuleius (geb. um 125 n.Chr.) überliefert.

Amor und Psyche, Scherenschnitt von Hedwig Goller (Originalgröße 8,3 x12,4 cm)

In dem Roman wird das Märchen von einer alten Frau einem jungen Mädchen erzählt, das als Braut am Hochzeitstag von Räubern dem Bräutigam entrissen wurde. Die Alte, die bezeichnenderweise aus Thessalien stammt, dem Lande der Hexen, der Hekate, weiht nun die Schicksalsgeprüfte in den Leidensweg ein, den die Liebenden zu gehen haben.

Ein König und eine Königin hatten drei Töchter von ausgezeichneter Gestalt, die jüngste aber – Psyche – glich in ihrer übermenschlichen Schönheit der Göttin Venus und wurde gleich ihr vom Volk ehrfürchtig angebetet. Dass dem sterblichen Mädchen mehr Ehre als ihr gezollt wurde, erzürnte die Liebesgöttin Venus und so rief sie sogleich ihren Sohn Amor, der, mit Flammen und Pfeilen bewaffnet, sie rächen und mit der brennendsten Liebe zu dem elendigsten und niedrigsten Gefährten besessen machen solle. Venus drückte ihren Sohn Amor mit lechzenden Küssen an sich und ließ sich auf dem Meeresgrund nieder.

Psyche war von solch himmlischer Schönheit, dass sie von allen angeschaut, gepriesen und verehrt wurde, aber kein König, ja keiner vom Plebs begehrte sie zu ehelichen. Die beiden älteren Schwestern waren längst königlichen Freiern vermählt, Psyche jedoch beweinte ihre verlassene Einsamkeit, krank an Körper und Geist, hasste sie sich selbst und ihre Schönheit. Der Vater, himmlischen Hass argwöhnend und den Zorn der Götter fürchtend, suchte Rat beim uralten Orakel des milesischen Gottes und erflehte mit Bitten und Opfern einen Gatten für seine Tochter. Apoll antwortete mit folgendem Spruch:

»Setz, o König, dein Kind auf die höchste Klippe des Berges,
Mit des Totengemachs traurigem Schmucke geziert.
Nicht von sterblichem Stamm erwählt den Eidam dir hoffe,
Sondern wütend und wild ist er und schlangenumrankt,
Der mit den Schwingen den Äther befliegend alles ermattet
Und mit Eisen und Glut jeden zu schwächen versteht,
Dem auch Jupiter bebt, der Götter erschreckende selber.«

Der einst glückliche König verkündigte die schreckliche Wahrsagung der Tochter und Gattin. Da wurde getrauert, geweint, an vielen Tagen. Doch schon drängte der abscheuliche Vollzug des grausamen Orakels. Die ganze Stadt beweinte das traurige Schicksal der schönen Psyche, allein den himmlischen Befehlen war Folge zu leisten. Die Begräbnis-Hochzeit wurde gerüstet, Psyche willigte in ihr hartes Schicksal ein und sprach zu ihren Eltern:

»Führet mich und setzet mich auf den Gipfel, dem der Spruch
dieses anzeigte. Ich eile, diese unselige Hochzeit zu erleiden,
warum soll ich den Kommenden fern halten, warum mich ihm weigern,
der zum Verderben des ganzen Erdkreises geboren ist?«

Das trauernde Volk begleitete sie zur bestimmten Klippe auf der höchsten Spitze des Berges, dann verließen sie mit gesenkten Häuptern die Unglückliche. Psyche aber, die auf jener Klippe angstvoll bebte und weinte, erhob unmerklich der linde Hauch des weich atmenden Zephyrs und trug sie auf seinem ruhigen Wehen über die Hänge des hohen Felsens und legte die sanft Niedergeglittene in den Rasen-Schoß des darunter liegenden blühenden Tals.

Von süßem Schlummer erquickt, sah Psyche inmitten eines herrlichen Hains mit einer Quelle ein königliches Haus, erbaut nicht von menschlichen Händen, sondern von göttlichen Künsten, der Aufenthalt eines Gottes!

Sie trat näher und überschritt die Schwelle, jedoch keine Menschenseele schien den Palast zu bewohnen. Überwältigt von der Wunderbarkeit der Reichtümer – es gab nichts, was es nicht gab – hörte sie eine Stimme, aber niemand war zu sehen. »Was, Herrin, erstarrst du vor solchen Schätzen? Dein ist dies alles! Deshalb begib dich ins Schlafgemach und erquicke die Müdigkeit auf dem Bettlein und suche nach Belieben das Bad auf. Wir, deren Stimmen du vernimmst, deine Dienerinnen, werden dich emsig bedienen, und die Besorgung königlicher Mahlzeiten für deinen Leib wird nicht versäumt werden!«

Psyche spürte die göttliche Vorsehung und erquickte sich in süßem Schlaf und an den köstlichsten Speisen, die ihr, durch einen Hauch herbewegt, dargeboten wurden. Bei fortgeschrittener Nacht, als Psyche sich auf das weiche Lager gelegt hatte, nahte ein sanfter Ton ihren Ohren und sie bangte und erstarrte geängstigt. Doch da war der unerkennbare Gatte schon da und hatte den Pfühl bestiegen und sich Psychen zum Weibe gemacht und war vor Aufgang des Lichtes eilig davongegangen. So ward es lange Zeit gehalten, und wie es die Wirkung der Natur ist, das erst Fremde gedieh ihr durch ständige Gewohnheit zum Ergötzen, und der Laut der ungewissen Stimme ward ihrer Einsamkeit Trost.

Unterdessen alterten die Eltern und die neugierigen Schwestern machten sich auf die Suche nach der verlorenen Psyche. Amor, das nahende Unheil vorausahnend, warnte sie vor den neidischen Schwestern: »Süßeste Psyche und teueres Gespons, dir droht eine verderbliche Gefahr! Schon kommen deine Schwestern gerade zu dieser Klippe, antworte nicht, vielmehr sieh überhaupt nicht hin, sonst wirst du mir schwersten Schmerz, dir aber das höchste Unheil schaffen!«

Psyche gelobte, nach des Gatten Willen zu handeln, jedoch als er mit der Nacht ihr entglitten war, trauerte sie, da sie sich nach einer menschlichen Zwiesprache mit den Schwestern sehnte. Als die Nacht kam, quälte sie ihren Liebsten so lange, bis er ihr erlaubte, die Schwestern doch zu sehen. Er gebot ihr aber, dass sie niemals nach seiner Gestalt fragen dürfe, sonst könne sie seine Liebe nicht mehr erlangen.

»Aber eher, sprach sie, »sterbe ich hundert Mal, als dass ich deine süßeste Beiwohnung entbehre. Denn ich liebe dich auch bis zum Sterben, wer du auch bist!«

Psyche empfing die Schwestern, vom Zephyr sanft von der Klippe in Amors Zauberpalast herabgetragen, zeigte ihnen die unermesslichen Reichtümer des Schlosses, erfrischte sie im schönsten Bade und mit den köstlichsten Speisen. Von Neid erblasst, forschten die Schwestern nach dem geheimnisvollen Gatten; Psyche verriet indes nichts und erdichtete aus der Natur der Sache, er wäre ein schöner Jüngling, der meist mit Jagen zu Felde und zu Berge beschäftigt sei. Beladen mit Gold und Kleinodien wurden sie von dem herbeigerufenen Zephyr zurückgetragen.

Von blindem Neid und Hass gegen die Jüngere besessen, die vom Schicksal mit einem herrlichen Gemahl und größten Reichtümern wider Erwarten gesegnet worden war, entschlossen sich die bösen Schwestern, sich an Psyche zu rächen und ihr Glück zu zerstören. Sie wollten sich bedenken und mit einem listigen Plan wiederkommen. Den armen Eltern teilten sie von dem Glück der Jüngsten aus Neid und Habsucht nichts mit.

Psyche empfing jede Nacht mit Freuden ihren Gatten, den sie aber noch niemals gesehen. Um ihre Zukunft wissend, ermahnte er sie:

»Siehst du nicht, welche Gefahr dir droht? Diese perfiden Wölfinnen rüsten dir mit mächtigen Versuchen ruchloser Nachstellungen, deren höchste ist, dass sie dir raten werden, meine Züge zu erforschen, die du nicht mehr sehen wirst, wenn du sie gesehen hast!«

Psyche, die bereits schwanger war, versicherte ihrem Gemahl ewige Liebe und Treue und bat arglos und unter vielen Tränen um ein erneutes Treffen mit den Schwestern, das Amor ihr sodann nicht abschlagen mochte.

Sie empfing die Schwestern zum zweiten Mal, ohne von deren hinterlistigen Plänen etwas zu ahnen. Diese drangen mit erheuchelter Zuneigung allmählich in die Seele der Schwester und begannen sich insgeheim zu erkundigen, wer ihr Gatte sei und von welcher Geburt. Psyche aber verstrickte sich in Widersprüche und bald schon ahnten die Schwestern, dass sie die wahre Gestalt ihres Gatten gar nicht kenne und einen Gott geehelicht habe. Hinterlistig sprachen sie zu ihr:

»Wir können dir nicht verheimlichen, dass eine ungeheure Schlange, in vielknotigen Windungen herankriechend, den Hals blutfarben von schädlichem Gift und klaffend mit abgründigen Schlünden, heimlich mit dir in den Nächten schläft. Erinnere dich jetzt des pythischen Spruches, welcher ausrief, dass du zur Ehe mit einer grimmigen Bestie bestimmt seist. Viel Umwohner haben sie abends von der Weide zurückkommend gesehen und in den Furten des nächsten Flusses schwimmen. Nicht lange wird es dauern, dann wird das Schlangenungeheuer dich mit fetter Frucht Begabte verschlingen.«

Von dem Grauen so trauriger Worte hingerissen, vergaß Psyche alle Ermahnungen ihres Gatten und stürzte sich in den Abgrund des Unglücks, indem sie sprach:

»Ihr teuren Schwestern habt Recht, denn ich habe niemals die Gestalt meines Mannes gesehen, ich ertrage einen Gatten von ungewisser Statur und durchaus lichtflüchtig, ich stimme euch zu, die ihr mit Recht sagt, dass es ein Untier ist. Und nun, wenn ihr eurer Schwester heilsame Hilfe bringen könnt, so steht mir jetzt bei!«

Listig sprachen die beiden: »Nimm ein spitziges Messer und verbirg es insgeheim auf der Seite des Lagers, wo du zu schlafen pflegst. Verstecke ebenso eine geeignete Lampe, gefüllt mit Öl, die zum richtigen Zeitpunkt helles Licht spendet. Wenn dann die Schlange das gewohnte Lager bestiegen hat und entschlummert ist, gleite vom Lager und beleuchte mit der Lampe seine grässliche Schlangengestalt und durchschneide mit stärkstem Schwung den Knoten der schädlichen Schlange zwischen Hals und Kopf. Doch unsere Hilfe wird dir nicht fehlen, sobald du die grässliche Tat vollbracht, werden wir dir in deiner Besorgnis beistehn.«

Die Schwestern stürzten in hurtiger Flucht davon. Psyche aber, allein gelassen, schwankte, von den vielen Affekten ihres Unglücks hin- und hergerissen: im selben Körper hasste sie die Bestie und liebte den Gemahl. Dennoch richtete sie, als der Abend herbeikam, mit überstürzter Eile Messer und Lampe zur ruchlosen Untat her. Kaum war der Gatte in Schlaf gesunken, nahm sie die Lampe und erhellte das Dunkel: Sie erblickte von allen Bestien das mildeste und süßeste Untier, Cupido selbst, schön daliegend den herrlichen Gott! Das Messer entglitt ihr vor Schreck, wieder und wieder beschaute sie die Schönheit der göttlichen Mienen und es belebte sich ihr Geist. Sie sah das wonnevolle Haar des goldenen Hauptes, sah den milchweißen Nacken und die purpurnen Wangen, umschweift von zierlich verwickelten Locken.

Zu Füßen des Gottes lagen Bogen und Köcher und Pfeile. Neugierig die Geschosse ihres Gatten untersuchend, stach sie sich an einem Pfeil: so verliebte sich die unwissende Psyche in ihren eigenen Gatten – den Liebesgott Amor. Vor Leidenschaft entbrannt, beugte sie sich über ihn und drückte ihm eilends neckische Küsse auf. Da stieß sie gegen die Öllampe und ein Tropfen glühenden Öls fiel auf die Schulter des schlafenden Gottes. Also erwacht, verbrannt vom Öl der Lampe, sprang der Gott empor, und da er den Wirrwarr der verratenen Treue gewahrte, floh er sogleich schweigend aus den Armen der unglücklichen Gattin.

Doch der göttliche Liebhaber flog auf die nächste Zypresse und sprach schwer bewegt also zu ihr:

»Ich freilich bin, uneingedenk der Vorschriften meiner Mutter Venus, die befahl, dich mit einem elenden Menschen zu verbinden, lieber selbst dir als Liebhaber zugeflogen. Dies aber habe ich leichtsinnig getan, ich weiß es, ich habe mich selbst mit meinem Geschoss durchbohrt und dich zu meiner Gattin gemacht, sodass ich dir als Untier erschien! Ich habe dich immer wie er wohlwollend gewarnt, nicht nach meiner Gestalt zu fragen. Deine erlesenen Ratgeberinnen werden gleich für ihre Tat bezahlen müssen, dich aber will ich nur mit meiner Flucht strafen!« Mit dem Ende der Rede stürzte er sich mit Fittichen in die Höhe.

Psyche aber zergrämte mit äußersten Klagen ihren Geist und als sie den Gatten entschwinden sah, stürzte sie sich köpflings in den Fluss. Der Fluss jedoch legte sie sogleich mit der nächsten Woge ans Ufer, wo Pan, der bockartige Hirtengott, sie fand und in ihrem Liebeskummer tröstete.

Psyche machte sich nun auf und suchte Amor, verzehrte sie sich doch vor Liebe nach ihm. An den Schwestern rächte sie sich, indem sie jeder sagte, dass Amor nun die Schwestern ehelichen wolle, da sie, Psyche, ihn verraten habe. Die Schwestern aber stürzten sich an der Klippe zu Tode, denn kein sanfter Zephyr nahm sie in Empfang.

Dieweil nun Psyche auf der Suche nach Amor bei den Völkern herumirrte, lag dieser, den Schmerz von der Wunde der Lampe leidend, in der Behausung seiner fernweilenden Mutter.

Eine schneeweiße Möwe trug Venus, die sich im abgründigen Schoss des Meeres aufhielt, die Nachricht zu, dass Amor seine Mutter betrogen und Psyche, ihre Feindin, zur Geliebten gewählt hätte. Wütend vor Zorn wollte sie Amor entehren und vernichten. In ihrem Zorne traf sie Ceres und Juno, denen sie ihr Leid klagte, die sie aber nur belächelten und belehrten, Amor seine eigenen Liebschaften wählen zu lassen und sich nicht einzumischen.

Unterdessen wanderte Psyche Tag und Nacht durch die Welt, um ihren Gatten zu finden. Im Tempel der Ceres und im Heiligtum der Juno flehte sie die großen Göttinnen um Hilfe und Schutz vor dem Zorne der Venus an. Beide jedoch wollten ihr nicht beistehen, da sie der Freundschaft der Göttin Venus verpflichtet seien. So entschied Psyche todesmutig, sich der zürnenden Göttin Venus selbst auszuliefern. Venus demütigte und beschimpfte Psyche als Geliebte ihres Sohnes Amor aufs Gemeinste und ließ sie von ihren Mägden »Kümmernis« und »Betrübnis« foltern. Als weitere Strafen nannte sie ihr hintereinander vier unlösbare Aufgaben, die sie zunächst alle vier in den Tod zu treiben schienen. Amor indessen musste auf Befehl der Mutter im Innersten des Palastes eingesperrt verharren, dass er Psyche nicht träfe. So hatten die getrennten Liebenden unter einem Dache eine schreckliche Nacht zu erdulden.

Die erste Aufgabe bestand darin, einen Berg vermischter Getreide- und Samenkörner zu trennen und zu verlesen. Verzweifelt über die Ungeheuerlichkeit dieser Forderung, erstarrte sie wie schweigend. Da rannte eine Ameise emsig herbei, erbarmte sich der Geliebten des großen Gottes Amor und rief die Zöglinge der Allmutter Erde herzu, die mit höchstem Eifer Korn für Korn trennten und teilten. Die wütende Venus jedoch blieb durch die Lösung der Aufgabe unversöhnt. Sie stellte ihr sogleich die zweite: Sie sollte ihr eine Flocke des goldenen Vlieses der wilden Sonnenschafe holen. Das grüne Schilfrohr, Bote des Wassers und der Erde, lehrte sie ihre Rettung: es riet ihr zum Abwarten, bis sich die Wut der Schafe besänftigte und die Sonne sich senkte, dann könnte sie die goldene Wolle von den Bäumen pflücken, an denen die Schafe gestreift.

Venus, verärgert, dass auch diese Aufgabe die Feindin nicht vernichtet hatte, bedrohte sie und zwang sie zur dritten Aufgabe:

»Siehst du dort den felsigen First des hohen Berges ragen? Von ihm fließen die dunklen Wogen einer schwarzen Quelle herab, sie bewässern die Sümpfe des Styx und nähren die Fluten des Cocytus. Dort schöpfe mir aus dem Strudel der höchsten Quelle den starrenden Tau und bringe ihn flugs in der Urne her!«

Psyche aber, gewiss, dass dies das Ende ihres Lebens war, kam zu dem gefahrvollen Felsen, der aus Schlünden von Stein grausige Quellen spie, die über den Abhang stürzten. Zur Rechten und zur Linken krochen aus hohlen Grotten wilde und lange Hälse reckende Schlangen, die Wache hielten.

Die Wasser riefen Psyche zu: »Weiche!« und »fliehe!«, bis plötzlich ein Adler, »des höchsten Jupiter königlicher Vogel«, erschien und ihr das Kristallgefäß mit Quellwasser füllte.

Noch immer konnte sie den Willen der wütenden Venus nicht versöhnen.

»Du scheinst mir allerdings eine hohe und ganz erhabene Hexe zu sein, da du meinen Vorschriften so emsig gehorcht hast. Aber, mein Püpplein, dies musst du noch schaffen, nimm diese Büchse!«

Venus schickte sie mit diesem Auftrag direkt ins Verderben: der Befehl, in die Unterwelt zu steigen und die Schönheitssalbe der Proserpina, der Herrin der Totenwelt, zu holen, war ein Todesurteil.

Psyche wanderte zu einem hohen Turm, von dem sie sich direkt in die Unterwelt stürzen wollte. Der Turm jedoch belehrte sie, wie sie in den Tartaros hinab- und wieder heraufsteigen könne. Glücklich konnte sie die geheim gefüllte und geschlossene Büchse der Proserpina empfangen, und als sie schon das Licht der Sonne wieder gewonnen hatte, wurde sie plötzlich von unbedachtsamer Neugier befallen, sie öffnete die Büchse, um ein wenig der Salbe zu entnehmen: sie will für Eros schön sein.

Jedoch die Büchse enthielt keine Schönheitssalbe, ein dicker Nebel von wahrhaft stygischem Schlaf ergoss sich über ihre Glieder, sie sank zu Boden, nun war sie nichts anderes als ein schlafender Leichnam.

Amor aber, von seiner Narbe genesen, die lange Abwesenheit seiner Psyche nicht aushaltend, stürzte sich aus dem höchsten Fenster des Schlafgemachs, worin er eingesperrt gewesen, eilte ihr zu Hilfe, wischte ihr den Schlaf ab und verschloss die Büchse. Mit einem Stichlein seines Pfeiles ermunterte er Psyche und sprach: »Siehe da! Wieder wärest du Elende fast umgekommen durch deine Neugier!«

Amor aber flog mit behänden Schwingen direkt zum großen Jupiter empor und flehte bei ihm um Hilfe. Jupiter endete den Streit, indem er Psyche zur Göttin erhob und beide vermählte: »Nimm, Psyche, und sei unsterblich, und niemals weiche Amor aus deinen Banden, sondern diese Ehe habe euch immer Bestand!« So kam Psyche nach dem heiligen Ritus in die Hände des Amor, und es ward ihnen zur rechten Zeit eine Tochter geboren, die wir »Wollust« nennen.

(Gekürzt und nacherzählt nach der Originalübersetzung aus dem Lateinischen von A. Schaeffer)

2. Motivgeschichte

Jenes literarische Kunstwerk des Apuleius hat wie kaum eine andere klassische mythologische Erzählung die Kunst und die Literatur, insbesondere das Europäische Volksmärchen, beeinflusst, es ist u.a. die Quelle vieler sog. *Tiergemahlmärchen.*

Wissenschaftlich umstritten ist, aus welchen literarischen Quellen Apuleius schöpfte, ob er auf bereits bekannte Märchenmotive und Mythologeme zurückgriff, d.h. mündlich tradierte Märchen in sein literarisches Werk aufnahm, oder ob er diese erst selbst schuf.

Manche Forscher meinen, dass es entgegen der Grimmschen Annahme im Altertum noch keine »Märchen« gegeben habe. Dies würde bedeuten, dass die Inhalte der europäischen Volksmärchen u.a. auf antike, literarische Quellen, wie z.B. das »Amor-Psyche«-Märchen, zurückzuführen sind. Die ersten Märchensammler und Märchenautoren wie Straparola und Basile schöpften alle direkt aus der antiken Literatur. Die seit dem 16. Jahrhundert so bekannt gewordenen Märchenmotive, wie z.B. das Motiv der neidischen Schwestern, der Unheilshochzeit mit dem Schlangen-Ungeheuer, die unlösbaren Aufgaben, die der Held/die Heldin zu bewältigen haben, das geheimnisvolle Schloss, in dem keine Menschenseele wohnt etc., sind Teil der »Amor-Psyche« -Erzählung.

Der Vorrat an dichterischen mythologischen Stoffen, aus dem Apuleius schöpfen konnte, war sehr groß. Möglicherweise hat auch Platons Eros-Lehre (»Phaidros«) Einfluss auf ihn ausgeübt.

In einem *ägyptischen Zauberpapyros* z.B. konnte »die Gestalt des Eros als eines Knaben und lebendigen Gottes« nachgewiesen werden, der als »Bewohner des vielersehnten Palastes und Herr des schönen Lagers« auch in der Gestalt eines »beflügelten Drachen« erscheinen konnte. (R. Reitzenstein, S. 20)

Psyche, die »dem Weltall Bewegung, Beseelung« bringt, ist die Partnerin eines »allwissenden Drachenungeheuers« (R. Reitzenstein, S. 21).

Andere Motive, z. B. die Heirat eines Gottes mit einer Sterblichen, Intrigen und Eifersuchtsszenen zwischen Göttern und Göttinnen, der Abstieg in die Unterwelt und viele andere Elemente des Märchens »Amor und Psyche« sind aus der griechischen Mythologie bekannt.

Sieht man das Märchen »Amor und Psyche« im Zusammenhang mit dem Gesamtroman, so stellt dieses, wie wir zeigen werden, gleichzeitig auch ein *Mysteriengeschehen* dar. Der Roman nimmt geistige Strömungen aus der vorpatriarchalischen Zeit der Antike auf, so z.B. Inhalte der weiblichen Wandlungs- und Einweihungsmysterien, der *Isismysterien Ägyptens* oder der *Eleusinischen Mysterien Griechenlands* (am Ende des Romans von Apuleius steht die Isiseinweihung des Lucius-Apuleieus).

3. Versuch einer Deutung

Es zeigt sich, wie komplex und vielschichtig diese Erzählung ist. Sie ist Märchen, Mythos und Mysterieneinweihung zugleich. Als Teil des Apuleieus-Romanes, kann das »Amor-Psyche«-Märchen im direkten Bezug zu den Isis-Mysterien gesehen werden. »Den Irrfahrten des Lucius entsprechen die der Psyche: Lucius sucht seine wahre Gestalt, Psyche sucht Eros. In Wahrheit ist das ganze Leben des Menschen eine solche Irrfahrt ... Irrfahrten und Rettung des Lucius entsprechen denen seiner Göttin Isis (= Psyche). Überhaupt sind die Irrwege des Menschen nur eine Wiederholung der Irrfahrten der Isis, und aus dem glücklichen Ende jener mystischen Irrfahrt schöpften die Mysten die Hoffnung, auch ihr Lebensweg werde glücklich enden.« (R. Merkelbach, S.2)

a. Die Todeshochzeit

Die Motive aus Märchen und Mythos, die alle eine Grenzsituation des Menschen darstellen – wie z.B. Todeshochzeit, Bedrohung durch ein Drachenungeheuer, Lösung »unlösbarer« Aufgaben durch hilfreiche Tiere, Abstieg in die Unterwelt, Such- und Leidensweg der Heldin/ des Helden, Wiedergeburt, Geburt des göttlichen Kindes, bilden auch den ganzen Kanon der Archetypen, die sich in den Mysterien wieder finden.

Sowohl die antiken Mythen und Mysterien als auch die Märchen spiegeln archetypische Lebenssituationen wieder. Auf Grund dieses archetypischen Geschehens – denn hier handelt es sich nicht um das Schicksal einer bestimmten Frau und eines Mannes, sondern um den Archetypus der mann-weiblichen Beziehung – hat diese antike mythologische Dichtung auch für den modernen Menschen noch eine Relevanz.

Das Märchen beginnt mit dem als archetypisch zu bezeichnenden Konflikt der *Eifersucht* der Göttin Venus/Aphrodite auf die Schönheit der Psyche. Dies ist das klassische Motiv der bösen Stiefmutter im Märchen, das wir aus »Schneewittchen« kennen. (»Wer ist die Schönste im ganzen Land?«) Amor (Eros), der Sohn der Venus (Aphrodite), ist in deren Palast gefangen, er muss tun, was die Mutter befiehlt. Der Mythos bildet die ödipale Inzestsituation ab. Sie liebt und küsst ihn. Später verstößt sie ihn, weil er ihren Auftrag nicht erfüllt. Sie kann es nicht verstehen, dass er sich in Psyche, ihre Feindin, verliebt, ja sie wird von ihren Göttinnen-«Schwestern« (Ceres und Juno) deswegen verlacht.

Venus-Aphrodite und ihr Sohn Amor-Eros bilden ein Götterpaar von unheimlicher Macht – die Mutter stattet ihn mit dem tödlichen Liebeszauber der allmächtigsten Göttin aus. Eros und Aphrodite werden auch zu Horus und Isis in Parallele gesetzt und zeigen so eine Verbindung zu dem matriarchalischen Mysterienbezirk.

Eros, der göttliche Knabe, der mit Pfeilen und Flammen willkürlich spielende »Frechling«, verliebt sich in eine irdische Frau, Psyche. Knabenhaft versucht er vor der strengen Göttermutter seine Liebschaft geheim zu halten, ebenso bleibt sein Protest gegen die Mutter – er hat ihre Weisung, Psyche zu strafen, nicht ausgeführt – im Geheimen.

Das ist die Vorgeschichte, nun setzt die Haupthandlung ein: Das Orakel weissagt der Schönsten aller Schönen, Psyche, keinen würdigen Gemahl, sondern ein Schlangen-Ungeheuer, dem sie ausgeliefert werden solle. Psyche, verzweifelt und vereinsamt, willigt in diese *Todeshochzeit* ein. Dieses uralte Motiv entspricht im Mysterienritual der Weihe: »Jede Weihe ist gleichzeitig ein Tod, das Brautgemach der Mysterien ein Grab.« (R. Merkelbach, S. 12) Mythologisch gesehen ist jede

Heirat für Mann und Frau durch den Verwandlungsprozess ein Gang durch die Unterwelt.

Dieses zentrale Motiv von der »Unheilshochzeit« wird in vielen Märchen der Welt erzählt: In allen Märchen vom Tierbräutigam und der Tierbraut – die französische Variante »La Belle et la Bête« dürfte das bekannteste sein – begegnet die Schöne in Erwartung eines sicheren Todes dem Ungeheuer, dem Ekel und Angst erregenden Tier. Nun ereignet sich das Märchenhafte: Nicht den Tod erleidet sie, das Schlangenungeheuer zerfetzt sie nicht, tötet sie nicht – sondern sie erlebt ganz im Gegenteil dazu höchste Lust und die herrlichsten Annehmlichkeiten: Die Schlange verwandelt sich in den strahlenden Gott Eros, der sie in sein Reich entführt und sich mit ihr vermählt.

Diese *Transformationskraft* ist in ganz besonderer Weise charakteristisch für die *Schlange*. Durch ihre Fähigkeit sich zu häuten, ist sie in den Mythen und Märchen vieler Völker das Urbild und Symbol ewiger Erneuerung, Wandlung und Unsterblichkeit.

Dieses Motiv der Schlangen-Metamorphose ist der zentrale Gedanke in dem Märchen »Amor und Psyche« und ebenso der wesentliche Teil der Tierbräutigammärchen, die in allen Kulturen vorkommen.

Apuleius drückt diese Metamorphose in sinnlich schönen Metaphern aus: Die Einsamkeit und Verzweiflung auf der tödlichen Klippe verwandeln sich in paradiesische Zweisamkeit und seliges Glück in dem geheimnisvollen Schloss, in dem der Geliebte sie im Dunkel der Nacht besucht und erfreut. Eros – die schreckliche Schlange – *und* der strahlend-schöne Gott!

Das Haus des Eros ist ein Mysterienhaus, ein Abbild eines glückseligen Jenseits, in das der Myste zu kommen hoffte. Im eleusinischen Kult zeigte man den Eingeweihten »reine Orte, Wiesen, Stimmen, Reigen, heilige Verkündigungen und Erscheinungen. Wer dies sehen durfte, war glückselig.« (Merkelbach, S.14)

Dennoch: Sie darf ihn nicht sehen, den Geliebten. Eros hält sie gefangen mit seinem *Tabugebot*, und sie beugt sich ihm widerstandslos – zunächst!

Auch dieses Tabugebot kann im Zusammenhang mit den Isis-Mysterien gesehen werden: Die Vereinigung von Eros und Psyche entspricht dem »hieros gamos«, der heiligen Hochzeit der Isismysterien. Voraussetzung dafür, dass diese Verbindung als heilig empfunden wurde, ist, »dass die Initiandin ihren Partner als Gott, nicht als Menschen betrachtete«, der Priester musste unsichtbar bleiben. »Der Myste musste völlige Verschwiegenheit geloben, selbst den nächsten Verwandten durfte er nichts erzählen.« (Merkelbach, S.18/19)

b. Die Öllampe – die Wandlung zum Göttergemahl

Nur scheinbar glücklich ist Psyche im »Dunkelparadies« des Eros. Die Eifersucht der Schwestern beendet Psyches völlige Passivität und ihr süßes Leben in Unbewusstheit. Die neidischen Schwestern, auch im Volksmärchen hundertfach variiert, bringen die Störung und leiten damit eine innere Entwicklung Psyches ein: Sie erkennt plötzlich, dass ihre Liebe im Dunkel nicht möglich ist. Sie empfindet ihren Zustand als unerträglich, als »glückseligsten Kerker«. Die Schwestern bewirken den Entschluss zur Selbständigkeit, zur Aufklärung ihrer geheimnisvollen Situation. Sie wird aktiv! Mit dem Dolch will sie das grässliche Ungeheuer töten und sich damit von der Vorstellung befreien, ein Ungeheuer lieben zu müssen. Mit der Helligkeit der Lampe will sie sich Klarheit verschaffen, sie ist bereit, die Wahrheit zu sehen.

Durch diesen Entschluss, ihre Dunkelexistenz zu beenden, hat sie eine neue Bewusstseinsstufe erreicht: damit riskiert sie, die eigenen Illusionen über den wahren Charakter ihres Geliebten zu zerstören. Diese »curiositas«, die ein Hauptmotiv in dem Apuleiianischen Roman bildet, ist hier als eine positive Neugier im Sinne eines leidenschaftlichen Verlangens nach Wahrheit zu verstehen. Psyche, mit Dolch und Lampe bewaffnet, nähert sich entschlossen dem unsichtbaren Geliebten und erblickt – kein wildes Schlangenungeheuer, sondern einen göttlichen Jüngling, Eros selbst! Die furchtlose Entschlossenheit bewirkt die Verwandlung.

Happy end? Nein! Denn das Göttliche zu sehen, ist verboten, ja todbringend – so lehren es die alten Mysterien. Die Lampe war ein heiliger Gegenstand, ein Symbol der Isismysterien. In den Märchen bedeutet der Tabubruch ebenfalls eine Katastrophe, die Geliebten müssen sich auf einen langen Suchweg begeben. So auch Psyche und Eros, die nun getrennt leben müssen, obwohl sie sich lieben.

Mythos und Märchen sprechen in sinnenstarken Bildern eine tiefe Wahrheit aus: Jede echte Liebe kann sich nicht im Aufgeben für den anderen verstehen, sondern muss sich in stetiger Entwicklung beider Individuen – auch im Erkennen der Andersartigkeit und Eigenheit des Partners – verändern und ständig wandeln. Liebe kann nicht im »Dunkeln«, d. h. im Unbewussten, stattfinden. Eine echte Begegnung mit dem Gegenüber, dem Geliebten, schließt das »erhellte« Bewusstsein und damit auch den Aspekt des Leidens und der Trennung mit ein. Durch die gestaltende und verwandelnde Kraft des Eros verändern sich die Liebenden zu einer neuen Seinsstufe. In dem Bild des bedrohlichen Schlangenungeheuers, das sich in den strahlenden Eros-Jüngling verwandelt, wird diese Metamorphose der Liebenden in ihrer Totalität zwischen Tod und Leben eindrucksvoll gestaltet. (Im Volksmärchen sind es häufig auch andere Furcht oder Ekel erweckende Tiere, wie z.B. der Bär, das Schwein, der Frosch, u.a.)

Bedeutsam ist die Metapher des *Öltropfens*, der Eros verbrennt und verletzt. Öl ist die Substanz, die Licht und Erkenntnis bringt. Wahrheit tut weh! Psyche hält die Öllampe über Eros und erkennt sein wahres Wesen. Jetzt ist Psyche aktiv. Eros schläft. Er weiß nichts von Psyches selbsttätigem Entschluss, ja er hatte sie davor gewarnt, das Tabu zu brechen. Er wollte eine bequeme Psyche, eine, die ihm hörig ist, die keine Eigenständigkeit zeigt. Nun ist er betroffen, verletzt, im doppelten Sinn des Wortes. Er flieht: Wohin?

Der Mythos berichtet, dass er auf den hohen Gipfel einer Zypresse flog. Die Zypresse gilt als der heilige Baum der Aphrodite. Sie symbolisiert Tod und Trauer, insofern geht auch Eros in die Unterwelt (vgl. Zingsem, Göttinnen, S. 109). Eros muss sich erst vom leichtsinnigen Knaben zum selbstbewussten Geliebten wandeln, Psyche sich auf einen langen Suchweg begeben, um die Auseinandersetzung mit der Großen Göttin zu bestehen. Der Prozess der Wandlung geht vom Weiblichen aus. Im Suchen nach dem Partner, auch und gerade in der Trennung kann sie sich von Eros' Umklammerung lösen und zu ihrem Selbst finden.

c. Die vier Aufgaben und der Abstieg in die Unterwelt

Die *Aufgaben,* die Psyche meistern muss, bringen sie allesamt in tödliche Gefahr. Aphrodite, die sich hexenhaft bösartige Aufgaben ausgedacht hat, nimmt hier die Gestalt einer dunklen Göttin, ähnlich der Persephone, an.

Diese Erzählung weist auf ältere mesopotamische Schichten des griechischen Mythos hin. Erst später, im Zuge der Patriarchalisierung der griechischen Götter, wurde die Göttin Aphrodite auf den »Bereich« Liebe, Schönheit und Sexualität eingeschränkt.

In Zypern, in Paphos, wo sich das größte und wichtigste Aphroditeheiligtum der Antike befand, wurden Mysterien- und Fruchtbarkeitskulte um Aphrodite und Adonis abgehalten. Römische Münzen zeigen einen kegelförmigen Stein unter einem Baldachin, was von einer anikonischen (bildlosen) Verehrung der Göttin zeugt.

»Aphrodite (»die Schaumgeborene«) ist die gleiche weitherrschende Göttin, die sich aus dem Chaos erhob und auf dem Meere tanzte und in Syrien und Palästina als Ischtar oder Aschtaroth verehrt wurde. Die bekannteste Stätte ihres Kultes war Paphos, wo noch immer das ursprünglich weiße, gesichtslose Abbild der Göttin in den Ruinen eines grandiosen römischen Tempels gezeigt wird.« (R. v. Ranke-Graves, Mythologie, S.41)

Aus der Isis-Einweihung des Lucius-Apuleius, mit welcher der Roman endet, erfahren wir wesentliche Elemente des Mysteriums: »Die Weihe besteht in einem freiwilligen Sterben und einem gnädigen Erlöstwerden vom Tode – dem Weg in Proserpinas Reich – und aus ihm zurück. Ihr Zentrum bildet das Schauen, die Verehrung der unteren und der oberen Götter, wobei sinnvollerweise die Hadesfahrt am Beginn steht, und der Gang durch die vier Elemente.« (Neumann, S.158)

Das Märchen von«Amor und Psyche« enthält viele Entsprechungen zu diesen Mysterien und muss auch auf diesem Hintergrund gedeutet werden.

Insbesondere Psyches langer Suchweg, die wiederholte Konfrontation mit dem Todesprinzip, die *vier Aufgaben*, die Aphrodite ihr stellt, könnten als Einweihungsrituale aufgefasst werden:

»Den Aufgaben der Psyche entsprechen im Kult Prüfungen, die der Initiand bestehen muss ... Nicht lernen müssen die Initianden, sondern erleiden, sagt Aristoteles.« (Merkelbach, S.33)

Die *erste* Aufgabe Psyches, einen Berg von Gerste, Hirse, Mohn, Erbsen, Linsen und Bohnen bis zum Abend auszusortieren, stellt eine übermenschliche Arbeit dar. (Wir kennen Ähnliches aus vielen Volksmärchen, z.B. »Aschenputtel«). Diese Aufgabe bringt Psyche in Berührung mit den Bereichen der Erdgöttin, dem Element der Erde.

Psyche erlebt in ihrer Ausweglosigkeit die wunderbare Hilfe der Erd-Tiere, der Ameisen, den Tieren der Allmutter Erde. Getreidekörner und Samen sind als Früchte der Erde der Fruchtbarkeitsgöttin Demeter geheiligt, Getreideähren und Mohnkapseln sind ihre Symbole. Die gleichen »Erdprodukte« wurden in den griechischen Kultzeremonien in Gefäßen getragen und der Erd-Göttin geweiht.

Karl Kerényi hat Ameisen mit dem Volk der Myrmidonen in Verbindung gebracht, die nach griechischer Auffassung die Ureinwohner des Landes waren. Man glaubte, dass sie direkt von der Erdmutter geboren wurden. (nach M.-L. v. Franz, S.133)

Die *zweite* Aufgabe, die goldene Wolle von den wilden Sonnenschafen zu holen, konfrontiert Psyche mit geballten destruktiven Mächten, die auch als männliches Todesprinzip gesehen werden können. Die Sonnenschafe wüten mit vergifteten Bissen zur Zerstörung der Sterblichen. Wieder helfen Psyche die starken Kräfte der Erdmutter: Das Schilfrohr, weich und biegsam, symbolisch auch als »Erdhaar« zu bezeichnen, steht mit dem Wasser, dem Element der Erdmutter, in Verbindung und lehrt sie die Klugheit des Abwartens, die Weisheit des Wachsens und langsamen Werdens. Sie braucht sich dem Auslöschend-Destruktiven nicht auszusetzen. Am Abend, wenn die Sonnenkraft erlischt, kann sie sich die goldene Wolle ohne Gewalt holen.

Die *dritte* Aufgabe könnte als Einweihung in die göttlichen Geheimnisse von Leben und Tod bezeichnet werden. Psyche soll in ein *kleines* Kristallgefäß das nicht zu bändigende, von *höchster* Klippe herabstürzende Wasser der *schwarzen* Quelle füllen, das *tief unten* die Sümpfe der Unterweltströme Styx und Cocythos speist. Es ist das Wasser des Lebens, das in der Unterwelt aus der Quelle fließt. Das Göttliche verbindet das Allerhöchste mit dem Allertiefsten. Bezeichnenderweise entspringt in der *Totenwelt* das Wasser des *Lebens*. Leben und Tod haben ihren Sitz im Element des Wassers und bilden im Mythos – und im Märchen – eine Einheit. Viele Volksmärchen der Welt kennen das Motiv vom »Wasser des Lebens«, das Heilung und Leben schenkt und das am Ende der Welt oder auch tief unten im Brunnen entspringt. Der Berg, aber auch die Unterwelt, ist das Reich der Götter. Das Tiefunten ist gleichzeitig das Hochoben – man erinnere sich an das Märchen von »Frau Holle«, ein Bild der Erdmuttergöttin, die tief unten im Brunnen ein paradiesisches Reich beherrscht und es gleichzeitig vom Himmel schneien lässt.

Der Adler, »des höchsten Jupiter königlicher Vogel« belehrt Psyche, dass selbst die Götter sich vor den »stygischen Wassern« fürchten, dass nur er – und niemals sie als Sterbliche – das Wasser des Lebens schöpfen könne. Der Adler, der mit seinen großen Fittichen auch der König der Lüfte ist, repräsentiert hier das Element der Luft.

Auch diese Aufgabe kann zu den Isismysterien in Verbindung gebracht werden. Das Wasser des Styx zu berühren, bringt den Tod und gleichermaßen das Leben. So auch das heilige Nilwasser im Isiskult: »Das Spenden des Wassers war eine wichtige Zeremonie im Totenritual. Indem Isis dem Osiris das kühle Lebenswasser spendete, erweckte sie ihn zu neuem Leben.« (Merkelbach, S.39)

Die religiöse Vorstellung vom »Wasser des Lebens« im Totenreich lässt sich auf orientalischem Boden mehrfach verfolgen. (vgl. S. 133ff.)

Die *vierte* Aufgabe ist der Befehl, in die Unterwelt zu steigen und für Aphrodite die Schönheitssalbe der Proserpina, der Todesgöttin, zu holen.

Die Dose ist eine Anspielung auf die »cista mystica«, das heilige Symbol der Göttin Isis (Demeter). Das Öffnen der Dose bedeutet symbolisch: das Heiligste ist das Gefährlichste, kann aber Unsterblichkeit verleihen.

Die *Unterweltsfahrt* ist in vielen Initiationsriten und antiken Mysterien bezeugt. Motivlich kehrt sie in zahlreichen Volksmärchen wieder: Erst durch die Bewährung des Helden in der Auseinandersetzung mit dem Tod, der äußersten Grenzsituation, wird seine Reife und Wandlung sichtbar. Die Fahrt in die Unterwelt, den Hades, ist immer auch eine *Wiedergeburtsfahrt.* Hier treffen wir nun wieder auf die Doppelgesichtigkeit der Großen Göttin: Proserpinas Salbe gibt Schönheit, also Freude am Leben, aber auch Todesschlaf, Vernichtung. (Dieses Motiv finden wir auch im Märchen, etwa bei »Schneewittchen«. Sie, die Schöne, schläft totenähnlich im Glassarg; Glas ist im Märchen immer auch ein Symbol für die Todeswelt). Aphrodite scheint gewonnen zu haben. Psyche liegt im Todesschlaf, jedoch sie trägt göttliches Leben in sich: sie ist schwanger von Amor/Eros.

d. Amor/Eros und Psyche – die gewandelten Götter

In diesem Moment aber setzt die Besonderheit der märchenhaft-mythischen Handlung ein: Eros flieht aus dem Palast seiner Mutter und erweckt Psyche mit dem Stich seines Liebespfeils. Die gewandelte, mutige, selbständige Charakterhaltung Psyches provoziert die Männlichkeit des Partners. Eros wandelt sich mit und durch Psyches Leiden. Er befreit sich aus seinen Zwängen der Muttergebundenheit und bekennt sich zu seiner Geliebten mit allen Konsequenzen. Er wendet sich an die höchste Stelle. Jupiter, der Göttervater, erhebt Psyche zur Göttin. Das Glück der Liebenden ist vollkommen, als ihnen eine Tochter, die Wollust, geboren wird.

In diesem Zusammenhang erinnern wir daran, dass der Gott Eros in den antiken Weltentstehungslehren einen erstrangigen Platz einnimmt. Im Orphischen

Schöpfungsmythos entsteigt er dem Weltei, ehe noch Erde, Luft und Himmel waren.

»Aber die Orphiker sagen, dass die schwarzgeflügelte Nacht, eine Göttin, vor der selbst Zeus in Ehrfurcht stand, vom Wind umworben wurde, und dass sie ein silberenes Ei im Schoße der Dunkelheit legt; und dass *Eros*, den manche Phanes nennen, diesem Ei entschlüpfte und das All in Bewegung setzte. Eros war zweigeschlechtlich und goldgeflügelt.

Manchmal brüllte er mit seinen vier Häuptern wie ein Stier oder ein Löwe, manchmal zischte er wie eine *Schlange* und blökte wie ein Widder. Seine Mutter lebte mit ihm in einer Höhle. Sie selbst zeigte sich in der Trinität von Nacht, Ordnung und Gerechtigkeit. Phanes (Eros) schuf die Erde, den Himmel, die Sonne und den Mond, aber die Dreifaltige Göttin regierte das All, bis ihr Zepter an Uranos überging.« (R. v. Ranke-Graves, S. 25)

Eros hat im griechischen Mythos die »Rolle des kosmisch zeugenden und verbindenden Prinzips«. (Der Kleine Pauly, Bd. 2, Art. Eros, S. 362) Man hat für ihn auch vorgriechische Urprünge vermutet, worauf der hocharchaische Steinkult des anikonischen Eros von Thespiai sowie die »ebenfalls alte Sakralgemeinschaft mit der uranischen Fruchtbarkeitsgöttin Aphrodite zu Athen« hinweisen. (ebd.)

Ferner nimmt man an, dass der altgriechische Eros der Nachfolger eines vorgriechischen kretischen Gottes sein könnte.

Hier schließt sich der Kreis:

Zu dem Topos der Großen Göttinnen gehört das Bild der Schlange, ein Symbol der Fruchtbarkeit, der Verwandlung, der ewigen Verjüngung, der Unsterblichkeit.

In dem Orphischen Schöpfungsmythos erschafft Eros, der auch als Schlange erscheinen kann, Himmel und Erde und regiert mit seiner Mutter, der Dreifaltigen Göttin, das All.

Diese enge Verbindung zwischen Göttin/Priesterin und Schlange finden wir auch in dem über Jahrtausende andauernden Schlangenkult in Kreta: Weiblich-sakrale Statuetten wurden häufig mit der Schlange dargestellt. (s. S. 177ff) Die Große Göttin/Priesterin hält die Schlange in ihren Händen. Ihre Brust, ihr Körper ist von Schlangen vielfältig umschlungen, sie trägt den Schlangenknoten in der Schoßgegend – ein sichtbares Zeichen der Fruchtbarkeit und Schöpferkraft.

Auch in dem Märchen »Amor und Psyche« ist *Eros die Schlange mit allen Potenzen: Fruchtbarkeit, Sexualität, Lebens- und Verwandlungskraft, ewiger Jugend und Göttlichkeit.*

Dieses Bild der Schlange taucht in vielen europäischen Volksmärchen, den so genannten »Tiergemahlmärchen« in unzähligen Varianten auf:

4. Die Entzauberung der Schlangenprinzessin, des Schlangenprinzen – Beispiele europäischer Tiergemahlmärchen

Die märchenhafte Metamorphose einer Schlange, eines bedrohlichen Drachenungeheuers (oder eines anderen Tieres, z.B. eines Schweines oder eines Frosches) in einen Menschen, die Erlösung aus seiner Tierexistenz durch einen Menschengemahl, ist eines der häufigsten Märchenmotive der Welt.

Das aus dem Altertum überlieferte Märchen »Amor und Psyche« wird heute von den meisten Forschern als Ursprung dieser Tiergemahlmärchen angesehen.

Unabhängig von Apuleius findet sich dieses Motiv des Tierbräutigams (bzw. der Tierbraut) nur in zwei anderen alten Quellen: In einem Lied der »Edda«, der »Völundarkvida«, heiraten drei Brüder drei Walküren, die Schwanengewänder tragen, während im »Asinarius«, einem mittellateinischen Gedicht, dessen älteste Handschriften aus dem 13. Jahrhundert stammen, ein Prinz als Esel geboren wird und dennoch eine schöne Prinzessin heiratet, da er durch die Verbrennung der Eselshaut ganz Mensch werden kann.

Märchenforscher haben über 1000 Varianten des »Amor-Psyche«-Märchens im indo-europäischen Raum festgestellt und Quellenforschung betrieben. Man nimmt heute griechische schriftliche und mündliche Quellen an, aus denen Apuleius schöpfen konnte, andererseits hat die lange und andauernde Überlieferung des »Amor-Psyche«-Märchens viele verschiedene Erzählvarianten im europäischen Raum geschaffen. (nach G.A.Megas, Enzyklopädie des Märchens)

Die archetypischen Mythologeme und Motive – der Fluch, als Schlangengestaltige/r (Tiergestaltige/r) leben und lieben zu müssen; das einsame Schloss; die Erlösung durch die Geliebte/den Geliebten; der Bruch des Tabugebotes, der die Katastrophe auslöst; die scheinbar unlösbaren Aufgaben, die die Heldin/der Held bewältigen soll; die erneute Vereinigung der Geliebten; die Geburt des Kindes – finden sich sowohl in dem antiken Roman als auch in den europäischen Volksmärchen.

Im Folgenden soll eine kleine Auswahl von europäischen Volksmärchen vorgestellt werden, in denen die Schlange/der Drache als Tiergemahl oder als Tierbraut erscheint und sich in einen Menschen verwandelt. In vielen Erzählmotiven spiegelt sich das antike »Amor-Psyche«-Märchen wider.

a. Das Motiv der Öllampe

Die goldene Ampel

Ein Müller hatte drei Töchter. Die beiden älteren waren stolz und böse, die jüngste aber gut und lieb. Als der Müller eines Tages im Winter auf den Markt ging, haben die beiden älteren ihn ersucht, für sie ein schönes neues Kleid zu bringen, die jüngste aber hat ihn gebeten, ihr einen Strauß Rosen zu bringen.

Der Vater ist auf den Markt gegangen und hat die Kleider gekauft, einen frischen Strauß Rosen hat er aber nicht bekommen, denn es war ja mitten im strengsten Winter. Auf dem Heimweg ist er zu einem Schloß gekommen. Die Tore des Schlosses sind ganz von selbst aufgegangen. Er ist hineingegangen, und da haben sich die Tore geschlossen. Im Innern herrschte überall Todesstille; es schien, das Schloß sei unbewohnt. Als er eine Treppe hinaufstieg, ist er in eine Küche gekommen, wo ein großes Feuer brannte. Auf dem Herd saß eine große Katze, die Kaffee mahlte und ihn nicht gerade freundlich anschaute. Nachdem sie den Kaffee zubereitet hatte, hat die Katze zu miauen begonnen, worauf eine ganze Schar Katzen herbeigesprungen kam. Der Müller hat sich auch zu ihnen setzen müssen. Der Kaffee wurde in feinen Tassen vorgesetzt, und zum Kaffee wurden feine Sachen aufgetischt.

Nach dem Nachtessen hat die große Katze den Mann in ein sehr schönes Zimmer geführt; wo er die ganze Nacht ruhig geschlafen hat.

Am Morgen ist er in den Garten hinausgegangen, und dort war ein schöner Rosenbaum mitten im Schnee neben dem Brunnen. Zuoberst auf dem Rosenbaum war eine Rose.

Ganz glücklich, daß er nun seiner Tochter den gewünschten Strauß bringen könne, bricht er die Rose, hört aber im gleichen Augenblick eine Stimme, die sagt: »Laß das!« Und eine schreckliche Schlange kriecht aus dem Brunnen, wendet sich ihm zu und sagt: »Da du mir die Rose geraubt hast, mußt du mir deine Tochter geben, sonst mußt du sterben!« (...)

So ist sie hingegangen und ist im Schloß von den Katzen sehr freundlich empfangen worden, die sie nach dem Abendbrot in ein wundervolles Zimmer geführt haben. Nachts hat sie gehört, daß sich etwas ihrem Bett näherte, aber sie hat nicht gewagt, Licht zu machen, um nachzuschauen, wer es sei. So ist es auch in der zweiten Nacht gegangen. In der dritten Nacht hat sie Licht gemacht, da war ein schöner Jüngling neben ihr. Es war ein Prinz, den eine böse Hexe in eine Schlange verwandelt hatte. Nun war er erlöst. Aber das Mädchen hatte, als es das Licht entzündete, einige Tropfen Fett auf das Haupt des Prinzen fallen lassen, und dadurch war die Macht der Hexe nicht gänzlich weggenommen. (...)
Märchen aus Graubünden

Das totenstille, scheinbar unbewohnte Zauberschloss, in dem der Prinz, verflucht von einer bösen Hexe, in Schlangengestalt hausen muss, wird bemerkenswerterweise von *Katzen*, die von altersher die Gefährtinnen der Hexe in ihrer Doppelgestalt waren, bewacht. In ihrem dämonischen Dunkelaspekt der Nacht und dem Mond zugeordnet, ist die Hexe mit der nachtaktiven Katze verwandt. Die Hexe ist aber in ihrem positiven Aspekt auch die weise Frau, die Große Göttin, die Heilung, Schutz und Wissen verkörpert und über die Geheimnisse des Lebens und des Todes herrscht. Die Hexe, hier in der Gestalt ihrer Symboltiere, hält die Schlange einerseits gefangen, spendet aber auch allerlei sinnliche Genüsse. Wie in »Amor und Psyche« enthüllt das Licht der Öllampe – hier die goldene Ampel – die strahlende Schönheit des Geliebten, die Schlange verwandelt sich in einen schönen Jüngling. Der Tropfen Öl, der ihn berührt, löst ebenfalls die Katastrophe, die Trennung, aus, sie muss sich auf einen langen Suchweg, hier ausgedrückt in den Metaphern der »eisernen Schuhe« und des »Dornbusches«, begeben. Auch im Märchen geht die Erlösung der Liebenden von der weiblichen, aktiven Seite aus! (s. S. 202)

b. Der Abstieg in die Unterwelt
Das albanische Volksmärchen »Das Schlangenkind« zeigt in seiner archaischen Bilderwelt eine deutliche Nähe zu dem antiken Märchen »Amor und Psyche«.

Der Anfang des Volksmärchens ist zunächst anders als in dem Märchen des Apuleius – die Verwandlung in Menschengestalt geschieht nicht durch das Licht der Öllampe, sondern ganz schlangengemäß – und erotisch dazu, indem sich der Schlangengemahl vierzigmal häutet.

Im Zentrum der Märchenerzählung steht das schicksalhafte Tabugebot, die Schlangengestalt des Gemahls nicht zu verraten. Nicht die neidischen Schwestern, sondern die neugierige Mutter löst den Bruch des Tabus aus. Gleich Amor verlässt der Prinz das Mädchen und verschließt ihr den Schoß, sie kann wie Psyche das Kind nicht gebären, ehe sie den Gemahl wiedergewinnt.

Teil ihrer mühseligen Suchwanderung ist der Abstieg in die *Unterwelt* – (Psyche muss das Wasser des Lebens aus den Unterweltsströmen schöpfen und in die Unterwelt steigen, um die Schönheitssalbe Proserpinas zu holen, siehe Seite 205), die Märchenheldin muss sich von der Erde verschlingen lassen, um ihren Schlangengemahl wieder zu finden. Dort unter der Erde trifft sie auf archaische Gestalten, Unterwelts- oder Erdgöttinnen – der Erd- und Fruchtbarkeitsaspekt wird durch deren riesige Brüste und die Tätigkeit des Brotbackens symbolisiert. Es sind die »Schwestern« der Sonne:

Dieses mythische Bild von kosmischer Ganzheitlichkeit zeigt, dass im Märchen das Tiefunten auch gleichzeitig das Hochoben, die Erdhöhle zugleich der Himmel und die Göttinnen/Götter der Ober- und Unterwelt jeweils nur Teilaspekte des anderen sind. Das Mädchen findet in der Tiefe, in der Unterwelt, in der Konfrontation mit dem Todesprinzip die ihr notwendige Weisheit. (Hier klingen uralte Motive aus den Einweihungsriten der Eleusinischen Mysterien Griechenlands an, die auch in dem antiken Märchen »Amor und Psyche« von Apuleius eine wesentliche Rolle spielen. Siehe Seite 204) Die Gaben der »Unterweltsschwestern« der Sonne verhelfen dem Mädchen zu dem verlorenen Schlangengemahl, beide steigen »erlöst« aus der Erde hinauf – und nun kann auch das Kind geboren werden.

c. Die Häutung des Schlangengemahls
In dem süddeutschen Volksmärchen »Siebenhaut« steht die Häutung des Schlangengemahls als ein erotisches Wandlungsgeschehen im Zentrum der Handlung: »Zieh du dich aus!«; »Zieh du dich zuerst aus!«; »So muss es *siebenmal* geschehen« – die Sieben gilt als magische Märchenzahl. Die uralte Vorstellung, dass die Schlange aufgrund ihrer Fähigkeit, sich unendlich oft zu häuten, unsterblich sei, spiegelt sich auch in den europäischen Volksmärchen wider: In dem albanischen Märchen »Das Schlangenkind« kann sich die Schlange sogar *vierzigmal* häuten. Vierzig ist ebenso eine magische Zahl, sie bedeutet so viel wie »unendlich oft«.

In dem dänischen Volksmärchen »König Lindwurm« muss sich die Schlange neunmal häuten (die Neun – drei mal drei – ist ebenso eine Zauberzahl wie die Sieben), bis der Königssohn nur noch blutiges Fleisch ist. Die Braut badet ihn in süßer Milch, hüllt ihn wie ein Neugeborenes in ihre neun abgelegten Hemden und nimmt ihn endlich in ihre Arme. Die Symbolsprache des Märchens könnte es nicht schöner ausdrücken: die Verwandlung der Schlange ist gleichzeitig die schmerzvolle Geburt eines neuen Wesens.

Die sich häutende Schlange ist weltweit ein Symbol des sich stetig erneuernden Lebens, des Wandels und der »ewigen« Jugend und damit der Unsterblichkeit und Göttlichkeit.

Doch nun zurück zu »Siebenhaut«. In diesem Märchen mischen sich interessanterweise antike Motive und christlich-kirchliches Traditionsgut zu einer erstaunlichen Symbiose: Die Frau gebiert eine Schlange – ein Skandal!, ein Teufelswerk!; die Frau muss eine Hexe sein und mit dem leibhaftigen Teufel im Bunde stehen, ja die Schlange ist der Teufel selbst – so meint zunächst der Ehemann:

(...) denn die Gräfin wurde, als die Wochen vorüber waren, einer Schlange entbunden. Als sich der Graf in seiner süßen Hoffnung so bitter getäuscht sah, war er erboster als jemals. Er tobte und wütete wie ein wildes Vieh, schalt seine Frau eine böse Hexe, die mit dem Teufel im Bunde stehe, und wollte die Schlange ohne Weiteres töten. (...)

Umso erstaunlicher scheint es im Folgenden, dass wunderbarerweise das Muttergottesbild es besser weiß: Es spricht zu dem Mädchen und weist ihm den Weg zur Erlösung der Schlange.

(...) Als das Mädchen schon lange gebetet hatte und es meinte, es müsse die Mutter Gottes Ja winken oder Nein schütteln, fing das wunderbare Bild auf einmal zu sprechen an und sagte: »Dein Gebet ist erhört; heirate der Gräfin Kind, denn du bist berufen, es zu erlösen. Es ist wegen des sündhaften Lebens seiner Eltern zwar eine Schlange, du kannst ihm aber die menschliche Gestalt geben. So höre denn! Wenn du in der Hochzeitsnacht bei der Schlange allein in der Brautkammer sein wirst, wird sie sagen: ›Zieh dich aus!‹ Da mußt du erwidern: ›Zieh du dich zuerst aus‹, und die Schlange wird sich einmal häuten. Dann wird sie wieder sagen: ›Zieh dich aus‹, und dann mußt du wieder entgegnen: ›Zieh du dich zuerst aus.‹ Die Schlange wird sich dann wieder häuten. So muß es sieben Male geschehen, und wenn du zum siebenten Male gesagt haben wirst, zieh du dich zuerst aus, wird die Schlange die siebente Haut abstreifen und der Grafensohn wird erlöst sein und als schöner Jüngling vor dir stehen.« (...)

Der Pfarrer selbst vermählt, als ob es nichts Selbstverständlicheres gäbe, Schlange und Mädchen. (Siehe auch »Die Schlangenbraut« Seite 213)

Im Vergleich zu dem Märchen »Das Schlangenkind« hat die Mutter Gottes hier den Platz der alten Erdgöttinnen eingenommen. Nicht sie spenden Weisheit und Rat, sondern das Muttergottesbild.

d. Weibliche Erlösungskapazitäten

Ein Volksmärchen aus Malta offenbart in einmalig archetypischer Weise das ganze breite Spektrum weiblicher Erlösungskapazitäten für den Schlangengemahl: Schwierig und gefährlich ist das Unterfangen, denn wie sollte ein Mädchen für ein Schlangenkind Ammendienste leisten? Die tote Mutter erscheint ihr und rät:

> (…) »Und nun merke auf meine Worte: geh hin an den Hof des Königs und bitte ihn, er möge dir eine Schüssel Milch aufstellen lassen: nur durch Milch wird das Kind zur Welt kommen … Geh hin und bitte den König, er möge dir zwei Blasen herbeischaffen und sie mit süßer Milch füllen. Du aber bindest sie auf deine Brust, und fürchte dich nicht! Die Schlange wird trinken und sich sättigen…«

Als *Geburtshelferin* bringt sie die Schlange zur Welt, an *Mutterstelle* »säugt« und zieht sie das Schlangenkind auf. Hier taucht wieder das archetypische Motiv der Milch trinkenden Schlange bzw. der Schlange, die gern an den Brüsten der Frauen saugt, auf. (Siehe Seite 166)

Die falschen Bräute erwürgt der Schlangengemahl im Brautbett, nur sie als *Braut und Geliebte* hat die Kraft ihn zu verwandeln und alle Bedingungen zu erfüllen, dass er für immer erlöst wird.

> (…) »Zuletzt aber heiratete die Schlange das Mädchen, welches ihr zur Welt verholfen und sie gestillt und aufgezogen hatte, bis sie groß geworden war. Und das war der Schlange Glück! Und als dann der König sah, wie zufrieden sein Schlangensohn mit seiner neuen Gemahlin lebte, freute er sich sehr.
>
> Nun muß man aber wissen, daß die Schlange nach der letzten Hochzeit nur bei Tag noch Tier blieb: während es hell und licht war, also bei Tage, lag sie ständig auf dem Teller und sang wunderbare Weisen, sang Lieder, die kein Mensch je vernommen hatte; des Nachts aber zog sie ihre sieben Häute aus und wurde ein sehr schöner Jüngling. Und dann genoß die Braut immer so viele Freuden, daß sie wünschte, er möchte sich nie mehr in eine Schlange verwandeln; und oft bat sie ihn, er möchte doch Mensch bleiben. (…)«

Bei diesem Märchen führt das Verbrennen der Schlangenhäute zur endgültigen Verwandlung in Menschengestalt.

Das Motiv des Schlangen- bzw. Tiergemahls, der nach der »rechten« Braut sucht und die unpassenden Bräute tötet, geht auf das neapolitanische Märchen »Lo serpe« (aus dem »Pentamerone«) von Giambattista Basile (1575-1632) zurück.

Eine Bäurin nimmt eine kleine Schlange, die sich in einem Reisigbündel versteckt, an Kindesstatt an. Die Schlange wächst und gedeiht, jedoch eines Tages verlangt die Schlange zu heiraten. Sie schickt ihren Ziehvater zum König, damit er um dessen Tochter werbe. Der König, der es als unsinnig betrachtet, seine Tochter einem Schlangengemahl zu geben, stellt »unerfüllbare« Bedingungen: zum ersten soll die Schlange die Früchte des Gartens in Gold verwandeln, zum zweiten die

Mauern und Gartenwege mit Edelsteinen überziehen und zum dritten den gesamten Palast mit Gold füllen. Kein Problem für die Schlange, denn sie ist die eigentliche Schatzhüterin aller Reichtümer der Erde: sie zaubert aus Fruchtkernen Goldfrüchte, aus Scherben Edelsteine und aus Grünzeug Gold, Gold, Gold!

Der König erkennt, dass die Schlange vom Himmel gesandt ist, und lässt die Hochzeit seiner Tochter mit der Schlange verkünden. Die Schlange erscheint auf einem *goldenen, von vier Goldelefanten gezogenen Wagen.* Entsetzt nimmt alles Reißaus vor der grauenvollen Erscheinung, nur die Königstochter Grannonia hält stand, lässt sich von der ins Riesenhafte angewachsenen Schlange umschlingen, küssen, ins Brautgemach tragen. Die Schlange schließt die Türe, streift die Haut ab und verwandelt sich in den schönsten, goldlockigen Prinzen! Das Glück der beiden wird durch die Eltern zerstört. Sie belauschen die beiden und vernichten die Schlangenhaut, der Schlangenprinz muss fliehen – er verwandelt sich in eine Taube. Nach einem langen Suchweg vermag die Königstochter ihren Gemahl zu erlösen.

Dieses barocke Märchen zeigt deutliche Einflüsse asiatischen Erzählgutes. Durch den Handelsverkehr und Kulturaustausch auf den großen Schifffahrts- und Karawanenwegen berührten und vermischten sich viele Erzähltraditionen. Die indische Mythologie kennt z.B. das symbiotische Bild der Schlange und des Elefanten. (siehe Seite 89ff)

Die Basile-Märchen aus der Sammlung des »Pentamerone« gehören zu den ältesten aufgezeichneten europäischen Texten dieser Gattung. Das Märchen »Die Schlange« verbindet in einmaliger Weise mehrere wesentliche »Schlangenaspekte«, die sich auch in den anderen Märchentexten zeigen: Die Schlange symbolisiert in ihrem phallischen Aspekt den Gott Eros, sie ist Schatzhüterin unermesslicher Reichtümer der Erde und sie ist in ihrer Verkörperung des sich stets wandelnden Prinzips auch das Symbol der Unsterblichkeit.

e. Die Schlange als Phallussymbol

Oda und die Schlange

Es war einmal ein Mann, der hatte drei Töchter, von denen hieß die jüngste Oda. Nun wollte der Vater dieser dreimal zu Markte fahren, und fragte seine Töchter, was er ihnen mitbringen sollte. Da bat die älteste um ein goldenes Spinnrad, die zweite um eine goldene Weife, Oda aber sagte: »Bringe mir das mit, was unter deinem Wagen wegläuft, wenn du auf dem Rückweg bist.« Da kaufte denn nun der Vater auf dem Markt ein, was sich die älteren Mädchen gewünscht, und fuhr heim, und siehe, da lief eine Schlange unter den Wagen, die fing der Mann und brachte sie Oda mit. Er warf sie untenhin in den Wagen, und nachher vor die Haustür, wo er sie liegen ließ. Wie nun Oda herauskam, da fing die Schlange an zu sprechen: »Oda! liebe Oda! Soll ich nicht hinein auf die Diele?« (In den Hausflur.) – »Was?« sagte Oda, »mein Vater hat dich bis an unsere Türe mitgenommen, und du willst auch herein auf die Diele?« Aber sie ließ sie doch ein. Da nun Oda nach ihrer Kammer ging, so rief die Schlange wieder: »Oda, liebe Oda! Soll ich nicht vor deiner Kammertüre liegen?« – »Ei seht doch!« sagte Oda. »Mein Vater hat dich bis an die Haustür ge-

bracht, ich habe dich hereingelassen auf die Diele, und nun willst du auch noch vor meiner Kammertür liegen? Doch es mag drum sein!« – Wie nun Oda in ihre Schlafkammer eingehen wollte, und die Kammertür öffnete, da rief die Schlange wieder: »Ach, Oda, liebe Oda! Soll ich nicht in deine Kammer?« – «Wie?« rief Oda, »hat dich mein Vater nicht bis an die Haustür mitgenommen? Hab' ich dich nicht auf die Diele gelassen und vor meine Kammertür? Und nun willst du auch noch mit in die Kammer? – Aber, wenn du nun zufrieden sein willst, so komm nur herein, lieg aber stille, das sag' ich dir!« Damit so ließ Oda die Schlange ein, und fing an, sich auszukleiden. Wie sie nun ihr Bettchen besteigen wollte, so rief die Schlange doch wieder: »Ach Oda, liebste Oda! Soll ich denn nicht mit in dein Bette?« – »Nun wird es aber zu toll!« rief Oda zornig aus. »Mein Vater hat dich bis an die Haustür mitgenommen; ich habe dich auf die Diele gelassen, nachher vor die Kammertür, nachher herein in die Kammer – und nun willst du gar noch zu mir ins Bett? Aber du bist wohl erfroren? Nun so komm mit herein und wärme dich, du armer Wurm!« Und da streckte die gute Oda selbst ihre weiche warme Hand aus und hob die kalte Schlange zu sich herauf in ihr Bette. Da mit einem Male verwandelte sich die Schlange, die eine lange Zeit verzaubert gewesen war, und die nur erlöst werden konnte, wenn alles das geschah, wie mit ihr sich zugetragen hatte – in einen jungen und schönen Prinzen, der alsobald die gute Oda zu seiner Frau nahm.
Ludwig Bechstein

In den hier genannten Tiergemahlmärchen hatte die Schlange einen mehr oder weniger deutlichen phallischen Bezug – in dem bekannten Bechsteinmärchen »Oda und die Schlange« begehrt sie unmissverständlich – langsam, aber sicher – in Odas Bettlein aufzurücken.

Die humorvoll ausgebaute Wechselrede zwischen Oda und der Schlange erinnert an die alten Reime der schottischen Überlieferung des Froschkönig-Märchens »Der Brunnen am Ende der Welt« (»Complaynt of Scotland«, 1549):

»Oh, öffne die Tür, mein Süßes, mein Herzchen,
oh, öffne die Tür, mein einziger Schatz.
Denk an das Versprechen, das du mir gabst,
drunten im Wiesengrund, wo wir uns trafen.«
»Oh, gib mir mein Essen, mein Süßes, mein Herzchen,
oh, gib mir mein Essen, mein einziger Schatz ...«
»Oh, nimm mich auf dein' Schoß, mein Süßes, mein Herzchen,
oh, nimm mich auf dein' Schoß, mein einziger Schatz ...«
»Oh, nimm mich ins Bett, mein Süßes, mein Herzchen,
oh, nimm mich ins Bett, mein einziger Schatz ...«

Frosch und Schlange – der verwandelte Tiergemahl. Gehen wir dem alten schottischen Märchen noch einmal nach: Hier bewacht der Frosch das Wasser des Lebens, der Frosch im Brunnen – am Ende der Welt – lässt nur die Jüngste das reine Brunnenwasser schöpfen – falls sie verspricht, ihn zum Mann zu nehmen.

Schlange und Frosch sind vom Symbolgehalt her austauschbar, schon die alten Mythen erzählen davon, dass die Schlange das Wasser des Lebens bewacht.

Interessant ist jedoch, dass im Volksmärchen die Schlange als Liebespartner keineswegs immer männlich ist, was bedeutet, dass das vieldeutige und ambivalente Symbol der Schlange auf keinen Fall auf das Phallussymbol eingeschränkt werden kann.

f. Die Schlangenbraut

Wir erinnern uns: Der einsame Zauberpalast, in dem dienstbare Geister unsichtbar Psyche bedienten, mit köstlichem Essen und sanfter Ruhestatt versorgten – dieses Bild wird in dem deutschen Volksmärchen »Die Schlangenjungfrau« (Colshorn) in volkstümlich-märchenhafter Weise lebendig.

»Prachtvoll genug war es im Schlosse, doch Menschen oder andere lebende Wesen fanden sich nirgends ... Als er aber nach Essen und Trinken seufzte, kamen kleine Füße aus der Decke herab, an den Füßen saßen keine Beine, doch statt der Zehen hatten sie lange Finger, und zwischen den Fingern hielt jeder entweder eine Schüssel mit einem köstlichen Gerichte oder einen Becher voll Wein.«

Allerdings hat ein Rollentausch stattgefunden: die unheimliche Schlange mit hässlichem Kopf, die über das verwunschene Zauberschloss regiert, ist eine verhexte Prinzessin, die vom männlichen Partner erlöst wird.

Die wundersame Geschichte der glücklichen Erlösung einer Schlangenbraut, deren menschlicher Gemahl viele Jahre auf sie warten musste und die nur durch die Treue ihrer Dienerin ihre menschliche Gestalt wiedergewinnen konnte, erzählt das italienische Märchen »Die treue Dienerin«.

Eine Königstochter verwandelt sich in ihrer Hochzeitsnacht aufgrund des Fluches einer bösen Fee in eine Schlange: »Dass du eine Schlange werdest, sobald du in deiner Hochzeitsnacht das Brautbett berührst, und eine Schlange sollst du bleiben, drei Jahre, drei Monate, drei Tage, drei Stunden und drei Augenblicke lang.«

Von einer treuen Dienerin gerettet, lebt sie unerkannt in einer Mauerspalte des königlichen Gartens versteckt. »Die Dienerin vergaß ihre Herrin nicht. Jeden Tag ging sie in den Garten hinaus; sie hatte ein kleines Loch in die Mauer gemacht, durch das die Schlange hinaus- und hineinkriechen konnte. Auch hatte sie das Loch mit einem weichen Polster ausgestattet. Sie brachte der Schlange Süßigkeiten und Milch, und damit der Schlange nichts geschehe, erließ sie einen Befehl, dass es jedermann bei Todesstrafe verboten sei, den Garten zu betreten.«

Als die Frist des Zauberbannes verstrichen ist, kommt die Dienerin, um sie zu erlösen:

»Petruccia (die Dienerin) packte den Schwanz und *zog die Haut ab.* Die hielt sie nun in der Hand wie ein Futteral eines Schwertes, und hervor kam Pomponiella (die Prinzessin), hundertmal schöner als zuvor.«

Auch hier steht das Häutungsmotiv im Mittelpunkt des Wandlungsgeschehens. Die weibliche Schlangenbraut lehrt zudem eine tiefe Weisheit: Die Wandlung braucht Zeit, eine festgelegte Zeit, in der Märchensprache heißt dies, sie kann sich nur zur »rechten« Zeit in ihre wahre menschliche Gestalt verwandeln.

Die Schlangenbraut

Es war einmal einer auf Brautschau gegangen, und da ging er an einem Gebüsch vorbei, und da hat es immer drin geschrien: »Nimm mich, nimm mich!« – und das, sooft er vorbei gegangen ist. Da ist er zum Pfarrer gegangen und hat gefragt, was er denn tun soll, denn sooft er beim Busch vorbeiginge, sagt es drin immer: »Nimm mich, nimm mich!« Da hat ihm der Pfarrer geraten, er soll nur sagen: »Ja, ich nehme dich« (nämlich zu einer Braut). Er ist hingegangen, und wie die Stimme wieder so rief, hat er auch so gesagt. Da ist eine große weiße Natter hervorgkommen und ist mit ihm mit. Da hat er das Versprechen eingelöst und ist mit den Beiständen (Zeugen) zum Pfarrer; sie sind verkündet worden, darauf ist die Trauung und die Hochzeit angesetzt worden – und die Natter ist immer mit ihm gegangen. (Das hat der Geistliche schon gewußt, daß es etwas Besonderes ist – eine andere Natter kann nicht reden.) Zur Trauung waren wegen des Wunderwerkes viele Priester und gar viele vornehme Hochzeitsleute geladen, weil man gemeint hat, beim Altar müßte sich die Natter verändern und zeigen, wer sie eigentlich war. Sie ist aber nicht anders geworden; hat das dreimalige Jawort gegeben und beim Zusammengeben sich um die Hand des Bräutigams geschlungen; und so hat sie der Priester getraut.

Nach Amt und Trauung sind sie ins Hochzeitshaus, und da haben sie neben dem Bräutigam einen Platz für die Schlange gerichtet und ihr eine Schale für das Essen vorgesetzt; und so haben sie das Mahl angefangen. Da hat der geistliche Herr begonnen Gesundheit trinken, und er ruft:

»Gesundheit der Braut und dem Bräutigam!«

Da hat es einen Krach gemacht, als ob das ganze Haus zusammenfallen würde, und die schönste Jungfrau stand da. Jetzt hat der Bräutigam eine schöne Frau gehabt und eine verwunschene Prinzessin erlöst. Wer weiß, wie lang sie schon hat leiden müssen.

(Märchen aus Österreich)

Dieses österreichische Schlangenbraut-Märchen zeugt von dem alten, auch in anderen Kulturen und Völkern zu findenden Volksglauben, dass die weiße Natter ein segenbringendes Tier ist, das man auf vielen Bauernhöfen als Schutztier verehrt und der Sage nach mit Milch gefüttert hat. Die Tötung einer solchen Natter brachte Unheil und Verderben. (Siehe S. 163 u. S. 171f)

Bemerkenswerterweise scheint im Volksglauben noch lange Zeit nach der Christianisierung das Wissen von der Schlange als einem heiligen, segenbringenden Tier vorhanden gewesen zu sein, ja die Volksüberlieferung autorisiert hier sogar die kirchliche Instanz, den Pfarrer selbst, der sprechenden weißen Schlange als einem »Wunder«, als etwas »Besonderem«, mit großer Ehrfurcht zu begegnen. Es lohnt sich, hier den Text etwas genauer anzuschauen:

Der junge Mann übernimmt das vom Geistlichen formulierte Jawort: »Ja, ich nehme dich!« Er lässt sich auf Anraten des Geistlichen auf das Abenteuer ein, eine Schlange zu ehelichen, da der Pfarrer ihm zu dieser segenspendenden Verbindung rät. Dieser scheint mehr über die wahre Existenz einer weißen Natter zu wissen: »Das hat der Geistliche schon gewußt, dass es etwas Besonderes ist, eine andere Natter kann nicht reden.« Auch die kirchliche Ehezeremonie »am Altar« entzaubert die Schlange nicht. Erst nachdem sie von allen akzeptiert worden ist – viele Priester und vornehme Hochzeitsgäste waren die Zeugen der außerordentlichen Trauung – , verwandelt sich die Schlange, als der Geistliche ihr und ihrem Gemahl eine gute Gesundheit wünscht.

Im Volksglauben ist hier das Symbol der Schlange ausschließlich von *positiven Bildern* besetzt: In ihr manifestiert sich die sich ewig erneuernde Lebensenergie, die Zauberkraft, die Macht, Segen und Unheil, Glück und Reichtum zu spenden. Gerade weil dies in deutlichem Kontrast zur *Negativsicht* der jüdisch-christlichen Tradition steht, die die Schlange »verteufelt« und in ihr den Inbegriff des Bösen und Dämonischen sieht, ist dieser Märchentext so bemerkenswert. Innerhalb der kirchlichen Tradition hat hier die Schlange als heiliges, segenbringendes Tier einen Platz gefunden und behauptet.

Zusammenfassend können wir sagen: Im Mittelpunkt der Tiergemahlmärchen steht immer das *Wandlungsgeschehen*, die Metamorphose des schlangengestaltigen Tiergemahls, der Tierbraut. Wie in den Mythen der großen und alten Kulturen (China, Indien, Ägypten, Mesopotamien) ist auch in den europäischen Volksmärchen die sich häutende Schlange ein Symbol der ewigen Wandlung, der Kontinuität von Geburt, Tod und Wiedergeburt. Die Fähigkeit zur periodischen Erneuerung durch das wiederholte Abstreifen der alten Haut gibt der Schlange geradezu göttliche Fähigkeiten: sie ist im Besitz der »ewigen« Jugend und hütet – gleich den Göttern – das Geheimnis der Unsterblichkeit.

III. Die Schlange/der Drache – Ein Symbol des Urelements Wasser

1. Von Wasserfrauen und anderen schlangenschwänzigen Wasserwesen

a. Die Wasserfrau – ein Urbild menschlicher Phantasie

Die Wasserfrau, die Nixe – halb Weib, halb Schlange – ist eines der faszinierendsten Urbilder der menschlichen Phantasie: Schillernd-schön in ihrer Weiblichkeit, dunkel-dämonisch in ihrer Leidenschaftlichkeit, rätselhaft-geheimnisvoll in ihrer Doppelexistenz.

In den Mythen, Sagen und Märchen der Völker der Welt begegnet sie uns als »Grenzgängerin«, dort, wo die mythische Jenseitswelt in die Menschenwelt einbricht:

- Am Strand des Meeres winkt die Meermaid;
- vom hohen Uferfelsen lockt die schöne Loreley mit ihrem süßen Gesang;
- am Brunnenrand wartet die Wasserfee;
- unter der spiegelnden Oberfläche des Wassers lächelt die Nixe, zauberisch-verlockend ruft sie den Mann in das jenseitige Wasserreich, in dem sie ihn reich beglückt, aus dem er aber selten wiederkehren kann.

Im Märchen symbolisieren Wasser und Wasserfrau auch die Mächte des Unbewussten. Der Held begegnet in der Nixe seinen ambivalenten Gefühlen und Sehnsüchten gegenüber der Weiblichkeit: Wer sich auf ihre Verlockungen einlässt, betritt eine Welt jenseits gesellschaftlicher Normen, mit allen Chancen und Risiken zu höchstem Liebesglück und größter Erkenntnis, aber auch zu Verderben und Tod.

Tiefenpsychologisch ist das Wasser ein Ursymbol der Seele:

»So ist das Wasser, unter dessen Oberfläche Versunkenes ruht und das ungeahnte Tiefen birgt, ein Symbol des Unbewussten, dem alles Wirkliche entsteigt und das auch wiederum, alles überflutend, die Wirklichkeit verschlingen kann. Indem aber im Unbewussten die schöpferische Kraft der Seele ruht, versinnbildlicht das Wasser oft die Tiefe, die den Schatz beherbergt, den Lebenswert, dem der Held nachjagt.« (Marie-Louise v. Franz)

So können wir die Nixen und Wasserfrauen der Märchen und Sagen auch als Bildsymbole der archaischen Wassergöttinnen sehen, aber ebenso als Archetypus des Weiblichen, der Anima, die in ihrer positiven und schöpferischen, jedoch auch negativen und zerstörerischen Funktion in jedem individuellen Leben eine wesentliche Rolle spielt.

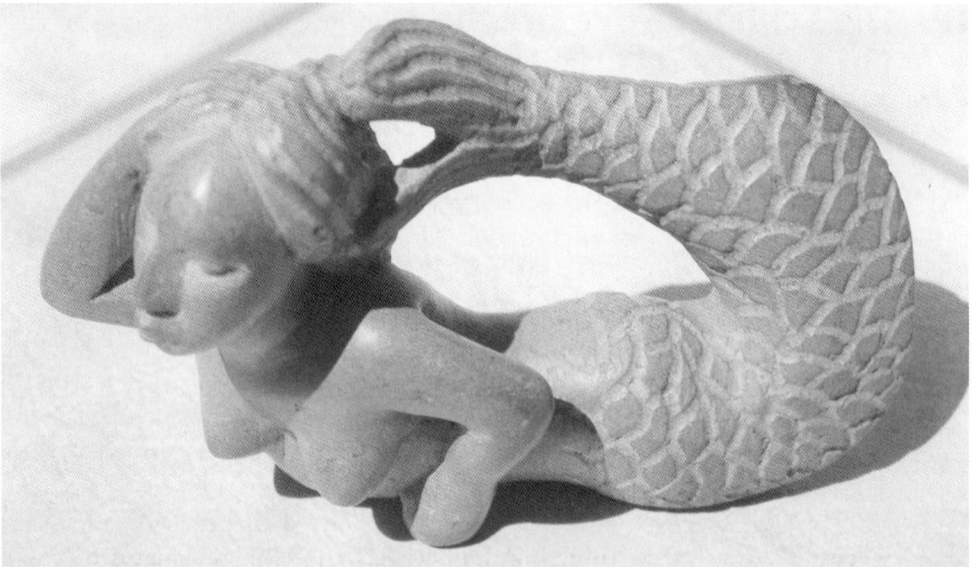

Seejungfrau, Steinplastik (Haiti) (Foto: Uwe Stamer)

Überall in der Welt begegnet uns die Wasserfrau in schillernden Farben und unter vielen Namen: Seejungfrauen, Wasserweiblein, Seefräulein, Drächinnen, Schlangenfrauen, Melusinen, Undinen, Brunnenfeen, Nymphen und Sirenen tummeln sich in den Märchen, Sagen und Mythen der Welt, ganz zu schweigen von den vielen künstlerischen Darstellungen z.B. auf antiken Mosaiken, Gemälden, Münzen und Vasen, auf mittelalterlichen Fresken und Kapitellfriesen, auf Werken moderner Künstler.

Wo nun suchen wir die Ahnen der Nixen und Melusinen und aller drachenschwänzigen Wasserfrauen?

b. Die Ahnen unserer Wasserfrauen

Die fischschwänzige Göttin »Derceto«, eine semitische Mondgöttin, ist eine mythologische Figur, die man als erste »Seejungfrau« bezeichnen könnte. In den heiligen Büchern der Inder, den »Veden«, finden wir auch Götter, die je zur Hälfte einen Fisch- bzw. Drachenkörper haben, ebenso Wassernymphen mit einem Frauenkörper und in Vogelgestalt. Auf altindischen Steinbildern ist *»Vishnu«*, der Erhalter, als Doppelwesen zu sehen: halb Mensch, halb Fisch. Ein anderes Mal erscheint Vishnu als Inkarnation einer Göttin in Fischgestalt: eine glänzend geschmückte Frau mit vier Armen und stattlichem Fischschwanz – eine indische Seejungfrau?

Die *»Apsaras«* (»auf dem Wasser bewegend«) sind überirdische, mit prophetischen Gaben ausgestattete Wassernymphen, die den Hinduhimmel bevölkern.

Tanzend und singend zeigen sie gewisse Ähnlichkeiten zu den Nixen und Sirenen.

Die *griechische Mythologie* ist reich an Wassermännern und Wasserfrauen. *Nereus*, der später durch Poseidon ersetzt wurde, ist der Hauptgott des Meeres. Er zeugte mit der Okeanide Doris fünfzig Nereiden oder Meeresnymphen, von denen *Amphitrite* die wohl berühmteste ist. *Triton*, der Sohn des Poseidon, ist »wunderbarlich gleich ewigen Göttern gestaltet. Abwärts jedoch von den Weichen erstreckte sich hüben und drüben doppelt der Schwanz eines Seetiers. Die Oberfläche des Wassers schlug er mit dessen Stacheln, die krumm wie die Hörner des Mondes zwiegespaltet unten sich teilten« (Apollonius Rhodios). Ob die Künstler des Mittelalters das Motiv der doppelschwänzigen Nixen bei Triton gefunden haben?

Der griechische Mythos berichtet von der schrecklichen Verwandlung der *Skylla* in ein Meerungeheuer: der Tritone *Glaukos* begehrte die schöne Jungfrau *Skylla*, die in der Bucht von Sizilien badete. Sie lehnte ihn wegen seiner Missgestalt, seines Fischschwanzes ab. Glaukos suchte Rat bei der Zauberin Circe, die jedoch aus Eifersucht Skylla mit einem Zaubertrank in ein Meerungeheuer verwandelte. Eine antike Gemme zeigt Skylla in ihrer Doppelheit: oben ist sie als ein schönes Weib gestaltet, doch ihren Unterleib bilden drei Unterweltshunde, an deren Flanken zwei Schlangenschwänze emporschlagen.

In Syrakus in Sizilien verehrte man die Quellgöttin *Arethusa*.

Der Flussgott Alpheios begehrte sie zum Weibe, sie floh und wurde deshalb von ihm in eine Quelle verwandelt. Noch lange wurden ihr an jener Quelle Opfer gebracht, geprägte Münzen zeigen ihren Kopf von Delphinen umgeben.

In vielen griechischen Tempelanlagen befinden sich heilige Quellen, weiblichen Wassergottheiten geweiht. Solche Tempelquellen sind z.B. aus *Delphi* bekannt: dreißig Jungfrauen, »Lykiaden« genannt, trugen täglich das heilige Wasser vom Brunnen der Kastalia ins Lykeion. Das Quellwasser hatte rituellen Reinigungscharakter und wurde auch als kultisches Weihwasser zum Besprengen der Tempel benützt. Die berühmte Unterweisung der orakeldeutenden Pythia lautete:

»Rein vom Herzen erschein im Tempel des lauteren Gottes,
wenn jungfräulicher Quell' eben die Glieder benetzt.
Guten genügt ein Tropfen, o Pilgrim, aber dem Bösen
wüsche das Weltmeer selbst nimmer die Sünden hinweg.«
(nach H. Pfannenschmied)

In *Lindos (Rhodos)* sieht man noch heute unterhalb des auf hohem Felsen liegenden Tempels eine Meeresgrotte, in der Bildnisse einer Mutter- und Wassergöttin gefunden wurden. Archäologische Forschungen haben ergeben, dass der berühmte Lindia-Tempel erst nachträglich errichtet worden ist. Die ursprüngliche Kultstelle dieser weiblichen Wassergottheit lag in dieser Meeresgrotte.

c. Nixen – versteckt in christlichen Kirchen und Kathedralen

In diesem Zusammenhang erscheint es höchst interessant, dass viele christliche Kirchen und Kathedralen auf alten Kultplätzen und Quellheiligtümern errichtet wurden. (So soll z.B. die Kathedrale von Chartres auf 44 Quellen und der Dom zu Paderborn auf 80 Quellen ruhen, der Kölner Dom auf den Fundamenten einer Weihestätte keltischer Muttergöttinnen und einem römischen Tempel mit Brunnen stehen.)

Antiker Wasserkult und heidnische Wassergottheiten wurden unter anderen Vorzeichen in den christlichen Kult integriert. In der Nähe des Gotteshauses oder sogar *in* den romanischen Kirchen, insbesondere im vormals keltischen Gegenden (z. B. in der Bretagne), finden sich häufig uralte Brunnen, deren Quellwasser auch heute noch als heiliges, heilendes Wasser verehrt wird. Heute steht eine Muttergottesstatue an dem Platz, wo früher die alten Wasser- und Erdgöttinnen verehrt wurden.

In der Krypta einer vorromanischen Kirche in *Lanmeur*, Bretagne, ist heute noch ein geheimnisvoller Brunnen zu sehen, dessen klares Wasser nur für einen Augenblick erscheint, ohne dass man wüsste, woher es kommt, noch wohin es abfließt. Manche wollten darin einen uralten *Druidenbrunnen* sehen, andere meinen, sein Quellwasser habe zur heiligen Taufe gedient.

Die aus dem 6. Jahrundert stammende Krypta ist von mächtigen Pfeilern getragen, die mit außergewöhnlichen Schlangenverzierungen bedeckt sind. Handelt es sich bei den reliefartig ineinandergeflochtenen Schlangen nur um ein Ornament oder doch eher um Reste archaischer Schlangenkulte, die in einer vorromanischen Kirche erhalten geblieben sind? Haben sich hier vielleicht Bildsymbole der nordisch/skandinavischen Kultur niedergeschlagen? Besonders interessant ist diese Kirche, weil hier uralte Bräuche und Vorstellungen von »Wasser« und »Schlangen« nahe beieinander liegen, was auch auf einen ursächlichen Zusammenhang schließen lassen könnte. Insofern wäre hier das Schlangensymbol – wohlgemerkt in einer christlichen Kirche! – als ein heiliges, lebengebendes Symbol noch präsent.

Zwei weitere Beispiele dieser Symbiose zwischen archaischen Wasserkulten und christlich-kirchlicher Tradition sollen aus Deutschland angeführt werden:

Die *Mauritius-Kirche in Hemsbach bei Osterburken* (1281) stellt unter Fachleuten, dank neuerer Forschungen, eine Sensation dar: Sie war seit dem Mittelalter ein Wallfahrtsort mit einem alten Wasserkult, in dem christliche und heidnische Bräuche ineinander übergingen. Man vermutet an der Stelle, an der heute die Kirche steht, eine römisch-germanische Kultstätte zur Verehrung von Wasserjungfrauen. Indizien weisen darauf hin, dass Mönche aus Worms im 7. Jahrhundert bei der Christianisierung dieses Gebietes den alten Wasserkult bestehen ließen. In der Umgegend soll es auch Sagen von den »drei Meerfräulein« geben. Im Jahre 1594 wird in

Crypte pré-romane (VI.e siécle), Église de Lanmeur

einer Chronik dieser Kirche ein Altar von »drei heiligen Jungfrauen« erwähnt. Die weibliche Dreiheit, zuerst in heidnischer, sodann in christlicher Gewandung, weist auf einen sehr alten Kult der Großen Göttin in der Dreiergestalt hin, z.B. auf die Verehrung der »Tria Fata«, der weiblichen Schicksalsgöttinnen (griechisch: Moiren).

Dasselbe Phänomen findet sich in der *Wallfahrtskirche »Maria Brünnlein« in Wemding* (Bayern). Dort sprudelt noch heute mitten im Kirchenraum – neben dem Altar – ein Brunnen, eine »heilige« Quelle, heilkräftiges Wasser für Wallfahrende spendend! In derselben Kirche finden wir ein Altarbild, das »Drei Heilige Frauen« darstellt, Volksgut mischt sich hier mit Kirchentradition:

»Die Heilige Margaretha mit dem Wurm,
die Heilige Barbara mit dem Turm,
die Heilige Katharina mit dem Radel
das sind die drei Madel!«

2. Von Nixen und Sirenen

a. Die antik-griechische Nixengestalt

Die bekanntesten griechischen weiblichen Wasserwesen sind die *Sirenen.* Seit Odysseus ihrem lockenden Zaubergesang widerstand – Circe hatte ihn zuvor gewarnt –, sind sie zum Inbegriff weiblicher Verführungskunst geworden. Erst Homer hat ihnen eine schöne Stimme verliehen, ursprünglich sollen es nichts als »Keres« (Spukerscheinungen) gewesen sein. Die frühgriechischen Künstler stellten die Sirenen immer in Vogelgestalt dar.

Seit Homer ist klar: Wer dem Gesang der Sirenen lauscht, ist vom Tode gezeichnet. Den Sirenen zu verfallen, bedeutet den sicheren Tod. Sie leben auf einer grünen Grabesinsel, wo sie zwischen den gebleichten Gebeinen der Seeleute hausen, die sie einst angelockt haben. Sirenen werden auch als Todesengel dargestellt, die auf griechischen Grabmälern Klagelieder zur Leiermusik singen.

Seit dem 7.-6.Jh. erscheinen die Sirenen auf Vasen und Grabmälern als Seelenbegleiterinnen, die das Eidolon eines Verstorbenen, an ihre mütterliche Brust gedrückt, »empor«-tragen. Auch war der Glaube verbreitet, die Sirenen trügen die Seelen der Verstorbenen zu den »glücklichen Inseln«.

In nachhellenistischer Zeit »verloren« die Sirenen ihren Vogelleib und erhielten einen Fisch- bzw. Drachenschwanz. In dem »Liber monstrorum« eines anonymen Verfassers (6. Jh. n. Chr.) wird eine drachenschwänzige Sirene anstatt einer vogelgestaltigen genannt. Der »Physiologus« (4. Jh. n. Chr.) schildert die Sirenen noch in ihrer Vogelgestalt. Das »Bestiarium« des Guillaume le Clerc (um 1210) zeigt oben herum die Sirene als die schönste Frau der Welt, ihr Unterleib jedoch gleicht einem schuppigen Drachen oder Fisch oder dem eines Vogels.

Es wird vermutet, dass die Darstellung der Nixe mit einem Drachen- bzw. Fischunterleib mit dem romanischen Baustil aus dem Mittelmeerraum zu uns gekommen ist: In ganz Nord- und Mitteleuropa finden sich Darstellungen von Nixen und Seejungfrauen an Kapitellen, Altären, Taufsteinen, Kirchengestühlen und Deckengemälden der romanischen Kirchen.

b. Die Umdeutung: Eva, die Sirene, die Verführerin zur Sünde

Anhand der Gestalt der Seejungfrau lässt sich besonders deutlich der Prozess der Verschmelzung von heidnisch-antikem und christlichem Traditionsgut verfolgen: Nixen und alle Arten von Wasserfrauen tauchen in frühchristlicher Zeit in den lateinischen *Bestiarien* auf, die Tiere und Fabelwesen – darunter auch Seejungfrauen – abbildeten, kommentierten und mit einer christlichen Moral versahen. Diese dienten als beliebte Vorlage für die darstellende Kunst, insbesondere in und an den romanischen Kirchen.

Das Bild der antiken Nixengestalt, die den Mann in die Tiefe zieht und in ihr unterirdisches Reich lockt, ihn mit Schönheit und Gesang betört, wurde zum christlichen Symbol der menschlichen Sünde und Verfallenheit an den Tod schlechthin umgedeutet. Bezeichnenderweise wurde eine *weibliche* Gestalt aus dem Mythos gewählt, die Sünde, Verderben und Tod in einem versinnbildlichen sollte. Die Sirene gilt in der romanischen Kunst mit ihren langen Haaren, die das Feminine schlechthin bezeichnen, als Verführerin zur Sünde. So lag es nahe, die Sirenengestalt mit Eva zu verknüpfen, wodurch die enge Verbindung zwischen Eva und der Schlange deutlich gemacht werden sollte: Eva ist die sirenenartige Verführerin, ihr Fischschwanz wird zur Schlange, der sich um den Baum schlingt. Die folgenschwere Umdeutung des Schlangen-Lebenssymbols, das ewige Erneuerung, Fruchtbarkeit und Lebensenergie bedeutete, zum Todessymbol, das Sünde, Verderben und Verdammnis versinnbildlicht, wird an dem folgenden Kunstwerk aus der Bretagne deutlich:

In Stein gehauen erhebt sich die Sirenen-Eva mahnend am Dachfirst des Beinhauses – dem Haus des Todes. (siehe Bildtafel XIII, Abb. 18)

Auch das berühmte Holzdeckengemälde in Zillis (Graubünden, 1. Hälfte des 12. Jahrhunderts; siehe Bildtafel XIII, Abb. 19) zeigt, wie lebendig die Vorstellungen von Seejungfrauen, Nixen und allerlei Wasserwesen bei den Künstlern des Mittelalters waren. Zusammen mit Phantasiewesen und Fabeltieren als Sinnbildern des Bösen bilden sie einen Kontrast zu den heiligen Figuren der Bibel.

Ein Monumentalzyklus des christlichen Heilsgeschehens wird in Zillis auf 153 Feldern einer Holzkassettendecke dargestellt, der ältesten und nahezu unversehrt erhalten gebliebenen figürlichen Bilderdecke aus romanischer Zeit. An den Ecken der Holzdecke wachen die Engel der Offenbarung, im Meer aber tummeln sich unzählige fantastische Fabelwesen aus Mensch und Tier, wie sie auch die Bestiarien abbildeten. In der Mitte des Deckenfrieses, oben und unten, thronen im Zentrum des Weltenmeeres, welches das Teuflische, Sündhafte und Böse repräsentiert, majestätisch drei musizierende, zweischwänzige Nixen, gleich heidnischen Wassergöttinnen in mythischer Dreiergestalt.

Die wohl älteste Darstellung einer archaischen zweischwänzigen Nixe in Verbindung mit einem Wassermann, der von zwei wilden Drachen flankiert wird, findet sich auf einer vorromanischen Reliefplastik an einer steinernen Kanzel in Gropina, Toskana (8./9. Jahrhundert). Die mächtigen Pfeiler, auf der die Kanzel ruht, sind von einem dicken Schlangenring umschlungen – die vorromanische Kunst trägt noch deutliche Züge heidnisch-keltischer Ornamentik, Heidnisches und Christliches steht noch unbefangen nebeneinander, bildet eine Symbiose.

An den romanischen Kapitellen erscheint die Sirene in vielfältig abgewandelter Weise: Öfter wird sie mit dem Fisch, dem Symbol Christi und des Getauften, in der Hand abgebildet, ein Hinweis darauf, dass sie noch gerettet werden kann.

Altar der vorromanischen Kirche in Gropina, Toscana

Ein anderes Mal nimmt die Sirene ihre antike Gestalt der Vogelfrau (s.o.) an oder erscheint als Harpyie mit Greifvogelklauen.

Im Straßburger Münster entdecken wir in einer portalartigen Altarnische aus dem späten 12. Jahrhundert auf einem Kapitellfries ein geschupptes Meerweib, das sein Kind säugt.

Auch bei den ehrwürdigen Zisterziensern im Kloster zu Bebenhausen (12. Jahrhundert) hat sich die zweischwänzige Nixe eingeschmuggelt: sie schmückt die reich bemalte Decke des Refektoriums! (siehe Bildtafel XIV, Abb. 20)

Abb. 18: *Sirenen-Eva am Dachfirst eines Beinhauses in der Bretagne*

Abb. 19: *Nixe von Zillis (Deckengemälde, 12. Jh., Graubünden)*

Abb. 20: *Zweischwänzige Nixe. Zisterzienser-Kloster Bebenhausen (12. Jh.) (Foto: Maria Schwelien)*

Bildtafel XIV

Abb. 21:
Stabkirche von Hopperstad. Westportal

Abb. 22: *Oseberg-Wagen. Wikinger-Museum, Oslo*

Abb. 23: *Drachenkopf am Schiffsbug. Wandteppich von Bayeux (Ausschnitt)*

Abb. 24: *Drachenkopfpfosten von Oseberg*

Bildtafel XVI

Ein Künstler darf in diesem Zusammenhang nicht fehlen: *Hieronymus Bosch.* Als er seine künstlerische Laufbahn um 1475 begann, war die Epoche des christlichen Mittelalters zu Ende gegangen und die Schwelle zur Reformation erreicht, die Entdeckung fremder Welt-Teile setzte neue Ziele. In seinen apokalyptisch-rätselhaften Bildwerken, in denen er Visionen, Träume und Ängste darstellte, entdecken wir neben grotesken Fabelwesen auch *schwimmende* und *fliegende Nixen.*

Das Zentrum eines seiner symbolisch-alchimistisch zu deutenden Werke, des »Gartens der Lüste«, bildet ein Lebensbrunnen, dem Nymphen mit Vögeln auf den Köpfen entsteigen. Im Hintergrund, umgeben von phantastischen Gewächsen, Vögeln und Menschengruppierungen, plätschern Heerscharen von Nixen und Wassermännern mit panzerartigen, mächtigen Schlangen- und Drachenschwänzen im glasklaren, blauen Wasser; in der Luft schwebt eine Nixe auf einem geflügelten Fisch. Die Nixe – künstlerisch in ihrer schön-schrecklichen Ambivalenz gestaltet – ist hier ebenfalls als Verführerin zur Sünde (»Garten der Lüste«), d. h. zu den tabuisierten Seiten der Sexualität gedeutet. Sie lockt den ihr Verfallenen in den ewigen Tod, so wie sie bei Homer den vorüberfahrenden Odysseus in den irdischen Untergang zu locken sucht.

c. Die Nixengestalt im europäischen Volksmärchen

Das *antike Sirenenmotiv* spiegelt sich in vielen Märchen und Sagen wider – die verführerisch-betörende Wasserfrau, die Nixe, die Lorelei, holt den Mann in ihr unterirdisches Wasserreich, wo er, jenseits von Raum und Zeit, Glück und Seligkeit erfährt. Kehrt er jedoch in die Menschenwelt zurück, so muss er sterben.

Jacob Grimm vergleicht die deutschen Nixen mit »romanische(n) feen und unsern weisen frauen, in der sonne sitzend, ihre langen haare kämmend, oder auch mit dem obertheil des leibs, der von hoher schönheit ist, aus wellen tauchend. Den untertheil soll wie bei sirenen ein fischartiger schwanz bilden – doch diese vorstellung ist unwesentlich und wol nicht echt deutsch.«

Die Nixe mit der goldenen Leier

Aus der stillen Flut des Wildsees taucht zuweilen die Nixe mit goldener Leier empor und lustwandelt an der nahen Halde. Alsbald läßt sie die Saiten ertönen und singt dazu ein Lied, daß es rings im Walde widerhallt. Dann kommt selbst das scheue Reh aus dem Dickicht und schmiegt sich traut an sie. Mit ganz besonderem Zauber aber wirkt ihr ergreifendes Lied und ihre berückende Schönheit auf Herz und Gemüt der dort einsam weilenden Hirtenknaben.

Umsonst ruft dem betörten Jüngling die Gewissensstimme zu: Fliehe von hier, die Nixe bringt dir nur Verderben! Bestrickt von ihrem Gesang und ihren Reizen zieht's den Verblendeten immer mächtiger zu ihr hin. Kosend zieht sie ihn zum See und dann hinab in die Flut, um alsbald mit ihm in der dunklen Tiefe zu verschwinden. Noch einmal ertönen die Saiten, aber erzitternd wie ein Sterbelaut. So hat die Wasserbraut schon manchen Jüngling betört.
(Sage aus dem Schwarzwald)

In dem estnischen Volksmärchen »Die Meermaid« wird deutlich, dass die Wasserfrauen und Nixen des Märchens mit der Vorstellung einer lebenschaffenden Wassergöttin eng verknüpft sind: Die Meermaid ist die Tochter der *»Wasser-Mutter«*, wir haben uns diese als mächtige Herrscherin über Leben und Tod, über Zeit und Schicksal vorzustellen. Der Jüngling, der sich als Liebhaber mit der Meermaid-Nixe einlässt, wird in eine Jenseitswelt »entrückt«, erfährt höchstes Glück in einer paradiesischen Wasserwelt, verfällt jedoch dem sicheren Tod, wenn er das Tabugebot bricht: er darf die Geliebte in ihrer wahren Nixengestalt, die sie immer am Donnerstag annimmt, nicht sehen, das Göttliche zu sehen ist tödlich. Götter und Göttinnen sind unsterblich, Zeit und Raum existieren nicht, der Jüngling jedoch – zurück in der Menschenwelt – ist um Jahrzehnte gealtert, ein sterbender Greis.

Die Meermaid

(...) Da fand Schlaf-Tönnis eines Donnerstags neben dem Fenster eine kleine Stelle, wo die Vorhänge sich zufällig verschoben hatten, so daß der Blick in die Kammer dringen konnte. Was er da sah, machte sein Herz ärger als Februarkälte gerinnen. Das geheimnisvolle Gemach hatte keinen Fußboden, sondern sah aus wie ein großer viereckiger Kübel, der viele Fuß hoch mit Wasser gefüllt wir. Darin schwamm seine geliebte Meermaid. Vorn Kopf bis zum Bauch hatte sie noch die Schönheit des weiblichen Körpers, aber die untere Hälfte vom Nabel abwärts war ganz Fisch, mit Schuppen bedeckt und mit Flossen versehen. Mit dem breiten Fischschwanz plätscherte sie zuweilen im Wasser, daß es hoch aufspritzte.

Er wich wie betäubt zurück und ging betrübt hinweg. Wie viel hätte er darum gegeben, wenn er diesen Anblick aus seinem Gedächtnisse hätte auslöschen können! Er dachte hin und her, wußte aber nicht, was er anfangen sollte.

Der Hahn hatte am Abend wie gewöhnlich drei Mal gekräht, aber die Meermaid kam nicht zu ihm zurück. Er durchwachte die ganze Nacht, aber die Schöne erschien nicht. Erst am Morgen kam sie in schwarzen Trauerkleidern, das Gesicht mit einem dünnen Seidentuch verhüllt, und sprach mit weinender Stimme:

»O, du Unseliger, der du durch deine Torheit unserem glücklichen Leben ein Ende gemacht hast! Du siehst mich heute zum letzten Male und mußt nun wieder in deinen früheren Zustand zurückkehren, was du dir selber zuzuschreiben hast. Leb wohl zum letzten Male!«

Ein plötzlicher Krach und ein starkes Getöse, als ob der Boden unter den Füßen wegrollte, warf den Schlaf-Tönnis nieder, und in seiner Betäubung hörte und sah er nicht mehr, was mit ihm und um ihn vorging.

Als er endlich, wer weiß wie lange nachher, aus seiner Ohnmacht erwachte, fand er sich am Meeresstrande, dicht bei demselben Steine, auf welchem die schöne Meermaid gesessen hatte, als sie den Freundschaftsbund mit ihm schloß. (...)

An der nächsten Quelle besah er seine Gestalt im Wasserspiegel: die bleichen zusammengeschrumpften Wangen, die eingefallenen Augen, der lange graue Bart und die grauen Haare bestätigten, was er vernommen hatte. Diese vergilbte, verwelkte Gestalt hatte keine Ähnlichkeit mehr mit dem Jüngling, den die Meermaid sich zum Bräutigam erkoren hatte. Jetzt erst ward der Unglückliche inne, daß die vermeintlichen paar Jahre ihm den größten Teil seines Lebens hinweggenommen hatten, denn als blühender Jüngling war er in das Haus der Meermaid eingezogen, und als gespenstischer Alter war er zurückgekommen. Dort hatte er weder den Fluß der Zeit noch das Hinschwinden des Körpers gespürt, und er konnte es sich nicht erklären, wie die Bürde des Alters ihm so plötzlich, gleich einer Vogelschlinge, über den Hals gekommen war. (...)

Nach einigen Tagen wälzten die Wellen seinen Leichnam ans Ufer. Ob er vorsätzlich oder zufällig im Meere ertrunken war, ist nicht bekannt geworden.

3. Von Melusinen und Undinen

a. Paracelsus' Naturgeschichte von den Elementargeistern »Liber de Nymphis«

Der Glaube an die reale Existenz von Wasserwesen wie Seejungfrauen, Wasserfrauen, Melusinen etc. reichte bis ins hohe Mittelalter hinein. Im 16. Jahrhundert disqualifizierte sich ein Akademiker nicht, wenn er Elementargeister für wahrnehmbar, ja sichtbar hielt und ihre Erscheinungsform beobachtete und interpretierte – die meisten (so z.B. Luther) hielten sie für tote Seelen, Ausdünstungen der Erde, Metamorphosen des Teufels, für »daemones subterranei« (nach G. Pörksen).

Eine Ausnahme bildet der Arzt und Gelehrte *Theophrast von Hohenheim*, genannt *Paracelsus* (1493-1541), dessen Naturgeschichte der Elementargeister (»Liber de nymphis, Sylphis, Pygmaeis et Salamandris et de Caeteris Spiritibus«) in den nachfolgenden Jahrhunderten nicht nur zahlreiche Poeten – u.a. Shakespeare, Goethe, Novalis, de la Motte-Fouqué, Mörike, H. C. Andersen und I. Bachmann –, sondern auch Komponisten, Maler und Naturwissenschaftler beeinflusst hat. Paracelsus beschreibt die Elementargeister, also auch die Wasserfrauen, Nymphen und Melusinen, als »Menschen besonderer Gattung«, sie sind »keine Ausgeburten, sondern von Gott geschaffen« und als »Wunderwerke Gottes in den Elementen« zu betrachten, den Erscheinungen von Engeln gleich. Dass es auch menschenähnliche Lebewesen in den Elementen gibt, ist für Paracelsus Beweis für die göttliche Schöpferphantasie. Er wendet sich gegen die von Luther betriebene Verteufelung dieser Gottesgeschöpfe und weist ihnen in seiner Schrift einen Platz im gottgesetzten Sinngefüge der Welt an: sie sind Hüter der Ökonomie der Natur, indem sie über die Ressourcen der Erde wachen (nach G. Pörksen). Bei Paracelsus ist die Nixe und Melusine keine Inkarnation des Dämonisch-Bösen oder des Verderbens im antik-homerischen Sinne, sondern ein *erlösungsbedürftiges Wesen*, das eine Seele sucht. Die Wasserfrauen sind den Menschen in allem gleich, nur haben sie keine Seele, deshalb zieht es sie zu dem Menschengemahl: »Gott hat sie dem Menschen so gleich oder so ähnlich gemacht, dass es nichts gibt, was ihm mehr gliche ... Sie haben keine Seele, es sei denn, sie würden mit einem Menschen verbunden, dann erlangen sie die Seele.« (Paracelsus, Tractatus III)

b. Die Melusinensage

Das Motiv der erlösungsbedürftigen Wasserfrau, die, durch ein Tabugebot gebannt, auf ihre Errettung durch die Liebe eines Menschengemahls hofft, der sie von ihrer Missgestalt, dem Drachenschwanz, befreit, ist im Volksglauben, in Märchen und Sage weit verbreitet.

Treuebruch (bei Undine) und Verletzung des Tabugebotes (bei Melusine) führen beide in Verdammnis und Tod.

Das berühmteste Melusinenmärchen ist »Die Geschichte der edlen und schönen Melusina, welche ein Meerwunder und des König Helmas Tochter war«. Die älteste Fassung der Melusinensage ist die »Histoire de Lusignan« des Jean D'Arras (14. Jahrhundert). Diese Chronik berichtet von einer Melusine, Tochter einer Fee Persine, die von ihrem Gatten beleidigt wurde und ihn dann verlassen hat. Der Versuch Melusines, die Tat des Vaters zu sühnen, wird von der Mutter bestraft: Melusine muss sich sonnabends in ein *Schlangenweib* verwandeln, bis ein liebender Gemahl sie gewinne. Er muss aber versprechen, sie an diesem Tag zu meiden. Bricht er dieses Versprechen, so ist sie auf ewig und immer verdammt.

Die gekürzte Volksbuchfassung des Thüring von Ringoltingen von 1456 ist die Prosafassung eines französischen Versgedichts von 1401.

Dieses Volksbuch war im 15. Jahrhundert ein Bestseller – der erste deutsche Prosaroman! Ringoltingen hat diesen französischen Erzählstoff gewählt, weil er in ihm eine für seine Zeit typische Mischung aus Mythisch-Märchenhaftem und Historischem entdeckte, man sah in der Gestalt der Melusine – der »merfaye« – eine Realität: Ringoltingen berichtet, dass verschiedene Adelsgeschlechter, z.B. das Haus Lusignan, von der Melusine, dem drachenschwänzigen, schönen Weibe, abstammten und sie deswegen als Schlangenweib in ihrem Wappen trugen:

»das sü in ierem wappen fürend
Melussinen, die merfayen.«

Die Geschichte von der edlen und schönen Melusina, welche ein Meerwunder und des Königs Helmas Tochter war.

Es war eines Sonnabends, als Raimund Melusina wie gewöhnlich vermißte, denn diesen Tag hatte sie sich von ihm ausbedungen. Raimund hatte bisher seinen Eid, daß er an diesem Tage nicht nach ihr forschen wolle, treu gehalten, denn er liebte sie und hatte keinen Argwohn gegen sie. In derselben Zeit aber war Raimunds Vater, der alte Graf vom Forst, gestorben, und es war ihm sein ältester Sohn als Graf gefolgt. Dieser kam an jenem Sonnabende seinen Bruder Raimund zu besuchen, und dieser hatte, um ihn zu ehren, aus der Umgegend viele vornehme Gäste zu sich geladen.

Als nun die Gäste kamen, wendete sich der Graf vom Forst an Raimund und sagte ihm, er möge doch seine Gemahlin rufen lassen, daß sie die Gäste gebührendermaßen empfange.

»Lieber Bruder«, sagte Raimund, »heute verlange meine Gemahlin nicht zu sehen, morgen wird sie dich begrüßen.«

Hierbei begnügte sich der Graf vom Forst fürs erste, nach dem Mittagessen aber nahm er seinen Bruder auf die Seite und sagte zu ihm; »Raimund, lieber Bruder, glaube mir, daß ich herzlich um dich besorgt bin. Siehe, es geht ein Gerücht in dem Lande, das sagt, du seist verzaubert, und deiner Gemahlin, nach der du keinen Sonnabend fragen darfst, wird viel Übles nachgesagt. Ich muß dir dies aber sagen, weil ich dein Bruder bin und die Schande mir zu Herzen geht, welche die Leute dir und deiner Gemahlin antun. Einige meinen, sie pflege heimliche Buhlschaft; andere, sie sei ein Ungeheuer, welches zu Zeiten die menschliche Gestalt ablegen müsse. Darum solltest du nachforschen, wie deine Frau die Sonnabende zubringt, um entweder selbst des bösen Zaubers dich zu entledigen oder das üble Gerede der Leute aus Überzeugung widerlegen zu können.«

Melusina verlässt das Schloss Lusignan als geflügelte Schlange. Holzschnitt Basel 1476

Als Raimund diese Rede seines Bruders vernahm, wurde er rot und bleich vor Zorn, griff nach seinem Schwerte und eilte in die Gernächer seiner Gemahlin, welche sie besonders für sich hatte anlegen lassen und die er bis dahin noch niemals, seinem Versprechen gemäß, betreten hatte. Bald kam er an eine eiserne Tür und stand still, überlegend, was er zu tun im Begriff sei. Er gedachte der Rede seines Bruders und wie seine Gemahlin vielleicht in diesem Augenblick eine Sünde begehe, welche ihm selbst zu Schaden und Unehre gereiche, aber er wollte sie über der Tat ereilen, um sie desto gerechter mit seiner Rache zu treffen. Er entblößte das Schwert und trat der Tür näher, als er in derselben eine Öffnung entdeckte, durch welche er das ganze Gemach zu übersehen vermochte.

Pochenden Herzens legte er sein Auge an die Öffnung. Er sah, wie das Gemach eine wunderbare Grotte war, auf deren Boden ein Springquell sein kristallklares Wasser in ein weites Becken ergoß. Melusina, ganz entkleidet, badete sich. Sie tat, als merkte sie nicht, daß sie beobachtet werde, und kämmte ihr langes, herrlich gelocktes Haupthaar. Wie erschrak und erstaunte aber Raimund, als er bemerkte, daß Melusina nur bis zur Mitte des Leibes ein überaus schönes blühendes Weib sei, von da an aber ihr Körper in einen garstigen Schlangen- oder Drachenschwanz auslief, welcher in azurblauer Farbe mit weißem Silberfaden besprengt glänzte.

Eine Zeitlang stand Raimund in den seltsamen Anblick und tiefes Nachsinnen versenkt, der Angstschweiß lief ihm von der Stirn, denn obgleich ihm vor der abschreckenden Gestalt, in welcher ihm sein Weib erschien, innerlich graute, so sah er doch auch ihr holdes, nur Unschuld und Liebe ausdrückendes Gesicht, gedachte ihrer Tugend und Frömmigkeit, ihrer treuen Liebe und ihres Gehorsams. Er kämpfte einen harten Kampf mit sich selbst, ging endlich schweigend wieder zurück, machte sich selbst Vorwürfe, daß er sich zum Zweifel an der Treue seiner Gemahlin habe hinreißen lassen und faßte einen tiefen Groll gegen seinen Bruder, welcher ihn zu der Unbesonnenheit verleitet hatte, die ihn nach Melusinas Weissagung all sein herrliches Lebensglück kosten sollte. (...)

Als aber der Sonntagmorgen anbrach, kam Melusina wie gewöhnlich zu ihm ins Schlafgemach, heiter und unbefangen, entkleidete sich und war wieder ganz ein natürlich schönes Weib. Sie legte sich und umfing ihn mit liebreicher Zärtlichkeit, und indem sie merkte, daß er ganz kalt und vor Leid und Unmut krank war, redete sie ihn an: »Was ist dir, Raimund, mein allerliebster Gemahl! Bist du krank, so offenbare dich mir, daß ich mit Gottes Hilfe dir Beistand leisten kann!«

Melusina kannte gar wohl die Ursache seines Leidens, hatte aber ein inniges Mitleid mit ihm, weil sie ebenfalls wußte, wie schweres Leid er um sein Unrecht trage und daß er an niemand das Geheimnis verraten, welches er zu seinem eigenen Schaden aufgedeckt hatte. (...)

So verstrich die Zeit und heilte die Wunden. Raimund war glücklich, daß Melusina seinen Treuebruch anscheinend nicht bemerkt oder ihm verziehen hatte.

Jedoch eines Tages brachte ein Bote die Nachricht, daß ihr Sohn ›Geoffroy mit dem Zahne‹ das Kloster Malliers samt seinem Bruder und den anderen Mönchen aufs gräßlichste verbrannt und ausgerottet habe. Die Grausamkeit dieses Brudermordes erboste Raimund so sehr, daß er den eigenen Sohn als Strafe umzubringen gedachte. Er ritt aus, um ihn zu finden, jedoch vergebens. Er kehrte nach Lusinia zurück, verwünschte seinen Sohn und kehrte seinen Zorn gegen sich selbst und sein gutes Weib Melusina (...)

Er richtete sich auf und blickte sein frommes Weib mit grimmigen Augen an, worauf er die unglücklichen Worte ausstieß: »Siehe, welchen trefflichen Anfang es mit deinem Geschlechte genommen, und so wird es nun fortgehen mir zu Schand und Gram. Weh, daß ich solche Brut mit dir gezeugt habe, denn du, du selbst bist nichts anderes als ein schändlicher, scheußlicher Wurm, eine böse, giftige Schlange!«

Als Raimund diese Worte entfuhren, da erbleichte Melusina und sank, ohne nur einen Schrei auszustoßen, zu Boden. Ihre Frauen sprangen eilend herbei und suchten sie wieder ins Leben zurückzubringen. Nach langem fruchtlosen Bemühen gelang es endlich.

Melusina richtete sich, auf ihre Dienerinnen gestützt, auf, und sprach, gegen Raimund gewendet, mit leise klagender Stimme: »Wehe, Raimund, was hast du getan! Ach, warum hast du uns beide in Elend und Verderben gestürzet! Wehe mir, daß ich jemals an deinen holden Gebärden Wohlgefallen gefunden! Wehe mir, daß ich am Durstbrunnen dich getroffen! Wehe mir, daß ich je liebend dich umfangen habe! Nun muß ich als ein unglückliches Gespenst hausen in diesem Leibe bis zum Tage des Gerichts!

Du und alle unsre Nachkommen bis in die fernsten Geschlechter, ihr alle sollt aber wissen, daß, sooft ihr eine Klage in der Luft über dem Schlosse Lusinia vernehmet und meine Gestalt über dem Schlosse dahinschweben sehet, sooft wird das Schloß einen andern Herrn bekommen, und so lange, als man mich zuweilen in der Nähe des Durstbrunnens erblicket, wird das Schloß Lusinia, welches ich zu meines Namens Gedächtnis erbauet, bestehen, denn ich will es schirmen und bewachen, so lange, als es mir von Gott vergönnt wird.« (...)

Sieh, indem sie diese letzten Worte redete, sanken ihre Gewänder von ihr hernieder, und nur ein langer weißer Schleier umflatterte sie und trug sie wie Fittiche durch das Fenster, fort in die Luft, und zugleich verwandelte sich von den Hüften abwärts ihr Körper in einen unheimlichen Wurm, worüber alle, die es sahen, in einen Schrei des Erstaunens ausbrachen. Hoch in der Luft umfuhr sie das Schloß dreimal und stieß jedesmal ein herzzerreißendes Wehgeschrei aus; darnach aber verschwand sie. (...) (Volksbuchfassung von 1838, gekürzt)

Das außergewöhnliche Bild des auf ewig verdammten Schlangenweibes, das um das Schloss fliegt, ist auch in einer schwäbischen Sage auf eindrückliche Weise gestaltet. Hier wird deutlich, dass die Schlange bzw. der Drache in allen vier Elementen zu Hause ist – dem Wasser, der Erde, dem Feuer und der Luft.

Die Schlangenfrau vom Oselberg

Zwischen Dinkelsbühl und Hahnkamm liegt der sogenannte Oselberg, über den man nicht leicht zu Fuß oder zu Wagen kommen kann, weil er sehr hoch ist. Will man nun von einem Orte zum andern reisen, so muß man um diesen Berg herumgehen; und daher kommt das Sprichwort, das man zu einem seltsamen Menschen sagt: »Ich mein', es irre dich der Oselberg.«

Auf diesem Berg stand ehemals ein Schloß, das entweder von den Hunnen oder von den Reichsstädten zerstört worden ist. In dem Schlosse lebte eine Jungfrau, von der sagt man, daß sie mit den Mauern zu Grunde gegangen und umgekommen sei, zuvor aber mit ihrem Vater in seinem Witwenstande den Haushalt geführt und die Schlüssel zu allen Gemächern gehabt habe. Nach diesem kam ein Geschrei aus: ihre Seele schwebe um die Schloßmauer herum und lasse sich alle Quartal, am Sonntag, nachts mit einem Schlüsselbund am Gürtel in jungfräulichem Anzuge sehen. Dagegen sagen alte Bauern aus der Gegend, sie hätten von ihren Vätern gehört, daß diese Jungfrau eines heidnischen Mannes Tochter gewesen und in eine große erschreckliche Schlange mit jungfräulichem Haupt und Brust verwandelt worden sei und gewöhnlich an den vier Quartalen des Jahrs in dieser Gestalt mit einem Schlüsselbund am Halse sich habe sehen lassen. (Schwäbische Sage)

»Die Rache der schönen Melusine« ist eine Sage aus dem Schwarzwald, eine Variante der alten Stauffenbergsage, die auch den Erzählkern zu de la Motte-Fouqués »Undine« bildet. Die »Sage vom Stauffenberger«, die bereits von Paracelsus in seinem Werk »Liber de Nymphis« angeführt wird, ist aus dem 14. Jahrhundert überliefert und berichtet von einem Ritter Stauffenberg, der die Wasserfrau heimlich heiratet, mit der Bedingung, er dürfe niemandem von ihrer geheimen Verbindung erzählen und niemals eine andere Frau als sie heiraten. Sie kann auf Grund ihrer Zauberkräfte immer bei ihm sein und sie leben glücklich, bis der Ritter – da man nichts von seiner geheimen Heirat weiß – zu einer öffentlichen Verbindung mit einer adligen Dame gezwungen wird und dabei den Tod findet durch das geheimnisvoll-schaurige Erscheinen ihres weißen Fußes im Dachgestühl. Das Motiv war auch in der Romantik beliebt: 1806 veröffentlichte Achim von Arnim in »Des Knaben Wunderhorn« sieben Romanzen mit dem Titel »Ritter Peter von Stauffenberg und die Meerfeye«.

Außerdem gehört diese Volkserzählung zu der weit verbreiteten Sage vom »Schlangenkuss«, in der sich eine erlösungsbedürftige Jungfrau in einen Furcht erregenden Drachen oder eine Schlange verwandelt, deren Erlösung jedoch in der Regel misslingt. Melusinen plätschern – zum Entsetzen ihrer Liebhaber – für gewöhnlich mit ihrem Drachenschwanz im Wasser – diese eigenwillige Variante aus dem Schwarzwald lässt die Melusine im Stollenwald im Gebüsch wohnen und in der Erde versinken. Die Melusine weist sich hier als »Himmels-Stollen-Tochter« aus, das will heißen, sie ist sowohl der Erde als dem Himmel zugehörig, also eine jenseitige, numinose Gestalt. Die Bereiche »Erde«, »Wasser« und »Schlange/Drache« stehen auch hier in engem motivlichen Zusammenhang. Dass Drachen und Schlangen uralte Schatzhüter sind, haben wir an anderen Texten bereits aufgezeigt.

Die Rache der schönen Melusine

Im Durbacher Tal sieht man im großen Stollenwald die Trümmer einer alten Burg. Am Eingang des Tales aber erhebt sich links das Schloß Staufenberg.

Einst wohnte auf der alten Burg ein Amtmann zu Staufenberg. Sein Sohn Sebald liebte den Vogelfang. Im Herbst ging er oftmals an den Fuß des großen Stollenwaldes, um Meisen zu kloben. Da hörte er einmal vom Berge herab so lieblich singen, daß er hinaufging, um zu sehen, was es wäre.

Auf dem Gipfel des Stollenwaldes erblickte er in einem Gebüsch ein wunderschönes Weib. Das sagte zu ihm: »Erbarme dich meiner und erlöse mich! Ich bin verwünscht und harre deiner seit langer Zeit. Erhöre meine Bitte. Du brauchst mich nur dreimal dreifach zu küssen, dann bin ich erlöst!«

Sebald fragte sie, wer sie denn sei.

Sie gab zur Antwort: »Ich bin die Himmels-Stollen-Tochter und heiße Melusine. Ich habe einen großen Brautschatz, und wenn du mich erlöst, so bin ich und der Schatz dir eigen. Du mußt mich nur drei Morgen nacheinander um neun Uhr in der Frühe auf beide Wangen und auf den Mund küssen, dann ist die Erlösung vollbracht. Du darfst dich aber nicht fürchten, besonders nicht am dritten Tag.«

Melusine trat nun ganz aus dem Busch hervor. Sebald konnte sie genau betrachten. Sie war wunderschön, blond, hatte blaue Augen und ein schönes Angesicht. Aber an ihren Händen hatte sie keine Finger, sondern eine trichterartige Höhlung und statt der Füße einen Schlangenschwanz. Sebald gab ihr die ersten drei Küsse. Darüber war Melusine froh und bat ihn, am zweiten und dritten Tag zur rechten Zeit wiederzukommen. Sie kroch in den Busch zurück und sang:

»Komm und erlöse deine Braut, hüte dich wohl, zu erschrecken, Sebald, nimm dich wohl in acht! Einmal war es recht gemacht.«

Dann versank sie rasch in die Erde, und Sebald ging heim.

Am andern Tag kam er zur rechten Stunde wieder in den Stollenwald und hörte sie schon von weitem auf der Höhe singen. Dieses Mal hatte sie jedoch Flügel und einen Drachenschweif. Trotzdem nahte er sich ihr ohne Furcht und gab ihr die anderen drei Küsse. Sie sang ihm wieder dankbar zu wie am ersten Tag und bat ihn, am dritten Tag wiederzukommen. Darauf verschwand sie abermals in der Erde.

Sebald konnte die Nacht kaum schlafen. Früh ging er wieder in den Stollenwald und hörte ihr Lied wie an den vorigen Tagen. Aber dieses Mal hatte sie einen scheußlichen Krötenkopf, und ein Drachenschwanz umschlang furchtbar ihren Leib. Da grauste es Sebald vor der giftigen Gestalt, und er rief ihr zu: »Kannst du dein Menschenantlitz nicht entblößen, so kann ich dich nicht küssen!«

»Nein«, rief Melusine und streckte mit einem lauten Schrei ihre Arme nach ihm aus. Voller Angst sprang Sebald den Berg hinab. Gerade schlug es neun Uhr, als er atemlos in der Burg bei seinem Vater ankam. Diesem erzählte er, was ihm begegnet war. Sein Vater aber hat ihn wegen seiner Furchtsamkeit sehr gescholten.

Zwei Jahre vergingen. Sebald kam nicht mehr in den Stollenwald, dachte aber wohl manchmal daran, daß er die Melusine betrogen hatte. Doch weiter kümmerte er sich nicht.

Als nun der Vater seinen Dienst an seinen Sohn abtreten wollte, sah er sich nach einer Frau für den Jüngling um und fand sie in der Tochter eines Amtsvogtes. Bald fand die Hochzeit im Schlosse Staufenberg statt. Die Hochzeitsgäste saßen recht fröhlich am Tische, als auf einmal die Decke des Saales einen Spalt bekam. Darauf fiel ein Tropfen herab gerade in Sebalds Teller. Sebald aber hatte davon nichts bemerkt. Als er dann ahnungslos von der Speise in seinem Teller aß, sank er plötzlich tot vom Stuhl. Zur gleichen Zeit sah man, wie ein kleiner Drachenschweif sich in die Decke zurückzog.

So hat die schöne Melusine sich gerächt, weil Sebald ihre Hoffnung auf Erlösung betrogen hatte. Der Vater aber ließ die Geschichte zum ewigen Andenken aufschreiben. In Stein gehauen ist sie auf Schloß Staufenberg bis auf den heutigen Tag zu sehen.
(Sage aus dem Schwarzwald)

IV. Der Drache/die Schlange – Ein Symbol für Dämonie und Chaos

1. Drachenkampf und Welterschaffungsmythos

Der Drachenkampf ist eines der ältesten nachweisbaren Erzählmotive. Die ersten Erzählungen vom Drachentöter waren mit Sicherheit keine Märchen, sondern Vorzeitmythen. Der Drachenkampf gehörte generell zu allen kosmologischen und mythologischen Dichtungen in den ostmittelmeerischen und asiatischen Hochkulturen und auch zu der ältesten bekannten Zivilisation im Alten Orient. (Siehe Teil I)

In dem schottischen Märchen »Assipattle und der Meister Lindwurm« mischen sich Elemente aus der nordischen Mythologie und aus den Drachenkampfmärchen. Vielleicht ist das Märchen gewandert, oder es schlagen sich hier die Spuren der Wikinger im Volkserzählgut der von diesen eroberten Länder, z.B. England und Schottland, nieder. (Dort fanden im 8. und 9. Jahrhundert vielfältige Eroberungszüge der Wikinger statt.) Das Volksmärchen »Assipattle und der Meister Lindwurm« erzählt von Assipattle, einem männlichen Aschenputtel, der, in der Asche liegend, von allen verachtet wird, dem es aber dennoch gelingt, den ungeheueren Lindwurm, der das ganze Land bedroht und dem jede Woche sieben Jungfrauen geopfert werden müssen, zu besiegen, indem er in den Schlund des Ungeheuers mit einem kleinen Boot hineinfährt und dessen Leber anzündet, so dass der Lindwurm verbrennt. Bis hierher handelt es sich um das klassische Drachentötermärchen, das in einer Art nordischem Welterschaffungsmythos endet: aus dem riesigen brennenden Drachenkörper, der das gesamte Weltmeer aufpeitscht und dessen Zunge bis zum Mond geschleudert wird, entstehen Land und neues Meer: Dänemark, Schweden, Norwegen, die Shetland-, die Färöer- und die Orkney-Inseln.

Deutlich klingt hier der nordische Mythos von der Erschaffung der Welt aus den Gliedern des Urriesen *Ymir* an. Ist »Oddie« in unserem Märchen der germanische Gott Odin? Er ist hier der Besitzer eines Schwertes, mit dem er seine Feinde, die Riesen, auf die andere Seite der Welt treibt. Das Bild des »Meisters Lindwurm«, also des größten und ersten Meeresdrachens, der mit seinem giftigen Atem alles Leben auf der Erde zerstören kann und vor dem die Menschen zittern, erinnert ebenso an die mächtige *Midgardschlange*, die, löste sie die Umschlingung der Welt, den Weltuntergang herbeiführen könnte.

(...) Nun geschah es, daß in jenem Teil des Landes unheilvolle Kunde eintraf. Es hieß, der große Lindwurm nähere sich dem Lande. Und diese Nachricht ließ selbst die kühnsten Herzen unruhig schlagen. Und wahrhaftig, der große Lindwurm kam und reckte sein Haupt gegen die Küste. Er riß seinen gräulichen Rachen auf und gähnte schrecklich, und wie er das Maul wieder schloß, schlugen seine Kiefer mit solchem Krachen zusammen, daß Erde und Meer erbebten. Und das tat er, um zu zeigen, er werde das Land verschlingen, wenn man ihm nichts zu fressen gebe.

Dieser Lindwurm war der größte und erste, der Vater von allen übrigen; deshalb hieß er der Meister Lindwurm. Er konnte mit seinem giftigen Atem jede lebende Kreatur, die er anhauchte, töten und alles, was wuchs und grünte, verdorren lassen. Furcht befiel jedes Herz, und Klagen erhob sich im ganzen Land.

Nun gab es einen mächtigen Zauberer in dem Königreich, von dem sagten die Leute, daß er alle Dinge wisse. (...)

Am nächsten Tag sagte der Zauberer vor allen Männern des Things, es gäbe nur einen einzigen Weg, den großen Lindwurm zufriedenzustellen und das Land zu retten, es müßten ihm nämlich einmal in jeder Woche sieben Jungfrauen zum Fraß vorgeworfen werden. Wenn dieses Mittel nicht ausreiche, dann bliebe nur noch ein weiteres, das aber sei so furchtbar, daß es gar nicht ausgesprochen werden dürfe, es sei denn, das andere versage.

So sprach der Zauberer, und sein Rat wurde angenommen und als Gesetz verkündet. Jeden Samstag wurden sieben Mädchen gebunden und auf einen Felsen gelegt, dem Ungeheuer gerade vor die Nase. Und dann streckte es seine schreckliche Zunge heraus und schlang sie alle in seinen furchtbaren Rachen.

Nun geschah es eines Tages, daß die Leute von Leegarth auf einen Hügel stiegen, von wo sie den großen Lindwurm sehen konnten; und sie sahen, wie er seine samstägliche Mahlzeit verzehrte. Bei diesem Anblick weinten und schluchzten alle Frauen. Starke Männer stöhnten, und ihr Gesicht wurde grau wie kalte Asche. Während alle jammerten und sich besprachen, ob es keinen anderen Weg gäbe, das Land zu retten, stand Assipattle auf, ohne den Blick auch nur für einen Augenblick von dem Lindwurm abzuwenden, »Ich fürchte mich nicht«, sagte er, »ich bin bereit, mit dem Ungeheuer zu kämpfen.« Mit dem gab sein ältester Bruder ihm einen Stoß und befahl ihm, sich nach Hause zu scheren in das Aschenloch.

Assipattle aber ließ sich nicht einschüchtern und wiederholte, er werde den Lindwurm töten. (...)

Als die Sonne über den Bergen heraufkam, setzte Assipattle sein Segel und steuerte auf das Haupt des Lindwurms zu.

Das Scheusal lag vor ihm wie ein ungeheuer hoher Berg, seine Augen glühten und sprühten wie ein Leuchtfeuer. Sein Leib erstreckte sich über die halbe Welt. Seine furchtbare Zunge war Hunderte von Metern lang und konnte ganze Städte, Bäume und Berge ins Meer fegen. Die schreckliche Zunge war gespalten, und mit den beiden Spitzen packte es seine Beute, zerdrückte die größten Schiffe wie Eierschalen und zerknackte die Mauern der größten Burgen wie Nüsse. Aber Assipattle hatte keine Furcht. (...)

Assipattle ruderte, so nahe er konnte, von der Seite zu des Lindwurms Maul hin, und beim zweiten Gähnen wurde sein Boot von der einwärts stürzenden Flutwelle mitgerissen und in den finsteren Schlund des Scheusals hinuntergespült. Der Schlund war oben und an den Seiten von einem phosphoreszierenden Überzug bedeckt, der ein schwaches silbriges Licht in der Höhlung verbreitete. Weiter und weiter, tiefer und tiefer hinunter fuhr Assipattle ein langes Stück Wegs, er steuerte sein Boot in der Mitte des Stromes, bis das Wasser seichter wurde und der Mast sich mit der Spitze oben in der Wandung verfing und der Kiel auf dem Grund festsaß.

Da sprang Assipattle heraus. Den Topf in der Hand, watete und rannte er vorwärts, bis er zu der ungeheuren Leber des Scheusals kam. Er zog sein Messer und schnitt ein Loch in die Leber und schob seinen glimmenden Torf in das Loch. Er blies den Torf an, bis er dachte, seine Lippen müßten zerspringen. Der Torf fing an aufzuflammen, die Flamme ergriff das Öl der Leber, und es gab ein mächtiges Feuer. Da lief Assipattle zu seinem Boot zurück, und wie nun der Lindwurm die Hitze des Feuers spürte, fing er an, furchtbare Fluten aus seinem Magen zu speien. Eine von ihnen erfaßte das Boot, zerbrach den Mast und warf Boot und Mann heil und trocken an Land.

Der König und seine Leute zogen sich auf einen hohen Hügel zurück, wo sie sicher waren vor den Fluten, die das Ungeheuer von sich gab, und vor den schrecklichen Feuer- und Rauchstößen, die ihm hochkamen. Es war ein grauenvoller Anblick. Hinter den Flutwellen brachen aus dem Maul des Untiers große Rauchwolken hervor, so schwarz wie Pech.

Als das Feuer in ihm größer wurde, streckte es seine schreckliche Zunge heraus und schwenkte sie hin und her. Es schleuderte seine Zunge hinauf und umklammerte ein Horn des Mondes mit den gegabelten Enden, und als die Gabel am Horn des Mondes abglitt und wieder herabstürzte, spaltete sie die Erde und schuf ein großes Stück Meer, wo vorher trocknes Land gewesen war. Das ist das Meer, das noch jetzt Dänemark von Schweden und Norwegen trennt. An dem Ende dieses Meeres sind zwei große Meerbuchten, die von den beiden Spitzen der gegabelten Zunge des Lindwurms herrühren.

Darauf zog der Lindwurrn seine lange Zunge ein, und wie er sich nun wand und ringelte, geriet die ganze Welt in Aufruhr. Schließlich zog er sich langsam zu einem riesenhaften Klumpen zusammen, und dabei peinigte ihn das Feuer in seinem Innern so sehr, daß er sein Haupt zu den Wolken aufwarf und es sogleich wieder ins Meer fallen ließ, mit einer Gewalt, die die ganze Welt erschütterte. Einmal sprangen ihm von der Wucht des Niederstürzens eine Menge Zähne aus dem Maul, und diese bildeten die Orkney-Inseln. Noch mehr Zähne verstreute das Untier ins Meer, und aus diesen wurden die Shetland-Inseln. Und zum drittenmal flogen Zähne heraus und wurden die Faröer-Inseln. Darauf rollte sich der Lindwurm zu einem großen Klumpen zusammen – und dieser Klumpen wurde Island. Und dann starb der Lindwurm. Aber noch brennt das Feuer unter der Insel, und dieses Feuer ist es, das die feuerspeienden Berge in Island speist. (...)
(Schottisches Märchen)

Exkurs: Schlangen-/Drachensymbolik in der skandinavischen Kunst im Zeitalter der Wikinger (800–1100)

Das Schlangen-/Drachenmotiv ist als wesentlicher Bestandteil der mittelalterlichen Kunst Skandinaviens – des Zeitalters der Wikinger – allgegenwärtig. Schlangen und Drachen verzieren Schwerter und Beile, Kessel und Schalen, Schmuck und Möbel. Insbesondere bilden sie das zentrale Motiv der ornamentalen Schnitzkunst an den alten Stabkirchen und den Wikingerschiffen, auch »Dra-

Stabkirche von Gol (Norwegen). Dach mit Drachenköpfen (Foto: Uwe Stamer)

chenschiffe« genannt, die auch als Begräbnisstätten der Wikinger verwendet wurden.

Die Häufigkeit und Ausschließlichkeit dieses Motives deutet auf seine *tiefe Symbolkraft* hin, die sich aus der frühen Wikingerzeit bis hinein in die ersten Jahrhunderte der Christianisierung erhalten hat. Auf den Holzdächern der alten Stabkirchen recken sich Drachenköpfe steil empor, aus deren Schlünden sich züngelnde Schlangen winden; geifernd scheinen sie die bösen Dämonen und Geister vertreiben zu wollen – sind es Abbilder der mythischen Midgardschlange »Jörmungand«, die sich emporbäumt und aus deren »klaffendem Rachen Gift und Geifer fließen«? (Siehe Seite 19, »Drachen und Schlangen in der nordischen Mythologie«)

»Schlangen und Drachen gelten weltweit als Symbole von Schutz und Abwehr« (siehe Teil I), ja als Hüter unermesslicher Schätze: hüten sie hier den neuen christlichen Gott, dessen Altar im geheimnisvollen Dämmerdunkel der Stabkirchen verehrt wurde?

Mit Feuer und Schwert wurden die Nordmänner christianisiert, und so wohnten die alten Götter und Dämonen noch lange nahe dem unbekannten neuen Gott: die hohen Schwellen und schmalen Türen der Stabkirchen sollten die bösen Geister und Dämonen davon abhalten, in den heiligen Innenraum einzudringen.

Auch die kunstvoll und reich geschnitzten Eingangsportale der Stabkirchen bilden ein unüberwindliches »Bollwerk« gegen alle alten bösen Mächte:

Das Westportal der Stabkirche von Hopperstad (in Vik am Sognefjord, 12. Jahrhundert), das zu den schönsten Holzschnitzereien des Mittelalters in Norwegen gehört (siehe Bildtafel XV, Abb. 21), zeigt mehrfach in sich verschlungene Drachen- und Schlangenkörper, die aufgerissenen Rachen beißen immer wieder in die Drachenleiber und bilden so ein kunstvolles Geflecht von undurchdringlicher Dichte. Im Detail sind ein Drachen zu sehen, der sich kopfüber in die Portalöffnung stürzt, und zwei Drachen, die ihn von oben überfallen und von jeder Seite in ihn hineinbeißen. Weiterhin gibt es lauter kleine Drachen, die zusammen mit den großen Drachenkörpern in das Rankenwerk eingeflochten sind.

Das Nordportal im Chor zeigt zwei Drachen, die die Köpfe zurückwerfen und sich selbst in den Hals beißen – über dem Portal entstehen zwei magische Schlangenringe. Diese im buchstäblichen Sinne »endlosen« Schlangenkörper, die sich immer wieder zum Kreis schließen, erinnern an das mythische Bild der Midgardschlange aus der nordischen Sagenwelt, die mit ihrem ringförmigen Schlangenkörper – sie beißt sich in den eigenen Schwanz – die ganze Welt zusammenhält.

Der nordische Mythos weiß davon, dass der Weltuntergang, die Götterdämmerung, das Versinken der Welt im Chaos (norwegisch: ragnarokk = Weltuntergang, schwedisch: ragnarök = Endgeschehen, dänisch: ragnarok = Schicksalsspruch), nicht eintreten wird, solange die Midgardschlange ihren Körper im Kreis bändigt.

So hat die Drachenschlange an den alten Stabkirchen nicht nur Abwehr- und Schutzfunktion, sondern sie ist ein altes mythisches Lebenssymbol, das im frühen Christentum Skandinaviens noch sehr lebendig war.

Eines der schönsten Wikingerschiffe, das *»Oseberg-Schiff«*, aus der Begräbnisstätte einer Wikingerkönigin (zu sehen im Wikinger-Museum in Oslo), weist die feinsten Holzschnitzereien jener Zeit an seinem geschwungenen Schiffsbug auf: die Zentralmotive des breiten Ornamentbandes, das sich am Schiffsbug hinaufzieht, sind wiederum stilisierte Schlangen, deren Köpfe und Schwänze kunstvoll ineinander verflochten sind. Der Schiffsbug schwingt sich in anmutiger Leichtigkeit in die Höhe und endet in einem eleganten Schnörkel – bei genauem Hinsehen erkennen wir den geschuppten schmalen Körper und Kopf einer Schlange, die sich aufrollt!

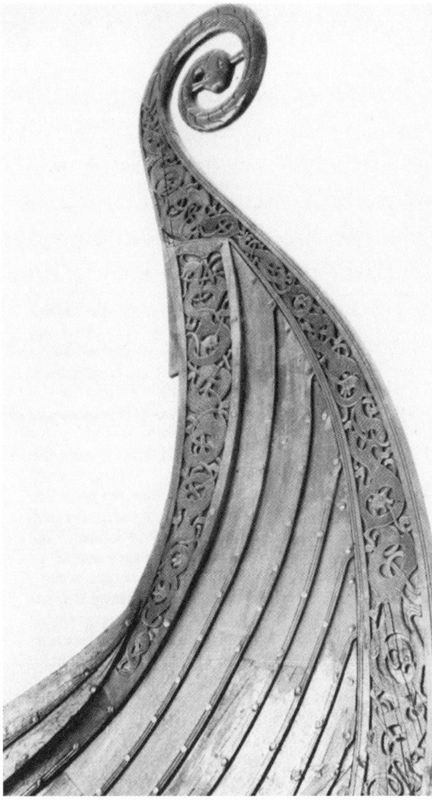

Oseberg-Schiff, Oslo. Wikingermuseum

Die Midgardschlange, die sich durchs Weltenmeer wälzt, galt den Wikingern als Schutz und Abwehr auf ihren zahlreichen Entdeckungs- und Eroberungsfahrten über die Weltmeere. (siehe Bildtafel XVI, Abb. 23)

Im gleichen Grab dieser Wikingerkönigin befand sich ein reichgeschnitzter *Begräbniswagen*, der Szenen aus der nordischen Mythologie darstellt, umrandet von dem immer wiederkehrenden Motiv der ineinanderverschlungenen Drachenschlangen, die sich gegenseitig in die Leiber beißen (siehe Bildtafel XV, Abb. 22).

Die aufgrund ihrer feinen Schnitzkunst berühmtesten Fundstücke aus diesem Grab sind vier *DrachenUngeheuer-Köpfe*, die möglicherweise die Pfosten eines Möbelstückes darstellten. Der riesige Kopf, dessen Rachen weit aufgerissen ist (siehe Bildtafel XVI, Abb. 24), zeigt wieder die bereits zum ornamentalen Stil verfeinerte Schlangensymbolik.

In stilisierter Form taucht das Schlangenmotiv als Schriftband auf Grab- und Gedächtnissteinen von Wikingern auf, die in Runenschrift z.B. davon berichten, wie viel Steuergelder nach der Eroberung Englands gezahlt werden mussten. Auch ein byzantinischer Heerführer ließ sich auf »Schlangenband« im Stein verewigen.

2. Europäische Drachentötermärchen

In der heroischen Dichtung des Mittelalters, der sog. Heldenepik, stellt der *Drachenkampf* – unter dem Einfluss christlicher Drachentöter-Legenden und der durch die Kreuzzüge vermittelten orientalischen Überlieferungen – das zentrale Motiv des mittelalterlichen Heldenlebens dar. »Der Drachenkampf gehört zum typischen Modell einer heroischen Biographie: In der Epoche um 1200 musste jeder Held wenigstens einen Drachen erschlagen haben. Drachentöter in diesem Sinne sind u.a. ... Lanzelot, Tristan, Iwein, Heinrich der Löwe, ... Wolfdietrich, Siegmund, Siegfried.« (Lutz Röhrich) (Siehe Seite 19ff)

Drachenkampf-Schilderungen der mittelhochdeutschen Epik zeigen jedoch ähnliche Motive wie das Märchen und sind von einer gleichbleibenden Szenerie: Den übermächtigen, Feuer und Gift speienden Drachen zu erschlagen, wird zum Inbegriff heldischer *Ruhmestat.*

Die Errettung der Jungfrau aus der Macht des Drachen »sublimiert die Heldentat zugleich zur Werbungs- und Liebesgeschichte. Das Drachenkampfmotiv wird zur beliebtesten Freierprobe« (Lutz Röhrich). Mit der Befreiung der Jungfrau wird häufig der Erwerb eines Goldschatzes oder die Rettung eines Landes vor dem Verderben verbunden.

Der *Drachenkampf* und die Figur des *Drachentöters* gehören zu den am weitesten verbreiteten Erzählmotiven des europäischen Volksmärchens. (Vor allem die Märchentypen Aa Th 300sqq.) Alle volkstümlichen Drachentötermotive sind in der Welt des Mythos und in der heroischen Dichtung des Mittelalters bereits vorgebildet, und so lässt sich insbesondere an dem Drachenkampf aufzeigen, dass die Volksmärchen auf den alten Mythen und der Heldensage aufbauen.

»Es ist evident, dass eine Reihe von charakteristischen Motiven die Drachentöter-Erzählungen des Märchens mit denen der heroischen Epik verbindet. Dies wird deutlich z.B. im Motiv der *tierischen Helfer* (in AaTh. 300), besonders aber im Motiv der *ausgeschnittenen Drachenzunge* als Legitimation des Helden gegenüber dem sich die heroische Tat anmaßenden Betrüger.« (Lutz Röhrich)

Röhrich führt dieses *Zungenmotiv* auf archaische Glaubensvorstellungen und Jagdzauberbräuche bzw. auf den möglichen Rest eines Jagdopfers zurück und hält dieses für so allgemein, dass es vermutlich zum Grundbestand der Drachentötermärchen gehört. (Das Motiv taucht auch schon in der Antike auf, z.B. tötet Herakles einen Meeresdrachen, indem er ihm die Zunge herausschneidet [Vasenbild aus dem 6. Jh. v. Chr.]).

Dieses Zungenmotiv, das in *»Wolfdietrichs Drachenkampf und dem Motiv vom falschen Helden«* (siehe Seite 38f) als zentrale Episode beschrieben wird, findet sich ebenso als wesentliches Element in den europäischen Drachenkampfmärchen. Exemplarisch ist diese Drachenkampfszenerie im »Zweibrüdermärchen« der Brüder Grimm dargestellt, obwohl der Drachenkampf in dem langen komplexen Märchen nur eine kurze Episode einnimmt.

Die zwei Brüder

(...) Der Jüngste aber kam mit seinen Tieren in eine Stadt, die war ganz mit schwarzem Flor überzogen. Er ging in ein Wirtshaus und fragte den Wirt, ob er nicht seine Tiere herbergen könnte. Der Wirt gab ihnen einen Stall, wo in der Wand ein Loch war: da kroch der Hase hinaus und holte sich ein Kohlhaupt, und der Fuchs holte sich ein Huhn, und als er das gefressen hatte, auch den Hahn dazu; der Wolf aber, der Bär und der Löwe, weil sie zu groß waren, konnten nicht hinaus. Da ließ sie der Wirt hinbringen, wo eben eine Kuh auf dem Rasen lag, daß sie sich satt fraßen. Und als der Jäger für seine Tiere gesorgt hatte, fragte er erst den Wirt, warum die Stadt so mit Trauerflor ausgehängt wäre. Sprach der Wirt: »Weil morgen unseres Königs einziges Töchterchen sterben wird.«

Fragte der Jäger: »Ist sie sterbenskrank?« »Nein«, antwortete der Wirt, »sie ist frisch und gesund, aber sie muß doch sterben.« »Wie geht das zu?«, fragte der Jäger. »Draußen vor der Stadt ist ein hoher Berg, darauf wohnt ein Drache, der muß alle Jahre eine reine Jungfrau haben, sonst verwüstet er das ganze Land. Nun sind schon alle Jungfrauen hingegeben und ist niemand mehr übrig als die Königstochter, dennoch ist keine Gnade, sie muß ihm überliefert werden; und das soll morgen geschehen.« Sprach der Jäger: »Warum wird der Drache nicht getötet?« »Ach«, antwortete der Wirt, »so viele Ritter haben's versucht, aber allesamt ihr Leben eingebüßt; der König hat dem, der den Drachen besiegt, seine Tochter zur Frau versprochen, und er soll auch nach seinem Tode das Reich erben.«

Der Jäger sagte dazu weiter nichts, aber am andern Morgen nahm er seine Tiere und stieg mit ihnen auf den Drachenberg. Da stand oben eine kleine Kirche, und auf dem Altar standen drei gefüllte Becher, und dabei war die Schrift: »Wer die Becher austrinkt, wird der stärkste Mann auf Erden und wird das Schwert führen, das vor der Türschwelle vergraben liegt.« Der Jäger trank da nicht, ging hinaus und suchte das Schwert in der Erde, vermochte aber nicht, es von der Stelle zu bewegen. Da ging er hin und trank die Becher aus und war nun stark genug, das Schwert aufzunehmen, und seine Hand konnte es ganz leicht führen. Als die Stunde kam, wo die Jungfrau dem Drachen sollte ausgeliefert werden, begleitete sie der König, der Marschall und die Hofleute hinaus. Sie sah von weitem den Jäger oben auf dem Drachenberg und meinte, der Drache stände da und erwartete sie, und wollte nicht hinaufgehen, endlich aber, weil die ganze Stadt sonst wäre verloren gewesen, mußte sie den schweren Gang tun. Der König und die Hofleute kehrten voll großer Trauer heim, des Königs Marschall aber sollte stehenbleiben und aus der Ferne alles mit ansehen.

Als die Königstöchter oben auf den Berg kam, stand da nicht der Drache, sondern der junge Jäger, der sprach ihr Trost ein und sagte, er wollte sie retten, führte sie in die Kirche und verschloß sie darin. Gar nicht lange, so kam mit großem Gebraus der siebenköpfige Drache dahergefahren. Als er den Jäger erblickte, verwunderte er sich und sprach: »Was hast du hier auf dem Berge zu schaffen?« Der Jäger antwortete: »Ich will mit dir kämpfen.« Sprach der Drache: »So mancher Rittersmann hat hier sein Leben gelassen, mit dir will ich auch fertig werden«, und atmete Feuer aus sieben Rachen. Das Feuer sollte das trockne Gras anzünden, und der Jäger sollte in der Glut und dem Dampf ersticken, aber die Tiere kamen herbeigelaufen und traten das Feuer aus. Da fuhr der Drache gegen den Jäger, aber er schwang sein Schwert, daß es in der Luft sang, und schlug ihm drei Köpfe ab. Da ward der Drache erst recht wütend, erhob sich in die Luft, spie die Feuerflammen über den Jäger aus und wollte sich auf ihn stürzen, aber der Jäger zückte nochmals sein Schwert und hieb ihm wieder drei Köpfe ab. Das Untier ward matt und sank nieder und wollte doch wieder auf den Jäger los, aber er schlug ihm mit der letzten Kraft den Schweif ab, und weil er nicht mehr kämpfen konnte, rief er seine Tiere herbei, die zerrissen es in Stücke. Als der Kampf zu Ende war, schloß der Jäger die Kirche auf und fand die Königstochter auf der Erde liegen, weil ihr die Sinne vor Angst und Schrecken während des Streites vergangen waren. Er trug sie heraus, und als sie wieder zu sich selbst kam und die Augen aufschlug, zeigte er ihr den zerrissenen Drachen und sagte ihr, daß sie nun erlöst wäre. Sie freute sich und sprach: »Nun wirst du mein liebster Gemahl werden, denn mein Vater hat mich demjenigen versprochen, der den Drachen tötet.« Darauf hing sie ihr Halsband von Korallen ab und verteilte es unter die Tiere, um sie zu belohnen, und der Löwe erhielt das goldene Schlößchen davon. Ihr Taschentuch aber, in dem ihr Name stand, schenkte sie dem Jäger, der ging hin und schnitt aus den sieben Drachenköpfen die Zungen aus, wickelte sie in das Tuch und verwahrte sie wohl.

Als das geschehen war, weil er von dem Feuer und dem Kampf so matt und müde war, sprach er zur Jungfrau: »Wir sind beide so matt und müde, wir wollen ein wenig schlafen.« Da sagte sie ja, und sie ließen sich auf die Erde nieder, und der Jäger sprach zu dem Löwen: »Du sollst wachen, damit uns niemand im Schlaf überfällt«, und beide schliefen ein. (…)
(Märchen der Brüder Grimm)

Im Mittelpunkt des Märchengeschehens steht das *Menschenopfer*, das dem Drachen gebracht werden muss, die periodische Opferung einer Jungfrau – wenn andernfalls nicht der Drache das ganze Land verwüsten soll. (Möglicherweise haben solche Erzählungen einen realgeschichtlichen Hintergrund und beziehen sich auf historische Opferrituale). Der Drachentöter wird zum doppelten Helden: er rettet die Jungfrau und das ganze Land. Das Heroische der Tat wird durch das überaus Grässliche und Gefährliche des Drachen – der zum Inbegriff des Zerstörerischen und Bösen geworden ist – noch gesteigert: Ein riesiger gepanzerter Drache mit einer Vielzahl – zumeist sieben – Feuer speienden Köpfen, glühenden Augen, feurigen Rachen, aus denen giftiger Rauch und heißer Atem quillt, fordert den Helden zum Kampf heraus – zunächst ein aussichtsloses Unternehmen! Kaum schlägt er ihm einen Kopf ab, wächst wie durch Zauberkraft ein neuer grässlicher Kopf nach. (Die Vorstellung von der siebenköpfigen Drachenschlange ist uralt, schon Herakles kämpft gegen die siebenköpfige Hydra.)

Ohne die *hilfreichen Tiere* könnte der Märchenheld seine Tat nicht vollenden: Diese reißen den Drachen in Stücke. Der Freier hat die Probe bestanden, die Prinzessin scheint ihm sicher zu sein. Nun folgt das Motiv vom *»falschen Helden«*: Dieser gibt sich als Drachentöter aus, tötet den wahren Helden und begehrt die Prinzessin zur Frau. Wieder helfen die Tiere: Der Hase kennt eine Wunderwurzel, die Tote zum Leben erweckt, der Held – wieder geboren – zieht aus, um die Prinzessin vom »falschen Helden« zu befreien. Die Drachenzungen beweisen seine Heldentat: »Als ich müde von dem Kampf geruht und geschlafen habe, da ist der

Marschall gekommen und hat mir den Kopf abgehauen. Dann hat er die Königstochter fortgetragen und vorgegeben, er sei es gewesen, der den Drachen getötet habe; und dass er gelogen hat, beweise ich mit den Zungen, dem Tuch und dem Halsband.«

Ein wichtiges Detail sollte beachtet werden: Vor dem beginnenden Drachenkampf hat der Drachentöter die Prinzessin »in der *Kirche*« verschlossen, in der sie zitternd auf ihre Erlösung harrt. Dieser Ort ist nicht von ungefähr gewählt, denn die Kirche ist hier bereits zum Bollwerk gegen die dämonischen und tödlichen Kräfte des Drachen geworden. Von hier aus ist es nicht mehr weit bis zur Legende des Heiligen Georg, des berühmtesten christlichen Drachenkämpfers, der als Heiliger das Böse in Gestalt des Drachen besiegt.

3. Die Heiligenlegenden vom Drachentöter und ihr Einfluss auf die Drachentötermärchen

Von der feuerspeienden Schlange

Ein Ritter ritt einst auf die Jagd. Da kam ihm von ungefähr ein alter Mann entgegen und bat den edlen Herrn um eine Gabe. Dieser gab willig ein Goldstück und wurde von dem armen Greis mit Segenswünschen überhäuft. Dann sprach der alte Mann:

»Euch stehen Abenteuer bevor, und zu Eurem Schutze gebe ich Euch einen Fuchs mit. Den entsendet im Augenblick der höchsten Gefahr, und er wird Euch retten.«

Dann pfiff der Alte, und in mächtigen Sprüngen kam ein grauer Fuchs herbei und schmiegte sich schmeichelnd an den Ritter. Dieser nahm das gute Tier auf den Arm, schwang sich auf sein Roß und ritt von dannen, dem Alten, der mit entblößtem Haupte dastand, Grüße zuwinkend.

Gegen Abend kam der Jüngling vor eine dunkle Höhle, stieg vom Pferd, band dasselbe an eine Tanne, rief den Fuchs, der ihm wie ein Hund folgte. Kaum hatte er aber einige Schritte getan, so wich er erschrocken zurück, denn vor ihm stand in kurzer Entfernung eine furchtbare Feuerschlange, größer und scheußlicher als der scheußlichste Drache. Der Ritter warf zwar mit aller Macht den Speer in den offenen Schlund des feuerspeienden Ungeheuers, aber der eiserne Speer zerschellte wie ein schwacher Stab. Ströme von Flammen ausgießend, ringelte sich die Schlange in die Höhe und wollte sich auf den Ritter werfen, um ihn zu zermalmen, als dieser den Fuchs enteilen ließ. Darob machte die Schlange eine Bewegung nach rückwärts. Diesen Augenblick benutzte der Ritter, tat einen raschen Sprung, deckte sich mit dem Schilde und stieß, den Namen Gottes anrufend, sein zweischneidiges breites Schlachtschwert in das Herz der Schlange, daß dieselbe lautlos zusammenbrach.

Da kam das Füchslein wieder, lobte den Ritter für seine mannhafte Tat und lud ihn ein, noch das Letzte zu tun und die Königstochter mit ihren neunundneunzig Jungfrauen zu retten, die die Schlange bewachte und die von ihr getötet werden sollten.

Der junge Held besann sich nicht lange und folgte dem Fuchs, sich an seinem Schwanze haltend, durch dunkle Gänge, bis er in einen goldenen, blitzenden Saal kam, wo die schönste Königstochter, von neunundneunzig Edeljungfrauen umringt, bebenden Herzens ihres entsetzlichen

Schicksals harrte. Aber statt der vernichtenden Schlange kam ein stattlicher Jüngling in vornehmem Kleide, der den edlen Jungfrauen die Freiheit brachte.

Da bot ihm die Königstochter ihre Hand, er ward ihr Gemahl, und sie genossen der schönsten Tage, und wenn sie nicht gestorben sind, so leben sie noch.
(Märchen aus Graubünden)

Der Ritter und Drachentöter des Schweizer Märchens »Von der Feuer speienden Schlange« gleicht auch einem heiligen Drachentöter: Er kann den Drachen nur erlegen, indem er, »den *Namen Gottes* anrufend«, das Schwert in das Herz des Drachen stößt, dabei bedeckt er sich selbst mit seinem Schilde.

Die Nennung des Namens hat im Märchen immer magische Wirkung, sie bannt das Böse. So verliert durch die Nennung des Namens Gottes der Drache seine dämonische Macht: Der Drache – als das Sinnbild des Bösen – wird vom Drachenkämpfer, der hier im Märchen die Funktion eines heiligen Gegenspielers einnimmt, besiegt.

Die christliche Tradition kennt den Drachenkampf hauptsächlich aus der Ikonographie der *Georgslegende*. Eine noch größere Verbreitung fand allerdings die Gestalt des *Heiligen Michaels*; er galt schon seit der karolingisch-ottonischen Zeit in der deutschen Kunst als der bekannteste Bekämpfer des höllischen Drachen. In der Beschreibung der Drachenkampfszene dieses Märchens erkennen wir die Bilderfolge des Drachenkampfes des Heiligen Michaels, wie sie die christliche Ikonographie darstellt:

»Er tötet den Drachen mit dem Schwert und hält den Schild am linken Arm; er durchsticht ihn mit der Lanze und steht zugleich auf ihm in der Geste des Triumphators. Der heilige Georg dagegen ist fast immer der ritterliche Drachenkämpfer zu Pferde.« (Lutz Röhrich)
Der berühmteste Drachenkämpfer der Legende ist der *Heilige Georg*. Wahrscheinlich bildet der *Erzengel Michael* als apokalyptischer Drachenkämpfer das Vorbild für die Gestalt des Heiligen Georgs. In der Offenbarung des Johannes (Kap. 12,1-9) wird ein »himmlischer« Drachenkampf in visionären Bildern dargestellt: Der »große Drache« wird samt seinen Engeln – dieser Drache war also ursprünglich ein himmlischer Drache! – vom Erzengel Michael und dessen Engelsgefolge aus dem Himmel hinabgestürzt. Dieser Text hat im Wesentlichen das christliche Symbolverständnis der Gestalt des Drachen geprägt. Die biblische Formulierung macht es deutlich: Der Drache *ist* der Teufel, die Verkörperung des Bösen.

»Darauf sah man am Himmel eine gewaltige Erscheinung: Es war eine Frau, die war mit der Sonne bekleidet, hatte den Mond unter ihren Füßen und trug auf dem Kopf eine Krone von zwölf Sternen. Sie stand kurz vor der Geburt, und die Wehen ließen sie vor Schmerz aufschreien.

Dann zeigte sich am Himmel eine andere Erscheinung: ein großer roter Drache mit sieben Köpfen und zehn Hörnern. Jeder Kopf trug eine Krone. Mit seinem Schwanz fegte er ein Drittel der Sterne vom Himmel und schleuderte sie auf die Erde. Er stand vor der Frau, die ihr Kind bekommen sollte, und wollte es verschlingen, sobald es geboren war. Die Frau brachte einen Sohn zur Welt, der alle Völker der Erde mit eisernem Zepter regieren sollte. Das Kind wurde sofort nach der Geburt weggeholt und zum Thron Gottes gebracht. Die Frau aber flüchtete in die Wüste; dort hatte Gott einen Zufluchtsort vorbereitet, an dem sie zwölfhundertsechzig Tage lang versorgt werden sollte. Dann brach im Himmel ein Krieg aus. Michael kämpfte mit seinen Engeln gegen den Drachen. Der Drache schlug mit seinen Engeln zurück; aber er wurde besiegt. Er und seine Engel durften nicht länger im Himmel bleiben. Der große Drache wurde hinuntergestürzt! Er ist die alte Schlange, die auch Teufel oder Satan genannt wird und die ganze Welt verführt. Mit allen seinen Engeln wurde er auf die Erde hinuntergestürzt.«
(Offenbarung des Johannes, Kap. 12,1-9, »Die Gute Nachricht«) (siehe Bildtafel XVII, Abb. 25)

Seit dem 12. Jahrhundert kennt die byzantinische Kunst Darstellungen des Heiligen Georgs. Insbesondere die Kreuzfahrer haben zur raschen Verbreitung der Legende über ganz Europa beigetragen. Sie erzählt, dass ein Drache Vieh und Menschen und dazu noch die Königstochter zum Opfer begehrte. Sankt Georg aber kämpfte im Zeichen des Kreuzes gegen das Drachen-Ungeheuer und konnte als siegreicher Drachentöter allen das Leben retten. Im späten Mittelalter trug die Legende auch zur Bildung neuer Sagen und Märchen bei, indem die Volksphantasie, angeregt durch die bildliche Darstellung des Drachenkampfgeschehens in den dem Heiligen Georg geweihten Kirchen und Kapellen, neue sagenhafte Drachentötergeschichten erfand. Durch den intensiven Austausch der Bildsymbole und Inhalte zwischen Legende, Volksmärchen und Sage ist zu erklären, dass die Gestalt des Drachen im Volksmärchen mit weitgehend negativen Begriffen wie »teuflisch«, »dämonisch«, »böse« besetzt ist. Die Darstellungen des Heiligen Georg in Kirchen, Kapellen und an Brunnen sind nicht nur in Deutschland und Europa sehr zahlreich, sondern selbst im weit entfernten Äthiopien stoßen wir auf den Sankt Georg, der die höllische Drachenschlange tötet. (siehe Bildtafel XVIII, Abb. 26)

Der Drachentöter des Märchens ist also häufig mit der Gestalt des heiligen Drachentöters identisch, z.B. mit der Gestalt des Heiligen Michael bzw. des Heiligen Georg, d.h. die Drachenymbolik ist ganz von der mittelalterlichen christlich-kirchlichen Weltsicht geprägt. Die Volksüberlieferung – Volksmärchen und Sagen – mischt sich mit den Drachentöter-Legenden. Die katholische Kirche kennt sechzig verschiedene Drachentöter-Heilige, die allesamt den Drachen als Verkörperung des Bösen mit göttlicher Hilfe auf wunderbare Weise töten.

Eine solche Durchdringung der Märchen mit christlichen Heiligenlegenden ist bei vielen europäischen Drachentöter-Märchen festzustellen. Die vielschichtige Figur des Drachen, der in anderen Kulturräumen eben auch die *positiven* Begriffe – wie Verwandlung und ewige Verjüngung, Schöpferkraft und Fruchtbarkeit,

Glück und Reichtum, Schutz und Abwehr, Weisheit und Prophetie, Ewigkeit und Göttlichkeit – versinnbildlichen kann (wie an anderer Stelle aufgezeigt wurde), wird hier einseitig auf den *negativen* Symbolcharakter der Dämonie, der Vernichtung und des Todes eingeengt.

4. Satansdrachen und Höllenrachen

Die christlich-kirchliche Tradition hat im Drachen jahrhundertelang das Bild des *Teufels* und der Mächte des Bösen gesehen. (Bei der Ausbildung dieser Vorstellung spielte die Gestalt des Leviathan im Buch Hiob – Kap. 40,25-41,26 – und der Drache der Apokalypse, wie wir oben gezeigt haben, eine wesentliche Rolle.)

Häufig wird in der christlichen Kunst bei Darstellungen des Jüngsten Gerichts *die Hölle als Drachenschlund* gestaltet und Christus, der Tod und Hölle überwunden hat, als Drachentöter.

Insbesondere in der Bretagne, dem Land der Calvaires (Steinaltäre, die die Kreuzigung Christi figurenreich abbilden), entdecken wir solche aus Stein gehauenen *Höllen-Drachen*: Der zweitgrößte Calvaire der Bretagne in Guimiliau (1581-88), der mehr als zweihundert Steinfiguren in fünfundzwanzig pittoresken Szenen aus dem Alten und Neuen Testament zeigt, stellt u.a. die legendäre Geschichte der Katel Golet dar, die, nackt und vollbusig, von wüsten Teufeln in den höllischen Drachenschlund getrieben wird.

Taufstein in Freudenstadt

In Pleyben (Finistère, 1650) entdecken wir ebenfalls einen riesigen feurigen Drachenschlund, der gerade mehrere Menschen verschlingt.

Im Christentum ist die Schlange das Symbol des Satans, dem der Menschensohn den Kopf zertreten wird. In vielen Kirchenliedern wird darauf Bezug genommen, so in dem bekannten Weihnachtslied von Paul Gerhard:

»Jakobs Stern ist aufgegangen/stillt das sehnliche Verlangen/ bricht den Kopf der alten Schlangen/und zerstört der Höllen Reich.« (EG 39,5)

Religionsphänomenologisch stellt die christliche Taufe einen Ritus dar, der die Erlösung, die Neuschöpfung

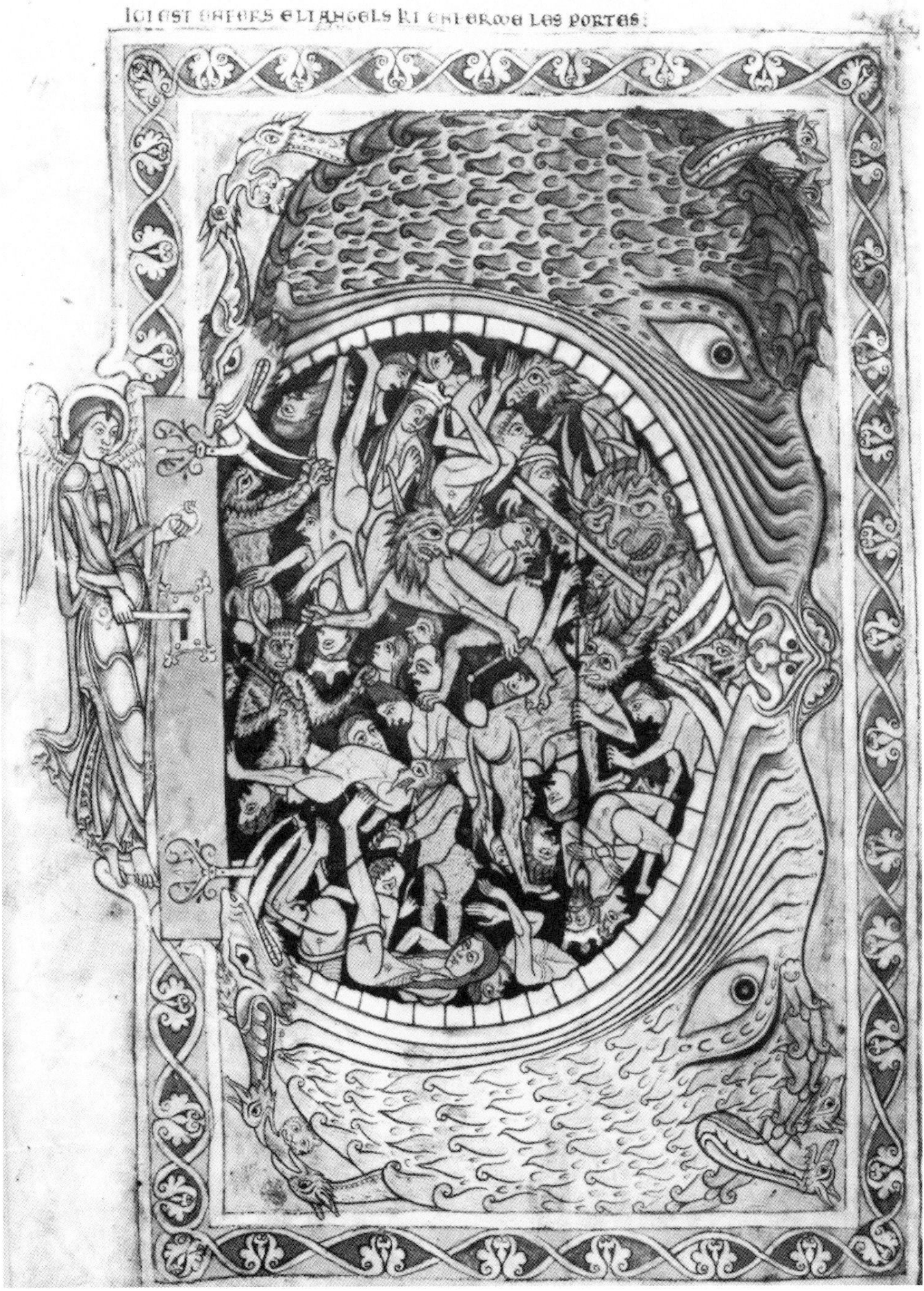

The Mouth of Hell. Winchester Psalter, 1150

Drachenschlund, der Menschen verschlingt

und die Überwindung von Tod und Chaos symbolisiert, das Taufwasser ist mythisches »Lebenswasser«. An alten romanischen Taufbecken, vor allem in deren unteren Zonen, sind häufig Fabelwesen und Drachen als Symbole der durch die Taufe ausgetriebenen dämonischen Mächte abgebildet.

So wurde im Mittelhochdeutschen der Teufel auch »slange«, »hellewurm«, »helletrache« oder »lintwurm« genannt. Noch Luther stellt die Bezeichnungen »Teufel«, »Schlange« und »Drache« gleichwertig nebeneinander. An den Kapitellen der romanischen Kirchen finden wir häufig diese Szenerie thematisiert:

Dass der Drache nicht nur Phantasie- und Symbolbild für das Böse ist, sondern im Mittelalter auch geglaubte Wirklichkeit war, zeigen die mittelalterlichen Bestiarien. Der »Physiologus« stellt den Drachen häufig als Feind verschiedener Tiere und als Teufel, der von Christus besiegt wird, dar.

So ist es nicht verwunderlich, dass auch im *Märchen* der *Drache als Teufel* erscheint: In dem Grimmschen Märchen »Der Teufel und seine Großmutter« kommen drei arme Soldaten in solche Not, dass sie einen für sieben Jahre gültigen Teufelspakt schließen. Der Teufel erscheint als fliegender, feuriger Drache, der sie mit seinen Klauen packt und durch die Luft entführt.

Der Drachen-Teufel wird aber zum »geprellten Teufel«: die drei Soldaten führen keinen blutigen Drachenkampf, sondern erledigen den Drachen-Teufel durch List. Dadurch gewinnen sie den »Drachenhort« – das Zauberpeitschchen des Teufels schlägt Geld in Hülle und Fülle aus der Erde hervor:

(…) Indem kam ein feuriger Drache durch die Luft geflogen, der senkte sich zu ihnen herab und fragte sie, warum sie sich da versteckt hätten. Sie antworteten: »Wir sind drei Soldaten und sind ausgerissen, weil unser Sold gering war; nun müssen wir hier Hungers sterben, wenn wir liegenbleiben, oder wir müssen am Galgen baumeln, wenn wir herausgehen.« »Wollt ihr mir sieben Jahre dienen«, sagte der Drache, »so will ich euch mitten durchs Heer führen, daß euch niemand erwischen soll.« »Wir haben keine Wahl und müssen's annehmen«, antworteten sie. Da packte sie der Drache in seine Klauen, führte sie durch die Luft über das Heer hinweg und setzte sie weit davon wieder auf die Erde; der Drache war aber niemand als der Teufel. Er gab ihnen ein kleines Peitschchen und sprach: »Peitscht und knallt ihr damit, so wird so viel Geld vor euch herumspringen, als ihr verlangt: ihr könnt dann wie große Herren leben, Pferde halten und in Wagen fahren; nach Verlauf der sieben Jahre aber seid ihr mein eigen.« (…)

Der Mensch in der Gewalt teuflischer Mächte, Chauvigny, St. Pierre, Kapitell, 12. Jahrh.

Insgesamt ist der Drachenkampf im europäischen Volksmärchen auf wenige Motive beschränkt und nicht so komplex und vielschichtig wie die gigantischen Drachenkampferzählungen des Heldenepos und der Urzeitmythen. Drachenkampfmärchen sind zumeist Brautwerbermärchen und in ihrer Drachensymbolik sehr einseitig auf das Dämonische begrenzt, da sie stark von der mittelalterlichen christlich-kirchlichen Weltsicht geprägt sind. Aus den mächtigen antiken Göttern und Heroen, aus Helden und Rittern als Drachenkämpfern sind Jäger (»Die zwei Brüder«, s.o.) oder Schneider und Diebe (»Die vier kunstreichen Brüder«, Brüder Grimm) geworden, die sich im Handwerk des Drachentötens üben.

5. Der gebändigte Drachen – ein weibliches Gegenstück zum männlichen Drachentöter

Der Drachenkampf in Mythos und Volksmärchen ist nicht zuletzt ein Ausdruck martialischer, männlich-heroischer Weltsicht in einer patriarchalisch geprägten Gesellschaft. Das Ziel ist: Macht zu gewinnen durch Gewaltanwendung und Tötung. Die Frau ist Opfer des Drachen, Trophäe des Drachentöters. Das Böse, das mit dem Drachen getötet werden soll, wächst immer wieder nach wie die unzähligen Köpfe des Drachenuntiers. Denken wir die Symbolik zu Ende: Das Böse ist in Wirklichkeit nicht mit Gewalt zu besiegen, es steht mit blutiger Realität immer wieder auf – es muss gebändigt werden.

Eva und der Drache, Steinplastik Reims, Musée du Tau

Auch frühere Zeiten konnten sich ein anderes Verhältnis zum Drachen denken: Eine mittelalterliche Steinplastik in Reims (Musée du Tau) zeigt eine außerordentliche Darstellung einer *»Eva mit dem Drachen«*. Mit festem Griff hält sie den gezähmten Drachen fest – er ist an ihrer Brust sozusagen zum Zwergdrachen geschrumpft. Sein aufgerissener Rachen zeugt aber noch deutlich von seinen gefährlichen Eigenschaften, die sie jedoch zu beherrschen weiß, das zeigt Evas entschlossener Gesichtsausdruck. Ein Kunstwerk, das zum Nachdenken anregt – offensichtlich gab es auch im Mittelalter noch andere Möglichkeiten, einen Drachen zu besiegen, als den martialischen Drachenkampf!

Die Legenden erzählen auch von *weiblichen Drachenheiligen*: Sie konnten den Drachen besänftigen, lenken und damit – besiegen. Sie stachen nicht mit Schwert und Lanze blutrünstig auf den Drachen ein, sondern zähmten ihn mit dem geweihten Kruzifix, mit Gebet oder Kreuzeszeichen.

Marina (Margareta) von Antiochien sollte unter Folter ihrem Glauben abschwören. Sie wurde in den Kerker geworfen, wo ihr ein Drache erschien, aus dessen Nüstern Feuer kam und der sie verschlang. Sie aber betete, und das Kreuzzeichen, das sie in ihm schlug, zerriss sein Innerstes und schlitzte seinen Drachenkörper auf, sodass sie siegreich aus dem Leib des Ungeheuers steigen konnte. (siehe Bildtafel XIX, Abb. 27)

Eine andere Heilige war die *Heilige Martha*, welche die schreckliche Drächin »Tarasque« überwunden haben soll, nach der die Stadt Tarascon (Provence) benannt ist. Auch hier mischen sich Volksmärchen und Legende: Die Heilige wird zur Märchenheldin, die auf wunderbare Weise das Drachenungeheuer, das vom Leviathan abstammen soll, mit dem heiligen Zeichen des Kreuzes besiegt und, ohne es zu töten, mit ihrem Gürtel in die Stadt führt.

Auch hier scheint ein geheimer Zusammenhang zwischen dem Prinzip des Weiblichen und der Schlange zu bestehen: das Weibliche zähmt die Schlange, sie hält sie in ihren Händen, sie führt sie. Niemals tötet die Frau die Schlange. Wir erinnern an die Großen Göttinnen der Alten Kulturen und der Antike – die Schlange war ihr göttliches Wahrzeichen, die Verkörperung des schöpferischen Elements, der allumfassenden Weisheit. Die Dämonisierung der Schlange, des Drachen – und dies zeigen die Drachenkampf-Märchen besonders deutlich – ist also ein Prozess, der vom männlichen Prinzip ausgeht.

Das Ungeheuer Tarasque

Vor langer, langer Zeit, als die Rhone noch ungestüm dahinfloß und gewaltige Wälder ihre Ufer säumten, geschah es, daß eines Tages ein riesiges Ungeheuer dem Meere entstieg und die Rhone zu seinem neuen Reich machte. Es war eine Drächin, halb Landtier, halb Fisch, größer und stärker als zwölf Elefanten, mit Zähnen wie Schwerter und mit einer Haut wie von Eisen. Sie war die Brut des Leviathan, des grausamen Meeresdrachen, und der schrecklichen Riesenschlange Onachus und sie hieß Tarasque.

Wohin das Untier kam, verbreitete sich Angst und Schrecken. Es flohen vor ihm die Fische und die Vögel und alle Tiere und Menschen. Wenn das Ungeheuer Wasser trank und wieder ausspie, so zerbarsten die Schiffe und es ertranken die Fährleute. Mit einem einzigen Hieb ihrer riesigen Pranken konnte die Tarasque Häuser zusammenstürzen lassen und mit ihrem Atem alles ringsum in ein Flammenmeer verwandeln.

Kühn und tapfer waren die Söhne der Provence, und so mancher wagte den Kampf gegen das Ungeheuer. Doch keinem gelang es, die Tarasque zu besiegen, und sie verloren alle ihr junges Leben.

Sieben Jahre schon wütete das Untier, verheerte das Land und brachte Not, Tod und Unglück über die Menschen. Da sah eines Tages ein Schäfer die Drachenhaut im Sonnenlicht glänzen und er glaubte nicht anders, als daß die Tarasque tot sei. Es war aber nur ihre abgestreifte Haut, die am Boden lag, denn die Drächin mußte sich alle sieben Jahre gleich einer Schlange häuten.

Weitere sieben Jahre zogen ins Land, und die Menschen litten mehr denn je unter der Grausamkeit der Tarasque, denn sie riß alle Brücken ein und tötete jeden, der von einem Ufer der Rhone zum andern wollte. So mußten die Menschen voneinander getrennt leben, und es war des Jammerns und des Klagens kein Ende.

Endlich beschlossen sie, das Ungeheuer mit Hilfe einer List zu besiegen: Unweit der Stadt Avignon nämlich war ein tiefer, tiefer Sumpf, und wer da hineingeriet, der war für immer verloren. Dorthin wollten sie die Drächin locken. Also banden sie auf dem Wege zu jenem Sumpf Pferde, Schafe, Ochsen und Ziegen an Bäumen fest. In der Tat folgte das Ungeheuer dieser Fährte mit den leichten Beutetieren. Aber als die Tarasque den Sumpf erreichte, geschah etwas Seltsames: Die Tarasque achtete nicht auf ihr letztes dargebotenes Opfer, einen jungen Stier, sondern brüllte dreimal donnernd, daß die Erde erzitterte, drehte sich um und ging geradewegs zur Rhone zurück. Den enttäuschten und verwunderten Menschen blieb nur noch die Flucht übrig. Der tiefe Sumpf nämlich war ein Ort des Teufels, und auch die Tarasque war ein Satansgeschöpf, und so konnte er ihr nichts anhaben.

Noch weitere peinvolle sieben Jahre folgten diesem Ereignis.

Da gelangte eines Tages die Heilige Martha in jene Gegend, in der das Ungeheuer hauste. Sie kam vor die Tore von Jarnegues, und weil die Bewohner jener herrlichen Stadt schon viel von ihren Wundertaten gehört hatten, fielen sie vor ihr auf die Knie und baten, sie von dem Ungeheuer zu befreien.

Da machte sich Martha auf und ging in die Wälder am Ufer der Rhone. Sie ging ganz allein, barfuß und weißgewandet und sie hatte keine Waffe zu ihrem Schutze bei sich als ein Krüglein mit Weihwasser.

Endlich fand sie das Ungeheuer. Als dieses die Jungfrau gewahrte, brüllte es vor Freude über das neue Opfer und bewegte sich auf Martha zu. Sie aber erhob ihre Hände und formte das Zeichen des Kreuzes. Da brach die Gewalt der Tarasque, so wie die wilde Brandung sich an felsigen Gestaden bricht. Noch einmal erhob Martha ihre Hände und besprengte das Haupt der Drächin mit Weihwasser. Da wurde diese sanft wie ein Lamm. Martha band ihr ihren blauen Gürtel um den Hals und führte sie mit sich, gleich wie man ein Pferd am Halfter führt.

So ging die schöne Jungfrau mit dem Untier auf die Stadt Jarnegues zu. Die Tore waren weit geöffnet, und groß war der Jubel des Volkes. Groß war aber auch der Zorn der Menschen über die Tarasque, die so viel Unglück und Leid über sie gebracht hatte. So töteten sie die Drächin mit Lanzen und Steinen. Wenngleich Martha darüber bittere Tränen vergoß, so verzieh sie doch den Bewohnern von Jarnegues, die ihr zu Ehren eine Kirche errichteten und ihre Stadt von nun an Tarascon nannten.

(Märchen aus Südfrankreich)

V. Die Schlange, die Göttin und der Lebensbaum

1. Heilige Bäume in den alten Kulturen

Der Baum spielt in den religiösen Vorstellungen, in Mythen und Märchen vieler Kulturen und Völker eine zentrale Rolle, da er aufgrund seiner Größe und Gestalt – seine Zweige reichen hinauf in den Himmel, seine Wurzeln hinab in die untere Welt –, seines hohen Alters und seiner üppigen Fruchtbarkeit das sinnfällige und naturgegebene Symbol für die jährliche Erneuerung der Vegetation, für Leben (Frühjahr) und Tod (Winter) im Sinne einer zyklischen Wiederkehr des Lebens darstellt. So finden sich in vielen Völkern mythische Erzählungen vom »Lebens-« und »Himmelsbaum«, der das menschliche Leben in seiner Ganzheit von Leben und Tod, von Hell und Dunkel versinnbildlicht: Die in den Himmel ragenden Äste entsprechen den Wurzeln, die tief ins Erdreich wachsen. In den Mythen stützen solche Bäume den Himmel, sie sind Mittler zwischen diesem und der Erde. So ist der Baum auch zugleich Symbol für den ganzen Kosmos. Der »Weltenbaum« erscheint in den Mythen Indiens, des Nahen Ostens, Afrikas u.a. als umgekehrt wachsender Baum, also im Himmel wurzelnd und die Äste zur Erde hin ausbreitend.

Bäume galten als heilig und waren Gottheiten geweiht. Der fruchttragende Baum war meist den Fruchtbarkeitskulten der großen Erdmutter-Göttin zugeordnet. Alles, was der Erde als pflanzliches Leben entspross, spiegelte die schöpferische Tätigkeit der Göttin. Der Baum des Lebens und die Göttin sind eins. Darstellungen von *heiligen Baum- und Vegetationskulten* kennen wir aus den ältesten Kulturen Europas und des Vorderen Orients.

In Hagar Qim (*Malta*, ca. 3000-2500 v.Chr.) hat man in dem aus riesigen Felsblöcken erbauten, einer Erdgöttin geweihten Tempelkomplex einen Altar mit vier Schauseiten gefunden, in den auf allen vier Seiten reliefartig eine deutlich erkennbare Pflanze bzw. ein Baum eingemeißelt ist, der aus einem Gefäß herauswächst. (siehe Bildtafel XX, Abb. 28) Die geheimnisvollen Vegetationskulte galten in Malta wahrscheinlich einer Erdgöttin – man hat dort ausschließlich weibliche Kult-Statuetten gefunden.

Auch mit Kybele, der phrygischen Göttin, ist ein ausgeprägter Baumkult überliefert. Sie wird häufig als Baum, als Pinie, verehrt, aus ihren Früchten soll ihr Heros entstanden sein. Tod und Wiederkehr des Gottes Attis wurden später noch in Rom durch einen Baum symbolisiert, eine Pinie oder Tanne aus dem Kybelewald. (Volkstümliche Baumbräuche, wie wir sie z.B. vom Maibaum oder dem Weihnachtsbaum her kennen, sind letzte Reste solcher uralten Baumrituale.)

Im alten *Ägypten* war die Maulbeerfeige Wohnort der Göttinnen Isis, Nut und Hathor. Baum und Göttin sind zu einer untrennbaren Einheit verschmolzen, da-

Ägyptische Baumgöttin (Privatarchiv Brunner)

von geben zahlreiche Grabmalereien ein beredtes Zeugnis: z.B. zeigt eine ägyptische Grabmalerei um 1250 (Grab Thutmosis III.) die Göttin Isis in Gestalt eines Baumes, wie sie den jungen König Thutmosis III. mit ihrer Brust ernährt und ihm damit Anteil an der Göttlichkeit spendet.

Eine ägyptische Vase zeigt Isis als Schöpfergöttin mit der Schlange und dem Lebensbaum. Den Sockel zieren eine Schlange und ein Halbmond, Symbole der Unsterblichkeit. (s. S. 255) Die Unterweltsgöttin Gula-Bau galt als eine der Hauptgottheiten des *akkadischen und babylonischen Volkes,* sie wurde auch als Korngöttin angebetet (sie kann als Vorläuferin der griechischen Göttinnen Demeter und Persephone angesehen werden) und als Lebensspenderin und Heilerin verehrt. (nach B. Johnson, S. 198)

Ein chaldäischer Siegelzylinder (etwa 2500 v.Chr.) zeigt, wie Gula-Bau (Inanna) und ihr gehörnter Geliebter Dumuzi rechts und links neben einer Dattelpalme sitzen. Beide strecken die Hand verlangend nach den Früchten des Baumes aus, dahinter ringeln sich schützend zwei Schlangen.

Diese »Bildgeschichte« beleuchtet eine andere Facette des Genesismythos aus dem Mittleren Osten, der den Aufzeichnungen der älteren biblischen Urgeschichte (Gen. 2,4bff.) vorausging: Die Schlange ist hier noch das Hoheitszeichen der Göttin und ihres Geliebten Dumuzi – der Baum, der im Mittelpunkt des Geschehens steht, spendet seine begehrenswerten Früchte ohne Einschränkung. Sind es die

Schlange-Göttin und Baum. Chaldäischer Siegelzylinder

Die Schlange der Lebensbaum und Isis, Ägyptische Vase

Früchte der Erkenntnis, der Weisheit, der Unsterblichkeit? Hierbei ist interessant, dass auch Dumuzi im Inanna-Mythos als Apfelbaum verehrt wird. (vgl. Zingsem, Göttinnen, S. 23 ff.)

Anders als in der biblischen Schöpfungsgeschichte besteht hier ein unmittelbarer Zusammenhang zwischen der Göttin und dem Lebensbaum, der von den sich emporwindenden Schlangen bewacht wird. Die Früchte vom Lebensbaum (Dattelbaum?), der gleichzeitig auch die Achse des Kosmos darstellt, können als Symbole der Fruchtbarkeit, welche den ewigen Kreislauf des Lebens sichern, aufgefasst werden. (siehe auch Seite 263ff: Der Paradiesbaum, Eva und die Schlange)

Im »Gesang des Eridu«, einer der ältesten religiösen Dichtungen, wird der *heilige Baum* besungen, das »Haus der mächtigen Mutter, die über den Himmel hingeht«. In der Mitte davon ist Tammuz, der Grüne, Sohn und Gefährte der jungfräulichen Mondmutter Ishtar. (Eridu war vermutlich eine Niederlassung der Chaldäer am Persischen Golf.)

»Seine weiße kristallne Wurzel (oder Frucht) reichte in die Tiefe.
Sein Stamm war der Mittelpunkt der Erde;
Sein Laub war das Lager von Zikum, der Ur-Mutter.
In das Herz des heiligen Hauses, das seinen Schatten
ausbreitet wie ein Wald,
Ist kein Mensch eingetreten.
Dort ist das Haus der mächtigen Mutter,
die über den Himmel hingeht.
In der Mitte davon war Tammuz.«
(Frederik Hetmann, S.17)

Die *sumerische* Weiße Göttin Belili oder Beltis war Schutzherrin aller Bäume, besonders der Weide. Auf einem Relief aus Nimrud, Assyrien (884 v. Chr.) erscheint sie in Gestalt zweier geflügelter Wesen, die den Baum des Lebens segnen.

Ein ähnlicher Motivkomplex ist auf einem *syrischen* Rollsiegel zu erkennen: Die nackte Göttin vor einem stilisierten Baum, der von zwei drachenähnlichen Tieren bewacht wird, bildet den Mittelpunkt der Darstellung, daneben eine männliche Gestalt, die von mehreren Tieren umgeben ist.

Archäologen haben in einem unbeschädigt gebliebenen königlichen Grab des *minoischen Kreta* auf dem Berg Phourni einen Goldschatz entdeckt (um 2500 v. Chr.), der u.a. einen ungewöhnlichen Goldring enthielt, welcher eine *Göttin* in Ausübung eines Rituals an einem *heiligen Baum* darstellt. (R. Bryans, S. 70)

Der »Ring des Nestor« (aus einem »Bienenkorbgrab« bei Pylos, Griechenland, aus der Zeit 1550-1500 v. Chr.) zeigt einen *»Baum des ewigen Lebens«* mit der *minoischen Göttin* im Zusammenhang mit menschlichen und tierischen Gestalten. Der berühmte englische Altertumsforscher Sir Arthur Evans, der Ausgräber des minoischen Kreta, hat die mythische Bilderschrift des Ringes zu dekodieren und zu interpretieren versucht:

»Das Feld der Darstellung ist durch den Stamm und die sich horizontal ausstreckenden Äste eines alten, knorrigen, blattlosen Baumes in verschiedene Bereiche unterteilt. (...) Die Szenen, die seine Zweige von einander abtrennen, gehören in Wirklichkeit *nicht in die irdische Sphäre*, sondern der minoischen Nachwelt an. Es besteht eine ganz augenscheinliche Analogie zu *Yggdrasil*, der Esche von Odins Stute und dem alten skandinavischen *Baum der Welt.* Oben links: in der ersten Abteilung diese Baumes erkennt man die *minoische Göttin*, die in angeregter Unterhaltung mit ihrem Geliebten zusammensitzt, während über ihrem Kopf zwei Schmetterlinge flattern. Die symbolische Bedeutung dieser Insekten wird noch durch die Erscheinung zweier kleiner Gegenstände über ihnen betont. Sie haben Köpfe und hakenähnliche Gebilde seitwärts und lassen sich von daher als die Puppen von Schmetterlingen identifizieren. Wenn auf diese Weise zwei Lebensstadien der Schmetterlinge abgebildet werden, so verweist das auf *das Weiterleben des menschlichen Geistes nach dem Tod.* Die Schmetterlinge beziehen sich aber auch auf die beiden jugendlichen Gestalten in ihrer Nähe und

Abb. 25: *Die Flucht des apokalyptischen Weibes vor dem Drachen. Bamberger Apokalypse. Reichenau, um 1000*

Bildtafel XVII

Abb. 26: *Heiliger Georg (äthiopisch)*

Abb. 27: *Heilige Margareta besiegt den Drachen. Ende 15. Jh. Dijon, Musée Beaux Arts*

Abb. 28: *Altar mit Baumrelief, Malta*

Bildtafel XX

sind damit Symbole für deren Erfüllung mit neuem Leben. (...) Wir sehen hier, wieder vereinigt durch die *lebensspendende Macht der Göttin*, symbolisiert durch die Schmetterlinge, ein junges Paar, das durch den Tod getrennt worden ist. Dieses Treffen kann im Zusammenhang mit der Initiationsszene, die darunter abgebildet wird, als eine von nun an ewig währende Wiedervereinigung eines verheirateten Paares im Land der Seligen aufgefasst werden.

Die minoische Göttin und der Baum des ewigen Lebens

Oben rechts: in dem angrenzenden Bildfeld rechts vom Stamm sitzt der heilige Löwe der Göttin. (...) Der Löwe der Göttin bewacht das unter ihm dargestellte Reich. Der religiöse Charakter der Szene wird noch unterstrichen durch eine Ranke des ›heiligen Efeu‹, die am Baumstamm wächst. (...)

Unten links und rechts: in den unteren Bildabschnitten auf beiden Seiten des Stammes, (...) entfaltet sich eine fortlaufende Szene, die insgesamt die Prüfung jener Menschen darstellt, die die Halle der Gerechten im Gericht der Greifen betreten ... Im linken Bildteil erscheint das junge Paar wieder, das tanzend auftritt ... Zwei weitere Greifendamen (...) geleiten die Prozession zu jener Gestalt hin, die dem Gerichtshof vorsitzt. Die ist ein geflügelter Greif mit dem Federschmuck eines Pfauen, der auf einem hohen Stuhl oder Thron sitzt, hinter sich eine weibliche Person, in der wir wiederum die *Göttin* erkennen. (...)

Darunter, auf dem Hügel am Fuße des Baumes zwischen sprossenden Gräsern und Kräutern, sitzt ein hundeähnliches Ungeheuer, ein Vorläufer des Zerberus, das aber auch mit dem fürchterlichen *Drachen Nidhoger am Fuße des Baumes Yggdrasil* eine gewisse Ähnlichkeit hat.« (Sir Arthur Evans)

Auch wenn man den einzelnen Interpretationen von Evans im Detail nicht folgen möchte, zeigt diese minoische Darstellung einen tiefen symbolischen Zusammenhang zwischen einem »Baum des Lebens«, der in gewissem Sinne eine paradiesische Jenseitswelt darstellt, und der lebenschaffenden Macht einer Göttin, die über Leben und Tod und über Himmel und Erde gebietet. Ein *Drache* und andere Symboltiere der Göttin bewachen den heiligen Baum.

Rückblickend lässt sich sagen, dass die Zusammengehörigkeit von heiligem (Lebens-)Baum, Göttin und Schlange ein uraltes Bildsymbol für die zyklische Wiederkehr des Lebens, für ewige Verjüngung und Verwandlung darstellt. (siehe auch S. 140ff)

2. Der Baum in Mythos und Märchen

a) Der Paradiesbaum – ein Apfelbaum?

Der griechische Mythos erzählt von den »Äpfeln der Hesperiden«, den Früchten von dem goldenen Apfelbaum, der das Hochzeitsgeschenk der Mutter Erde an Hera war. Der hundertköpfige Drache Ladon musste für Hera die kostbaren Früchte des Baumes bewachen, indem er sich als Hüter um den Baum wand, denn Hera hatte bemerkt, dass die Töchter des Atlas die kostbaren Äpfel geplündert hatten. (s. S. 148)

In vielen frühen Kulturen ist die Vorstellung von einem Paradies bzw. einer Jenseits- und Anderswelt mit dem Bild eines Frucht- oder Obstgartens, eines »Apfellandes« verknüpft: Der sagenhafte König Arthur fuhr, um Heilung von seinem schweren Leiden zu erlangen, zur *Insel Avalon*, dem geheimnisvollen Land der Unsterblichen – es ist die »Insel der Apfelbäume«.

Auch die *Insel Emain, das gälische Elysium*, wird in der irischen Literatur als Apfelgarten geschildert:

> »Ein immerjunger Ort ist das fruchtbare Emain;
> Schön ist das Land, wo es zu finden,
> Liebling ist das Schloss vor allen anderen Schlössern.
> Üppige Apfelbäume wachsen auf diesem Boden.«
> (R. v. Ranke-Graves, Göttin, S. 299 f.)

In den alten irischen Mythen ist »Quert« der wilde Apfelbaum, einer der »sieben edlen heiligen Bäume des Hains« der Göttin. Zwei heilige Bäume werden besonders erwähnt, die zu fällen bei Todesstrafe verboten war: der Haselstrauch und der Apfelbaum. Die Dichter von Wales haben den Apfelbaum als den edelsten Baum und als den *»Baum der Unsterblichkeit«* besungen:

> »Süßer Apfelbaum, von karmesinroter Farbe,
> Der verborgen im Walde Celyddon steht ...«

Es ist der »Apfelbaum des heiligen Dickichts«, in dem die Göttin in Gestalt einer weißen Hindin Zuflucht sucht. (R. v. Ranke-Graves, Göttin, S. 299)

Die Begräbnisinsel *»Alyscamps«* an der Rhone ist nach der Göttin »Alys« benannt, etymologisch mit »alisier«, dem Elsbeerbaum, verwandt, der dem Apfelbaum ähnlich ist. R. v. Ranke-Graves stellt die These auf, dass die »Alyscamps«, die »Elysischen Felder«, die gleiche Bedeutung wie »Avalon« gehabt hätten, nämlich »Apfelhain«. Somit wäre der Apfelbaum als Paradiesbaum oder als Baum der Unsterblichkeit, der Baum, der Leben und Tod symbolisierte, schon im vorchristlichen Europa belegt.

Dem Apfel ähnlich ist der Granatapfel, Metapher für Liebe und Fruchtbarkeit, aber im griechischen Mythos auch Symbol des Todes: Persephone, Tochter der Demeter, wird von Hades zum Genuss eines Granatapfelkerns verführt und muss nun einen Teil des Jahres, den Winter über, bei dem Gott der Unterwelt bleiben. Schon in der alten Welt war der Granatapfel Symbol für das Leben und die Wiederauferstehung – ein Stechapfelgewächs mit Blütenkrönchen, das aufgrund seiner vielen Samen ein sichtbares Sinnbild der Fruchtbarkeit und des ewigen Kreislaufs des Lebens bildete.

Auch in Volksglaube und Brauchtum spielt der Apfelbaum unter allen anderen Bäumen eine besondere Rolle. Der Genuss eines Apfels oder eines Granatapfels soll Fruchtbarkeit verleihen und gehört zu vielerlei Hochzeitsbräuchen und Praktiken des Liebeszaubers. Bei Krankheit gilt der Apfel als heilend.

Der archaische Glaube, dass der Apfelbaum ein Baum der Unsterblichkeit sei, kehrt im Volksglauben in christlichem Gewand wieder: Man sagt, dass in der Christnacht die Apfelbäume manchmal blühten, ja dass man den Himmel offen sähe, wenn man sich in dieser Nacht unter einen Apfelbaum stellte.

Viele europäische Volksmärchen haben den Mythos des heiligen Baumes in seinen vielfachen Aspekten des Weltenbaumes, des Lebensbaumes, des Schicksalsbaumes weitertradiert und erzählerisch ausgestaltet. Diese Weltenbäume ragen hinein in den Himmel, der Märchenheld vermag die »himmelhohen Bäume« zu erklettern und kann dadurch Weisheit und Glück erringen. Deren Früchte, z.B. goldene Äpfel, goldene Zweiglein etc. verleihen dem Märchenhelden Reichtum, Glück und Weisheit, oft auch Unsterblichkeit.

b) Der Lebensbaum im Märchen

Im Märchen erscheint der Baum als ebenbürtiges, vitales Lebewesen neben Mensch und Tier, die Metamorphosen zwischen den Seinsstufen Mensch-Tier-Baum sind fließend: Der Baum spricht und handelt. Er ist mit göttlichen und magischen Fähigkeiten ausgestattet, sodass der Mensch bei ihm Hilfe und Schutz findet. Eine alte deutsche Eingangsformel lautet: »Vor Zeiten, da die Beume redten.«

Die Priester der griechischen Antike konnten aus dem Rauschen der Zeuseiche (Dordona) die Stimme des Gottes hören. Manche Märchen und Mythen berichten vom »Urbaum«, der Mensch und Götter gebar: Myrrha wird von den Göttern in einen Myrrhenbaum verwandelt und gebiert aus dessen Rinde den Adonis. Aus der altgermanischen Überlieferung kennen wir den Mythos der Erschaffung des ersten Menschenpaares aus einer Esche (Mann) und einer Ulme (Frau). Hesiod berichtet von der Erschaffung des dritten Menschengeschlechts aus einer Esche. Das europäische Volksmärchen kennt viele Varianten zu diesem Schöpfungsmythos: die Geburt eines schönen Mädchens aus einer Frucht, aus einem Bäumchen – und umgekehrt die Frau, die einen Zweig gebiert, der sich sodann in ein schönes Mädchen verwandelt. Im mediterranen Griechenland ist der Paradies- und Lebensbaum natürlich ein herrlicher Zitronenbaum. Es ist der Lebensbaum, der im ursprünglichen Sinne Leben schafft: In seinen prallen Früchten sind drei schöne Mädchen eingeschlossen, die herausspringen, als der Prinz diese Früchte durstig aufschneidet (»Die drei Citronen«).

Das rumänische Märchen »Der Granatapfelbaum« erzählt von einem riesigen Baum auf einem hohen Berg, dessen Gipfel hoch über den Wolken liegt, »dem Paradies näher als der Erde«. Die Früchte des Granatapfelbaumes verleihen Gesundheit: Der schwer kranke Prinz gesundet, als er von der köstlichen Frucht isst. Sie sind auch ein Symbol für Fruchtbarkeit (s.o.): das Mädchen, das beim Erklimmen des Himmelsbaumes durstig eine Frucht isst, wird dadurch schwanger.

Die Zauberkraft des Märchen-Lebensbaumes, auch menschliches Leben hervorbringen zu können, verweist auf die mythologische Vorstellung des Baumes als einer gebärenden, also weiblichen Gottheit. Dazu gehört auch die sinnfällige Fruchtbarkeit des Baumes. Der Genuss einer süßen, samtweichen, saftigen Frucht ist ein Bild der Sinnlichkeit, eine erotische Metapher. Auch im Volksglauben wird der Granatapfel aufgrund seiner vielen Kerne als ein Symbol der Fruchtbarkeit und Erotik angesehen.

c) Der Welten- und Schicksalsbaum

Der germanische *Weltenbaum Yggdrasill*, der uns aus der literarischen Überlieferung der »Edda« bekannt ist, dessen Zweige bis über den Himmel emporragen und dessen Wurzeln bis in die Unterwelt hinabreichen, neun Weltreiche umklammernd, umspannt die gesamte Welt. (s. S. 33ff)

Dieser mythische Baum galt auch als *Schicksalsbaum*: Im Dunkel der Erde, an den mächtigen Wurzeln dieses Weltenbaumes, wo gleichzeitig auch die Weisheitsquelle entspringt, wohnen die drei Göttinnen *Urd, Verdandi und Skuld,* Lenkerinnen des Lebensschicksals, die Nornen.

Auch das Märchen kennt solche Weltenbäume: In dem Märchen »Der Wunderbaum« (Siebenbürgen) braucht der Held des Märchens dreimal neun Tage, um den himmelhohen Baum zu erklettern, der drei ganze Königreiche – ein kupfernes, ein silbernes und ein goldenes – mit Städten, Palästen und Feldern umspannt. Als der Held vom Wunderbaum wieder herabsteigt, haben sich Ort und Zeit verändert. Kupfer, Silber und Gold, die wunderkräftigen Gaben des Baumes, weiß er zunächst nicht zu schätzen. Doch das kupferne, silberne und goldene Zweiglein verwandeln den Dummling in einen klugen Helden und weisen ihm den Weg zur Prinzessin auf dem Glasberg. Das Erklettern des dreistufigen Weltenbaumes findet seinen Höhepunkt in der Bezwingung des Glasberges.

Aus dem germanischen Altertum kennen wir mehrere mythische Orte, die von »glas« abgeleitet sind: »Glaesisvellir«, das Totenreich; »Glasislund«, der Glaswald, dessen Bäume goldene Blätter haben und der vor Walhall, der Totenhalle, liegt; ebenso »Glesaria«, die Bernsteininsel, die der »Apfelinsel« oder »Avalon«, im keltischen Mythos der Insel der Seligen, der Toteninsel, entspricht. Schon Jacob Grimm weist darauf hin, dass der Glasberg im Märchen ein Totenberg ist. Das Erklettern dieses Glasberges weist uns also auf die alte Vorstellung einer Seelenreise hin. So ist der »Wunderbaum« ein Weltenbaum, der Diesseitigkeit und Jenseitigkeit umfasst.

Orakelbäume waren schon in der Antike bekannt. Alexander der Große erfährt sein Schicksal, seinen frühen Tod, von weissagenden Bäumen, dem »Sonnenbaum« und dem »Mondbaum«. Auch das Märchen kennt einen solchen Schicksalsbaum: In dem rumänischen Märchen »Der Kaiser mit den drei Frauen« z.B. offenbart ein Apfelbaum das Schicksal der Menschen:

»Siehst du jenen Apfelbaum dort mitten auf der Wiese? Dreimal wachsen die Blätter an ihm, und dreimal fallen sie wieder im Winde herab. Wenn die Blätter fallen, schaue ich nach ihnen hin und weissage aus ihnen das Schicksal der Menschen. (...) Der Apfelbaum fing an zu treiben und zu sprossen, und die Blätter kamen hervor, grünten und verwelkten. Da kam ein flinker, flinker Wind, ein rasches Lüftchen und auf einmal brachen die Blätter ab und fielen von den Zweigen. Der Alte betrachtete sie und fand das Schicksal.«

Eine enge magische Verbindung verknüpft Mensch und Baum. Ein bei der Geburt gepflanzter Baum soll Segen bringen. Auch Volksmärchen und Sage berichten davon, dass der blühende Baum Glück und der verdorrte den Tod bedeuten. Das ostpreußische Märchen »Die Lebensbäume« weiß von dem geheimen Ort, an dem die Lebensbäume der einzelnen Menschen wachsen: »Ich weiß, wo eure Lebensbäume stehen, und will dich hinführen, du musst dir aber die Augen verbinden lassen und nie mehr den Weg finden, sonst ist es dein früher Tod.«

In dem Grimmschen Märchen »Die zwei Brüder« kündet ein Messer im Baumstamm vom Schicksal der Brüder.

»Wann ihr euch einmal trennt, so stoßt dies Messer am Scheideweg in den Baum, daran kann einer, wenn er zurückkommt, sehen, wie es seinem abwesenden Bruder ergangen ist, denn die Seite, nach welcher dieser ausgezogen ist, rostet, wenn er stirbt, solange er aber lebt, bleibt sie blank.« (KHM Nr. 60)

d) Die Baummutter

Im Volksglauben und im Märchen gilt der Baum als Sitz der Seele, d.h. die Seele des Verstorbenen wohnt im Baum, der auf dem Grab gepflanzt wurde. Insbesondere in den vielen Varianten des auf der ganzen Welt verbreiteten Aschenputtelmärchens erfährt Aschenputtel Hilfe von der toten Mutter durch den Baum, der selbsttätig Kleider, Gold und auch Essen spendet, um dem Mädchen aus seiner Not zu helfen. Der Baum hilft und spendet Gutes durch die Seele der Mutter, die *im* Baum wohnt, ja die der Baum *selbst* ist.

Der Baum, der in zyklischer Wiederkehr erblüht und Früchte schenkt, ist ein uraltes natürliches Muttersymbol.

»Als nun niemand mehr daheim war, ging Aschenputtel zu seiner Mutter Grab unter den Haselbaum und rief: ›Bäumchen rüttel dich und schüttel dich, wirf Gold und Silber über mich.‹ Da warf ihm der Vogel ein golden und silbern Kleid herunter.«

Der Haselstrauch ist im Volksglauben ein mythischer Baum; im irischen Mythos gehörte er zu den sieben heiligen Bäumen der Göttin.

Der Seinswechsel zwischen Tier, Mensch und Baum geht in der Sprache des Märchens geradezu mühelos vonstatten: Die *Erdkuh* aus dem frühneuhochdeutschen Märchen »Das Erdkühlein« sorgt für das verfolgte Mädchen und beschützt es wie eine Mutter, beherbergt es in einer Waldhütte und schenkt ihm Gold und wunderbare Kleider. Die mütterliche Zaubergestalt kann auch in der Seinsform eines *Apfelbaumes* in das Märchengeschehen aktiv eingreifen. Die Baummutter bewegt die Äste wie ein Mensch und reicht im richtigen Augenblick die kostbaren, heilenden Äpfel vom Baume herab.

»Nun begab es sich einmal, dass ein mächtiger Herr vorbeiritt, dieser führte seinen Sohn mit sich, der das Fieber hatte. Und als der Sohn die schönen Äpfel sah, sprach er: ›Mein Vater, lasset mir Äpfel bringen von diesem Baum! Mir ist, ich würde gesund davon werden.‹ So befahl der Herr, man sollte ihm Äpfel bringen, er wollte sie teuer bezahlen.

Die ältere Tochter ging als erste zum Baum und wollte Äpfel davon brechen. Da zogen sich die Äste allesamt in die Höhe, so dass sie keinen erreichen konnte. (...) Zuletzt ging Margarete zum Baum, um Äpfel zu brechen. Zu ihr neigten sich die Äste und ließen sie willig Äpfel abbrechen. (...)

Als der Herr dies alles gehört hatte, fragte er die Jungfrau, ob sie ihm folgen wolle. Da willigte das gute Mädchen freudig ein, grub ihren Baum aus und setzte sich (...) auf den Wagen zu dem Herrn.«

Der Baum als mütterliches Symbol bietet Schutz und Wärme, spendet Nahrung, Kleidung und Reichtum. So kann das arme Mädchen in dem Grimmschen Märchen »Die Alte im Wald« (KHM, Nr.123) mit einem goldenen Schlüsselchen, das ihr ein weißes Täubchen gebracht hat, den großen Baum aufschließen, in dem sie Milch und Brot, ein Bett und Kleider findet.

Das märchenhafte Bild der *Baummutter* kann in engem Zusammenhang mit dem mythischen Bild der *Baumgöttin* gesehen werden. Der Baum trägt weiblichen Elementarcharakter, er ist Symbol für die zyklische Wiederkehr des Lebens, für Leben und Tod, für Himmel und Erde. So wächst im Märchen der Paradiesbaum, der

Lebensbaum, der Welten- und Schicksalsbaum, aber immer bleibt er eine Inkarnation der Göttin in ihren vielen Figurationen.

3. Der Paradiesbaum, Eva und die Schlange

Nähert man sich vom mythengeschichtlichen und literarhistorischen Standpunkt aus der biblischen Erzählung vom Sündenfall (Gen. 3) und liest sie einmal auf dem Hintergrund der großen Schlangen-Göttinnen der Alten Welt und des Vorderen Orients (d.h.: man folgt den Ausführungen der vorhergehenden Kapitel dieses Buches), so erscheint die uralte Geschichte von Adam und Eva und der Schlange am Paradiesbaum plötzlich in einem ganz neuen Licht:

Die Große Göttin in Gestalt der Schlange, Herrin über Tod und Leben, Erhalterin der Fruchtbarkeit und des Wachstums, Göttin der Heilkunde, der Weisheit, die sich stets verwandelt und ewig jung bleibt, diese Schlange ist vielleicht zu Recht Beschützerin des Baumes der Erkenntnis, dessen Baum Früchte trägt, die klug und wissend machen. Die Schlange als Schützerin heiliger Bäume kennt die lebengebenden Kräfte des Baumes und ist mit ihm deshalb eng verbunden.

Diese Schlange scheint mehr zu wissen als Gott, der Herr und Schöpfer! Woher kommt diese Schlange? Sie sei klüger als alle anderen Tiere, heißt es. Mythologisch gesehen ist die Schlange in Gestalt der Großen Göttin viel älter als der männliche Schöpfergott, sie ist also zunächst sein Gegenspieler: sie widerspricht ihm, sie behauptet gegen das Verbot des Gottes Jahwe, dass die Früchte von »ihrem« Baum der Erkenntnis mitnichten töten, sondern – ganz im Gegenteil – höchste Weisheit und Anteil an der Göttlichkeit schenken:

»Gott hat gesagt: ›Esst nicht davon, berührt sie nicht, sonst müsst ihr sterben!‹« »Glaubt das doch nicht«, sagte die Schlange, »auf keinen Fall werdet ihr sterben! Aber Gott weiß: Sobald ihr davon esst, werden euch die Augen aufgehen, und ihr werdet alles wissen, genau wie Gott.« (Gen.3, 2-5; »Die Gute Nachricht«)

Baum und Schlange bilden mythologisch – wie wir gezeigt haben – eine untrennbare Einheit, da sie zusammen den Lebens- und Unsterblichkeitsaspekt verkörpern. Baum und Schlange wiederum sind Figurationen weiblicher Göttlichkeit.

Ein Genesiskommentar der Gegenwart weist ebenfalls auf einen etymologischen Zusammenhang zwischen »chewja« (aramäisch: »Schlange«) und »Chavah« (hebräisch: »Mutter aller Lebenden«) hin:

»›Mutter aller Lebenden‹ ist doch ein Ehrenname, setzt er nicht außerdem voraus, dass sie schon geboren hat? Auch das aramäische Wort »chewia« = »Schlange« hat zu der Vermutung geführt, dass der Erzählung einmal eine andere ältere Gestalt zugrunde liege, in der nur zwei Partner handelnd auftraten: Der Mensch und eine (chthonische?) Schlangengottheit.« (G. v. Rad)

So ist es nur nahe liegend, dass Eva (»Chavah«) als »Mutter alles Lebendigen« – sie ist also mythologisch gesehen die wahre Schöpfergöttin! – auf *ihr* Symboltier, die Schlange, hört und von *ihrem* Baum sich die Früchte holt, die sie in ihrer Göttlichkeit (be)stärken! Auch Adam soll teilhaben an Erkenntnis und Weisheit.

Der männliche Schöpfergott muss nun eingreifen, denn sonst wäre seine Macht unterhöhlt. Ein schrecklicher Fluch trifft die Schlange, Adam und Eva werden aus dem »Paradies« vertrieben, die Geschichte ist bekannt.

Die uralte Einheit und Zusammengehörigkeit von Lebensbaum, Göttin/Frau und Schlange werden hier auseinander gerissen, »Symbole, die ansonsten im Vorderen Orient zusammengehörten«.

»Du sollst verflucht sein!« (Gen 3, 14) Durch den göttlichen Fluch wird ewige Feindschaft zwischen Frau und Schlange gesetzt. Auch die mythologische Zusammengehörigkeit zwischen Baum und Schlange, die in vielen alten Mythen und Kulturen eine so zentrale Rolle spielte, ist damit aufgehoben.

Dies legt den Schluss nahe, dass wir es hier mit einer Art »Wachablösung auf göttlicher Ebene« zu tun haben: Die altehrwürdige Schlangengöttin soll hier dämonisiert werden, damit der neue Gott ein Recht hat, sie zu entthronen.

»Inmitten der Schöpfungsgeschichten des Vorderen Orients, zwischen den ägyptischen, mittelmeerischen und mesopotamischen Hochkulturen erscheint der biblische Schöpfungsbericht vom Paradies und Adam und Eva als eine tendenziöse Fälschung. Die Sache mit Eva war ursprünglich mit Sicherheit eine Parallele zu Neith und Inanna – ›in Wahrheit‹ gebar Eva, die Urmutter der Juden, den Gott Jahwe und zeugte mit ihm Adam.« (R. Fester, S.38) Für den Prähistoriker Brüning verrät die »verfälschte Version« die Intention, eine patriarchalische Ordnung einzurichten, die »ein erst noch durchzusetzendes Programm war.« (ebda.)

Geprägt von der Traditionsgeschichte der christlichen Kirche (im biblischen Urtext ist davon nicht die Rede !), durch die christliche Ikonographie verbreitet und verstärkt, wurde das Bild der Schlange mit dem Weiblichen verknüpft und dämonisiert. Es entstand ein Denksystem, in dem die Frau, Sexualität, Sünde und Tod zu einem Syndrom verschmolzen wurden, das in Eva personalisiert und in der Schlange zum Symbol wurde.

Eine eindrucksvolle Radierung *»Adam und Eva«* von Rembrandt zeigt die Paradiesschlange in ihrem dämonischen und diabolischen Aspekt: Sie ähnelt »Lilith, der geflügelten Dämonin der Nacht« (s. S.156ff), und trägt die Züge des Drachen der Apokalypse, der »als Verkörperung des nur noch Bösen, der widergöttlichen und von Gott getrennten Welt« (s. S.156) gesehen wird: Die Schlange ist zum gefährlichen, mit mächtigen Pranken bewehrten, geflügelten Drachen verwandelt, dessen geifernder Rachen sich direkt über Evas Haupt senkt. Der Drache scheint somit in enger Kommunikation mit Eva zu stehen, was Adam abzuwehren versucht.

Rembrandt Harmensz. van Rijn, Adam und Eva (1638). Radierung aus der Graphischen Sammlung am Kunsthistorischen Institut, Universität Tübingen, 162 x 116 (Plattengröße), 167 x 121 (Blattgröße)

Die heilige Schlange der Großen Göttinnen, die einst die ewig sich erneuernde Lebensenergie, Fruchtbarkeit und Weisheit, verkörperte, ist zum »verderbeneinflüsternden Ungeheuer« (vgl. S. 157) geworden.

Seit dem 13. Jahrhundert wird die Paradiesschlange mit einem weiblichen Kopf dargestellt, häufig sind die Gesichter von Eva und der Schlange ähnlich: d.h. Eva ist die Schlange, verkörpert selbst das Böse.

Die Verteufelung der Schlange hing jedenfalls eng mit der jahrhundertelangen Unterdrückung und Missachtung der Frau zusammen, einer Entwicklung, an deren weit reichenden Folgen wir heute noch zu leiden haben.

Zusammenfassend lässt sich sagen, dass hinter der biblischen Erzählung vom Sündenfall (Gen. 3) ein matriarchalischer Mythos steht, der patriarchalisch verkehrt wurde. Die in diesem Band aufgenommenen Mythen, Märchen und Erzählungen aus den verschiedenen Kulturen der Welt haben – auch im Zusammenhang mit den Kunstwerken aus vielen Jahrhunderten – im Kulturvergleich gezeigt, dass Schlangen und Drachen viel mehr mit Schöpfung, Verwandlung und schillernder Lebendigkeit des Seins zu tun haben als mit Verderben und Tod. Dies könnte auch eine neue Sichtweise auf die biblische Geschichte vom Paradiesbaum, von Eva und der Schlange eröffnen.

Michelangelo, Der Sündenfall, Sixtinische Kapelle

Literaturverzeichnis Teil I

Aldred, Caroline: Cosmic Sex. Wege zur Ekstase durch Tantra und Tao, Köln 2000
Apuleius, Der goldene Esel (alias Metamorphosen), übers. v. August Rode, mit einem Nachwort von Wilhelm Haupt, Leipzig 1975
Aischylos: Tragödien und Fragmente, übers. v. Oskar Werner, München 1969
Bergman, Jan: Ich bin Isis, Lund 1968
Brunner-Traut, Emma: Altägyptische Märchen, Köln 1983
Clarus, Ingeborg: Du stirbst, damit du lebst. Die Mythologie der alten Ägypter in tiefenpsychologischer Sicht, Fellbach 1980
Diederichs, Ulf (Hg.): Germanische Götterlehre. Mit einem mythologischen Wörterbuch, Köln 1984
Die Schöpfungsmythen, hg. von der Wissenschaftlichen Buchgesellschaft, Darmstadt 1996
Du Ry, Carel J.: Völker des alten Orient, Baden-Baden 1969
Egli, Hans: Das Schlangensymbol. Geschichte, Märchen, Mythos, Olten 1982
Eberhard, Wolfram: Lexikon chinesischer Symbole, Köln 1987
Falkenstein, A./v. Soden, W.: Sumerische und Akkadische Hymnen und Gebete, Zürich/Stuttgart 1953
Fischer, Hans W.: Götter und Helden. Germanisch-deutscher Sagenschatz aus einem Jahrtausend, Berlin 1935
Giebel, Marion: Das Geheimnis der Mysterien. Antike Kulte in Griechenland, Rom und Ägypten, München 1990
Gilgamesch-Epos, übers. von Albert Schott/Wolfram v. Soden, Stuttgart 1988
Glauser, Jürg/Kreutzer, Gert (Hg.): Isländische Märchensagas, Darmstadt 1998
Götter, Pharaonen, Ausstellungskatalog, Mainz 1978
Goldschmidt, Lazarus: Der Babylonische Talmud, Königstein 1980
Grigson, Geoffrey: Aphrodite – Göttin der Liebe, Bergisch-Gladbach 1978
Grimm, Jacob: Deutsche Mythologie, Bde. I – III, Wiesbaden 1992
Günther, Harri (Hg.): Die Edda. Göttersagen, Heldensagen und Spruchweisheiten der Germanen (nach Karl Simrock), Wiesbaden 1987
Guter, Josef (Hg.): Chinesische Märchen, Frankfurt 1974
Hagen, Rose-Marie und Rainer: Ägypten. Menschen, Götter, Pharaonen, Köln 1999
Hertel, Johannes: Indische Märchen, Frankfurt 1983
Hodel-Hoenes, Sigrid: Leben und Tod im Alten Ägypten, Darmstadt 1991
Hornung, Erik: Auf den Spuren der Sonne. Gang durch ein ägyptisches Königsgrab, Eranos-Jahrbuch 50, Frankfurt 1981, S. 431–475
ders.: Geist der Pharaonenzeit, München 1989
Jacq, Christian: Die letzten Tage von Philae, Reinbek 1998
Jerusalemer Bibel, Arenhoevel, Diego u.a. (Hg.), Freiburg 1972
Johnston, Basil: Ojibway Heritage. The ceremonies, rituals, songs, dances, prayers and legends of the Ojibway, Toronto 1994
Jung, Emma/Franz, Marie-Luise v.: Die Graalslegende in psychologischer Sicht, Olten 1980
Lao-tse, Führung und Kraft aus der Ewigkeit. Das »Tao-te-king« in der Übertragung von Erwin Rousselle, Frankfurt 1985
Meier, C.A.: Der Traum als Medizin. Antike Inkubation und moderne Psychotherapie, Zürich 1985
Merkelbach, Reinhold: Roman und Mysterium in der Antike, München 1962
ders.: Isisfeste in griechisch-römischer Zeit. Daten und Riten, in: Beiträge zur klassischen Philologie, Heft 5, Meisenheim a.G. 1963
Müller, Ernst (Hg.): Der Sohar. Das Heilige Buch der Kabbala, nach dem Urtext ausgewählt und übertragen, auf der Grundlage der Ausgabe Wien 1932, Köln 1986
Ovid(ius), P. Naso: Metamorphosen, übers. v. Michael v. Albrecht, München 1981
Pennick, Nigel: Das Runenorakel, München 1990
Plutarch: Über Isis und Osiris, Text, Übers. und Kommentar v. Theodor Hopfner, 2 Bde., Prag 1940/1941
Purce, Jill: Die Spirale. Symbol der Seelenreise, München 1988
Ranke-Graves, Robert v.: Griechische Mythologie. Quellen und Deutung, 2. Bde., Reinbek 1982

Ringgren, Helmer: Die Religionen des Alten Orients, Göttingen 1979
Rousselle, Erwin: Drache und Stute. Gestalten der mythischen Welt chinesischer Urzeit, in: Eranos-Jahrbuch 1934, Zürich 1935, S. 11–33
Roy, Biren (Hg.): Die großen Märchenromane der Inder: Mahabharata, Köln 1986
Sadat, Jehan: Ich bin eine Frau aus Ägypten, München 1991
Sterath-Bolz, Ulrike (Hg.): Isländische Vorzeitsagas, München 1997
Tyldesly, Joyce: Töchter der Isis. Die Frau im alten Ägypten. München 1998
Wägner, Wilhelm: Nordisch-germanische Götter und Helden, Leipzig 1887
Weis, Adolf: Die Madonna Platytera. Entwurf für ein Christentum als Bildoffenbarung anhand der Geschichte eines Madonnenthemas, Königstein i. Taunus 1985
Westendorf, Wolfhart: Das alte Ägypten, Baden-Baden 1968
Wilhelm, Richard (Hg.): Chinesische Märchen, Köln 1987
ders. (Hg.): I Ging. Das Buch der Wandlungen, Köln 1984
Zimmer, Heinrich: Spiel um den Elefanten. Ein Buch von indischer Natur, München 1929
ders.: Indische Mythen als Symbole, in: Eranos-Jahrbuch 1934
ders.: Maya. Der indische Mythos, Frankfurt 1978
ders.: Indische Mythen und Symbole. Vishnu, Shiva und das Rad der Wiedergeburten, Köln 1981
ders.: Abenteuer und Fahrten der Seele. Ein Schlüssel zu indogermanischen Mythen, Köln 1987
Zingsem, Vera: Der Himmel ist mein, die Erde ist mein. Göttinnen großer Kulturen im Wandel der Zeiten, Tübingen 1995; seit 1999 bei dtv unter dem Titel »Göttinnen großer Kulturen«
dies.: Lilith, Adams erste Frau, Tübingen 1999

Literaturverzeichnis Teil II

Bächtold-Stäubli, Hanns (Hrsg.): Handwörterbuch des deutschen Aberglaubens, Berlin und Leipzig 1929/1930/1986
Der farbige Brehm, Ein großes Tierbuch mit 120 Farbtafeln, Freiburg im Breisgau, 1970
Carr, Archie: Die Reptilien, Time-Life, 1964
Egli, Hans: Das Schlangensymbol, Geschichte, Märchen, Mythos, Olten 1982
Fester, Richard/ König, Marie E.P./ Jonas, Doris F./Jonas, A. David: Weib und Macht, Fünf Millionen Jahre Urgeschichte der Frau, Frankfurt 1980
Franz, Marie-Louise v.: Die Erlösung des Weiblichen im Manne, Frankfurt 1983
Fromm, Erich: Märchen, Mythen, Träume. Eine vergessene Sprache, Stuttgart 1980
Gimbutas, Marija: Die Sprache der Göttin, Frankfurt 1995
Hoffmann-Krayer, Art. »Schlange« in: Bächtold-Stäubli, Handwörterbuch des deutschen Aberglaubens, Bd. VII, S. 1126ff.
Hunger, Herbert: Lexikon der griechischen und römischen Mythologie, Reinbek bei Hamburg 1981
Hetmann, Frederik, Die Göttin der Morgenröte, Schöpfungsmythen aus aller Welt, Frankfurt 1988
Joines, Karen Randolph: Serpent Symbolism in the Old Testament, Haddonfield/New Jersey 1974
Johnson, Buffie: Die Große Mutter in ihren Tieren. Göttinnen alter Kulturen, Olten 1990
Kast,Verena: Wege aus Angst und Symbiose. Märchen psychologisch gedeutet, Olten 1982
Küster, Erich, Die Schlange in der griechischen Kunst und Religion, Gießen 1913
Megas, Georgios A.: Art. »Amor und Psyche« in: »Enzyklopädie des Märchens«. Handwörterbuch zur historischen und vergleichenden Erzählforschung, Berlin/New York 1976 ff. (Hg. Kurt Ranke)
Merkelbach, Reinhold: Roman und Mysterien in der Antike, München 1962
Moltmann-Wendel, Elisabeth/Schwelien, Maria/Stamer, Barbara: Erde, Quelle, Baum. Lebenssymbole in Märchen, Bibel und Kunst, Stuttgart 1994
Neumann, Erich: Amor und Psyche, Deutung eines Märchens. Ein Beitrag zur seelischen Entwicklung des Weiblichen. Mit dem Text des Märchens von Apuleius in der Übersetzung von A. Schaeffer, Olten 1971
Neumann, Erich: Die Große Mutter. Eine Phänomenologie der weiblichen Gestaltungen des Unbewußten, Olten und Freiburg im Breisgau 1985
Pfannenschmid, Heino: Das Weihwasser im heidnischen und christlichen Cultus, Hannover 1869

Pörksen, Gunhild (Hg.): Theophrast von Hohenheim, »Das Buch von den Nymphen, Sylphen, Pygmaeen, Saamandern und den übrigen Geistern«. Faksimile der Ausgabe Basel 1590, übertragen und mit einem Nachwort versehen von Gunhild Pörksen, Marburg 1996
Ranke-Graves, Robert von: Die Weiße Göttin. Sprache des Mythos, Hamburg 1985
ders.: Griechische Mythologie, Hamburg 1987
Ranke, Kurt (Hg.): Enzyklopädie des Märchens. Handwörterbuch zur historischen und vergleichenden Erzählforschung, Berlin/New York 1976 ff.
Reitzenstein, R.: Das Märchen von Amor und Psyche bei Apuleius, Leipzig, Berlin 1912
Röhrich, Lutz: Art. »Drachen« in: Enzyklopädie des Märchens. Handwörterbuch zur historischen und vergleichenden Erzählforschung, Berlin/New York 1976 ff.
Rosenberg, Alfons: Engel und Dämonen, Gestaltwandel eines Urbildes, Reutlingen 1967
Scherf, Walter: Das Märchenlexikon, Bde. 1–11, München 1995
Schirmer, Eva-Maria: Rollenbilder von Männer für Frauen, Offenbach/M. 1988
Schroer, Silvia: Die geheimnisvolle Beziehung zwischen Schlange und Frau. Schlangen und Drachensymbolik im Alten Israel und in seiner Umwelt, in: »Schlangenbrut«, Nr. 60/Februar 1988, S. 33 ff.
Stamer, Barbara: Märchen von Nixen und Wasserfrauen, Frankfurt 1987
dies.: Märchen von Schicksal und Weissagung, Frankfurt 1990
dies.: Märchen vom Wasser, Frankfurt 1995
dies.: Märchen vom Feuer, Frankfurt 1996
dies.: Märchen von der Erde, Frankfurt 1998
dies.: Märchen von der Luft, Frankfurt 1998
Tetzlaff, Ingeborg: Romanische Kapitelle in Frankreich. Löwe und Schlange, Sirene und Engel, Köln 1976
Uther, Hans-Jörg (Hg.): Brüder Grimm, Kinder- und Hausmärchen, Vierter Band (Nachweise und Kommentare, Literaturverzeichnis), München 1996
Wilson, David M.: The Vikings and their Origins. Scandinavia in the First Millenium, London 1999
Ziegler, Konrad/Sontheimer, Walther: Der Kleine Pauly. Lexikon der Antike, München 1979

Quellenverzeichnis

I. Die Schlange – ein Symbol des Lebens in Märchen, Mythos und Kunst

Die Schlange
Originaltitel: »Die Schlange in der Barkowschen Heide«, Ulrich Jahn, Volkssagen aus Pommern und Rügen, Stettin 1886

Die Schlange und das Kind
Ernst Meier, Deutsche Sagen, Sitten und Gebräuche aus Schwaben, Stuttgart 1852

Die Schlangenamme
Ludwig Bechstein, Neues Deutsches Märchenbuch, Nr. 47, nach der Ausgabe von 1856, textkritisch revidiert und durch Register erschlossen, Hrsg. von Hans-Jörg Uther, München 1997

Das Mädchen und die Schlange
Heinrich von Wlislocki, Märchen und Sagen der transsylvanischen Zigeuner, Berlin 1886

Die Krönlnatter
Brüder Zingerle, Kinder- und Hausmärchen, Innsbruck 1852

Schlangenkönigin
Carl und Theodor Colshorn, Märchen und Sagen aus Hannover, Hannover 1854

Der Pelasgische Schöpfungsmythos
Robert von Ranke-Graves, Griechische Mythologie, Hamburg 1987

Die im Mondschein badenden Jungfrauen
Friedrich Kreutzwald, Estnische Märchen, übersetzt von F. Löw, Halle 1869

Die drei Federn des Drachen
Ernst Meier, Deutsche Volksmärchen aus Schwaben, 1852

Die weiße Schlange
Brüder Grimm, Kinder- und Hausmärchen, Nr. 17, nach der Großen Ausgabe von 1857 textkritisch revidiert, kommentiert und durch Register erschlossen, Hrsg. von Hans-Jörg Uther, München 1996

Der Schlangenkamm
Finnische und esthnische Volksmärchen, Jena 1922
Die drei Schlangenblätter
Brüder Grimm, Kinder- und Hausmärchen, KHM Nr. 16
Der schlafende König
Jacob und Wilhelm Grimm, Deutsche Sagen, Berlin 1818

II. Die Schlange/der Drache – Ein Symbol der Unsterblichkeit und der Wandlung
Die goldene Ampel
Caspar Decurtins, Rätoromanische Chrestomathie, Erlangen 1901
Das Schlangenkind
Johann Georg von Hahn, Griechische und Albanische Märchen, Leipzig 1864
Siebenhaut
Originaltitel: »Die Schlange«, Gebrüder Zingerle, Kinder- und Hausmärchen aus Süddeutschland, Regensburg 1854
Die Schlange
B. Ilg, Maltesische Märchen, 1906
Oda und die Schlange
Ludwig Bechstein, Märchenbuch, Nr. 36. Nach der Ausgabe von 1857, textkritisch revidiert und durch Register erschlossen, Hrsg. von Hans-Jörg Uther, München 1997
Die Schlangenbraut
Märchen aus Österreich, Hrsg. von Leander Petzoldt, Nr. 67, Augsburg 1998

III. Die Schlange/der Drache – Ein Symbol des Urelements Wasser
Die Nixe mit der goldenen Leier
Wilhelm Straub, Sagen des Schwarzwalds, Bühl/Baden 1980
Die Meermaid
Friedrich Kreutzwald, Estnische Märchen, aus dem Estnischen übersetzt von F. Löw, Halle, 1869, gekürzt und überarbeitet von Barbara Stamer
Die Geschichte von der edlen und schönen Melusina, welche ein Meerwunder und des Königs Helmas Tochter war. Volksbücher. Hrsg. von G.O. Marbach, Leipzig 1838, gekürzt und überarbeitet von Barbara Stamer
Die Schlangenfrau vom Oselberg
Ernst Meier, Deutsche Sagen, Sitten und Gebräuche aus Schwaben, Stuttgart 1852
Die Rache der schönen Melusine
Wilhelm Straub, Sagen des Schwarzwalds, Bühl/Baden, 1980
Die grüne Jungfer
August Ey, Märchenbuch, Sagen und Märchen aus dem Oberharz, Stade 1862

IV. Der Drache/die Schlange – Ein Symbol für Dämonie und Chaos
Assipattle und der Meister Lindwurm
Märchen aus Schottland, Hrsg. von Hannah Aitken und Ruth Michaelis-Jena, Augsburg 1998, gekürzt und überarbeitet von Barbara Stamer
Die zwei Brüder
Brüder Grimm, Kinder- und Hausmärchen, Nr. 60, gekürzt von Barbara Stamer
Von der feuerspeienden Schlange
Caspar Decurtius, Märchen aus dem Bündner Oberland, Zürich 1874
Der Teufel und seine Großmutter
Brüder Grimm, Kinder- und Hausmärchen, Nr. 125
Das Ungeheuer Tarasque
Märchen von Drachen, Hrsg. von Sigrid Früh, Frankfurt 1988

Orthographie und Zeichensetzung der alten Märchentexte wurden weitgehend beibehalten.

Bildnachweis

Umschlagbilder: Michelangelo, Sündenfall: Adam und Eva (Ausschnitt), Rom, Sixtinische Kapelle
Die Gorgo (Ausschnitt). Tempel der Artemis, Griechenland.
Der Kampf mit dem Drachen (Ausschnitt), Seidenstickerei auf dem Gewand eines chinesischen Hofbeamten, 18. Jh., © Foto: AKG Berlin

Staatliche Museen. Preußischer Kulturbesitz Berlin:
Tafel III, Bild 5: Porzellanelefant, 17. Jh. Iran. Museum für Islamische Kunst
Tafel VI, Bild 10: Wandfries des Ischtar-Tors. Vorderasiatisches Museum

Frank Teichmann, Stuttgart:
Tafel V, Bild 8: Teil eines Wandbildes aus dem Grab Thuthmosis' III., Theben

Jürgen Liepe, Berlin:
Tafel IV, Bild 7: Uräusschlange, Teil einer Krone. Ägyptisches Museum Kairo

AKG Berlin:
Tafel IX, Bild 27: Meister der Koburger Rundblätter. 15. Jh.
Musée des Beaux Arts, Dijon

Chr. Belser AG für Verlagsgeschäfte, Zürich:
S. 169: Fragment 1b/c aus der Exultetrolle Barb. Lat. 592
Biblioteca Apostolica Vaticana

Eberhard Thiem, Kaufbeuren:
Tafel V, Bild 9: Malerei aus dem Grab des Nachtamun, Theben

Leider konnten die Bildquellen bzw. die Rechteinhaber trotz vieler Nachforschungen nicht immer ermittelt werden. Dieses Verzeichnis ist also nicht lückenlos.
Für Hinweise sind wir dankbar.

Die Deutsche Bibliothek – CIP-Einheitsaufnahme
Ein Titeldatensatz für diese Publikation ist bei
Der Deutschen Bibliothek erhältlich

1 2 3 4 5 05 04 03 02 01

Ein Unternehmen der Verlagsgruppe Dornier
Postfach 80 06 69, 70506 Stuttgart, Telefon 0711-788030
Sie erreichen uns rund um die Uhr unter www.kreuzverlag.de
Umschlaggestaltung: Atelier Reichert, Stuttgart
Innengestaltung und Satz: Rund ums Buch – Rudi Kern, Kirchheim/Teck
Druck und Bindung: Bosch-Druck, Landshut
Die Schreibweise entspricht – außer in den Märchentexten – den Regeln der neuen Rechtschreibung.

ISBN 3 7831 1987 1